W0288569

LE PALAIS DE L'ÉLYSÉE

ARCHITECTURE, DÉCOR ET AMEUBLEMENT

© Mobilier national, 2023

© Paris, ADAGP 2023 pour les œuvres de :
Philippe Anthonioz, Arman, Bismut & Bismut,
Daniel Buren, Humberto Campana, Fernando Campana,
Chaix et Morel, Cini Boeri, Nicolas De Staël,
Monique Frydman, Julien Gardair, Christian Ghion,
Simon Hantaï, Étienne Hajdu, Marc Held, Patrick Join,
Thierry Lemaire, Alfred Manessier, Juan Miro,
Éric Schmitt, Pierre Soulage, Philippe Starck,
Emilio Terry, Hervé Van der Straten, Victor Vasarely,
Jean-Michel Wilmotte, Zao Wou-Ki

© Éditions Gourcuff Gradenigo, 2023
8, rue des Lilas, 93100 Montreuil
www.gourcuff-gradenigo.com
isbn 978-2-35340-389-9
dépôt légal septembre 2023

en 1re de couverture
Vue de la salle des fêtes
en direction des croisées donnant sur le jardin
2023

en 4e de couverture
Façade sur jardin depuis le jet d'eau
2023

Tous droits réservés.
Toute reproduction, même partielle de cet ouvrage est interdite.
La copie ou la reproduction par quelque procédé que ce soit, ne peut se faire sans accord écrit de l'éditeur.

sous la direction de

MURIEL BARBIER

LE PALAIS DE L'ÉLYSÉE

ARCHITECTURE, DÉCOR ET AMEUBLEMENT

pour les photographies en situation

GUILLAUME DE LAUBIER

MOBILIER NATIONAL

GOURCUFF GRADENIGO

Préface

Voilà trois cents ans que l'hôtel d'Évreux est sorti de terre, dans ce faubourg de Paris qui comptait alors plus de champs que de constructions. Si l'histoire lui a accolé le nom de « palais », l'Élysée est d'abord une maison vivante où l'on travaille, où l'on vit, où l'on accueille au nom des Français les émissaires du monde entier. Le précieux ameublement que vous découvrirez au fil de ces pages, où se mêlent toutes les époques, des dorures du rocaille aux noirs de Soulages, est le signe de ce palimpseste historique où chaque nouvelle génération, chaque inflexion du pouvoir politique adapte les lieux aux usages de son temps.

L'art contemporain y a fait son entrée, et les plus grands noms du design viennent désormais ajouter leur signature entre ces murs. Le tapis coloré de Nathalie Junod Ponsard qui habille le grand escalier de Murat, l'installation tricolore de Daniel Buren qui pavoise la verrière de l'ancien jardin d'hiver des présidents de la IIIe République sont emblématiques de ce dialogue basé sur le plus grand respect des lieux d'origine : chaque modification est pensée pour être parfaitement réversible, pour ne pas préempter l'avenir de ce legs transmis par de nombreuses mains, et destiné à l'être encore longtemps.

De pièce en pièce, de page en page de ce beau livre, se lit l'effort des bâtisseurs de l'Élysée, les artistes célèbres comme les milliers de talents anonymes, peintres, maçons, stucateurs, tisserands, jardiniers, brodeurs ou verriers qui y ont déployé des savoir-faire qui aujourd'hui encore portent haut la réputation de notre pays, de ses métiers, de sa culture et de son art de vivre.

On y mesure aussi la grandeur des bâtisseurs d'un autre genre, ceux qui ont édifié la Nation française. Les salons de l'Élysée ont vu passer des ducs et pairs, des ambassadeurs, des rois, des maréchaux, des empereurs et des présidents, Napoléon, Victor Hugo, le général de Gaulle et François Mitterrand. Là encore, l'écho de ces noms se mêle au souvenir des millions d'anonymes qui joignirent leurs forces aux leurs, des citoyens, des militants, des combattants, des soutiens et des contradicteurs, dont le courage et la liberté nous entraînent encore.

Aussi je serais heureux que cet ouvrage cultive chez vous, lecteur, un sentiment de familiarité avec ces lieux. Car vous êtes ici chez vous, profondément, dans cette maison dont les présidents ne sont que dépositaires passagers, où depuis trois siècles se nouent et se dénouent les enjeux de l'histoire, le destin de la France, l'ordre du monde, et où bat, toujours aussi fort depuis 150 ans, le cœur de la République.

EMMANUEL MACRON
Président de la République française

fig. 1
Photo-souvenir :
DANIEL BUREN,
Pavoisé, travail *in situ*, jardin d'hiver,
Palais de l'Élysée, Paris, 2021 (détail)

REMERCIEMENTS

Cet ouvrage doit beaucoup à l'enthousiasme et à la confiance de Thierry Sarmant ainsi qu'au soutien et à l'appui sans faille d'Hervé Lemoine, qu'ils en soient ici tous deux chaleureusement remerciés.

Une telle somme n'aurait pas pu voir le jour sans le travail des inspectrices des collections successives en charge du suivi des dépôts à la présidence de la République : Isabelle Tamisier-Vétois, Jehanne Lazaj et Marie-Amélie Tharaud qui chacune ont contribué à une meilleure connaissance du palais de l'Élysée dans la continuité des travaux de Jean Coural et de Chantal Gastinel-Coural.

Leurs recherches ont été poursuivies par l'équipe du service de l'inspection des collections du Mobilier national dont la contribution scientifique doit être saluée, en particulier Arnaud Denis, Emmanuelle Federspiel, Vincent Lamouraux, Antonin Macé de Lépinay, Marie-Hélène Massé-Bersani, Lucile Montagne, Gérald Remy, Renaud Serrette et Clara Terreaux.

La direction de l'ouvrage et l'éditeur adressent leur très sincères remerciements à toutes les personnes qui de près ou de loin dans leurs fonctions ou par leur connaissance de l'histoire du palais de l'Élysée ont contribué à ce livre :

PRÉSIDENCE DE LA RÉPUBLIQUE
Philippe Bélaval, Laurent Blévennec, Audrey Breton, Pauline de Guibert, Laurence Lasserre, Florence Levérino, Astrid Malmezat, Sylvain Pomart, Astrid Roucher, Jean Salomon, Stéphanie Reuss-Bouvier

MOBILIER NATIONAL
Emmanuel Pénicaut, directeur des collections

Administration générale
Sylvie Cousin, Aurélien Hou, Emmanuelle Petitdemange, Mickaël Roncier-Desvages

Service de la documentation et des archives
Isabelle Bideau, Fanny Bigeon, Clotilde Boiteux, Te-Ying Bunel, Hélène Cavalié, Muriel Cinqpeyres, Charlotte Feraud, Elyzabel Lakomy, Samy Mebtoul, Francis Valsesia

Service de l'inspection des collections
Anne-Laure Goisnard, Jean-Manuel Guérard, Muriel Morizet, Caroline Vals

Service de la régie des collections
Françoise Cabioc'h, Véronique Daman, Clément Hado.

Service des travaux
Jérôme Alary, Philippe Besnard, Bénédicte Bordier, Louis Boussel, Laure Dauvier, Joëlle Delaunay, Cérile Faucheux, Cyril Gouffé, Cecilia Gracian, Daniel Jalu, Franck Lajarrige, Sophie Maillot, Inès Mangin, Dolors Sala Fenés, Stéphane Sauldubois, Julienne Tsang, Fabienne Villiers, Julie Williamson et tous les artisans d'art du Mobilier national.

Mission ameublement
Marie-Laure Buku Pongo, Valérie Glomet, Anthony Lelonge, Catherine Milde, Thierry Rech, Elsa Thouvenot

Service de la communication
Constance Barthélémy, Anne Derrien, Hélène Soulé, Pierre Houdeline, Loïc Turpin

AGENCE PHOTO RMN-GP
Véronique Mamelli

ARCHIVES NATIONALES
Fadi El Hage, Stéphanie Maillet-Marqué, Aurélie Peylhard

BIBLIOTHÈQUE HISTORIQUE DE LA VILLE DE PARIS
Laurent Chennevast, Claire Danielou, Alain Duffrechou, Louise Fauduet

BIBLIOTHÈQUE NATIONALE DE FRANCE
Pauline Chougnet, Caroline Vrand

CENTRE NATIONAL DES ARTS PLASTIQUES
Sandra Cattini, Béatrice Salmon

CHÂTEAU DE FONTAINEBLEAU
Oriane Beaufils, Christophe Beyeler, Martine Chaillé, Vincent Cochet, Marie-Christine Labourdette, Jean Vittet

CHÂTEAU DE VERSAILLES
Frédéric Lacaille, Laurent Salomé

MÉDIATHÈQUE DU PATRIMOINE ET DE LA PHOTOGRAPHIE
Marine Bertin, Camille Duclert, Florence Ertaud, Franck Genestoux, Robert Haroutinian, Bruno Plouidy

MUSÉE DU LOUVRE
Olivier Gabet, Guillaume Faroult, Aude Gobet, Chrystel Martin

OPPIC
Jean-François Delhay

Pour leur aide et leur soutien, la direction de l'ouvrage et les auteurs souhaitent adresser toute leur reconnaissance à :
Sylvain Cordier, Nicolas Courtin, David Diot, Adrien Goetz, Louise Gréther, Patrick Guibal, Francesco Guidoboni, Philippe Le Pareux, Hélène Macé de Lépinay, François Macé de Lépinay (†), Nathalie Machetot, Wolfgang Nittnaus et Robin Simonney.

fig. 2
Cour d'honneur du palais de l'Élysée
2023

AUTEURS

MURIEL BARBIER
conservateur en chef du patrimoine, chef du service de l'inspection des collections, Mobilier national

HÉLÈNE CAVALIÉ
conservateur en chef du patrimoine, directeur adjoint des collections, Mobilier national

ARNAUD DENIS
inspecteur des collections, Mobilier national

EMMANUELLE FEDERSPIEL
conservateur en chef du patrimoine, inspectrice des collection, Mobilier national

ALEXANDRE GADY
professeur d'histoire de l'architecture (Sorbonne Université) et directeur de la mission de préfiguration du musée du Grand Siècle

JEAN-PHILIPPE GARRIC
professeur d'histoire de l'architecture, université Paris I Panthéon-Sorbonne

VALÉRIE GLOMET
chef de la mission ameublement, Mobilier national

VINCENT HAEGELE
archiviste-paléographe, docteur en histoire

BERTRAND JOLY
professeur émérite d'histoire contemporaine, université de Nantes

VINCENT LAMOURAUX
conservateur du patrimoine, inspecteur des collections, Mobilier national

JEHANNE LAZAJ
conservateur général du patrimoine, cheffe du bureau du patrimoine et de la décoration, ministère de l'Europe et des Affaires étrangères

ANTONIN MACÉ DE LEPINAY
inspecteur des collections, Mobilier national

MARIE-HÉLÈNE MASSÉ-BERSANI
inspectrice des collections, Mobilier national

LUCILE MONTAGNE
conservateur du patrimoine, inspectrice des collection, Mobilier national

GÉRALD REMY
conservateur du patrimoine, inspecteur des collection, Mobilier national

DOLORS SALA FENÉS
chef du service des travaux, Mobilier national

THIERRY SARMANT
conservateur général du patrimoine, Archives nationales

fig. 3
ARMAN
Hommage à la révolution de 1789
1984
marbre de Carrare blanc veiné et bronze,
215 × 160 × 80 cm
CENTRE NATIONAL DES ARTS PLASTIQUES, FNAC 10324,
VESTIBULE DU PALAIS DE L'ÉLYSÉE (EN SITUATION)

SOMMAIRE

Avant-propos HERVÉ LEMOINE 13

1 De l'hôtel d'Évreux à l'hôtel de Bourbon ALEXANDRE GADY 17
LES BOISERIES DE L'HÔTEL D'ÉVREUX MURIEL BARBIER 34
LOUIS HENRI DE LA TOUR D'AUVERGNE, COMTE D'ÉVREUX (1674-1753) MURIEL BARBIER 36
JEANNE ANTOINETTE POISSON, MARQUISE DE POMPADOUR (1721-1764) MURIEL BARBIER 38
NICOLAS BEAUJON (1718-1786) EMMANUELLE FEDERSPIEL 40
BATHILDE D'ORLÉANS, DUCHESSE DE BOURBON (1750-1822) HÉLÈNE CAVALIÉ 42
L'ÉLYSÉE PENDANT LA PÉRIODE RÉVOLUTIONNAIRE MURIEL BARBIER 44

2 De l'Élysée-Murat à l'Élysée-Napoléon JEHANNE LAZAJ 47
JOACHIM ET CAROLINE MURAT VINCENT HAEGELE 68
LE MOBILIER DU GRAND SALON VINCENT LAMOURAUX 70
LE MOBILIER DU BOUDOIR D'ARGENT VINCENT LAMOURAUX 72
L'ESCALIER D'HONNEUR JEAN-PHILIPPE GARRIC 74
LES LITS DE CAROLINE MURAT VINCENT LAMOURAUX 76
LA SECONDE ABDICATION DE NAPOLÉON THIERRY SARMANT 78

3 De l'Élysée-Bourbon à l'Élysée-National ANTONIN MACÉ DE LEPINAY 81
LE DUC ET LA DUCHESSE DE BERRY ANTONIN MACÉ DE LEPINAY 96
LE PREMIER DÎNER VICTOR HUGO 98
LE COUP D'ÉTAT DU 2 DÉCEMBRE 1851 THIERRY SARMANT 100

4 L'Élysée sous le Second Empire ARNAUD DENIS 103
LE SALON DORÉ ET LA SALLE DE BAINS DE L'IMPÉRATRICE ARNAUD DENIS 124
LA BIBLIOTHÈQUE DE NAPOLÉON III MURIEL BARBIER 126
LA CHAPELLE DU PALAIS DE L'ÉLYSÉE HÉLÈNE CAVALIÉ 129
LA SALLE DE BAL MURIEL BARBIER 132
LE SÉJOUR DES SOUVERAINS LORS DE L'EXPOSITION UNIVERSELLE DE 1867 ARNAUD DENIS 134

5 L'Élysée sous la IIIe République MURIEL BARBIER 137
LA « CAGE AUX SINGES » DE L'ÉLYSÉE HÉLÈNE CAVALIÉ 162
LA SALLE DES FÊTES ARNAUD DENIS 164
LA MORT DE FÉLIX FAURE BERTRAND JOLY 166
LA GRILLE DU COQ EMMANUELLE FEDERSPIEL 168
LE SALON DES POÈMES OU LE SALON DES MUSES MARIE-HÉLÈNE MASSÉ-BERSANI 170
LE BUREAU DES PRÉSIDENTS HÉLÈNE CAVALIÉ 172
UN GRAND PROJET POUR JEAN LURÇAT GÉRALD REMY 176
L'ÉLYSÉE DE LA BELLE ÉPOQUE DANS LA PRESSE ILLUSTRÉE (1870-1914) HÉLÈNE CAVALIÉ 178
L'ÉLYSÉE SOUS L'OCCUPATION THIERRY SARMANT 180

6 Le palais de l'Élysée sous la IVe République GÉRALD REMY 183
TRADITION, FAMILLE, *CAFÉ SOCIETY* : RECEVOIR AU PALAIS SOUS LA IVe RÉPUBLIQUE GÉRALD REMY 194
LA CHAMBRE DU ROI GÉRALD REMY 196
COLETTE GUEDEN, UNE DÉCORATRICE AU SERVICE DE LA PRÉSIDENCE GÉRALD REMY 198

7 L'Élysée sous la Ve République THIERRY SARMANT 203
L'INVESTITURE DE CHARLES DE GAULLE THIERRY SARMANT 218
LE SALON DORÉ SOUS LES PRÉSIDENTS DE LA Ve RÉPUBLIQUE HÉLÈNE CAVALIÉ 219
LES APPARTEMENTS DES POMPIDOU LUCILE MONTAGNE 222
LE BUREAU PARTICULIER DE VALÉRY GISCARD D'ESTAING HÉLÈNE CAVALIÉ 224
LES APPARTEMENTS DES MITTERRAND LUCILE MONTAGNE 226
LA *GARDEN-PARTY* DU 14 JUILLET À L'ÉLYSÉE HÉLÈNE CAVALIÉ 228

8 Une vitrine des métiers d'art et des arts décoratifs français VALÉRIE GLOMET 233
L'ARC AU XXIe SIÈCLE LUCILE MONTAGNE 254
LES ATELIERS DE RESTAURATION DU MOBILIER NATIONAL DOLORS SALA FENÉS 256
LA RÉNOVATION DE LA SALLE DES FÊTES VALÉRIE GLOMET 260

Notes 266
Chronologie THIERRY SARMANT, MURIEL BARBIER ET ROBIN SIMONNEY 274
Concordance des salles 284
État des sources 288
Bibliographie 294
Index 300

HERVÉ LEMOINE

Avant-propos

En 1722, lorsqu'il emménagea dans son hôtel particulier du faubourg Saint-Honoré, le comte d'Évreux n'imaginait certainement pas l'avenir qui attendait sa nouvelle résidence.

Dès sa création, l'hôtel d'Évreux, ses occupants, ses nouveaux décors et les réceptions qui s'y tenaient ont attiré la curiosité des contemporains. Critiques ou admiratifs, les articles, pamphlets et récits révèlent la fascination exercée sur ses contemporains par le petit hôtel devenu palais. Successivement habité par l'ambitieux comte d'Évreux, la marquise de Pompadour, le financier Nicolas Beaujon et la duchesse de Bourbon, il devint un haut lieu de fêtes et connut une histoire mouvementée pendant la période révolutionnaire, avant d'être occupé au XIXe siècle par Joachim et Caroline Murat, le duc et la duchesse de Berry, Louis-Napoléon Bonaparte devenu Napoléon III et son épouse l'impératrice Eugénie. C'est en 1871 que le palais de l'Élysée entra dans le Domaine de l'État et devint officiellement résidence présidentielle.

L'histoire du lieu reflète donc l'histoire politique du pays et en suit tous les soubresauts mais elle incarne aussi l'histoire de l'architecture et du décor intérieur.

L'étude du lieu et de son histoire invite à se poser la question de sa pertinence pour l'exercice du pouvoir tant les différents occupants n'ont eu de cesse de l'adapter à ses fonctions. Au-delà de l'enjeu d'aménager et d'entretenir l'Élysée pour en faire une résidence digne du chef de l'État, il y a une véritable lutte contre le temps qui rogne peu à peu la pierre, contre les intempéries qui abîment les ardoises et les pavés des cours, contre les micro-organismes qui fragilisent les planchers et les poutres. Les archives des architectes attestent cet entretien perpétuel.

Aménager l'Élysée c'est aussi le faire évoluer au gré des modes et des changements de goût. Les garde-meubles successifs s'y sont attelés, conciliant nécessaire représentation et besoins privés. Décennie après décennie, manquant de place, le palais de l'Élysée a fini par occuper pleinement la parcelle située à l'angle de la rue du Faubourg-Saint-Honoré et de l'avenue de Marigny. Les espaces de service ont été largement augmentés puis, dès la IIIe République, les salles de réception prirent une réelle ampleur. Cette

fig. 4
Vestibule du palais de l'Élysée
passage nord bordant l'escalier Murat
2023

implantation reflète la nécessité permanente d'adapter le palais à ses missions régaliennes mais aussi à sa fonction de représentation nationale comme internationale. Dans cette dernière perspective, certaines pièces se sont fixées assez tôt comme les grands salons de réception sur jardin, l'appartement du principal occupant et surtout le bureau officiel. Ainsi se sont inscrits dans l'imaginaire collectif des lieux aujourd'hui connus de tous par l'image et la presse au point de devenir des symboles du pouvoir : le salon doré, le perron de la cour d'honneur, la façade sur jardin, la bibliothèque Napoléon III ou la salle des fêtes.

Au-delà des aménagements d'usages et des fonctions politiques, le palais de l'Élysée, classé au titre des Monuments historiques, appartient au patrimoine de la Nation. En cela, un lien fonctionnel très fort existe entre le Mobilier national – héritier des garde-meubles royaux et impériaux – et le « Palais ». Les nouveaux ameublements comme l'entretien des collections nationales déposées sont imaginés en concertation avec le Mobilier national et coordonnés par ses équipes. Véritable lieu d'expression des métiers d'art, il abrite aussi un patrimoine immatériel et des savoir-faire multiséculaires tels que ceux des ébénistes, des lustriers, des menuisiers, des tapissiers parmi tant d'autres. C'est ainsi au palais de l'Élysée que se rencontrent en permanence – successivement ou parallèlement – patrimoine et création. L'enjeu est de taille : préserver les strates de l'histoire et permettre aux artistes et artisans contemporains de s'exprimer. Malgré les nombreuses velléités de changements radicaux dues à l'embarras qu'ont pu causer les décors marqués par les siècles, le palais de l'Élysée demeure un lieu de compromis, un trait d'union entre le passé et le présent, une ouverture vers l'avenir que les créateurs sont invités à accompagner dans sa mue perpétuelle. Après les Auriol, les Pompidou et les Mitterrand, les présidents de la République manifestent une réelle volonté de présenter à l'Élysée le visage toujours renouvelé de la création dans les arts décoratifs.

À l'aune de documents anciens inédits et des créations les plus récentes, l'ambition de cet ouvrage est de conter la nouvelle histoire du Palais.

fig. 5
Vue de la salle des fêtes
en direction des croisées donnant sur le jardin
2023

De l'hôtel d'Évreux à l'hôtel de Bourbon

I

ALEXANDRE GADY

De l'hôtel d'Évreux à l'hôtel de Bourbon

UNE GRANDE DEMEURE PARISIENNE AU SIÈCLE DES LUMIÈRES

La construction de l'actuel palais de l'Élysée au faubourg Saint-Honoré[1], il y a exactement trois siècles, doit être replacée dans un triple contexte. Le premier est politique, avec le retour du roi dans sa capitale, au début de l'année 1716, après l'abandon de Versailles : le petit Louis XV était alors logé au palais des Tuileries, tandis que le Régent gouvernait la France depuis chez lui, au Palais-Royal. Les élites désirant être proches du pouvoir, cette royale présence explique le développement des faubourgs Saint-Germain, rive gauche, et Saint-Honoré, rive droite – demeurés jusqu'à nos jours des lieux clés dans la géographie parisienne du pouvoir.

L'édifice est également le fruit du contexte économique de la Régence, marqué par la spéculation financière, autour de la figure controversée du banquier écossais John Law et l'aventure de la Banque royale et du papier-monnaie. Cette bulle financière s'exprima dans le paysage parisien par une fièvre bâtisseuse, à laquelle participa grandement Law lui-même, notamment autour de la place Vendôme[2].

L'édifice prend enfin place dans un contexte topographique : certes excentré, le faubourg Saint-Honoré offrait alors de grandes places à bâtir, et toute la rive sud de la rue du même nom bénéficiait même d'une communication visuelle avec les frondaisons des Champs-Élysées, dont l'aménagement était alors en voie d'achèvement. Si les premières demeures du secteur, tel l'hôtel de Duras, furent élevées juste avant la mort de Louis XIV, c'est véritablement à partir de 1716 que la bâtisse s'y développe[3]. Tout le quartier jusqu'à l'actuelle place Beauvau fut alors mis en chantier, ce dont témoigne encore l'hôtel de Charost (1718-1719), actuelle ambassade d'Angleterre, avant que l'édit royal sur les « Limites de Paris », en 1724, ne mît fin à cette vogue, en réglementant sévèrement le droit de construire dans les faubourgs[4].

LE GRAND HÔTEL DU COMTE D'ÉVREUX

Issu d'une vieille famille de la noblesse d'épée, Louis Henri de La Tour d'Auvergne[5] épousa en 1712 Marie Anne Crozat, encore adolescente. Ce mariage arrangé permit à son beau-père, Antoine Crozat, « l'homme le plus riche de son temps », de s'acheter une respectabilité, eu égard à son statut de financier parvenu ; réputé pour sa dureté et son cynisme, son avidité également, Crozat était aussi le plus grand négrier français[6]. Grâce à lui, le jeune couple fut logé place Vendôme[7] dans une belle demeure qu'il avait fait construire et qui jouxtait son propre hôtel. Cependant, le comte d'Évreux s'y trouvait trop à l'étroit : grâce à la dot de deux millions de son épouse – somme tout à fait extraordinaire –, il put imaginer la construction d'un grand hôtel, dont l'importance dépassait celui qu'il occupait, et surtout qui l'éloignait de son beau-père, sinon de son épouse... Au printemps 1718, Évreux se rendit ainsi propriétaire d'une vaste place en marais dit des Gourdes, au faubourg Saint-Honoré[8]. Provenant de l'héritage des familles de jardiniers du roi Le Nôtre et Mollet[9], celle-ci lui fut cédée par l'architecte Armand Claude Mollet (1660-1742), qui devint son maître d'œuvre, comme il était déjà celui de John Law, qui servit d'intermédiaire pour la transaction. Alors en vue, Mollet venait de bâtir au faubourg Saint-Germain l'hôtel d'Humières, rue de Bourbon, et travaillait au chantier de la Banque royale, rue de Richelieu[10]. Déjà large, cette première assiette foncière fut complétée à l'automne par plusieurs autres acquisitions[11], alors que le bâtiment venait d'être entrepris. Confié au maître maçon Pierre Grandhomme, un des gros entrepreneurs parisiens, par un marché du 10 juillet suivant[12], le chantier allait durer un peu moins de deux ans ; il fut marqué par un différend entre le comte d'Évreux et Mollet, finalement remplacé par un nouveau maître d'œuvre, Jules Michel Hardouin[13]. Celui-ci acheva la demeure, en quelque sorte inaugurée lors d'un grand bal donné le 14 décembre 1720, auquel assista une partie de la cour, dont la maîtresse du comte d'Évreux, Mme de Lauragais. Présence inélégante mais qui avait le mérite de la franchise : le couple, sans enfant, vivait séparé « de corps » et de biens, et Évreux venait de rembourser l'essentiel de la dot. Il allait donc habiter seul dans son grand hôtel, dont les intérieurs reflétaient sa situation : seul le rez-de-chaussée de l'édifice était en effet aménagé, avec un appartement de parade et un petit appartement, les étages supérieurs étant laissés vides. Contrairement à l'usage dans la demeure aristocratique, l'hôtel d'Évreux ne possédait même pas de grand escalier pour accéder à l'étage noble – état qui durera jusqu'en 1806. L'Élysée était donc un hôtel de célibataire, qui vivait entouré de sa maisonnée et de ses amis.

Outre le marché de maçonnerie et ceux de serrurerie avec G. Cressart et de menuiserie avec J. Gaultier et Fr. Delahaye[14], la demeure est bien connue grâce aux planches gravées par Jean Mariette[15] et à deux expertises détaillées, réalisées en 1733 et 1753, documents que l'on peut confronter au bâtiment existant, qui a conservé une part significative de ses dispositions du début du XVIIIe siècle. L'importance du terrain avait permis à Mollet de proposer un parti de plan qui combine toutes les avancées de l'art distributif de l'hôtel parisien, mis au point depuis deux siècles. Établie « entre cour

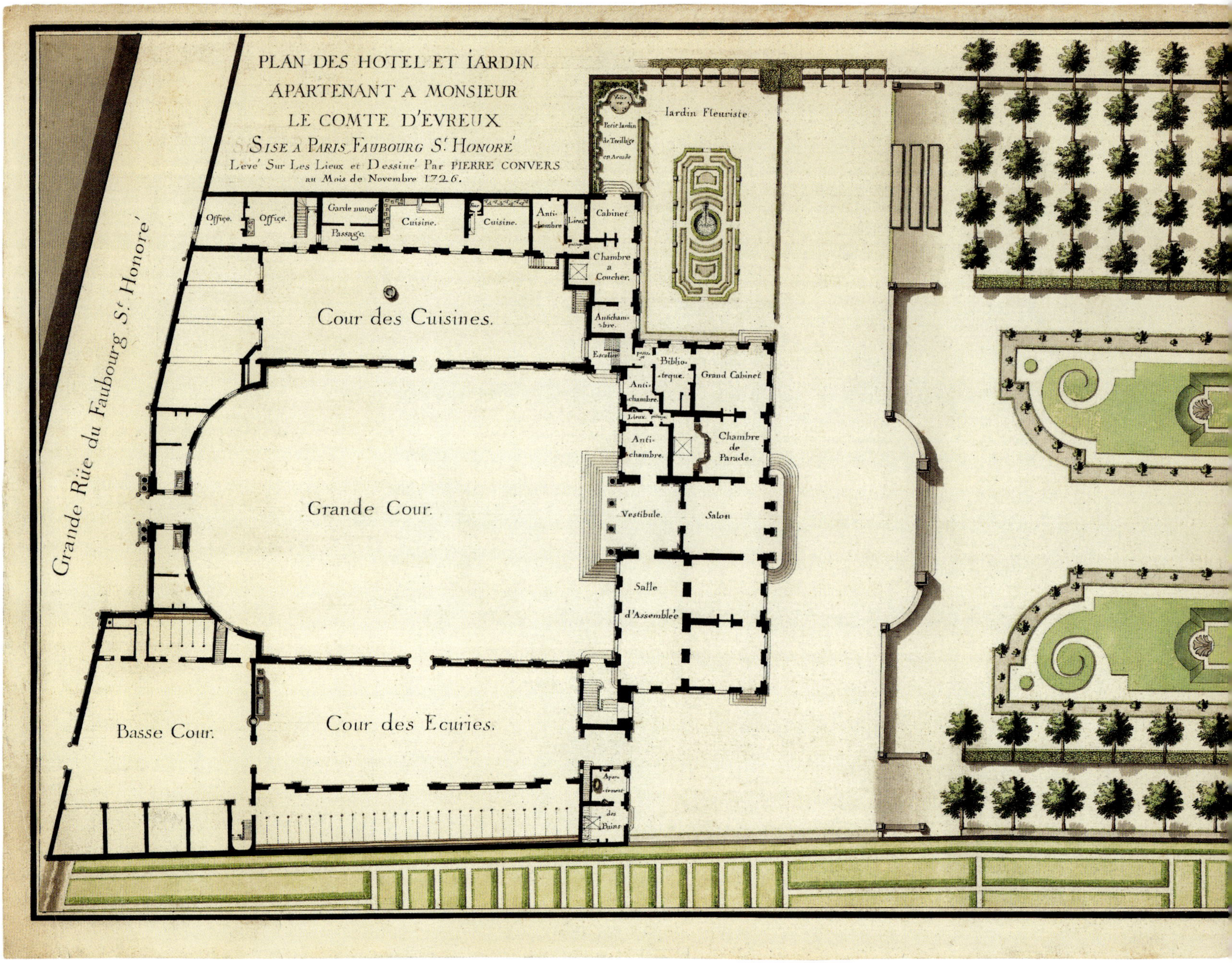

et jardin », suivant l'usage, la demeure s'annonce sur la rue par un portail cocher, donnant accès à la plus grande cour d'honneur de la capitale, après celle de l'hôtel de Soubise, qu'encadrent deux basses-cours : l'une à l'est pour la bouche, avec un puits ; l'autre en face pour le train, redivisée en deux espaces, l'un pour les écuries de 30 chevaux, l'autre au nord appelé « basse-cour », avec 4 remises et une petite écurie de 6 chevaux, disposant d'un accès direct sur la rue *(fig. 6)*. Entourés de bâtiments élevés à rez-de-chaussée, ces espaces sont fermés sur la grande cour par un mur écran simulant un rez-de-chaussée percé de baies feintes, appelé « mur renard ». Ce dispositif met en valeur le corps de logis principal, qui domine ainsi la cour : plus élevé, avec son étage carré sous un grand comble brisé à la française, il adopte un plan massé en rectangle, avec deux pavillons décrochés

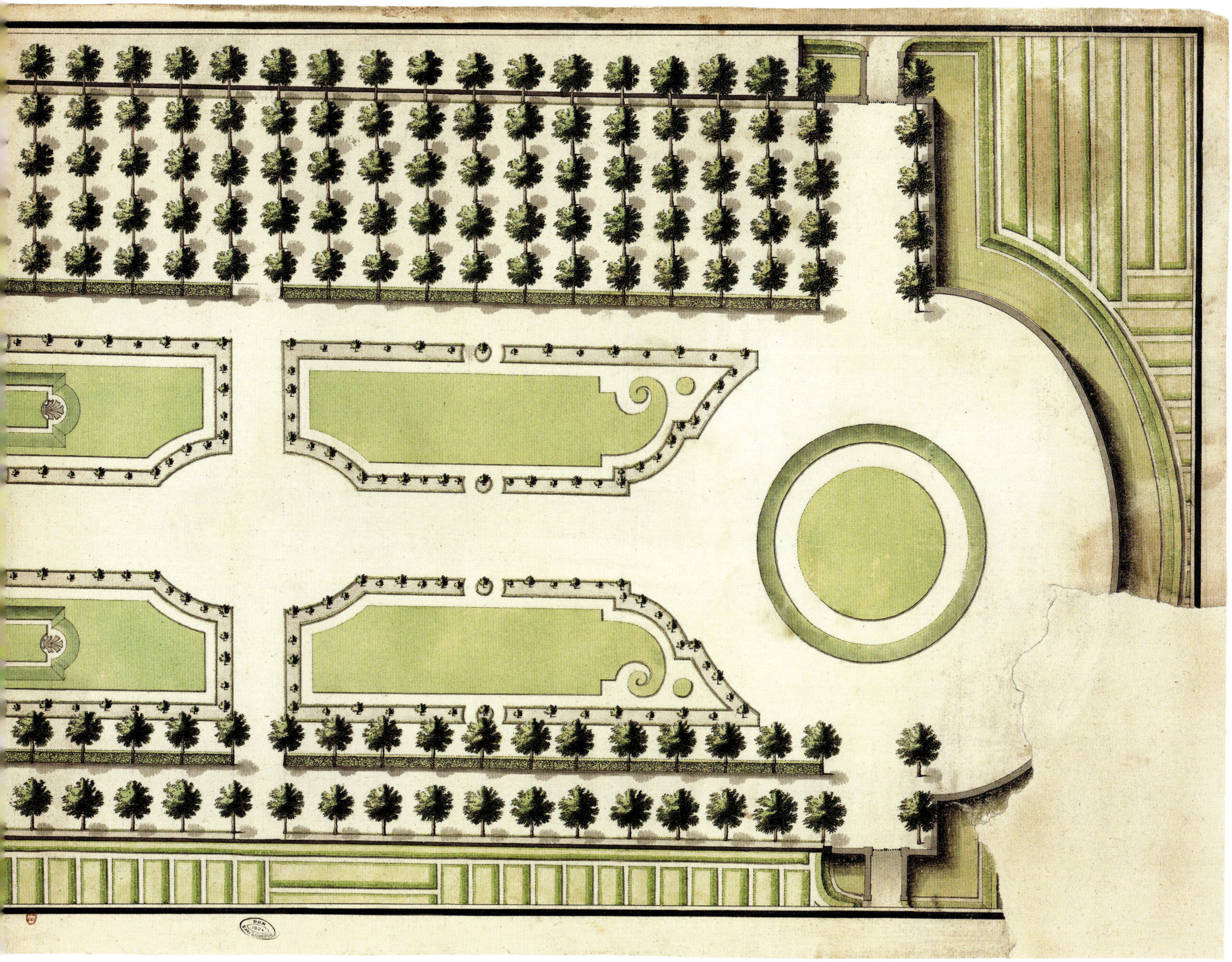

qui ferment la composition. Cette élévation hiérarchisée, combinée à l'éloignement des murs mitoyens, renforçait l'impression de grandeur de l'hôtel vu depuis le jardin, où il était seulement flanqué de deux petites ailes basses, placées en retrait et sans toiture visible. Mollet avait organisé tous ces éléments sur un axe unique, qui partait du portail, passait par le centre du logis et structurait le jardin jusqu'à la grande demi-lune qui le termine au sud[16]. Ce traitement de l'espace explique que le théoricien Jacques François Blondel parlait à propos de l'édifice d'une « maison de plaisance », et sans doute aussi que, dans le jargon politique du XXe siècle, il soit devenu le « château ». Cette porosité typologique est caractéristique des édifices de bord de ville, comme à l'hôtel Peyrenc de Moras (actuel musée Rodin).

fig. 6
PIERRE CONVERS (1705-1780)
Plan des jardins et de l'hôtel d'Évreux
novembre 1726
plume et encre de Chine, lavis d'encre rouge et aquarelle, 122,7 × 45,3 cm
PARIS, BIBLIOTHÈQUE NATIONALE DE FRANCE, VA 444 FT6

7

L'architecture de Mollet suivait les canons de l'architecture civile française, mise au point deux décennies plus tôt dans l'agence des Bâtiments du roi et qui perdura jusqu'aux années 1750 : façades bâties en pierre blonde de Saint-Leu ; articulations marquées par des échelles de bossages plats ; rythme ternaire des avant-corps ; diversification des percements, avec des baies couvertes à linteau droit, en segment d'arc ou en plein cintre ; concentration des ordres sur le portail et les avant-corps... Sur la rue, un mur aveugle s'ouvrait au centre par le portail flanqué de doubles colonnes d'ordre ionique et sommé d'un fronton curviligne, abritant les armes sculptées du propriétaire[17]. Les murs renards de la cour furent conçus comme une suite de baies « à la Lescot », habillées de bossages plats en table, reprenant le type des rez-de-chaussée des places royales de Louis XIV. La façade sur la cour *(fig. 7)* est articulée par un avant-corps central à fronton et deux pavillons latéraux fermant la composition latéralement. Suivant une mode qu'on retrouvait au château de Champs-sur-Marne, le rez-de-chaussée de l'avant-corps, orné de colonnes doriques engagées, était ouvert directement sur le vestibule[18] ; au-dessus, Mollet usa à l'inverse de pilastres d'ordre corinthien[19]. Sur le jardin, en revanche, l'architecte suivit la règle des trois avant-corps, sur un rythme A-B-C-B-A. De ce côté, toutes les baies sont en plein cintre ; l'architecte a inversé le traitement plastique de l'avant-corps : pilastres ioniques en bas, colonnes libres corinthiennes en haut *(fig. 8)*. S'il est pourvu d'un grand balcon filant au premier étage, cet avant-corps n'est pas couronné d'un fronton, mais seulement de trois oculi dans le comble, affaiblissant l'effet monumental de la composition[20], ce que ne manqua pas de dénoncer Blondel dans son analyse critique de l'édifice, trente ans plus tard. Mollet ne montrait ici qu'un faible génie : incapable d'aller vers la puissance tranquille d'un Boffrand, son art était également inférieur à celui des Mansart et des Gabriel, tant dans les proportions que dans l'art des profils. Et si Blondel parlait des « inadvertances sans nombre qu'on remarque dans ses façades », pour Piganiol de La Force, en 1765, « les proportions de l'architecture sont mauvaises en tout et surtout celles des croisées » !

8

La distribution intérieure de l'hôtel se distinguait, on l'a dit, par l'absence d'un élément attendu : le grand escalier d'apparat, que remplaçait un degré de moyenne envergure placé dans le pavillon latéral ouest, une position mal commode pour desservir le bel étage[21]. Par ailleurs, on relève la présence d'un espace qui tend alors à disparaître dans l'hôtel parisien : la grande salle, ici établie à droite du vestibule d'entrée. Celui-ci, placé au centre de la demeure côté cour, communiquait directement au grand salon, pièce nouvelle et promise à un bel avenir, placée dans la même situation côté jardin[22]. Ce système vestibule-salon ainsi établi sur l'axe central, formule inventée au château de Vaux-le-Vicomte, connut un grand succès dans la distribution française au XVIIIe siècle.

L'hôtel possédait deux appartements au rez-de-chaussée. Le plus grand, dit de parade, comportait, après la *grande salle* sur la cour, une enfilade sur le jardin : *deux antichambres*, dont seule la seconde subsiste aujourd'hui, puis le *grand salon* central avec trois portes-fenêtres sur la terrasse, suivi de la *chambre de parade*, avec une alcôve à colonnes corinthiennes *(fig. 15)*[23], enfin le *grand cabinet*, que suivait en arrière une *bibliothèque*. L'appartement privé se développait en retour dans l'aile orientale, avec son enfilade habituelle : *antichambre*, *chambre à coucher* avec alcôve, *cabinet* et *lieux* ; une petite *antichambre*, accessible depuis la cour des cuisines, desservait cette partie par l'arrière. À l'opposé, l'aile basse occidentale abritait un petit « appartement des bains » de deux pièces, isolé dans la tradition née au XVIe siècle ; une telle disposition, plutôt rare dans l'habitat élitaire parisien de l'époque, ira en se développant au Siècle des lumières. Au premier étage, où l'usage place d'ordinaire l'appartement de madame, le plan gravé en 1727 indique une distribution où se distingue un grand salon central ouvrant par un grand balcon sur le jardin[24], tandis que les combles abritaient des chambres de service et trois garde-meubles. Cet état des lieux ne changea pas après la mort de la comtesse d'Évreux, en 1729[25].

La décoration des intérieurs, conduite par Hardouin, fut confiée à Michel II Lange, sculpteur ornemaniste alors fameux. Altérés au cours du temps, ces décors sont connus

fig. 7
JEAN-MICHEL CHEVOTET (1698-1772)
Élévations de la façade sur la cour de l'hôtel d'Évreux
1726
dessin à l'encre et lavis d'aquarelle sur papier, 13,7 × 30,9 cm
PARIS, MUSÉE CARNAVALET, D.9795

fig. 8
JEAN-MICHEL CHEVOTET (1698-1772)
Élévations de la façade sur jardin de l'hôtel d'Évreux
1726
dessin à l'encre et lavis d'aquarelle sur papier, 30,5 × 63 cm
PARIS, BILIOTHÈQUE HISTORIQUE DE LA VILLE DE PARIS, RÉSERVE B705a

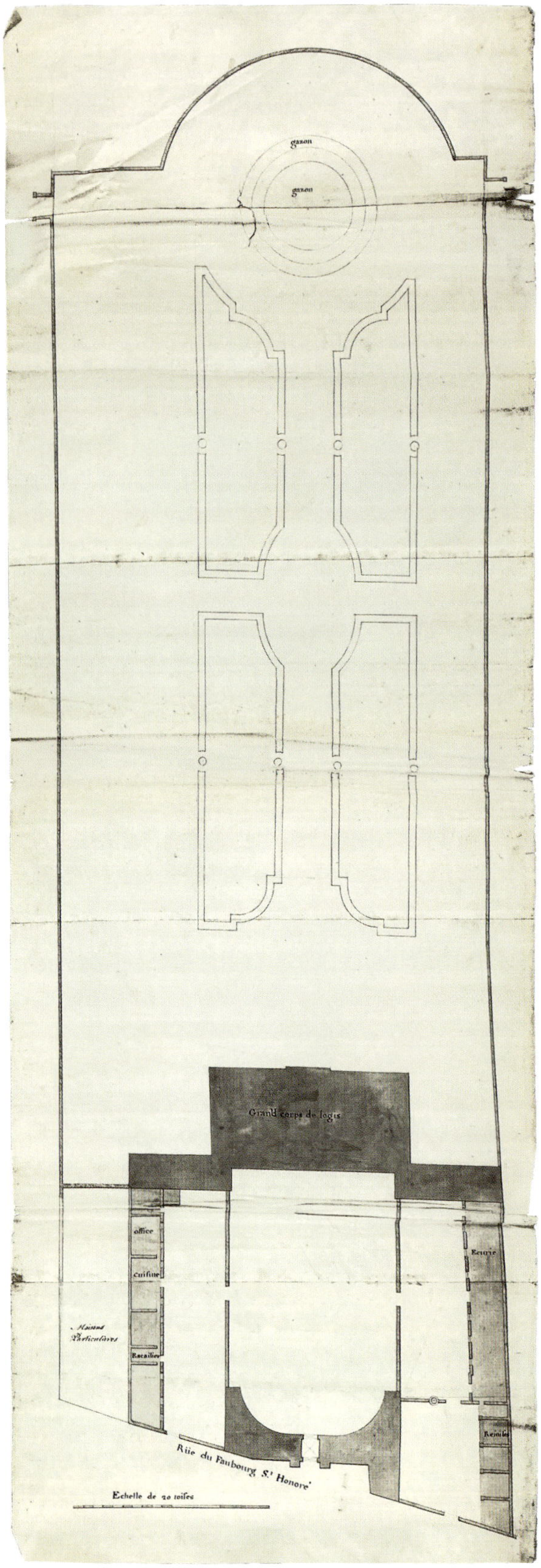

9

par de beaux vestiges[26] et des documents ; on possède ainsi les dessins des trophées militaires qui ornaient les portes du vestibule *(fig. 12, 13 et 14)*, disparus au début du XIXe siècle.

Enfin, le jardin d'origine est bien connu par un beau relevé de la demeure, daté de novembre 1726 et dû à Pierre Convers *(fig. 6)*, relevé que confirment les autres sources disponibles. Très étiré en longueur, il était aménagé suivant l'habitude parisienne : après une grande terrasse maçonnée devant le corps de logis, un perron permettait de gagner au centre le parterre, que fermaient latéralement deux alignement d'arbres, en l'occurrence des marronniers. On observe qu'il n'y avait dans ce premier jardin ni broderie, ni statue, ni pièce d'eau. Les quatre pièces de gazon, rectangulaires, se terminaient au sud par un grand rond en pelouse, débordant sur les jardins des Champs-Élysées en demi-lune ; cette situation découlait d'une faveur accordée au nom du roi par le Régent au comte d'Évreux en 1721[27]. Au moyen d'une clôture invisible, un fossé sec, également appelé ha-ha, on jouissait depuis l'hôtel « du spectacle agréable des Champs Elisées qui semblent lui servir de parc » (Blondel).

L'HÔTEL DE MADAME DE POMPADOUR

À la mort du comte d'Évreux, en janvier 1753[28], en son hôtel, son neveu et légataire universel, le prince de Turenne, mit en vente la grande demeure, expertisée durant l'été[29] : elle fut acquise en décembre suivant, moyennant 500 000 livres, par la marquise de Pompadour[30]. Si la maison, élevée à peine trente ans plus tôt, était en bon état, la nouvelle maîtresse des lieux avait dressé un programme de travaux ambitieux d'appropriation et de décoration, confié à son architecte favori, Jean Cailleteau, dit Lassurance (1690-1755). Il est connu par le témoignage du sévère Blondel, qui visita les lieux avec le maître d'œuvre dès le 3 septembre 1753, avant même la vente donc[31]. L'opération principale consistait à élever un grand escalier, qui aurait été placé dans le volume de l'ancienne salle alors sacrifiée, en ouvrant largement celle-ci sur le vestibule ; de l'autre côté, en pendant, une nouvelle pièce devait abriter la salle à manger. À l'étage enfin, les appartements vides devaient être aménagés. La mort de la fille de Mme de Pompadour, Alexandrine, en 1754, suivie de celle de Lassurance, l'année suivante, semble avoir précipité l'abandon de ce programme.

Cependant, quelques travaux furent bien réalisés, pour un montant important, soldé après la mort de la commanditaire ; on connaît de ce fait le nom de tous les artisans ayant travaillé dans la demeure : le menuisier Guesnon, le serrurier Bochois, le peintre Dubois, le marbrier Trouard, tous liés aux Bâtiments du roi, et le sculpteur ornemaniste Jacques Verbeckt. Dans l'appartement de parade, la seconde antichambre avait reçu des dessus-de-porte peints représentant des résidences de Mme de Pompadour, soit Ménars, Crécy et Saint-Ouen ; une nouvelle cheminée en sarancolin prit place dans la chambre de parade, tandis qu'une autre, en marbre griotte d'Italie, fut posée en novembre 1755 dans le grand cabinet ; dans cette pièce, les portraits de la famille d'Évreux furent remplacés par ceux des Muses, qui donnèrent bientôt leur nom à la pièce. Dans le pavillon oriental

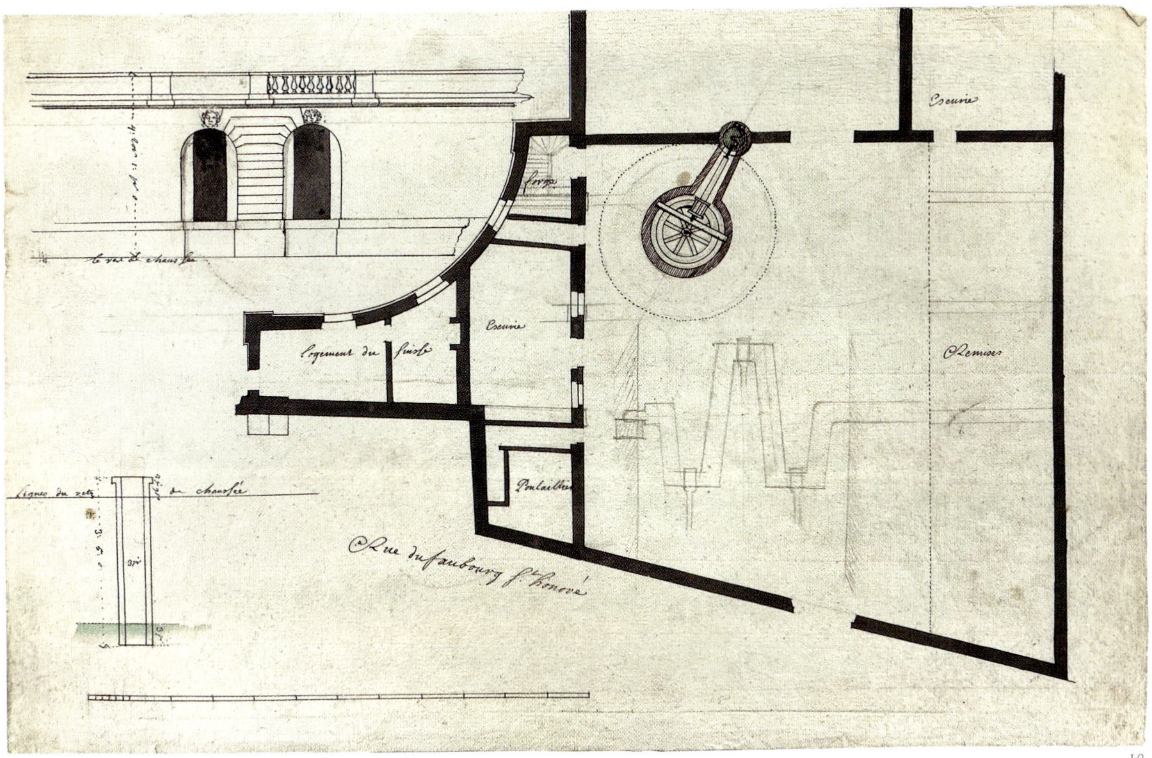

10

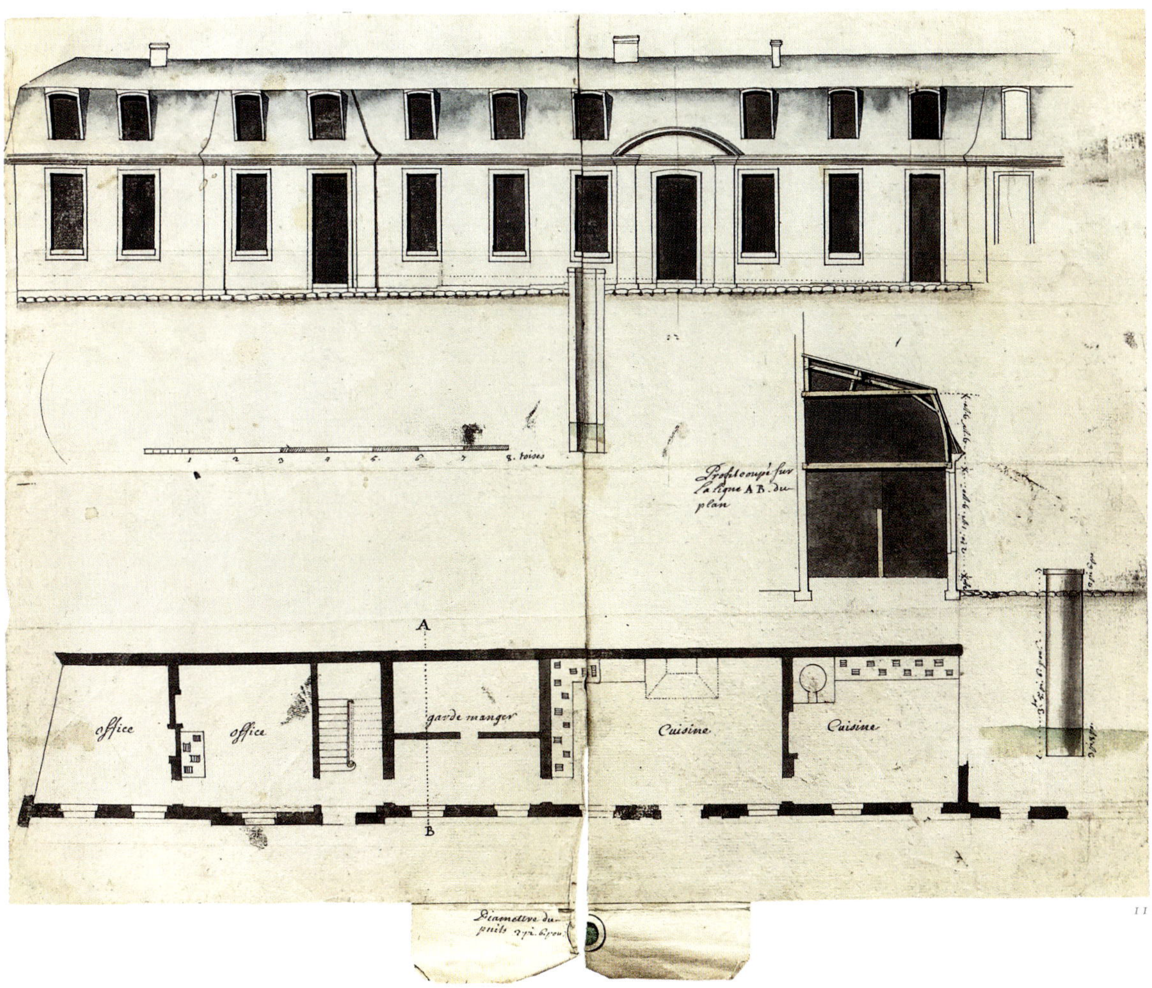

11

fig. 9
ARMAND CLAUDE MOLLET (1660-1742)
Plan de l'hôtel d'Évreux et des jardins
1718-1722
dessin au crayon graphite et encre sur papier, 121 × 43 cm
STOCKHOLM, NATIONALMUSEUM, NMH 93/2004

fig. 10
ARMAND CLAUDE MOLLET (1660-1742)
Basse-cour de l'hôtel d'Évreux
Plan et élévation partielle de la façade
1718
dessin au crayon graphite et encre sur papier, 27,7 × 44,3 cm
STOCKHOLM, NATIONALMUSEUM, NMH 94/2004

fig. 11
ARMAND CLAUDE MOLLET (1660-1742)
Bâtiment de service de l'hôtel d'Évreux
Plan et élévation de la façade
1718
dessin au crayon graphite et encre sur papier, 30,5 × 40,7 cm
STOCKHOLM, NATIONALMUSEUM, NMH 96/2004

Hôtel d'Evreux
(Elysée)
Deureux
Trophée d'armes posées sur la porte d'un
vestibule

12

Deureux

13

Trophée d'armes du vestibul de l'hotel deureux faux bourg S. honnoré
(Elysée)
19.

14

15

sur la cour, le petit escalier fut détruit pour être replacé dans la travée attenante du corps de logis, permettant de créer une antichambre qui, agrandie vers l'est, desservait directement le petit appartement depuis la grande cour. Celui-ci fut modifié, tant par la transformation de la chambre du comte d'Évreux en salle à manger que par l'adjonction de petites pièces gagnées sur la cour des cuisines. Enfin, le petit appartement des bains dans l'aile occidentale fut agrandi par la suppression du passage conduisant au jardin, et la chambre du bain, alors mise en octogone, reçut un nouveau décor raffiné.

L'inventaire après décès de la marquise montre, en 1764, que ses appartements du rez-de-chaussée étaient meublés et décorés avec faste, ce dont témoigne le fameux journal de Lazare Duvaux[32]. Les pièces de l'étage sont également décrites, mais sans dénomination précise, sinon l'« appartement de la bibliothèque » comprenant plusieurs pièces, dont une antichambre ; on y trouve surtout, comme sous les combles servant de garde-meuble, diverses pièces de mobilier, ainsi que des tapisseries en grand nombre.

Mme de Pompadour a davantage transformé l'Élysée dans ses dehors, grâce à trois extensions foncières, qui prouvent son intérêt pour la demeure. D'abord, en avril 1755, elle acquit de Mme de Thorigny une grande parcelle côté ouest, allant jusqu'aux Champs-Élysées, qui lui permit d'établir un jardin en contrebas de celui d'origine, de forme allongée. Elle rachèta un autre terrain également sur la rue, du côté oriental cette fois, au revers des communs, de 120 toises. Elle y aménagea un petit jardin, dit des Goulettes. Enfin, côté sud, elle obtint du roi, *via* la direction des Bâtiments que dirigeait son frère, le marquis de Marigny, un terrain qui fut pris sur la promenade publique des Champs-Élysées. Cette extension, qui provoqua la colère des Parisiens, lui permit

fig. 12
Trophée d'armes posé sur la porte d'un vestibule Hôtel d'Évreux
XVIIIe siècle
dessin à la plume et lavis à l'encre de Chine, 11 × 15 cm
PARIS, BIBLIOTHÈQUE NATIONALE DE FRANCE, RESERVE FOL-VE-53 (F)660 A29136

fig. 13
Trophée d'armes, dessus-de-porte, hôtel d'Évreux
XVIIIe siècle
dessin à la plume et lavis à l'encre de Chine, 7,9 × 13,2 cm
PARIS, BIBLIOTHÈQUE NATIONALE DE FRANCE, RESERVE FOL-VE-53 (F)657 / A29133

fig. 14
Trophée d'armes du vestibule de l'hôtel d'euvreux faux bourg St honoré (Élysée)
XVIIIe siècle
dessin à la plume et lavis à l'encre de Chine, 11 × 17,2 cm
PARIS, BIBLIOTHÈQUE NATIONALE DE FRANCE, RESERVE FOL-VE-53 (F)659 / A29135

fig. 15
Décoration de la chambre de parade de l'Hôtel d'Évreux du côté de l'estrade où est placé le lit
gravure à l'eau-forte, 25 × 34 cm
Paris, Chez Jean Mariette, 1727
PARIS, BIBLIOTHÈQUE NATIONALE DE FRANCE, VA 281A, t. 1, H64261

d'aménager un grand potager, relié au jardin principal par un emmarchement qui remplaça le fossé en demi-cercle, alors comblé[33]. Pour souligner le nouveau rôle de l'ancienne demi-lune, la marquise fit placer au centre du rond de pelouse un groupe sculpté en marbre commandé à Pigalle en 1754, *L'Amour et l'Amitié*[34]. Une copie des *Enfants à la chèvre* de Sarazin, par Vinache, et un petit *Amour* de Falconet au centre du jardin fleuriste, complétaient le décor sculpté du jardin.

À la mort de la marquise, en avril 1764, l'hôtel passa au roi auquel elle le destinait, en faveur du comte de Provence, alors âgé de neuf ans. La Couronne récupèra la demeure et dédommagea le marquis de Marigny, mais pour y établir « l'Hôtel des ambassadeurs extraordinaires », jusque-là mal logés rue de Tournon. Quatre ans plus tard, le Garde-meuble de la Couronne s'installait provisoirement dans les lieux, le temps que s'achevât l'aménagement du palais de la place Louis-XV (actuel hôtel de la Marine[35]). L'architecte Soufflot, contrôleur des Bâtiments de Paris, qui demeurait dans l'hôtel, y possédait même un potager. Si la demeure ne connut pas de travaux majeurs, sinon des mesures de protection de ses décors intérieurs, on note que les trois extensions foncières de Mme de Pompadour furent annulées. La Couronne revendit ainsi en 1769 au financier Bouret le « jardin des Goulettes », tandis que le potager gagné sur les Champs-Élysées fut supprimé et le fossé sec de 1720 rétabli. Surtout, sur l'ancienne propriété des Thorigny, à l'ouest donc, le marquis de Marigny poussa en 1767 au percement d'une avenue plantée d'une double rangée d'arbres, entre la rue du Faubourg-Saint-Honoré et les Champs-Élysées. Cette large voie, qui a conservé le nom du frère de la Pompadour, fixait désormais la limite occidentale de l'hôtel[36].

N'ayant pas l'usage d'une demeure supplémentaire dans la capitale, la Couronne revendit finalement l'hôtel de Pompadour dès octobre 1773[37].

UN HÔTEL DE BANQUIER

Riche banquier d'origine bordelaise[38], Nicolas Beaujon s'établit en 1774 dans la demeure, où il mourut douze ans plus tard. Durant cette période, à peine plus longue que l'occupation de Mme de Pompadour, l'hôtel connut une nouvelle campagne de travaux d'embellissements, cette fois plus ambitieuse. L'architecte sollicité, Étienne Louis Boullée (1728-1799), redécore en partie la demeure, mais surtout en agrandit les bâtiments pour la première fois depuis 1720. Ce chantier prend place en 1775-1778, avant qu'un différend n'entraîne une expertise et le départ de Boullée, remplacé par son élève, Girardin[39], auteur de la serre du jardin.

On connaît bien ces travaux effectués dans l'appartement de parade[40] : la grande salle, désuète, fut ainsi recoupée en deux espaces inégaux, un billard et une salle des buffets ; dans le grand salon, dont la porte communiquant au vestibule fut fermée, Boullée redessina les cadres de glace et fit réaliser de nouveaux dessus-de-porte ornés de paires d'enfants, par le sculpteur François Joseph Duret, admirable décor toujours en place *(fig. 21)* ; dans la chambre de parade, le sculpteur Gilles Cauvet refit les trois

fig. 16
PIERRE ANTOINE DEMACHY (1723-1807)
Vue du palais de l'Élysée et ses jardins
1773
peinture sur toile, 59 × 98 cm
COLLECTION PARTICULIÈRE

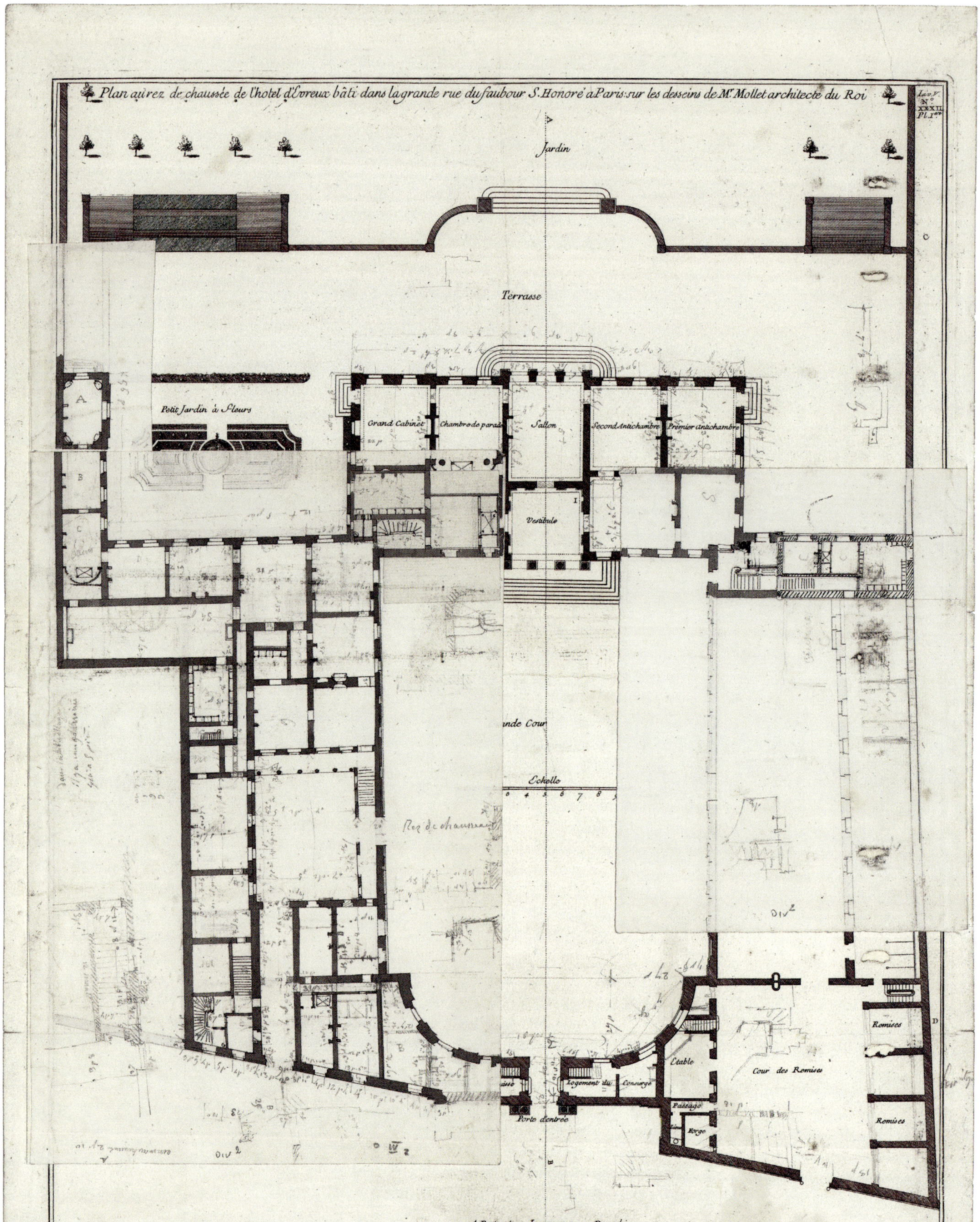

Plan au rez de chaussée de l'hotel d'Evreux bâti dans la grande rue du faubour S. Honoré a Paris: sur les desseins de Mr. Mollet architecte du Roi
Jardin
Terrasse
Petit Jardin à Fleurs
Grand Cabinet
Chambre de parade
Sallon
Second Antichambre
Premier Antichambre
Vestibule
Echelle
Etable
Cour des Remises
Remises
Logement du Concierge
Passage
Forge
Porte d'entrée
A Paris chez JOMBERT, rue Dauphine
439

17

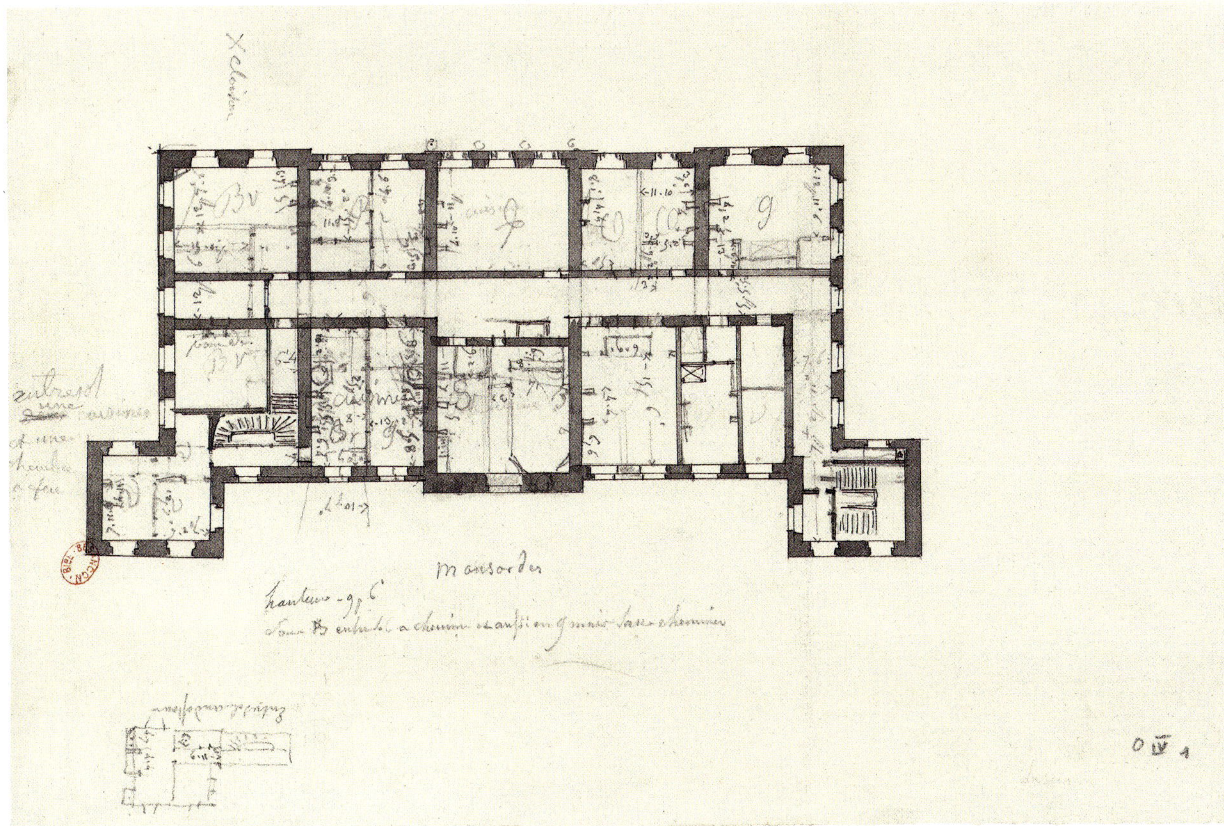

18

encadrements de glaces ; enfin, une petite chambre fut aménagée après le cabinet d'angle, dont subsistent deux portes ornées de motifs à l'antique, côté jardin.

Le petit appartement était à la fois doublé et étendu. Boullée réalisa en effet une extension de l'aile de Mollet jusqu'au mur mitoyen, puis son retour sur quatre travées, en respectant l'architecture d'origine. Dans ce bâtiment en L, il put ainsi proposer une nouvelle distribution, la *chambre* étant désormais située dans l'aile adossée au mitoyen, avec une alcôve, suivie d'un *cabinet de toilette* et d'un *boudoir* (actuel salon d'argent), dont la voussure était ornée de peintures et de stucs, également dus à Duret. Surtout, profitant d'une petite place au nord-est, vestige de l'ancien jardin des Goulettes, Boullée put élever une galerie de plan rectangulaire, destinée aux tableaux de Beaujon et ornée de six grandes statues, ainsi qu'une bibliothèque à côté, en retour vers le nord. Étant prises entre les maçonneries des refends et des mitoyens, et donc aveugles, les deux pièces étaient éclairées de manière zénithale. De ce côté, l'ancienne cour des cuisines était en partie bâtie au sud, aménagements permettant l'installation des bureaux de la banque, qui disposaient d'une sortie directement sur la rue.

À l'opposé, côté occidental, l'ancien appartement des bains en aile, déjà remanié pour la Pompadour, fut à nouveau repris : la dernière pièce en devint une *chapelle*, dont l'autel fut dressé contre le mur ouest.

Dans le jardin, Beaujon lança également un chantier qui vint rompre avec le dessin mis en place depuis Mollet. Désormais, une large allée centrale est bordée de deux doubles plates-bandes de gazon et de rangées d'arbres en caisses. La demi-lune

fig. 17
PIERRE ADRIEN PÂRIS (1745-1819)
Plan du rez-de-chaussée de l'hôtel d'Évreux
1750-1799 (?)
gravure à l'eau-forte annotée, 54,9 × 43,5 cm
BESANÇON, BIBLIOTHÈQUE MUNICIPALE,
CARTON O IV, Nº 2 BM D'ÉTUDE

fig. 18
PIERRE ADRIEN PÂRIS (1745-1819)
Plan du premier étage de l'hôtel d'Évreux
1750-1799 (?)
gravure à l'eau-forte annotée, 43,3 × 52,6 cm
BESANÇON, BIBLIOTHÈQUE MUNICIPALE,
CARTON O IV, Nº 1 BM D'ÉTUDE

accueillait désormais un bassin en eau, le premier de l'histoire du jardin. Enfin, devant les alignements d'arbres conservés, se dressaient désormais dix grandes statues en pierre de Tonnerre, représentant des muses, que complétaient de nombreux vases posés sur de petits dés de pierre carrés. Cette disposition, que décrit Luc Vincent Thiéry dans son fameux *Guide* de 1787, se rapproche de ce que montre un rare tableau de Pierre Demachy *(fig. 16)*[41].

L'HÔTEL DE BOURBON

Entre la mort de Beaujon dans son hôtel, en décembre 1786, et la tourmente révolutionnaire, prend place le dernier chapitre de l'histoire de la demeure sous l'Ancien Régime. Chapitre bref, qui vit l'édifice racheté par Louis XVI, et finalement cédé à sa cousine, Bathilde d'Orléans, princesse du sang[42], en juin 1787, pour plus d'un million de livres. Malgré l'état luxueux de la maison, la princesse lança à son tour des travaux, qu'elle confia à Pierre Adrien Pâris (1745-1819), architecte des Menus Plaisirs[43]. Cet ultime chantier, qui dura jusque vers 1790, n'était pas soldé quand la princesse fut arrêtée en pleine Terreur.

Si le corps central ne connut presque aucune modification *(fig. 16)*, sinon l'entresolement du premier étage, les soins de la nouvelle propriétaire se portèrent sur le petit appartement, dont la distribution et le décor furent à nouveau sensiblement modifiés. La chambre fut ainsi déplacée dans le corps de logis est : elle fut alors dotée d'une grande alcôve en hémicycle, gagnée sur l'ancienne galerie de peinture de Boullée, sacrifiée au grand regret des connaisseurs (actuelle bibliothèque de Napoléon III). La chambre neuve de Beaujon devint un cabinet de toilette, son cabinet de toilette un cabinet des tableaux, et l'ancien boudoir à l'extrémité de l'enfilade prit sa forme actuelle, plus simple.

Les interventions de Pâris furent de plus de conséquence dans les anciennes basses-cours, sans qu'on soit assuré de bien faire le départ entre ses travaux et ceux de son prédécesseur. Côté oriental, en les affectant aux cuisines puis aux bureaux de la banque Beaujon, il acheva le processus de transformation, qui avait réduit la cour à une moitié, et aménagea une salle à manger de plan rectangulaire contre le pavillon oriental du corps de logis[44]. En face, il opéra la même réduction de la cour, en bâtissant au sud un ensemble où furent établies les nouvelles cuisines. Au nord-ouest, un bâtiment avait été dressé à l'angle de la rue du Faubourg-Saint-Honoré et de l'avenue Marigny, dégagé sur cette dernière par une longue cour rectangulaire ; celle-ci était fermée au sud par un petit corps de logis formé d'une grande salle de plan carré et d'un petit pavillon carré à angles rabattus, ensemble ajouté à l'extrémité de l'aile de 1720[45].

Les travaux du grand jardin furent autrement plus radicaux que tous les précédents chantiers. Pâris mit en effet à bas l'ancien système orthogonal, pour créer un grand jardin « à l'angloise », évoquant pour la princesse d'Orléans ses séjours délicieux au château de Chantilly, demeure de son mari, le prince de Condé. Dès juillet 1787, tout était retourné, les alignements abattus et l'ancien jardin fleuriste effacé : une grande

pelouse centrale fut créée, avec une rivière artificielle et des bosquets irréguliers aménagés de part et d'autre *(fig. 19)*. Le grand bassin rond de Beaujon fut également détruit, tandis que Pâris créa une « fontaine rocheuse », dominée par une statue assise et ornée en partie basse de deux lions, sculptés par Delaître sur le modèle de ceux du Capitole[46].

Au moment où éclata l'orage révolutionnaire, l'hôtel de Bourbon, propriété d'une princesse du sang, affichait donc un luxe insolent et splendide, avec un jardin privé immense. Partant, tout le condamnait aux yeux du nouveau monde rêvé par les Jacobins. Par un double miracle, tandis que Mme de Bourbon devait mourir dans son lit, l'hôtel allait rester intact, grâce à une métamorphose populaire[47]. Sitôt l'ordre revenu, il reprendrait son rang de grande demeure, avant de servir une autre histoire, celle du Pouvoir.

fig. 19
Le jardin et l'hôtel d'Évreux appartenant à Madame la marquise de Pompadour
imprimé par Daumont à Paris, après 1753
gravure à l'eau forte colorée à l'aquarelle,
29,5 × 44,1 cm
PARIS, BIBLIOTHÈQUE NATIONALE DE FRANCE, DÉPARTEMENT DES ESTAMPES ET DE LA PHOTOGRAPHIE, LI-72 (1)-FOL

LES BOISERIES DE L'HÔTEL D'ÉVREUX

MURIEL BARBIER

20

Le palais de l'Élysée abrite encore aujourd'hui un ensemble de boiseries datant du XVIIIe siècle. Bien que largement restaurées et remaniées au fil du temps, certaines permettent d'entrevoir la richesse du décor de l'hôtel initial *(fig. 20, 21 et 22)*.

De 1718 à 1722 furent aménagés les salons du rez-de-chaussée. Les travaux relatifs aux lambris sont connus grâce aux mémoires d'artisans révélés par l'inventaire après décès de Marie Anne Crozat, épouse du comte d'Évreux. Un marché avait été signé le 8 février 1719 auprès de Jacques Gaultier et François Delahaye pour la menuiserie, Pierre Turpin pour la peinture et la dorure, Michel II Lange, Jean Martin Pelletier et Jacques Louis Herpin pour la sculpture de boiserie[1]. Gaultier et Delahaye s'engageaient à œuvrer « suivant les dessins qu'il en a été fait par Mr Claude Mollet[2] ». Jacques Gaultier, maître menuisier, fils de maître menuisier, résidant 171 rue Saint-Roch, travailla ensuite pour une maison place Vendôme puis, de 1748 à 1754, à l'hôtel de Rohan-Strasbourg et, en 1754, à l'hôtel de la Vieuville à Versailles[3]. Louis Jacques Herpin, sculpteur du roi, professeur à l'Académie de Saint-Luc, est également bien connu. Il habitait rue Poissonnière. Après une première intervention en 1687 sur les arcs de la colonnade du parc de Versailles avec Desgoullons, Jouvenet et Van Clève, il mena de nombreux chantiers entre 1700 et 1710 dans plusieurs hôtels parisiens. De 1709 à 1711, il travaille à la chapelle des Invalides et à celle de Versailles. Vers 1728-1730, il fournit onze planches gravées publiées dans *L'Architecture française* de Mariette, concernant des décors pour l'hôtel de Soubise dont certains sont dits exécutés[4]. Quant à Michel II Lange, il était maître sculpteur à l'Académie de Saint-Luc et sculpteur ordinaire du duc d'Orléans et de la Ville de Paris. Il résidait rue du Vertbois. Sa carrière se confond avec celle de son père Michel Ier jusqu'à ce qu'il apparaisse personnellement en 1706 dans le marché de sculptures de l'hôtel de Rohan-Strasbourg et en 1707 dans celui du décor de la cour de l'hôtel de Soubise. En 1707-1709, il sculpte les lambris de l'hôtel de Mayenne associé à Herpin[5]. Il semble avoir œuvré relativement seul aux lambris du salon de l'hôtel d'Évreux. Le comte d'Évreux aurait fait appel à lui sur les conseils du duc d'Orléans. On retrouve Michel II Lange et Herpin à l'hôtel de Matignon en 1726 puis, de 1736 à 1740, Michel II Lange fit partie de l'équipe qui œuvra sous la direction de Boffrand au décor de l'hôtel de Soubise. Ce sont donc des artisans bien implantés au sein de la clientèle parisienne de la Régence qui contribuèrent au décor des grands appartements de l'hôtel d'Évreux.

Les élévations de la première antichambre, du salon et de la chambre ont été publiées dans *L'Architecture française* de Jean Mariette. L'antichambre *(fig. 15)* – qui se trouvait à l'extrémité sud du salon Murat – était revêtue de panneaux de haut lambris soulignés par des moulures droites au profil en doucine, de trumeaux de glace dont l'angle des encadrements était orné de feuilles d'acanthe et de palmettes et, en partie haute, de panneaux sculptés plus richement décorés alternant avec les dessus-de-porte peints à l'huile sur toile et pourvus d'un encadrement mouluré ponctué de feuilles d'acanthe, de fleurons et de coquilles[6]. Ces lambris ont aujourd'hui totalement disparu.

Le salon présentait de somptueuses boiseries blanc et or dues à Michel II Lange et toujours à leur place *(fig. 20)*. Il comportait douze panneaux de hauteur sculptés de trophées militaires. Le trumeau de glace de la cheminée était sommé d'un cartouche à la tête du dieu Mars flanqué de divers ornements. Le trumeau opposé

21

22

portait un décor similaire surmonté de la tête de Minerve. Des dragons volants et des bordures chantournées complétaient ce décor à caractère martial qui était comme un hommage à son propriétaire, colonel général de cavalerie.

Dans la chambre de parade, pièce dans laquelle on recevait, le décor offrait également une grande richesse de sculpture. L'alcôve était délimitée par des colonnes et des pilastres doubles cannelés d'ordre corinthien reposant sur un piédestal à hauteur du lambris d'appui mouluré, doré et sculpté du chiffre de Louis de La Tour d'Auvergne. Côté jardin et sur le mur de refend, la chambre était lambrissée par quatre grands panneaux cintrés en anse de panier et sculptés ; le reste de la pièce était couvert d'un lambris d'appui simplement mouluré laissant l'espace disponible pour les tentures[7].

Les lambris de la seconde antichambre (actuel salon des Aides de camp) *(fig. 21)* et du salon des Muses (actuel salon des Portraits) *(fig. 22)* ne figurent pas dans l'ouvrage de Mariette mais leur état actuel reflète encore la splendeur des appartements de parade du comte d'Évreux. La conception de ces décors semble faire écho à la remarque de Jacques François Blondel : « il faut encore avoir pour règle indispensable d'accorder les ornements d'une pièce avec son usage, et d'en proportionner la richesse avec celle de la pièce qui la suit[8] ».

Lorsque Mme de Pompadour prit possession des lieux, l'appartement de parade conservait ses lambris. Le sculpteur Jacques Verberckt et son atelier se contentèrent donc d'exécuter de nouvelles cheminées et de compléter les lambris des deux antichambres[9].

fig. 20
MICHEL II LANGE, JEAN MARTIN PELLETIER ET JACQUES LOUIS HERPIN
Détail du lambris du salon des Ambassadeurs
1719-1722
bois sculpté peint et doré
(en situation)

fig. 21
MICHEL II LANGE, JEAN MARTIN PELLETIER ET JACQUES LOUIS HERPIN
Détail du lambris du salon des Aides de camp
perspective vers le salon des Ambassadeurs
1719-1722
bois sculpté peint et doré
(en situation)

fig. 22
MICHEL II LANGE, JEAN MARTIN PELLETIER ET JACQUES LOUIS HERPIN
Détail du lambris du salon des Portraits
1719-1722
bois sculpté peint et doré
(en situation)

LOUIS HENRI DE LA TOUR D'AUVERGNE, COMTE D'ÉVREUX (1674-1753)

MURIEL BARBIER

23

Le premier propriétaire de l'hôtel d'Évreux – auquel il a laissé son nom – était le quatrième fils du gouverneur d'Auvergne, Godefroy Maurice de La Tour d'Auvergne, duc de Bouillon, et de Marie Anne Mancini, nièce de Mazarin. Né le 2 août 1674, il était aussi le petit-neveu d'Henri de La Tour d'Auvergne, maréchal de Turenne (1611-1675), et du cardinal Mazarin, ainsi qu'un proche du comte de Toulouse[1]. Avec la perfidie qu'on lui connaît, en 1708, Saint-Simon le décrivait en ces termes : « Né quatrième cadet de M. de Bouillon, avec une figure fort ordinaire et un esprit au-dessous, le jargon du monde et surtout celui des femmes, et tout ce qu'il avait en lui tourné à l'ambition, suppléa aux autres qualités, avec des vues et une certaine adresse[2]. » Au sujet de sa carrière militaire, le mémorialiste n'était guère plus clément :

> « Avec un esprit médiocre, il savait tout faire valoir, et n'était pas moins occupé de sa maison que tous ses parents. Il en tirait fort peu, il n'avait qu'un nouveau et méchant petit régiment d'infanterie, il était assidu à la guerre et à la cour. Il savait se faire aimer. On était touché de le voir si mal à son aise, si reculé, si éloigné d'une meilleure fortune. Il s'attacha au comte de Toulouse : cela plut au roi, de qui il tira quelquefois quelque argent pour lui aider à faire ses campagnes. Le comte de Toulouse prit de l'amitié pour lui, il en profita. Le roi fut bien aise d'acquérir à ce fils un ami considérable, et de lui en procurer d'autres par un coup de crédit, et cela valut au comte d'Évreux la charge de son oncle, qui par sa persévérance à la garder la conserva ainsi dans sa maison. Il la vendit six cent mille livres comme à un étranger : il était mal dans ses affaires. [...] Le cardinal de Bouillon lui donna cent mille francs ; M. le comte de Toulouse, qui lui avait fait donner l'agrément, s'intéressa pour lui faire trouver de l'argent, et il consomma promptement son

24

affaire. Le roi voulut qu'il servît quelque temps de brigadier de cavalerie, avant que de faire aucune fonction de colonel général ; ce temps-là même fut encore abrégé par la même protection qui lui avait valu la charge. Il n'avait que vingt-cinq ans, n'avait servi que dans l'infanterie. Le roi était piqué contre le cardinal de Bouillon, contre le comte d'Auvergne, contre la fraîche désertion de son fils, contre le chevalier de Bouillon, de propos fort impertinents qu'il avait tenus ; et malgré tant de raisons, il fit en faveur du comte de Toulouse la faveur la plus signalée au comte d'Évreux [...][3]. »

Ce fut effectivement grâce à l'amitié du comte de Toulouse qu'en 1705 il devint colonel général de la cavalerie française et étrangère. C'est d'ailleurs probablement l'accession à cette charge qui le poussa à commander son portrait, la même année, à Hyacinthe Rigaud *(fig. 23)*[4].

En 1707, il épousa Marie Anne Crozat (1695-1729), alors âgée de douze ans, fille d'Antoine II Crozat (1655-1738), lui-même fils de Catherine de Saporta et d'Antoine I Crozat, banquier et prieur de la Bourse des marchands et l'un des premiers capitouls de Toulouse. Antoine II qui avait épousé, en 1690, Marie Marguerite Legendre d'Armeny, fille d'un riche fermier général, dirigeait la Compagnie de Guinée, l'une des plus importantes sociétés de traite négrière entre Nantes et Saint-Domingue.

Marie Anne Crozat apportait à ce cadet désargenté une dot considérable et inespérée de 1 500 000 livres. Après avoir été un familier du comte de Toulouse et alors que les enfants légitimés étaient frappés de disgrâce, le comte d'Évreux s'en éloigna à la mort de Louis XIV et se rapprocha du régent Philippe d'Orléans. Probablement sur ses conseils, il décida de faire construire son hôtel particulier dans le faubourg Saint-Honoré[5].

Le comte d'Évreux avait missionné John Law pour acquérir les deux terrains sur lesquels il fit édifier sa demeure. En échange de la tractation, le comte d'Évreux céda à Law le comté de Tancarville[6]. La comtesse d'Évreux, lassée des aventures amoureuses de son époux, ne vécut manifestement jamais rue du Faubourg-Saint-Honoré mais dans l'autre hôtel d'Évreux, situé au 19 place Vendôme et érigé par son père[7]. En 1720, elle déposa une requête en séparation de biens et renonça à la communauté avec son mari qui lui remboursa le montant de sa dot[8]. Elle mourut au domicile de la place Vendôme le 11 juillet 1729.

Le comte d'Évreux s'éteignit le 3 août 1753 dans la chambre de ses petits appartements et fut inhumé aux côtés de son épouse dans l'église Saint-Paul-Saint-Louis de Paris.

fig. 23
HYACINTHE RIGAUD (1659-1743)
Portrait de Louis Henri de La Tour d'Auvergne, comte d'Évreux
1703
peinture à l'huile sur toile, 123 × 95,5 cm
KASSEL, GEMÄLDEGALERIE ALTE MEISTER, GK1148

fig. 24
ARMAND CLAUDE MOLLET (1660-1742)
Coupe de l'hôtel d'Évreux
début du XVIIIe siècle
dessin à l'encre et lavis d'aquarelle sur papier
PARIS, BIBLIOTHÈQUE HISTORIQUE DE LA VILLE DE PARIS, RESERVE B 705b

JEANNE ANTOINETTE POISSON, MARQUISE DE POMPADOUR (1721-1764)

MURIEL BARBIER

25

Jeanne Antoinette Poisson vit le jour le 29 décembre 1721, rue de Cléry, à Paris dans le quartier des menuisiers en sièges. Elle était la fille de François Poisson, fils de tisserands et écuyer du duc d'Orléans, et de Louise Madeleine de La Motte[1]. Accusé de trafic et de ventes frauduleuses, son père fut contraint à l'exil en Allemagne ; en 1727, il confia donc Jeanne Antoinette au couvent des Ursulines de Poissy, réputé pour l'éducation des jeunes filles de la bourgeoisie. En 1730, sa mère la reprit auprès d'elle rue Neuve-des-Bons-Enfants, à Paris, et veilla à ce qu'elle reçût une éducation soignée en particulier dans les domaines du dessin, de la danse, du chant, de la musique et des lettres. C'est à cette époque qu'elle découvrit les salons littéraires, en particulier celui de Mme Tencin, et qu'elle s'initia à l'art de la conversation *(fig. 25)*[2].

Le 9 mars 1741, âgée de dix-neuf ans, elle épousa Charles Guillaume Le Normant, neveu du fermier général Charles François Paul Le Normant de Tournehem qui, à cette occasion, fit don au jeune marié de sa terre d'Étioles. Elle était ainsi la nièce de Tournehem, appelé à devenir directeur des Bâtiments du roi, et la sœur du futur marquis de Marigny, qui succédera au premier dans sa charge. Son parrain était Jean de Monmartel, garde du Trésor royal et banquier de la cour.

En 1744, Mme d'Étioles accouchait d'une fille, Alexandrine, ainsi prénommée en hommage à Mme de Tencin. L'année suivante, elle succédait comme favorite officielle à la duchesse de Châteauroux. Présentée à la cour le 14 septembre 1745, avec le titre de marquise de Pompadour, elle sut très rapidement divertir le roi et progressivement gagner son amour, puis son amitié[3]. Souffrant de troubles gynécologiques, elle cessa progressivement toute relation sexuelle avec Louis XV mais orchestra ses plaisirs pour éviter d'être remplacée par une autre maîtresse royale, en organisant le Parc-aux-cerfs, quartier versaillais abritant les jeunes concubines du roi[4]. Duchesse de Pompadour en octobre 1752, elle devint dame du palais de la reine en février 1756[5]. Sa fortune, outre les gratifications extraordinaires accordées par le roi, venait de ses rentes, pensions, de revenus locatifs et de placements.

Le 15 juin 1754, Alexandrine mourut à l'âge de neuf ans, d'une péritonite aiguë. La perte de sa fille, qu'elle éduquait comme une princesse royale, affecta profondément Mme de Pompadour qui porta également, quelques jours plus tard, le deuil de son père, François Poisson.

Contrairement à l'image communément véhiculée, Mme de Pompadour était une femme

26

cérébrale qui dut toute sa vie faire face à une cour de France peu bienveillante à son égard[6]. Très versée dans les sciences, les lettres et les arts, elle appréciait, sans être tout à fait mécène, l'art de son temps, protégea de nombreux artistes, parmi lesquels François Boucher, Bernard van Risen Burgh, Jean-François Œben ou les frères Martin, et passa de nombreuses commandes pour les appartements de toutes ses résidences[7].

Mme de Pompadour aimait tout particulièrement aménager ses demeures nombreuses. Elle possédait un riche patrimoine bâti et bénéficiait d'appartements dans les châteaux royaux de Versailles, Choisy, Fontainebleau et Marly. En propre, elle fut propriétaire des châteaux de Crécy (1746-1757), de La Celle (1748-1750), Bellevue (1748-1757), Saint-Ouen (1759-1764), Champs-sur-Marne qu'elle loua pendant trois ans (1757-1759), et de Menars (1760-1764). Elle bénéficiait de trois ermitages construits pour elle sur ordre du roi à proximité des châteaux de Versailles, de Fontainebleau et de Compiègne. Enfin, deux hôtels particuliers lui appartenaient : l'hôtel des Réservoirs à Versailles et l'hôtel d'Évreux dont il est ici question et qu'elle avait acheté en 1753[8]. La situation de l'hôtel à proximité du chantier de la place Louis XV *(fig. 26)* et du couvent de l'Assomption où elle faisait élever sa fille Alexandrine, mais à l'écart du centre de Paris, explique l'intérêt de la favorite pour cette demeure.

Souffrant de l'humidité et du froid versaillais, Mme de Pompadour s'éteignit le 15 avril 1764 d'une congestion pulmonaire, à l'âge de quarante-deux ans. Son inventaire après décès dressé, entre juin 1764 et juillet 1765, révèle la richesse de ses intérieurs[9]. Citons en particulier la garniture de la cheminée de sa chambre en porcelaine de Sèvres *(fig. 27)* et le moulin à café en or de Jean Ducrollay *(fig. 28)* listé parmi les objets précieux de l'hôtel d'Évreux[10]. En outre, Mme de Pompadour déplaçait ses biens d'une propriété à l'autre et c'est ainsi, par exemple, qu'en 1757 le transfert des tapisseries de Bellevue à l'hôtel d'Évreux nécessita la commande d'une bordure pour les adapter à leur nouvel emplacement dont les cartons parvenus jusqu'à nous donnent une image de l'élégance des lieux *(fig. 29)*[11].

29

27

28

fig. 25
FRANÇOIS HUBERT DROUAIS (1727-1775)
Portrait de Mme de Pompadour
1763
peinture à l'huile sur toile,
65,5 × 55,5 × 2,9 cm
PARIS, MOBILIER NATIONAL, GMTB 957

fig. 26
Illumination de la façade et du jardin de l'hôtel de Mme de Pompadour le 22 juin 1763
1763
plume, lavis d'encre noire sur papier,
36,3 × 66,4 cm
PARIS, BIBLIOTHÈQUE NATIONALE DE FRANCE, RESERVE B-11 (A, 2)-BOITE FT 4 ESTNUM 2022-633

fig. 27
MANUFACTURE DE SÈVRES
CHARLES NICOLAS DODIN (1734-1803)
et JEAN CLAUDE THOMAS DUPLESSIS (1730-1783)
Pot-pourri « à vaisseau »
vers 1760
porcelaine dure, 37 × 33,5 × 17 cm
PARIS, MUSÉE DU LOUVRE, OA 10965

fig. 28
JEAN DUCROLLAY (vers 1712-avant 1766)
Moulin à café de Mme de Pompadour
1756-1757
or, ivoire, 15,5 × 8 cm
PARIS, MUSÉE DU LOUVRE, OA 11950

fig. 29
MAURICE JACQUES (1712-1784)
Modèle de la bordure des tapisseries du Lever et du Coucher du Soleil
(angle supérieur droit)
1757-1758
peinture à l'huile sur toile, 132 × 132 cm
PARIS, MOBILIER NATIONAL, GOB 193/2

NICOLAS BEAUJON (1718-1786)

EMMANUELLE FEDERSPIEL

Propriétaire de l'hôtel d'Évreux de 1773 à 1786, Nicolas Beaujon fut successivement un négociant prospère et un membre de la haute finance. Il compta parmi les plus grandes fortunes de son temps. Amateur d'art et bibliophile, épicurien et philanthrope, il s'affirma comme l'une des personnalités les plus emblématiques de la haute société de la fin du XVIIIe siècle.

Nicolas Beaujon, né à Bordeaux le 28 février 1718, était l'aîné d'une famille protestante de négociants en grains et en vins *(fig. 30)*. Poursuivant dans un premier temps l'activité familiale, il accrut sa prospérité en sa qualité de fournisseur des vivres et munitions du Canada (1746-1748), avant de devenir l'un des six directeurs du Commerce de Guyenne (1748-1750). Au début des années 1750, il s'associa au commerce florissant de Pierre François Groossens, négociant en bois de marine. En 1752 il s'installa à Paris. Son mariage l'année suivante devait marquer son passage du monde du négoce à celui de la finance. Élisabeth Bontemps, son épouse, était fille de Louis Bontemps, l'un des premiers valets de chambre ordinaires du roi, proche de familles de fermiers généraux. Cette alliance facilita l'accès de Beaujon à la cour et au milieu de la haute finance où il occupa dès lors plusieurs fonctions en qualité de receveur général des finances (1756-1786) et banquier de la cour (1769-1778)[1].

Resté veuf et sans postérité en 1769 et parvenu au faîte de la réussite, Nicolas Beaujon employa sa fortune à vivre en grand seigneur. En 1774, il s'installa dans l'hôtel d'Évreux, acquis l'année précédente auprès de la Couronne. Sous la conduite d'Étienne Louis Boullée (1728-1799), son architecte attitré, il modernisa et agrandit l'hôtel[2]. Le nouvel écrin pouvait alors présenter ses riches collections et servir ses ambitions fastueuses. Parmi les aménagements significatifs de l'hôtel, une bibliothèque et une galerie de tableaux furent aménagées à la faveur de la redistribution et de l'allongement de l'aile Mollet. La collection de toiles rassemblées par Beaujon, d'une remarquable qualité, témoignait de critères caractéristiques du goût des amateurs de l'époque : aux quinze tableaux de l'école italienne comprenant de grands maîtres tels Véronèse ou Reni, s'ajoutaient quarante-cinq tableaux de l'école française. Cet ensemble rassemblait aussi bien les grands peintres d'histoire du XVIIe siècle (Poussin, Bourdon, Stella, Lebrun) que des contemporains de Beaujon (Lagrenée, Greuze, Ledoyen...), car l'homme était soucieux de se montrer en phase avec son temps. Mais l'écrasante majorité des œuvres – soixante-sept – illustraient les écoles du Nord, au nombre desquelles la célèbre *Bohémienne* de Frans Hals[3].

Riche collectionneur en son hôtel du faubourg Saint-Honoré, Beaujon s'afficha également en bâtisseur, en investissant les quartiers alentours du faubourg du Roule. Son rang et sa fortune exigeaient en effet qu'une demeure de campagne complétât sa résidence principale. La vogue du pittoresque lui inspira la commande d'une série de bâtiments, la « folie Beaujon », destinée à lui offrir les plaisirs de la nature à proximité de la ville. Le financier fit ainsi l'acquisition d'un terrain situé à l'angle actuel des Champs-Élysées et de l'avenue Hoche. L'ensemble de constructions qui y prirent place furent édifiées par Nicolas Claude Girardin, un élève de Boullée qui succéda à son maître en tant qu'architecte en titre de Beaujon à partir de 1778. La folie comprenait notamment un pavillon de plaisance « à la manière flamande » surnommé « la Chartreuse », des communs et une chapelle dédiée à saint Nicolas[4].

Parallèlement à la construction de lieux dédiés à sa jouissance, Nicolas Beaujon souhaita aussi manifester son influence par un acte de charité : la fondation d'un orphelinat de vingt-quatre lits, édifié également par Girardin à proximité de la chapelle Saint-Nicolas (rattachée à l'établissement en 1785). L'hospice, dernier fleuron de la fortune du financier, reste l'un des exemples les plus caractéristiques des actes de bienfaisance de la fin du XVIIIe siècle[5].

Nicolas Beaujon mourut le 20 décembre 1785 en son hôtel d'Évreux et fut inhumé dans la chapelle de l'hospice qu'il avait fondé.

fig. 30
FRANÇOIS HUBERT DROUAIS (1727-1775)
Portrait de Nicolas Beaujon
1750-1775
peinture à l'huile sur toile, 55,7 × 50,7 × 2 cm
PARIS, MOBILIER NATIONAL, GMTB 952

BATHILDE D'ORLÉANS, DUCHESSE DE BOURBON (1750-1822)

HÉLÈNE CAVALIÉ

31

La vie de la duchesse de Bourbon est un véritable roman dont s'est malheureusement perdu pour nous le sel du quotidien, depuis que son neveu le roi Louis-Philippe a fait brûler le manuscrit de ses mémoires !

Bathilde d'Orléans, née à Saint-Cloud en 1750, était la fille du duc d'Orléans, petit-fils du Régent, et de Louise-Henriette de Bourbon-Conti, descendante de Louis XIII *(fig. 31)*. Elle devint rapidement orpheline de mère et passa sa jeunesse chez les religieuses avant d'épouser le dernier prince de Condé le 24 avril 1770. Il avait 14 ans, elle 19. Ils furent les parents du fameux duc d'Enghien (1772-1804). Tôt séparée de son mari, elle fut dès lors tenue à l'écart de la cour, vivant retirée dans la solitude dorée du château de Chantilly[1]. Elle y eut une fille illégitime, Adélaïde Victoire, qu'elle fit passer pour la fille de son secrétaire.

Le 18 juillet 1787, elle achetait à Louis XVI, pour 1 100 000 livres, le palais de l'Élysée qui prit alors le nom d'hôtel de Bourbon ou Élysée-Bourbon. Elle y fit faire d'importants travaux jusqu'en 1790 par l'architecte Pierre Adrien Pâris *(fig. 32)*, s'élevant à 800 000 livres, faisant notamment construire de petites chaumières, comme Marie-Antoinette à Trianon. Son salon était connu pour sa liberté de pensée et les esprits brillants qu'elle y invitait.

Lorsque vint la Révolution, tandis que ses mari et fils émigraient, elle demeura chez elle, adhéra aux valeurs nouvelles, prit le nom de « citoyenne Vérité » et ouvrit son palais aux citoyens responsables du district qui avaient besoin d'espaces. En 1793, sous la Terreur, tandis que les membres de l'ex-famille royale restés en France étaient emprisonnés, elle fut arrêtée le 7 avril, passa un an et demi en prison au fort Saint-Jean de Marseille à compter du mois de mai. Sa vie était désormais menacée. Elle proposa en échange de sa liberté d'offrir ses biens à la République qui d'ailleurs les lui confisqua. Lecture fut faite de sa lettre le 18 novembre 1793 à l'Assemblée. Son frère le duc d'Orléans, Philippe Égalité, qui avait voté la mort du roi, fut guillotiné le 6 novembre 1793. Bathilde échappa à l'année sanglante.

Libérée après Thermidor, en 1797, elle put retrouver l'Élysée qui avait connu cinq ans d'occupation révolutionnaire, utilisé comme Imprimerie nationale (on y imprime le *Bulletin des lois*) puis comme dépôt de vente des biens des émigrés. En 1797, par manque de ressources, elle se résolut à louer le rez-de-chaussée à Augustin Benoît Hovyn, négociant de Courtrai, qui le transforma en un bal public, avec salles de jeu et salle de danse, à l'enseigne du Hameau de Chantilly, tandis qu'elle se réservait la jouissance de l'étage. Le nouvel établissement, qui ouvrit le 21 juin 1797, accueillait la foule des Merveilleuses et des Incroyables. On imagine les désagréments causés par ce voisinage bruyant. La duchesse finit par se replier en août à l'hôtel Kinsky, rue de Grenelle, dont elle loua un appartement.

Le 5 septembre 1797, lorsque le Directoire décréta l'exil des derniers Bourbons (loi du 19 fructidor an V), au motif qu'ils attenteraient à la sûreté de l'État, elle était âgée de 47 ans. Elle partit pour l'Espagne où, près de Barcelone, elle tint bientôt un dispensaire et une pharmacie. Elle y soignait les nécessiteux. L'Élysée, décrété bien national et vendu aux enchères le 19 mars 1798 au profit des Hovyn, lui échappa tout à fait. L'hôtel fut ensuite revendu plusieurs fois avant d'être acquis par les Murat.

En 1804, Bathilde perdit son fils, le duc d'Enghien, que Napoléon avait fait enlever et fusiller. Proscrite, elle ne put regagner la France sous l'Empire.

Après l'effondrement du régime, en 1814, sur le chemin de son retour, elle fut acclamée comme la mère du « fusillé de Vincennes ». Malgré son souhait, elle ne put rentrer en possession de l'Élysée, sa situation de fortune ne le lui permettant pas. Le roi Louis XVIII lui proposa en dédommagement l'hôtel de Valentinois (actuel hôtel de Matignon), résidence plus modeste. Le décret en fut pris le 6 mars 1815. Elle fonda en 1818 à Reuilly l'hospice d'Enghien pour les vieillards nécessiteux, parmi lesquels d'anciens domestiques au service de la famille d'Orléans, et mourut d'une crise d'apoplexie, à 72 ans, en 1822. Elle repose à la chapelle de Dreux, nécropole de la famille d'Orléans.

Les plus anciens arbres du parc de l'Élysée sont réputés dater de l'époque de la duchesse de Bourbon, notamment un platane de plus de 6 mètres de circonférence[2].

32

fig. 31
LOUIS CARROGIS,
DIT CARMONTELLE (1717-1806)
Mademoiselle, fille unique du duc d'Orléans, mariée au duc de Bourbon
1770
mine de plomb, aquarelle et sanguine sur papier, 30 × 17,5 cm
CHANTILLY, MUSÉE CONDÉ, CAR6, T. 1, N° 6

fig. 32
JOSEPH FRANÇOIS DUCQ (1762-1829)
Portrait de Pierre Adrien Pâris
1812
peinture à l'huile sur toile, 108,4 × 87 cm
BESANÇON, MUSÉE DES BEAUX-ARTS ET D'ARCHÉOLOGIE, D.2010.0.1

L'ÉLYSÉE PENDANT LA PÉRIODE RÉVOLUTIONNAIRE

MURIEL BARBIER

FETE
PARTICULIÈRE,
A ÉLYSÉE,
Faubourg Honoré,
Le 7 Ventôse, 8 heures du soir.

ENTRÉE PERSONNELLE
du C.en

ARCHIVES NATIONALES

Ce Billet n'est point transmissible.

On n'entre pas
après minuit

33

L'hôtel particulier de Bathilde de Bourbon[1] connut, pendant la période révolutionnaire, une histoire particulièrement mouvementée au cours de laquelle il reçut pour la première fois le nom d'Élysée[2].

La duchesse de Bourbon fut arrêtée le 7 avril 1793 et ses biens mis sous scellés. Alors qu'ils avaient été apposés le 9 avril 1793 sur les portes de l'hôtel de Bourbon, les scellés furent levés le 28 juin de la même année[3]. Depuis sa cellule marseillaise, Bathilde de Bourbon *alias* « Citoyenne Vérité » offrait sa fortune, sa demeure et tout son mobilier aux veuves et aux orphelins à condition qu'elle bénéficiât d'une rente viagère et d'un lieu pour elle[4]. Son offre resta lettre morte et ses biens furent placés sous séquestre au début de l'année 1794.

En mars 1794, le Comité de salut public installa dans l'hôtel la commission de l'Envoi des lois et l'imprimerie du Bulletin des lois, tandis que les meubles et une grande partie des boiseries furent envoyés au dépôt qui se trouvait rue d'Anjou. Cette fonction d'imprimerie perdura jusqu'à septembre 1794, date à laquelle ces services furent transférés à l'hôtel de Toulouse. L'hôtel de Bourbon avait subi d'importants dommages liés à cette activité, aggravés par les conséquences de l'explosion de la poudrière de la rue de Grenelle.

En 1795, l'hôtel de Bourbon fit office de dépôt national de meubles provenant des saisies d'émigrés ou de condamnés ; des ventes de biens s'y déroulèrent.

Libérée le 28 thermidor an III (15 août 1795), la duchesse de Bourbon dut encore attendre janvier 1797 pour que le Directoire lui accordât l'usufruit et la jouissance provisoire de son hôtel.

Sans ressources, elle décida de louer le rez-de-chaussée du corps central et autorisa son locataire, Augustin Benoît Hovyn (1753-1828), négociant en toiles et rubans originaire de Courtrai, à organiser des bals populaires dans les salons et le jardin *(fig. 33)*. Il transforma le premier étage en appartements destinés à la location et en chambres pour les amants d'un soir...

La seule modification architecturale d'importance fut le percement au rez-de-chaussée du corps central de deux arcades de part et d'autre de la porte d'accès au grand salon[5]. Cette modification avait été demandée par la duchesse de Bourbon à Hovyn en juin 1797, pour faciliter l'accès du public dans les jardins.

Ce lieu de plaisirs et de tentations rencontrait un réel succès et la foule s'y pressait pour profiter de la salle de bal, de la salle de lecture, du café et des jardins, véritable Élysée sur terre. La duchesse de Bourbon ayant d'abord changé d'adresse puis ayant été exilée, Hovyn continua son activité, développant même un dépôt-vente.

Après l'émigration de la duchesse, l'hôtel, mis en vente le 29 ventôse an VI (19 mars 1798), fut racheté par Hovyn, avec quatre associés – Bonafide, Laroche, Mengin et Rougevin[6] – qui l'exploitèrent jusqu'en 1801, date à laquelle il devint le seul propriétaire après avoir versé 261 000 francs à ses partenaires. Hovyn continua d'exploiter la demeure où il installa un théâtre de marionnettes, des bains et une bibliothèque, mais l'affaire périclita. En 1802, Liévine Hovyn, sa fille, reprit l'affaire ; elle confia le jardin et les salons au glacier Velloni, continuait de louer le premier étage en appartements et s'occupait du billard. Les dettes eurent néanmoins raison du jardin élyséen et de ses plaisirs. Liévine mit l'hôtel en vente en 1805.

fig. 33
Billet d'entrée pour un bal masqué à l'Élysée
ventôse an VII (février 1799)
PARIS, ARCHIVES NATIONALES

fig. 34
ÉTIENNE-LOUIS BOULLÉE ET GILLES CAUVET
Détail d'une des portes du salon Cléopâtre
1775-1778
bois sculpté, peint et doré
(en situation)

De l'Élysée-Murat à l'Élysée-Napoléon

2

De l'Élysée-Murat à l'Élysée-Napoléon

35

À la proclamation de l'Empire, le palais de l'Élysée n'était plus que l'ombre de lui-même [1]. Confisqué à la « ci-devant Madame de Bourbon déportée » et vendu comme bien national le 25 ventôse an VI (15 mars 1798), acheté en nue-propriété par Jean Rougevin et divisé en quatre usufruitiers dont le « sieur Hovyn », découpé en appartements et pour partie loué, transformé quant à son jardin en lieu de fêtes payant et ouvert au public, le « Hameau de Chantilly », le domaine, qui s'étendait des Champs-Élysées à la rue du Faubourg-Saint-Honoré, avait perdu de sa superbe. Mlle Hovyn, fille d'un des usufruitiers qui acheta finalement progressivement l'ensemble à partir de 1802, endettée, cherchait à vendre [2].

Au même moment, Caroline Bonaparte, la plus jeune sœur de Napoléon, ainsi que son époux, Joachim Murat, l'homme du 18 Brumaire [3], militaire flamboyant, dandy avant l'heure et fidèle de Napoléon, étaient en quête d'une nouvelle demeure. En effet, recevant à l'hôtel Thélusson, leur magnifique maison d'alors, le 16 janvier 1805, les Murat découvrirent les limites de leur propriété. La dame d'honneur de Caroline, Mme de Saint-Cyr, décrivit ce fiasco d'un soir : « Le local n'était pas disposé pour recevoir une si grande affluence de personnes, de sorte qu'on y étouffait et l'Empereur, l'Impératrice et toute la Cour se sont retirés de très bonne heure, c'est à dire à dix heures [4]. » Caroline et Joachim, elle nommée altesse impériale et lui gouverneur de Paris et grand maréchal puis amiral d'Empire, devaient trouver une demeure à la mesure de ces charges. À cette époque, « les hauts dignitaires du régime, les sphères dirigeantes, le monde des affaires jouent un rôle analogue, à leur échelle, [à celui de] Napoléon [qui] veut que la noblesse impériale [...] tienne son rang [5] ». Entre 1804 et 1806, les Napoléonides s'installèrent presque tous dans de nouveaux hôtels particuliers prestigieux qu'ils restaurèrent, Eugène par exemple, dans ce qui est devenu l'hôtel de Beauharnais, ou encore Pauline, à l'hôtel de Charost.

Pour les Murat, leur dévolu fut jeté sur le palais de l'Élysée. Ils l'acquirent le 17 thermidor an XIII (5 août 1805), avec les « poêles, boiseries et alcôves ainsi que les ustensiles de jardinage, vases et orangers et tous les objets de fêtes et de décoration [6] »

36

placés dans le jardin. Ce furent finalement 570 000 francs qui furent déboursés selon l'acte de vente, mais à ceci s'ajoutèrent 150 000 francs donnés directement le jour de la vente ainsi que les frais dits aujourd'hui « de notaire » et nombre de compensations aux locataires et à Mlle Hovyn. Au total, l'achat coûta 852 317,78 francs, somme considérable à l'époque, payée en six fois (dernière quittance le 26 août 1806). S'ouvrit alors une période de deux ans où travaux, fêtes et vie familiale se succédèrent et s'imbriquèrent et qui marqua pour longtemps le palais *(fig. 35 et 36)*.

fig. 35
FRANÇOIS PASCAL SIMON GÉRARD (1770-1837)
Caroline Murat descendant l'escalier d'honneur de son hôtel de l'Élysée-Murat à Paris
1810
esquisse peinte à l'huile sur toile, 32,6 × 22 cm
VERSAILLES, CHÂTEAUX DE VERSAILLES ET DE TRIANON, MV 4886

fig. 36
FRANÇOIS PASCAL SIMON GÉRARD (1770-1837)
Portrait d'Achille Murat (1801-1847)
1808, peinture à l'huile sur bois, 46 × 37 cm
GENÈVE, MUSÉE D'ART ET D'HISTOIRE, CR 0064

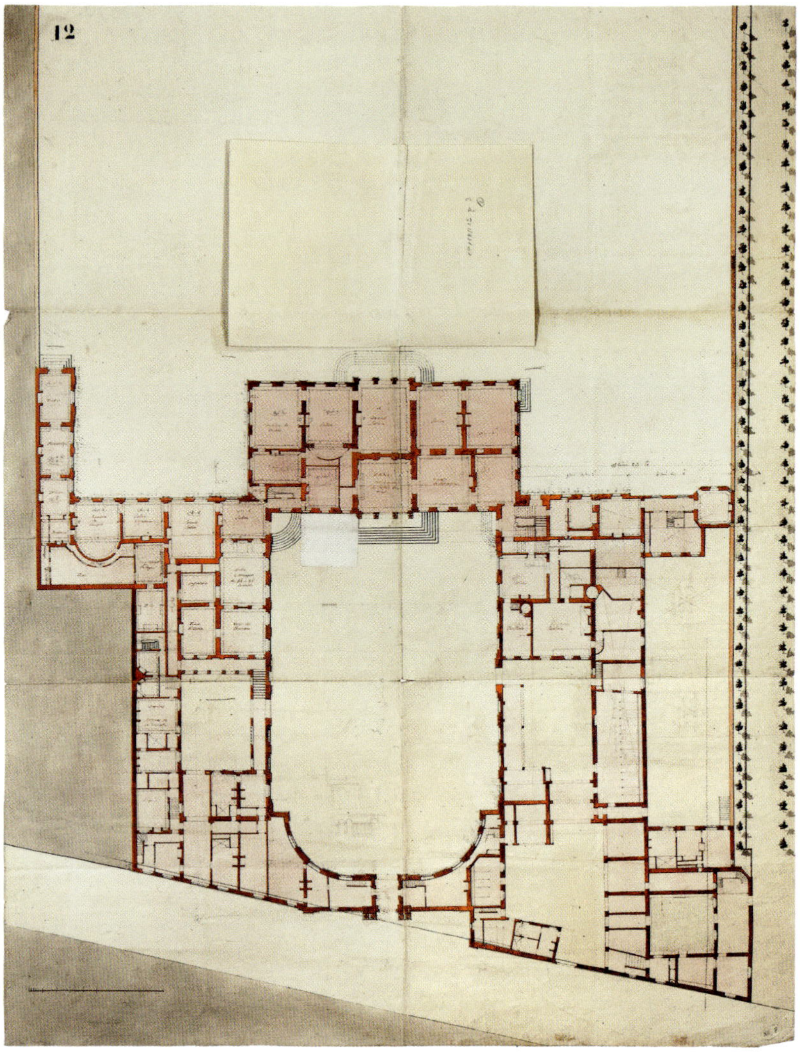

37a

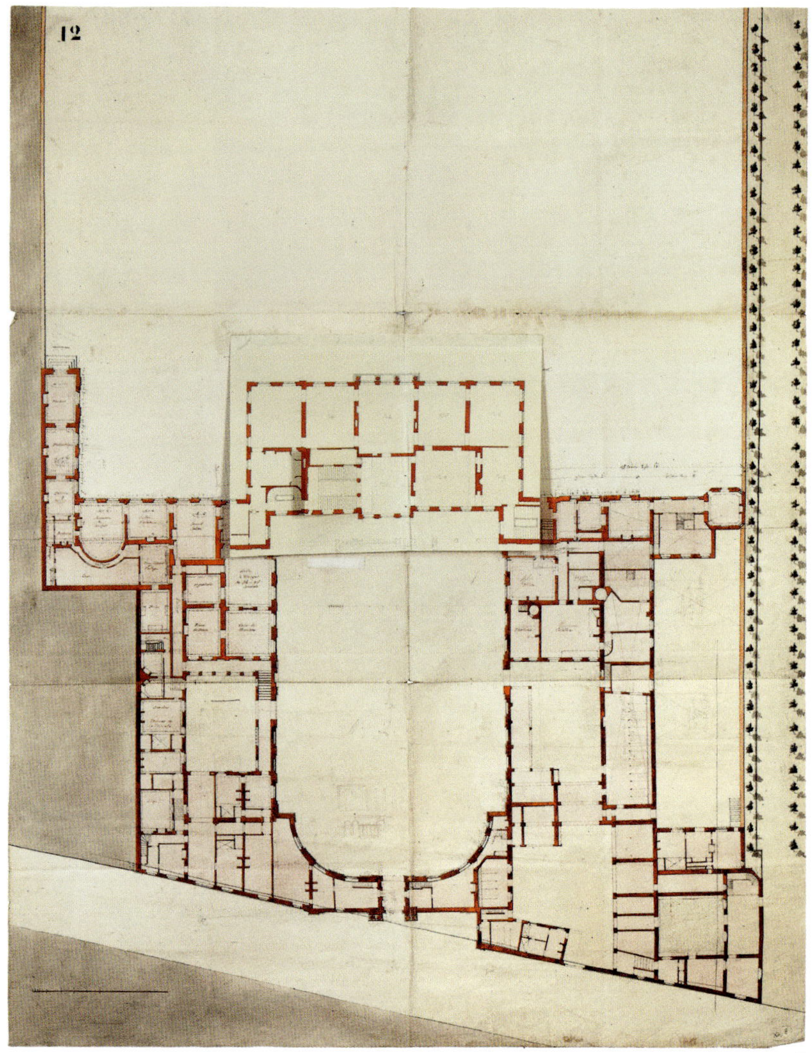

37b

UN PALAIS RESTAURÉ ET MODERNISÉ

Il importait tout d'abord, pour les Murat, d'arriver à expulser les différents locataires, certains étaient plus ardus à déloger, comme le boucher, Belhomme. Leurs plaintes et leurs sollicitations répétées, jusqu'en mars 1806, en appelant à « l'humanité » du prince, firent grimper les compensations[7]... Une fois la place libre, les travaux purent démarrer mais ne permirent pas l'installation pourtant souhaitée rapidement. Ainsi, Mme de Saint-Cyr, dame d'honneur de Caroline, précisait dans une lettre à sa fille que la princesse « passe l'hiver à Neuilly, parce que l'hôtel qu'elle fait arranger a besoin de grandes réparations et qu'il faut dix-huit mois pour qu'il soit en état de la recevoir. Ce ne sera donc qu'alors qu'elle quittera sa campagne. »[8] Parallèlement, la dernière demeure parisienne des Murat, l'hôtel Thélusson, était vendu avec ses meubles, à Napoléon, dès le 19 août 1805[9] pour 1 million de francs afin d'offrir aux Murat une nécessaire rentrée d'argent. Celui-ci manquait encore en juillet 1806, comme le signale Joachim à Napoléon qui a, semble-t-il, promis d'aider le couple : « J'ai besoin d'argent ; j'ai dû compter sur cette ressource promise par V[otre] M[ajesté] pour payer ce qui reste dû pour l'Élysée.[10] » En plus du coût d'achat de l'hôtel, le couple devait aussi payer 390 000 francs à Jacob-Desmalter pour l'ensemble des meubles, 298 000 francs à Ravrio pour les bronzes, 380 000 francs à Boulard pour les textiles et leur mise en forme. Si le couple fit appel aux meilleurs artisans du moment, également fournisseurs de l'empereur, c'était bien pour garnir « à la manière moderne » une demeure achetée presque vide, où seule l'aura du palais XVIIIe siècle brillait encore. À tout cela s'ajoutaient les diverses fournitures (200 000 francs pour les tapis et 384 000 francs pour les glaces) et les travaux d'architecture d'un total d'environ 980 000 francs[11], soit en tout presque 2,5 millions de francs ; la dépense était considérable !

Pour ce qui concernait les travaux proprement dits, le couple confia la réfection de l'hôtel, non pas à son architecte fétiche, Leconte, écarté par Fesch[12], mais à Barthélemy Vignon (1762-1846) et Jean Thomas Thibault (1757-1826) *(fig. 37)*[13]. Ce dernier avait été formé un temps par Étienne Louis Boullée, lui-même à l'origine d'une partie du décor encore présent à l'Élysée. Le respect des aînés était d'autant plus logique pour les architectes des Murat qu'il était politique pour le couple appartenant à la classe sociale dominante, fille de la Révolution française empreinte d'un égalitarisme tout citoyen, souhaitant pourtant s'inscrire dans les pas tant protocolaires qu'esthétiques de la noblesse d'Ancien Régime. Les boiseries furent donc restaurées mais non pas modifiées dans le corps central. En revanche, la circulation dans le palais fut revue en s'appuyant sur deux principes : d'une part, la fermeture de l'axe traversant cour-jardin par l'occlusion du passage du vestibule d'honneur au grand salon qui créait ainsi un cheminement par succession de pièces plus conforme à l'étiquette nouvellement publiée et, d'autre part, par la création de l'escalier d'honneur encore visible aujourd'hui, quoique intégralement repris sous le Second Empire[14]. Celui-ci, voulu déjà par Mme de Pompadour, lui donnait une circulation plus aisée et permettait des espaces de réception aux deux niveaux desservis. Sa rampe dorée fournie par la manufacture Deharme[15] arbore

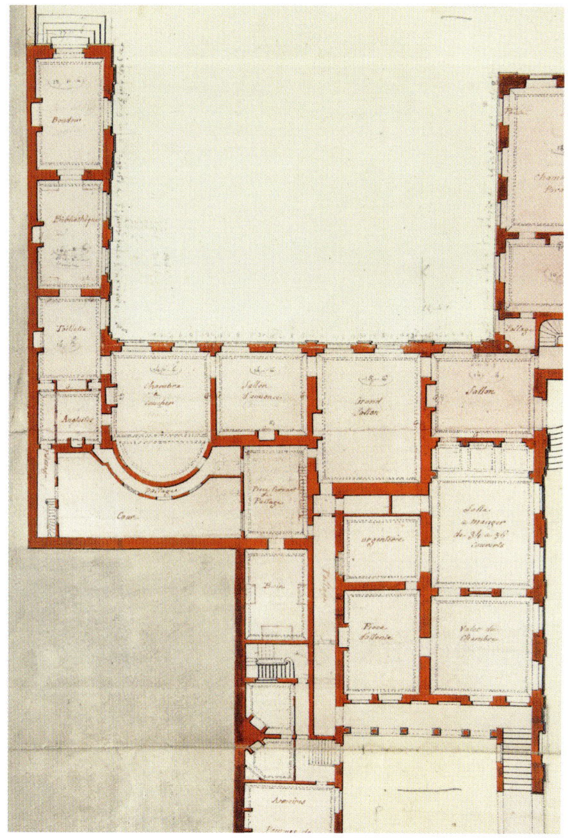

37c

fig. 37
BARTHÉLEMY VIGNON (1762-1846)
ET JEAN THOMAS THIBAULT (1757-1826)
[ATTRIBUÉ À]
Plan de l'aile est du palais de l'Élysée-Murat
a plan du rez-de-chaussée
b plan du premier étage
c détail du plan du rez-de-chaussée de l'aile est (petit appartement de Caroline Murat)
s. d. [1805]
dessin, crayon, encre noire et aquarelle,
PARIS, ARCHIVES NATIONALES,
VA XII, 3

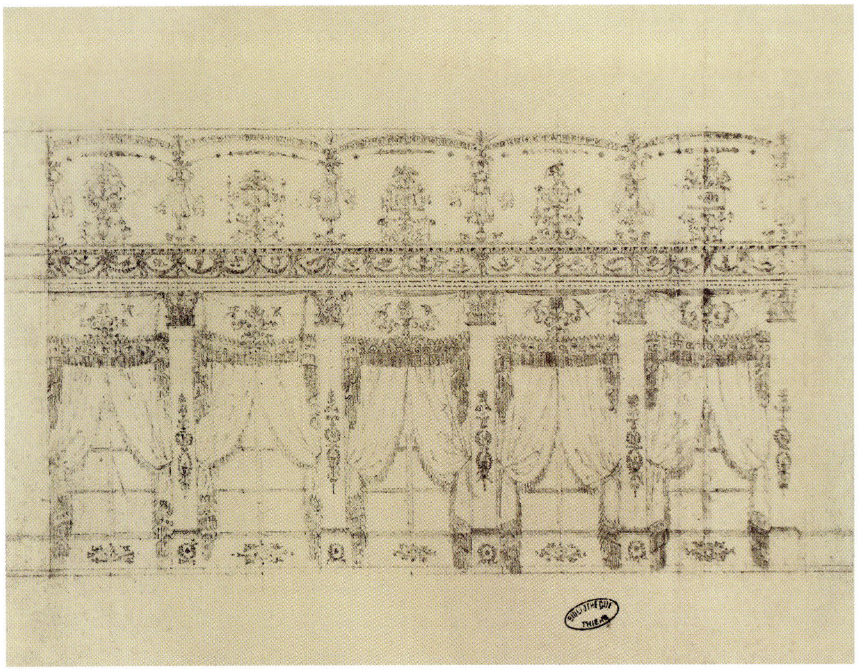

38

un motif caractéristique de l'Empire, la palme. Accessible depuis le vestibule d'entrée sur la cour dont les écoinçons (toujours présents) représentent le foudre, symbole napoléonien, et des vaisseaux, marque du grand amiral qu'était Murat et en même temps armes de Paris (dont Joachim est le gouverneur), l'escalier fut garni d'un tapis à motif « peau de tigre[16] » désignant plutôt ce que l'on considère aujourd'hui comme un motif « léopard », alors en vogue. Enfin, la modernité entra au palais avec son raccord aux pompes à feu et donc sa protection contre les incendies réalisée en septembre 1806[17]. Deux pièces aux proportions importantes furent créées lors des transformations de 1805-1806 : la salle des banquets, faite d'une construction complémentaire à l'ouest du corps central et pouvant accueillir près de cent convives assis *(fig. 38)*[18], ainsi que la galerie ou salle de bal qui bénéficia de la réunion de deux pièces *(fig. 39)*. Abritant danses et fêtes au son d'un orchestre installé à l'extérieur sur une structure éphémère de bois, cet espace orné de seize pilastres et pourvu de boiseries blanc et or, était un véritable lieu de propagande personnelle par son programme iconographique. En effet, y furent à l'époque enchâssés trois tableaux d'Alexandre Hyacinthe Dunouy (une *Vue du château de Benrath*[19], une *Colonne Trajane*[20] et une *Vue d'Égypte sur les bords du Nil en face des pyramides*[21]) et quatre toiles de Jean Joseph Xavier Bidauld (une *Vue de Rome sur les bords du Tibre*[22], une *Vue du château de Neuilly au clair de lune*[23], une *Vue de la principale entrée de Neuilly* ainsi qu'une *Vue des bains établis sur la rivière, à Neuilly*) *(fig. 40 et 41)*[24]. Les figures de ces toiles furent réalisées par Vernet, Gérard ou Gros. Ainsi étaient réunis, à travers l'évocation de quatre fleuves (Rhin, Nil, Tibre, Seine), les gloires militaires de Joachim (les campagnes d'Égypte et d'Italie), le titre du couple à travers le château de Benrath, résidence des grands-ducs de Berg ainsi que le statut d'altesse impériale et leur goût assuré grâce aux vues de Neuilly, leur résidence de campagne si prisée et remarquée des contemporains. Enfin, la colonne Trajane évoque la colonne Vendôme,

39

commandée par Napoléon pour commémorer la victoire d'Austerlitz. Cette dernière toile, placée en entrefenêtres, est dissociée des autres. Napoléon, figure tutélaire, régnait sur la pièce comme sur la France.

Si le palais à la fin des travaux était toujours caractérisé par un corps central de deux étages (le second mansardé) accessible par une grande cour et flanqué de deux cours de service, l'une des cuisines et l'autre d'écuries, ainsi que de deux ailes en retour sur jardin d'un étage chacune et dont l'une est occupée par le petit appartement, des plans d'une main différente de ceux établis par Vignon et Thibault[25], conservés aux Archives nationales[26], montrent des propositions audacieuses d'agrandissement du palais *(fig. 42)*. Furent imaginés, d'une part, la création d'un nouvel espace dans la suite de la salle des banquets et d'une chapelle à l'ouest, d'autre part, l'ajout d'un étage au corps central et à l'aile en retour à l'est pour donner plus d'ampleur aux appartements de Joachim et des enfants. Ce projet, attribué à Leconte et destiné au grand-duc de Berg, n'est pas daté et son contexte n'est pas connu. Les Murat auraient-ils voulu en cours de travaux modifier le projet pour lui donner une ampleur impériale, d'ailleurs démesurée par rapport aux autres demeures des Napoléonides, ou avaient-ils après leur installation estimé qu'il fallait revoir et agrandir encore le palais ? Ont-ils été arrêtés par des considérations financières, par une question de temps ou par Napoléon ?

fig. 38
LOUIS CLAUDE LÉGER (ATTRIBUÉ À)
Projet décoratif,
salle du banquet de l'Élysée (?)
[annoté au verso « Léger / Décorateur de l'Élysée »]
dessin au crayon noir sur papier,
19,5 × 25,6 cm
PARIS, BIBLIOTHÈQUE THIERS,
DESSINS, CHEMISE 8, DM 317

fig. 39
Vue du salon Murat
2023
(en situation)

40

41

fig. 40
ALEXANDRE HYACINTHE DUNOUY
(1757-1841)
Colonne Trajane
1806
huile sur toile, 440 × 100 cm
(en situation)
PARIS, MUSÉE DU LOUVRE,
DÉPÔT AU PALAIS DE L'ÉLYSÉE,
INV. 4290

fig. 41
JEAN JOSEPH XAVIER BIDAULD
(1758-1846)
Vue de Rome sur les bords du Tibre
(détail)
1806
huile sur toile, 405 × 382 cm
(en situation)
PARIS, MUSÉE DU LOUVRE,
DÉPÔT AU PALAIS DE L'ÉLYSÉE,
INV. 4292

fig. 42
Plan projeté du rez-de-chaussée du palais de l'Élysée
s. d. [1805-1806]
dessin au crayon, encre noire et aquarelle
PARIS, ARCHIVES NATIONALES,
VA XII, 4

fig. 43
Paire de candélabres à neuf lumières
vers 1805
bronze ciselé, patiné et doré, 120 × 30 cm
PARIS, MOBILIER NATIONAL,
GML 3792/1 ET 2

fig. 44
JEAN SALLANDROUZE DE LAMORNAIX
Tapis de la chambre de parade de Caroline Murat
1806
laine, 650 × 375 cm
PARIS, MOBILIER NATIONAL,
GMT 10766

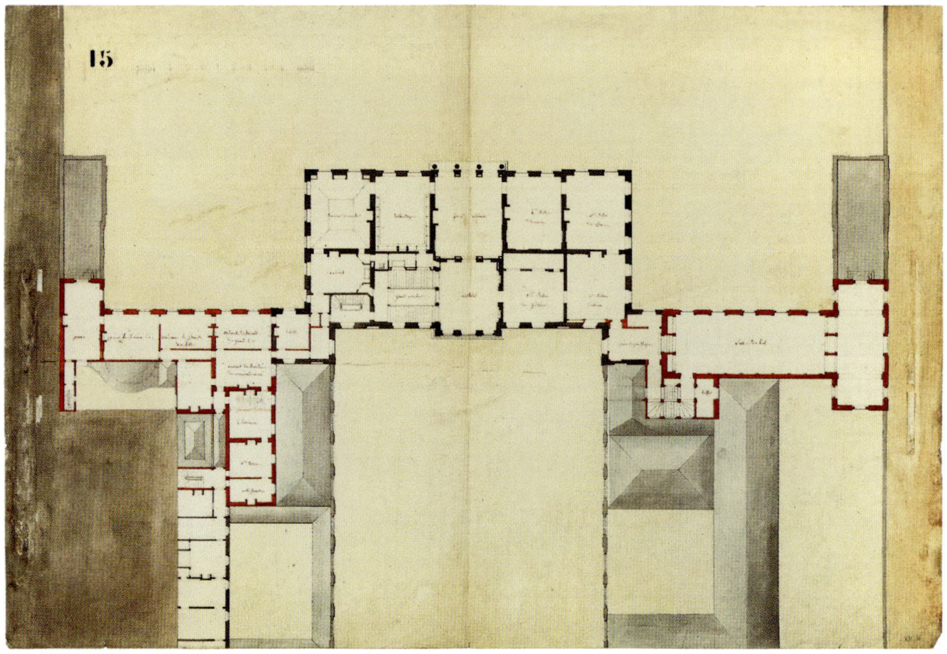

42

UN FASTE SOMME TOUTE IMPÉRIAL

Physiquement, le palais était organisé comme une résidence impériale, c'est-à-dire qu'au-delà de son fonctionnement habituel pour un hôtel privé de cette époque, il reprenait les dispositions de l'étiquette impériale[27] et une progression en majesté. Le rez-de-chaussée, étage des fêtes, était divisé en trois parties, les pièces de réception (deux salles nouvellement créées), les grands et les petits appartements (respectivement dans le corps central et l'aile est), dévolus tous deux à la princesse. Comme dans toute grande maison, c'est Caroline Bonaparte qui recevait, de surcroît parce qu'elle n'était autre que la sœur de l'empereur. Les liens de sang dépassaient pour cette femme au fort caractère les titres obtenus par son grand-duc de mari. Napoléon rappelait lui-même à Joachim sa place : « Votre rang dans mes palais est fixé par le rang que vous avez dans ma famille, et votre rang dans ma famille est fixé par le rang de ma sœur[28]. »

Le grand appartement dit d'honneur était composé de manière comparable à celui de Napoléon dans chacun de ses palais, le grand salon de réception correspondant à une salle du trône, la chambre de parade à la grande chambre de l'empereur. À la suite, le salon de famille juxtaposait les visages des Bonaparte et de leurs femmes ou de leurs maris[29], à celui de Joachim Murat. Caroline et l'empereur étaient absents du programme peint mais étaient peut-être, au moins pour Napoléon, présents en buste. Cette galerie de portraits rappelait la force du clan Bonaparte et légitimait la position sociale des habitants du palais dans le cadre plus large, presque européen, de l'Empire à la fois politique et familial.

L'étiquette de cour induisait également des dispositions d'ameublement[30]. Au-delà des consoles et des pendules ou candélabres *(fig. 43)* qui rivalisaient de luxe, se déployaient dans chaque pièce des ensembles de sièges, tous en bois doré, garnis de velours vert, cerise

43

ou bleu selon l'emplacement et rehaussés de galons ou de broderies d'or. Le sol était pour partie garni de moquettes sur lesquelles étaient placés par la manufacture Sallandrouze des tapis dits « super fins » *(fig. 44)* ; celui du grand salon, par exemple, était agrémenté de lyres et de cygnes. Le lit de parade conservé au Mobilier national[31], alors adapté à l'alcôve et garni en rouge et or, muni d'un majestueux dais, restait le clou de cette installation grandiose. La hiérarchie des sièges était aussi importante. Au-delà des canapés et causeuses, étaient disposés des fauteuils pour l'empereur et les altesses impériales, les chaises pour les sœurs de Napoléon et certaines dames ainsi que des ployants pour tout autre visiteur. La hiérarchie du meuble était donc respectée à la lettre dans des pièces très garnies.

Le petit appartement du rez-de-chaussée, affecté aussi à la princesse Caroline, comptait des pièces ouvertes à ses proches, à sa suite ou encore aux personnalités accueillies plus simplement (salon des huissiers, salon d'attente, salon des dames d'honneur et salon de réception) et des espaces plus privés, théâtre d'une vie quotidienne retirée (chambre à coucher, cabinet de toilette, bibliothèque), et le fameux boudoir d'argent conservé aujourd'hui dans ses dispositions[32]. L'ameublement était plus simple dans ces espaces mais non moins élégant et travaillé ; aucun siège en bois doré n'était présent ni aucun ployant. Étaient disposés des ensembles raffinés de sièges, consoles, tables et guéridons en acajou relevé de bronze. Les garnitures et décors textiles produisaient un bouillonné de soieries lyonnaises qui étaient autant de gourgourans, de lampas ou encore de taffetas aux multiples couleurs animant les intérieurs[33]. Le rez-de-chaussée accueillait également, comme il se devait, une chapelle et une petite salle à manger.

45

Au premier étage s'installa Joachim. Son appartement était séparé en deux espaces, l'un de réception, l'autre privé, l'ensemble combinant un ameublement en bois peint blanc rechampi or ou en bois doré donc d'apparat, et en acajou pour les pièces plus intimes. Pour l'espace de réception, on comptait entre autres un vestibule, un salon d'attente, un salon des aides de camp et un grand cabinet, actuel bureau du président de la République, où trônait la reproduction d'un temple antique. Ensuite, Joachim disposa d'un bureau-bibliothèque où était installé un bureau mécanique[34] livré par Jacob-Desmalter *(fig. 45)*, selon un modèle pourtant destiné à l'empereur et inventé pour lui, d'un cabinet de toilette et d'une chambre à coucher « représentant une tente soutenue par des faisceaux d'armes et garnie d'un plafond en taffetas vert ainsi que tout l'intérieur de la tente[35] ». Celle-ci marquait le symbole du pouvoir militaire, origine même de la méritocratie « muratienne », à l'instar d'autres objets placés dans cet appartement *(fig. 46)*.

Le deuxième étage était dévolu aux quatre enfants du couple Murat, à leur précepteur, leur gouvernante et à leur nourrice. L'ameublement, qui se répartissait entre des chambres et un salon d'étude, était assez simple mais néanmoins très raffiné. Enfin, il faut noter qu'au-delà des espaces et des logements de service qui occupaient les combles, les bâtiments sur cour et le sous-sol, on comptait en plus sept appartements et de nombreuses chambres. En effet s'affairaient et vivaient chaque jour au palais, dame de compagnie, secrétaire de commandement, intendant, cuisiniers, frotteurs, huissiers ou encore femmes de chambre, etc. En 1808, onze personnes assuraient uniquement l'entretien quotidien du palais et pour celui-ci étaient dépensés annuellement 14 000 francs pour les meubles et 26 000 francs pour l'architecture[36].

fig. 45
FRANÇOIS HONORÉ GEORGES JACOB-DESMALTER (1770-1841)
Bureau mécanique
1806-1808
acajou et bronze doré
FONTAINEBLEAU, CHÂTEAU DE FONTAINEBLEAU, F 534C

fig. 46
PORCHER (horloger)
ET ANTOINE ANDRÉ RAVRIO
Pendule au Serment des Horaces
vers 1805
bronze ciselé et doré, marbre vert de mer, 65 × 59 × 20 cm
PARIS, MOBILIER NATIONAL, GMLC 693

46

Trois espaces méritent d'être cités encore : en premier lieu le théâtre[37], installé dans une travée du salon des banquets et dont décors et scène escamotable étaient gardés en réserve ; en second, les « bains de Barège[38] de la princesse » composés d'un espace avec réservoir et muni d'une chaudière ainsi que de deux pièces pour Caroline, l'une avec baignoire sur piédestal et une autre telle une chambre de repos ; troisièmement, le magnifique jardin à l'anglaise, rénové par les Murat et pourvu d'un lac, de sculptures, de vases en marbre et d'un jeu de bague[39].

UN PALAIS ÉCRIN POUR UNE COLLECTION ET POUR DES RÉCEPTIONS

Cent dix-huit toiles et objets d'art sont décrits le 10 septembre 1808 dans l'« État général des tableaux et objets d'art existant dans le palais de l'Élysée[40] ». Cet ensemble est surtout intéressant pour ses différentes typologies esthétiques et pour sa disposition[41]. La grande salle des banquets, éclairée par quatre fenêtres sur cour et quatre sur jardin, accueillait à elle seule trente et un tableaux tous italiens et anciens, traitant de sujets religieux ou mythologiques. Dans l'inventaire, les noms de Raphaël, Léonard de Vinci ou encore Andrea del Sarto se côtoient. Si les attributions de l'époque ne sont souvent plus valables aujourd'hui, ces mentions soulignent tout de même la volonté des Murat de présenter une collection qui rivalisait avec celles des « connoisseurs » ayant effectué le Grand Tour ou celles célèbres du cardinal Fesch, de Lucien ou de Joséphine. On sait par exemple que *La Présentation au temple* de Fra Bartolomeo, *Sainte Catherine* de Carlo Dolci ou encore *Les Adieux de Tobie et l'ange* par Bilivert étaient présents[42]. *A contrario*, dans le petit appartement de Caroline, étaient disposées des œuvres d'art françaises et contemporaines au sujet intimiste comme *La Leçon maternelle* de Marguerite Gérard ou une *Vue d'architecture* de François Marius Granet[43]. Dans la chambre de Murat étaient présentés le portrait de trois de ses enfants encore tous petits[44] et celui de *Laëtitia portant le buste de Napoléon*, par Chaudet[45]. La distinction qui est faite ici entre espace privé et public, rappelle que les arts, au-delà de la délectation esthétique qu'ils offrent, sont de véritables outils de communication témoignant de l'intelligence sociétale de leurs propriétaires. À l'Élysée le fil rouge de cette disposition artistique restait l'antique, réel ou réinterprété[46], que ce soit sous forme de gravures représentant Pompéi, statuettes de pharaons, vases ou encore mosaïques insérées dans le dessus des meubles. On peut citer, par exemple, la mosaïque antique, perdue aujourd'hui, qui était disposée dans la grande chambre de parade, sur un meuble dit « à la grec » dont le piétement avait été réalisé par Jacob-Desmalter[47] *(fig. 47)*, ou encore l'imitation peinte de micro-mosaïque moderne représentant *Les Colombes de Pline* sur la petite table toujours en place – comme à l'époque – dans le boudoir d'argent[48].

La demeure « inaugurée » officiellement le 2 décembre 1806, lors d'une fête « où se pressèrent les ambassadeurs, les étrangers, les nationaux, la Cour et la ville[49] », était le témoin et le décor de la vie virevoltante des Murat, bien que Joachim passât de longues périodes en campagne. Caroline écrivait à Hortense : « Depuis un mois ma vie est continuellement agitée. Je danse les nuits, je dors une partie du jour et l'autre est employé à faire mon courrier, à recevoir des visites.[50] » La « reine d'Élysée[51] », comme l'appelait Joachim, passait le temps avec sa « petite société qui se borne à trois ou quatre personnes », mais elle organisait aussi avec son mari des fêtes mémorables. La description de l'une d'entre elles, restée célèbre, permet d'envisager le mode de vie de l'époque. Organisée le 20 septembre 1807 pour le mariage de Jérôme et Catherine de Wurtemberg, elle accueillit « tout ce que la France a de plus auguste, et tout ce que les Arts ont de plus magnifiques[52] ». Les Murat, pour combler leurs invités, pouvaient s'appuyer sur des chefs de grande qualité, attachés à leur service, Laguipière et Carême. Selon ce dernier, ce soir-là, « les salons et les jardins, tout fut enchanté. L'illumination était des plus brillantes et du meilleur goût. Des ponts, des chaumières, des pavillons et des grottes avaient été improvisés en quelques jours[53] ». Les hôtes avaient même reconstitué le village de la mariée et firent jouer un vaudeville de Chazet[54] et de nombreuses danses à la mode comme la *walz*[55] ou le quadrille[56]. Une autre fête mémorable du palais rivalisa de faste : celle donnée le 4 février 1808 pour le mariage d'Antoinette Murat, nièce de Joachim, avec le prince de Hohenzollern-Sigmaringen. « Il y eut à cette occasion au palais du Grand-Duc un bal magnifique que LL.MM l'Empereur et l'Impératrice ont honoré de leur présence[57] ». On comptait 300 invités installés à table répartis dans six salons tandis que 500 restèrent debout[58]. Le palais de l'Élysée brillait de toute sa magnificence au cœur même de l'Empire.

fig. 47
FRANÇOIS HONORÉ GEORGES JACOB-DESMALTER (1770-1841)
Table console à double face
1806-1808
loupe d'orme, marbre et bronze doré,
92 × 140 × 73 cm
VERSAILLES, CHÂTEAUX DE VERSAILLES ET DE TRIANON, T 163C

NAPOLÉON ET JOSÉPHINE, PROPRIÉTAIRES SUCCESSIFS DU PALAIS

Le traité de Bayonne, conclu entre Napoléon et Joachim le 15 juillet 1808, faisait des Murat les souverains de Naples mais les dépossédait de toutes leurs propriétés françaises, « avec le mobilier, les meubles meublants [...], les tableaux, les statues et tous les objets, soit d'art, soit de décoration qu'ils renferment et quelle qu'en soit sa nature[59]. » Caroline emporta donc à Naples ses effets personnels, dont les portraits de famille[60]. Malgré la légende, on peut attester aujourd'hui qu'elle ne vida pas le palais[61] ! Parallèlement, le Garde-meuble, soucieux d'une bonne gestion et de la reprise du personnel, s'informait auprès de l'intendant des Murat du fonctionnement courant[62]. Fontaine écrivit dans son journal : « j'ai reçu l'ordre d'en constater par un état des lieux la prise de possession[63]. » Celui-ci eut lieu le 1er août 1808. Des inventaires contradictoires furent réalisés[64] et le palais intégra le *domaine extraordinaire* de l'empereur[65] tout en restant géré par le Garde-meuble impérial. Napoléon ne le visita finalement que le 27 octobre 1808[66]. Méneval, décrivant les séjours dans les différentes résidences, précisait que l'empereur était « plus libre » à « l'Élysée » (par rapport aux Tuileries)[67]. Percier signalait quant à lui que « l'Empereur Napoléon » appelait ce nouveau palais « sa maison de santé » et qu'il était « séduit par les agréments de la maison, et surtout par la situation du jardin »[68]. En fait, ne s'installant que pour quatre séjours en 1809, 1812 et 1813[69], l'empereur n'a effectivement passé au palais qu'un mois et demi. L'endroit était si peu habité que le Garde-meuble commanda en 1809, comme cela se faisait habituellement en ce cas, des housses de protection pour les meubles[70]. L'Élysée n'en était pas moins une demeure d'agrément dont Bonaparte était fier, il le rebaptisa « Élysée-Napoléon » en demandant à son administration, en commençant par Denon, de toujours le dénommer ainsi[71] et fit placer, en novembre 1809, ce nom au-dessus de la porte principale donnant sur la rue du Faubourg-Saint-Honoré en lettres de bronze sur une plaque de marbre blanc de 4 mètres de long et 30 centimètres de large[72].

Comme le voulaient l'étiquette et le fonctionnement de l'Empire, Napoléon s'installa au rez-de-chaussée du palais dans l'appartement d'honneur si richement garni et dans l'univers féminin du petit appartement de Caroline. Joséphine investit à l'étage la « tente » de son beau-frère[73]. Le palais ne subit que de rares transformations pour adapter les appartements à leurs nouveaux occupants, comme la transformation du salon de famille en cabinet de travail et de ce fait la descente au rez-de-chaussée du grand bureau de Joachim. Quelques pièces de mobilier prises au Garde-meuble complétèrent les dispositions ; on apporta pour les souverains deux pots de nuit venant de Sèvres et deux porte-montres[74], l'empereur ne souhaitant pas accorder de crédits à la gestion du palais[75]. Parallèlement, vingt-deux tableaux et un grand vase antique en furent retirés pour être portés à Malmaison dès septembre 1808 et ainsi orner la galerie personnelle de l'impératrice[76] puis, en avril 1809, un échange d'œuvres d'art se fit encore entre les deux résidences[77].

En dehors des séjours du couple impérial en mars 1809, le palais fut successivement habité par Joséphine et Hortense en octobre et novembre 1808[78], par le roi de Saxe en

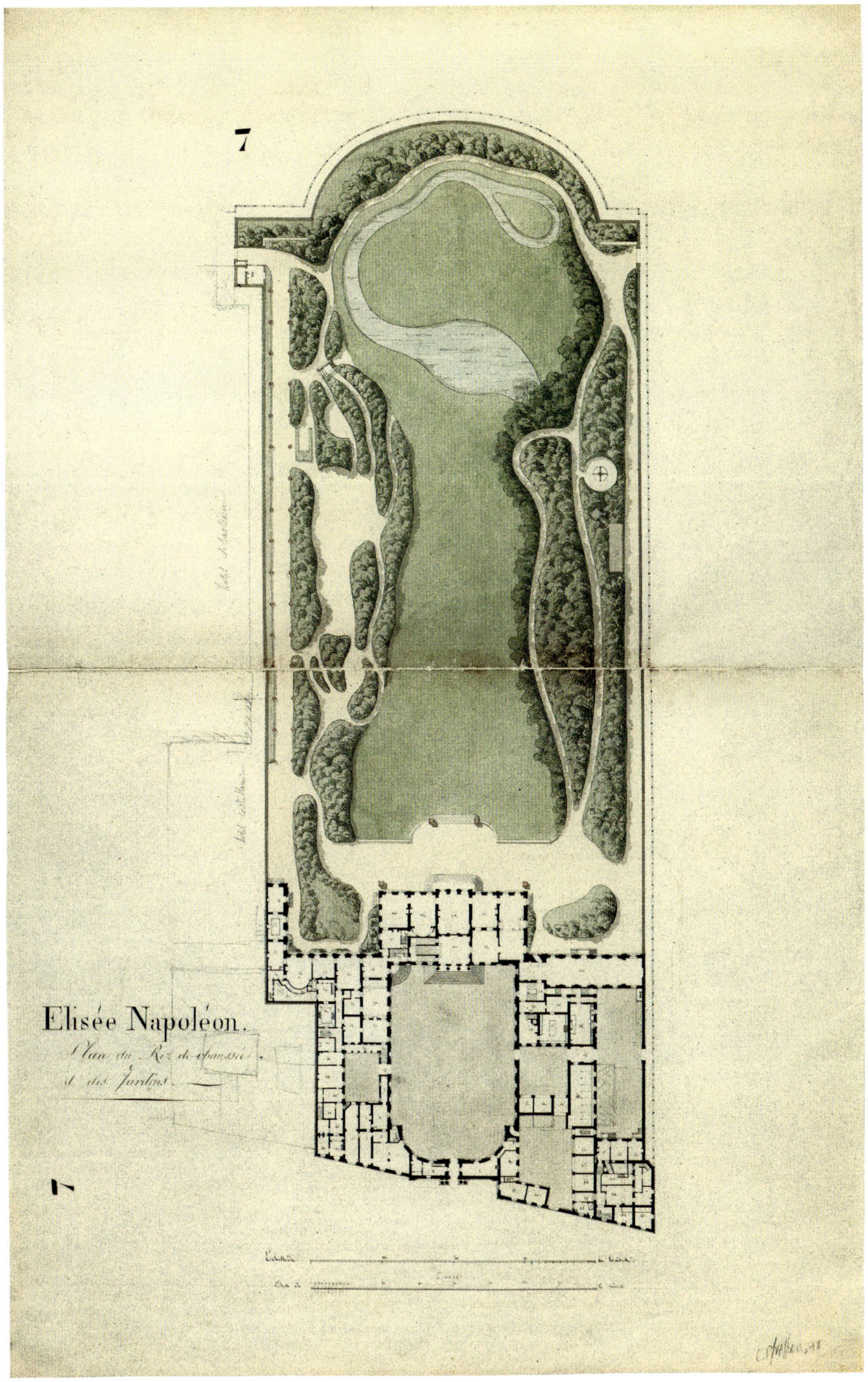

novembre 1809[79] et à nouveau par le couple Murat, présent pour la préparation des festivités du mariage de Napoléon avec Marie-Louise, du 12 décembre 1809[80] au 30 janvier 1810[81]. Caroline partit ensuite pour les Tuileries quand Joachim rentra à Naples. La demeure brilla à nouveau lors d'une grande fête orchestrée par Caroline, le 28 janvier 1810, et ce grâce à l'appui du Garde-meuble. Des mémoires de tapissiers, bronziers, manufactures de tapis, etc., se succèdent dans les comptes[82]. Cent trente-huit banquettes furent livrées pour cette seule soirée, citée dans le *Journal de l'Empire* du 30 janvier 1810.

fig. 48
PIERRE FRANÇOIS LÉONARD FONTAINE (1762-1853)
(d'après)
Élysée-Napoléon,
plan du rez-de-chaussée et des jardins
s. d. [vers 1810]
crayon et aquarelle sur papier
PARIS, ARCHIVES NATIONALES,
VA XII, 18

Mais l'Élysée changea à nouveau de main. Joséphine, tout juste répudiée, reçut en cadeau le 16 décembre 1809 (alors que les Murat étaient encore sur place) « le palais, ses jardins et le mobilier qu'il renferme » pour en jouir « sa vie durant et après il retournera dans le domaine particulier de l'Empereur[83]. » Joséphine ne pouvait pourtant pas rester à Paris pendant les festivités du nouveau mariage de son ex-mari. En exil, elle s'installa alors au château de Navarre, autre don de Napoléon en sa faveur[84]. L'état des lieux de prise de possession de l'Élysée ne fut finalement signé que le 20 février 1810 *(fig. 48)*[85]. Selon la première femme de chambre de Joséphine, Mlle Avrillon, Napoléon avait employé « tous ses moyens de séduction pour faire consentir sa femme au divorce ». Ainsi, « il lui donn[a] le palais de l'Élysée pour lui servir de maison de ville[86] ». Le 28 janvier 1810, l'empereur écrivait à Joséphine depuis les Tuileries à propos de ses effets qui « renferment plus de trois cents, quatre cents objets » : « J'ai ordonné que l'on porte tout à l'Élysée-Napoléon » ; puis il ajouta, le 30 janvier : « je te saurai avec plaisir à l'Élysée et fort heureux de te voir plus souvent, car tu sais combien je t'aime », tout en espérant qu'elle « vienne incessamment à Paris »[87]. Mlle Avrillion ne décrit dans ses *Mémoires* que de courts séjours à l'Élysée. Eugène a, quant à lui, séjourné de manière temporaire au palais durant cette période[88]. En fait, le seul témoignage de l'investissement de l'impératrice pour sa demeure parisienne reste le service de porcelaine commandé spécifiquement à Sèvres (à fond vert de chrome à frise d'or) agrémenté de bouquets de fleurs et livré le 9 mars 1810 *(fig. 49)*[89].

Napoléon reprit finalement le palais « aussitôt qu'il le trouv[a] à sa convenance[90] », selon Mlle Avrillion qui poursuivait en parlant de Joséphine, d'elle et sa suite : « nous fûmes personnellement fort contrariés[91] ». L'impératrice répudiée proposa à Napoléon

fig. 49
MANUFACTURE DE SÈVRES
Assiette à dessert
(d'une série de cinq) commandée par l'impératrice Joséphine pour le palais de l'Élysée
1809
porcelaine dure, D. 23,7 cm
RUEIL-MALMAISON, CHÂTEAUX DE MALMAISON ET BOIS-PRÉAU, MM 92.16.1

un échange financier[92] contre l'Élysée afin d'investir à Malmaison. Il refusa et, le 15 février 1812, le palais de Laeken servit finalement de contrepartie même si Joséphine ne s'y rendit jamais. L'état des lieux de cession de l'Élysée signalait que l'ensemble était conforme. Seuls avaient été envoyés à Malmaison ou au château de Navarre des décors de théâtre, une bibliothèque, des meubles de suite ainsi que le billard[93].

LE DOMAINE PRIVÉ DE L'EMPEREUR

Napoléon ordonna des restaurations au sein du palais car, au-delà du manque d'entretien récent, « les fêtes qu'on y a données ont aussi contribué à le détériorer considérablement[94] ». Le préfet de police s'émut même du fait que les trottoirs devant l'Élysée n'étaient jamais balayés. Fontaine lança avec le Garde-meuble des propositions de restauration estimées à 200 000 francs. Elles concernaient l'arrangement des grands et des petits appartements, la création d'une salle des festins et la restauration du jardin avec la reprise des plantations et du saut-de-loup sur les Champs-Élysées (pourtant déjà effectuée par les Murat) et enfin la réalisation d'une cuisine et la reprise des cours, etc.[95] Les travaux furent aussi structurels afin de renforcer l'édifice, notamment l'ajout de colonnes dans la salle de bal pour soutenir le plafond qui menaçait déjà de tomber[96]. Des commandes de meubles pour 50 000 francs à Jacob-Desmalter s'y ajoutèrent, dont une toilette en acajou pour Marie-Louise *(fig. 50)*[97], d'étoffes tissées à Lyon confiées aux tapissiers Poussin et Lejeune pour 60 000 francs et issues pour partie des commandes faites pour Versailles et non utilisées[98], ainsi que divers ajouts pour 70 000 francs dont la fourniture par Thomire de nombreuses girandoles, flambeaux et autres bronzes, de tapis et moquettes par Bellanger ou encore de candélabres en porphyre[99]. Le lit du grand appartement fut paré d'abeilles dorées sur damas blanc. Les appartements retrouvèrent leur lustre d'antan mais avec des tissus plus légers que ceux du temps des Murat. Les damas verts et bleus étaient en effet légion, tandis que les velours avaient souvent disparu.

Trois éléments étaient explicitement demandés dans cette installation par Napoléon en avril 1812 : des doubles croisées pour les appartements afin de mieux aérer un palais qu'il trouvait humide[100] et donner de la lumière, un petit escalier « qui mène de la chambre du grand appartement à celui de l'impératrice de manière [qu'il ne soit] pas obligé de passer par les petits appartements[101] » ainsi qu'un logement « à finir promptement » pour le tout jeune héritier, le roi de Rome[102]. Cet appartement, reprenant celui des petits Murat dont Louise, leur fille, ne se rappelait que le cabinet noir et la fenêtre en œil-de-bœuf de sa chambre[103], était entièrement rénové. On peut imaginer le prestige des dispositions choisies en regardant les fournitures faites pour celui-ci : des mosaïques de Belloni et encore des meubles de Jacob-Desmalter, des bronzes de Thomire ainsi que des lits pliants de fer par Desouches, auteur du fameux lit de campagne de Napoléon, pour la gouvernante et l'enfant[104]. Bien que le palais fût peu utilisé, des meubles furent encore commandés en 1813 pour l'empereur pour plus de confort, tels une chaise d'affaires et un fauteuil de bureau tournant livré en octobre *(fig. 51)*[105].

LES CENT-JOURS

Après la première abdication de Napoléon en 1814, le tsar Alexandre occupa l'Élysée *(fig. 52)*[106]. Mais la duchesse de Bourbon ne tarda pas à revendiquer son bien confisqué dix-sept ans plus tôt. Le 22 juin 1814, elle écrivait à Louis XVIII qui, après lui avoir redonné le palais le 3 juin, le lui avait repris : « quand on verra une princesse de sang, la mère malheureuse du duc d'Enghien, bannie d'un domicile qui était autrefois [...] le sien [...], qu'imaginerait-on lorsqu'on apprendra que pouvant l'y rétablir [...] Votre Majesté ne l'a pas trouvé convenable[107] ! » Elle obtint finalement gain de cause. Toutefois, n'habitant pas le palais, elle l'échangea en mars 1815 contre l'hôtel de Monaco, aujourd'hui hôtel de Matignon[108]. Heureuse idée, car le retour de l'Aigle s'annonçait et l'Élysée ainsi que son jardin étaient restés dans le cœur de l'usurpateur.

50

51

52

En effet, à son retour de l'île d'Elbe, si Napoléon prit ses quartiers à l'Élysée dès le 17 avril[109], après un bref séjour aux Tuileries, où il continuait de suivre l'office selon Marchand, son valet de chambre[110]. L'empereur tenta, dans ce qui fut sa dernière demeure française, de recréer une vie de cour où Hortense remplaça Marie-Louise, comme maîtresse de maison[111]. Bien que 150 domestiques y officiaient, progressivement le palais se vidait[112].

Au retour de Waterloo, le 21 juin, les fidèles présents à l'Élysée étaient rares. Montholon ou Las Cases, les futurs compagnons de Sainte-Hélène, eux, étaient bien là. De plus, une foule se massait sans discontinuer devant les grilles du palais pour acclamer son souverain. Le 22 juin, Caulaincourt, Lavalette et Savary poussèrent l'empereur à abdiquer[113]. Il signa finalement son abdication dans le boudoir d'argent, pièce si intime du petit appartement que Caroline avait garnie de tissu ponceau et que Napoléon avait transformée en ton violet[114]. Abdication scandée par cette funeste phrase : « Ma vie politique est terminée[115]. » Restant enfermé dans le palais tout en paraissant parfois devant la foule installée dans la rue, Napoléon rencontra Marie Walewska et son fils, brûla des papiers et prépara un départ pour l'Amérique[116]. Il quitta définitivement le palais le 25 juin à 12 h 30 par la grille du Coq et rejoignit Malmaison dans une berline à deux chevaux avec Bertrand et Noverraz tandis que des voitures vides, aux grandes armes impériales, quittaient la cour d'honneur acclamées par la foule[117]. Les préceptes de la discrétion avaient remplacé les codes de l'étiquette de cour. Ironie de l'histoire, le tsar Alexandre s'installa à nouveau à l'Élysée quelques mois avant que la demeure ne revînt de nouveau aux Bourbons. Et, revanche des Napoléonides sur l'histoire, le boudoir d'argent fut, des années plus tard, le théâtre du coup d'État de Napoléon III.

fig. 50
FRANÇOIS HONORÉ GEORGES JACOB-DESMALTER (1770-1841)
Table de toilette
1810
acajou, bronze doré et marbre de Carrare blanc veiné, 141 × 121 × 56 cm
PARIS, MOBILIER NATIONAL, GME 7995

fig. 51
FRANÇOIS HONORÉ GEORGES JACOB-DESMALTER (1770-1841)
Fauteuil tournant
1814
orme et velours de soie (couverture d'origine), 103 × 63 cm
PARIS, MOBILIER NATIONAL, GMTC 498

fig. 52
DUFRENNE
Le tsar Alexandre Ier occupant l'Élysée
s. d. [1814-1815]
miniature rectangulaire à la gouache sur ivoire, 3,5 × 7,2 cm
FONTAINEBLEAU, CHÂTEAU DE FONTAINEBLEAU, F 2018.4

JOACHIM ET CAROLINE MURAT

VINCENT HAEGELE

Leur couple est au cœur de l'imaginaire napoléonien : Joachim Murat épousa Caroline Bonaparte, sœur cadette de Napoléon Bonaparte au lendemain du coup d'État de Brumaire, le 18 janvier 1800. Napoléon, ainsi que la plupart des membres du clan Bonaparte, imaginait bien d'autres combinaisons pour l'avenir matrimonial de sa jeune sœur, mais les considérations pratiques – l'aide de Murat a été déterminante lors du coup d'État –, et les sentiments de Caroline à l'égard de son prétendant, l'emportèrent. Commencèrent alors quinze années de passions humaines et politiques.

Rien ne destinait Joachim Murat *(fig. 53)* à devenir l'incarnation de la France guerrière : né le 25 mars 1767, fils d'un maître de poste de l'Ancien Régime, ancien séminariste ayant troqué la soutane contre l'uniforme, il appartenait à ce milieu qui se cherchait une vocation à l'aube de la Révolution. Son engagement révolutionnaire était total, mais néanmoins prudent : renvoyé de l'armée en 1788, il lui importa d'abord d'y retrouver une place. Il y parvint en revenant dans la cavalerie, son corps d'origine, mais sans s'illustrer. En 1795, il rongeait son frein lorsque le hasard lui fit croiser le chemin du général Bonaparte. Il le suivit en Italie, puis en Égypte, où il multiplia les prouesses, mais aussi les imprudences. Surtout, dès 1797, il entendait épouser l'une des sœurs de son supérieur. Ce fut Caroline *(fig. 54)*, née comme lui un 25 mars, mais de quinze ans plus jeune que lui.

À Paris puis à Milan, où Murat exerça la charge de général en chef de l'armée d'Italie – se rêvant un temps proconsul de la République italienne –, le couple se construisit une image brillante, mais ne parvint pas toujours à éviter les intrigues, qui laissaient entrevoir une ambition dévorante, alors que le régime consulaire évoluait vers une transformation monarchique. Parmi les acquisitions des Murat figurait le palais de l'Élysée, qui devint en 1805 leur principale résidence. Pour ce faire, ils lancèrent des travaux d'aménagement d'envergure, destinés à moderniser et entretenir un bâtiment qui avait connu plus d'une décennie de marasme. Ce fut un succès. Caroline y renforça son réseau politique quand Joachim, en grand maître d'équitation, disposa enfin des écuries dont il rêvait.

Toutefois, la politique étrangère de Napoléon leur interdit tout repos : entre 1806 et 1808, Murat dut assurer les fonctions de grand-duc de Berg, Clèves et Juliers, État créé de toutes pièces sur le Rhin à partir d'anciennes seigneuries du Saint Empire germanique. Ce furent en partie les revenus tirés de cette principauté qui financèrent les travaux de l'Élysée. Berg n'était pas un royaume d'opérette, mais le manque de considération dont cet État faisait l'objet, à commencer par Caroline, qui refusa de s'y rendre, est révélateur des malentendus qui se faisaient jour entre France et Allemagne. Si Murat mit un point d'honneur à gouverner son petit État, les événements l'obligèrent à retourner dès l'automne 1806 aux camps. Il mena la cavalerie lors de la campagne triomphale de 1806 et se montra sur tous les fronts lors de la difficile guerre de Pologne, aux confins de la Russie, lors de l'hiver 1807. Sa charge, à la bataille d'Eylau, reste dans les annales militaires.

Pendant ce temps, Caroline demeurait à Paris, où elle s'intéressait de près à la politique ; elle se rapprocha notamment de l'ambassadeur autrichien, le jeune Metternich, dont les efforts tendaient à rendre à son pays son influence après la défaite de 1805. Peu à peu, l'idée de faire de Murat le successeur potentiel de Napoléon, au détriment des frères de ce dernier, commença à prendre dans le petit milieu des intrigues parisiennes, pour devenir plausible en 1808-1809, au moment où Napoléon était contraint d'intervenir en Espagne.

L'empereur, qui était au courant de ces rumeurs, préféra donner à Murat et à sa sœur une place plus importante dans son système de famille. Murat rêvait d'un royaume en Pologne, ou en Espagne ; ce fut Naples, mais avant de prendre possession de leur nouvel État, Caroline et lui durent céder l'ensemble de leurs propriétés à la France, une décision qu'ils contestèrent par la suite. Dans l'immédiat, la politique napolitaine fut leur première préoccupation : les finances allaient mal, le royaume était menacé par les Britanniques et leurs alliés siciliens, les réformes agraire et religieuse étaient très critiquées, le brigandage endémique.

Murat ne fut pas long à comprendre que la présence des Français dans le royaume rendait illusoire tout effort pour concilier l'esprit d'un peuple travaillé par les luttes sociales depuis bientôt dix ans, au sein d'un pays où la violence politique s'exprimait en toute occasion. Il chercha donc à se rendre moins dépendant de la tutelle impériale, sans grand succès. Tout en multipliant les incidents (invasion ratée de la Sicile, crise des décrets), il dut renforcer le contingent français en Espagne, au prix de colossales dépenses qui mirent son trésor à mal. La campagne de 1812, qui permit une timide réconciliation avec l'empereur, vit des soldats napolitains subir l'hiver dans les pires conditions. Murat, à compter de la retraite de Russie, tenta de partager son temps entre son royaume et la Grande Armée, à laquelle il revint encore en 1813, avant de négocier les conditions de sa neutralité avec les Autrichiens et les Britanniques. En janvier 1814, il sauta le pas, abandonnant le système napoléonien et se mit sous la protection des Alliés, espérant sauver sa couronne, alors qu'un grand congrès à Vienne allait décider de l'avenir de l'Europe.

Ce fut peine perdue : sans cesse louvoyant, comprenant que ses compromissions ne lui permettraient pas de conserver Naples, Murat tenta un dernier coup en aidant Napoléon à revenir de l'île d'Elbe. L'aventure s'acheva en mai 1815, avec la prise de Naples par les troupes autrichiennes. Murat et Caroline

53

54

choisirent des chemins d'exil différents, l'un rentrant en France, l'autre se mettant sous la protection des vainqueurs. Mal accueilli en France, bientôt pourchassé par les royalistes, Murat trouva un refuge provisoire en Corse, d'où il tenta un débarquement près de Naples, au Pizzo, en octobre 1815. Mal préparée, l'aventure tourna au fiasco. Prisonnier, il fut fusillé le 13 octobre après un semblant de procès, conservant jusqu'au bout la bravoure qui l'avait fait remarquer par le général Bonaparte vingt ans plus tôt.

Caroline, devenue veuve, tenta pendant de longues années de récupérer le palais de l'Élysée, en faisant valoir que sa cession, en 1808, n'avait aucune valeur légale. Difficile, pour la sœur de l'empereur, de faire entendre sa voix dans la France de la Restauration, même en rappelant « les travaux militaires » de son mari. Elle contribua pourtant à graver dans la mémoire collective les faits d'armes de ce dernier, ainsi que leur commun attachement à ce haut lieu de pouvoir. De fait, l'Élysée reste aujourd'hui encore associé au nom de Murat.

fig. 53
FRANÇOIS PASCAL SIMON GÉRARD (1770-1837),
Portrait de Joachim Murat (1764-1815), maréchal de l'Empire en grande tenue
1805, peinture à l'huile sur toile,
243,5 × 168,5 cm
PARIS, MUSÉE DE L'ARMÉE,
2017.2.1

fig. 54
FRANÇOIS PASCAL SIMON GÉRARD (1770-1837),
Caroline Murat et ses enfants
1809-1810
peinture à l'huile sur toile,
217,5 × 170,5 cm
FONTAINEBLEAU,
CHÂTEAU DE FONTAINEBLEAU,
DÉPÔT DU CHÂTEAU DE MALMAISON,
M.M. 73.1.1

LE MOBILIER DU GRAND SALON

VINCENT LAMOURAUX

L'actuel salon des Ambassadeurs s'est appelé successivement, sous l'Empire, grand salon de réception générale (1808), premier salon ou salon de l'empereur (1809), grand salon doré (1813).

Le couple Murat le meubla d'un vaste ensemble de sièges : trois canapés, quatre causeuses, quatre fauteuils meublants[1], huit fauteuils courants, douze chaises, quatre ployants et un tabouret de pied. S'y ajoutaient un écran de cheminée et, seul meuble d'ébénisterie, une grande console.

La lustrerie comprenait un lustre à vingt-quatre lumières en cristal de Bohême, une pendule[2], deux candélabres, chenets, pelle, pincette et tenailles. Un tapis de pied d'Aubusson, « première qualité », présentait un « dessin à lyre et cygnes au milieu, fond vert nankin et violet ».

Le morceau de choix était l'ensemble de menuiserie, dont une partie est conservée par le Mobilier national[3]. Il a dû être commandé pour le lieu à Jacob-Desmalter, lors de l'achat par Murat en 1805, et est resté en place, pour une grande part, jusqu'en 1871[4]. Les trois canapés *(fig. 55)* devaient être adossés au mur nord, chacun sous une glace ; le long des murs latéraux se trouvaient les causeuses et les fauteuils meublants répartis, côté est, de part et d'autre de la cheminée, côté ouest, de part et d'autre de la console, elle aussi surmontée d'une glace. Les autres sièges étaient placés dans le centre de la pièce.

Ces sièges ont pu être identifiés grâce à la description de 1809 qui mentionne, tant pour les canapés, les causeuses que les fauteuils

55

meublants, les « accotoirs à chimères ailées » *(fig. 56)*. Ces chimères sont en fait des sphinges : pattes de lion surmontées par une poitrine et un visage de femme forment le support d'accotoir tandis que les ailes déployées constituent l'accotoir. La console utilise ce même ornement en bronze patiné mais les ailes y sont dressées verticalement pour servir de support antérieur[5].

Le motif n'est pas neuf : il a été employé sans doute dès 1799 par Jacob frères dans une série de huit fauteuils, prévue pour le palais du Luxembourg, siège du Directoire exécutif, et placée en 1800 dans le grand salon de Mme Bonaparte aux Tuileries[6]. Proche du lion ailé du fauteuil livré en 1804 pour la salle du trône du château de Saint-Cloud[7], il se retrouve dans les fauteuils commandés en 1805 et payés en 1807 à Jacob-Desmalter pour le deuxième salon, ou grand salon, de l'impératrice aux Tuileries[8]. En huit ans, le motif a pris de l'ampleur : en 1799, l'aile restreinte se développe sous un accotoir plat ; en 1804, elle s'allonge jusqu'au dossier mais reste contrainte par une traverse ; dans les deux exemples les plus tardifs, entièrement similaires dans la forme sinon dans l'ornement, l'aile constitue elle-même accotoir et c'est sur elle que repose directement la manchette. Associées à un décor floral abondant sur la ceinture et les montants du dossier, ces sphinges donnent aux sièges de Murat un caractère particulièrement luxueux.

Les fauteuils courants et les chaises sont d'un type plus simple, qui ne s'apparente à l'ensemble précédent que par le dossier terminé en rouleau. Les pieds arrière sont en sabre, les pieds avant en balustre pour les chaises et quadrangulaires pour les fauteuils. La frise ornementale, limitée à la devanture, est simplifiée, réduite à des spirales géométriques.

Unifiés par la garniture de « soie verte agrément or » probablement livrée par le tapissier Boulard, ces sièges constituaient donc deux ensembles distincts dont la différence de traitement répondait au rétablissement de l'étiquette de cour.

fig. 55
JACOB-DESMALTER
Canapé sur plinthe
1805-1808
bois sculpté et doré
(couverture textile moderne),
101 × 202 × 75 cm
PARIS, MOBILIER NATIONAL,
GMT 16409

fig. 56
JACOB-DESMALTER
Fauteuil
1805-1808
bois sculpté et doré
(couverture textile moderne),
96 × 72 × 61 cm
PARIS, MOBILIER NATIONAL,
GMT 16284/003

56

LE MOBILIER DU BOUDOIR D'ARGENT

VINCENT LAMOURAUX

Le riche ensemble livré, probablement en 1806, par Jacob-Desmalter pour le boudoir d'argent de Joséphine *(fig. 57)*[1], connu par l'inventaire de 1808[2] et par une aquarelle d'Hippolyte Lebas datée de 1810 *(fig. 58)*[3], est, fait exceptionnel, encore conservé aujourd'hui dans sa pièce d'origine. Il se compose de deux méridiennes, quatre fauteuils gondoles, deux chaises à dossier en lyre, deux consoles servant de jardinière et une table[4]. Les meubles étaient dès l'origine en bois peint en blanc et dorés à l'or blanc, harmonisés ainsi avec la sculpture des lambris et de la corniche. Ils étaient complétés par une pendule, deux flambeaux et deux chenets, livrés par André Antoine Ravrio[5], ensemble en bronze argenté d'un raffinement extrême : sur la pendule représentant le char de la Fidélité conduit par l'Amour, c'est la roue du char qui forme le cadran ; les flambeaux montrent un fût en pyramide triangulaire avec appliques de palmettes et culots supportant un hibou flammé ; les chenets portent chacun un ange nu assis sur une section de colonne se chauffant à un brasero tripode. Un lustre à dix lumières éclairait la pièce[6]. Le tapis moquette d'origine avait été remplacé, du temps même de Caroline, par un tapis d'Aubusson de la fabrique de Sallandrouze.

Les meubles de Jacob constituent chacun un sommet d'élégance. La table présente un riche décor de culots, palmettes, rinceaux, feuilles d'eau, mais c'est surtout son dessus en marqueterie de pierre qui la rend unique : le panneau aux quatre colombes s'abreuvant dans une coupe reproduit la mosaïque antique retrouvée en 1737 dans la villa d'Hadrien à Tivoli, et conservée aux musées du Capitole. Elle est connue sous le nom de « table de l'abdication » depuis que Napoléon a signé, dans le boudoir d'argent, l'acte d'abdication du 22 juin 1815. Plus sobres, les deux consoles servant de jardinières sont néanmoins en sycomore incrusté de filets d'amarante.

Les chaises à dossier en lyre constituent un type courant sous l'Empire, habituellement sobre et en bois d'acajou, enrichi ici par les chutes de feuilles sur les pieds antérieurs en poire, les quadrifeuilles sur la traverse antérieure et le faisceau aux extrémités en volute qui vient couronner le dossier.

Les méridiennes présentent en façade une palmette centrale d'où naît, de part et d'autre, un rinceau continu d'une grande élégance, achevé en hampe florale sur les chevets dissymétriques[7].

Enfin, les fauteuils gondoles aux accotoirs en forme de cygne *(fig. 59 et 64)*[8] reprennent un modèle créé en 1802 pour le boudoir de Joséphine au château de Saint-Cloud[9]. Déjà livrés par les frères Jacob, ces premiers sièges avaient été exécutés sur un dessin de Charles Percier, dont plusieurs esquisses

57

fig. 57
Vue du boudoir d'argent
(en situation)

fig. 58
HIPPOLYTE LEBAS (1782-1867)
Vue du salon d'argent au palais de l'Élysée à l'époque de Caroline et Joachim Murat
1810
aquarelle
COLLECTION PARTICULIÈRE

fig. 59
JACOB-DESMALTER
Fauteuil gondole
1806
hêtre sculpté, peint et doré or blanc (couverture textile moderne), 78 × 66 × 52 cm
PARIS, MOBILIER NATIONAL
EN DÉPÔT AU PALAIS DE L'ÉLYSÉE,
GMT 18590/002

58

subsistent dans un recueil[10]. Signe de leur succès, un modèle très proche, aux pieds antérieurs à griffes, était reproduit dès 1803 dans la *Collection de meubles et objets de goût* éditée par Pierre de La Mésangère[11]. Récurrent dans le décor Empire, le motif du cygne n'est pas un simple élément décoratif. Il est notamment omniprésent à l'hôtel de Beauharnais, rue de Lille, acquis en 1803 par Eugène, et entièrement décoré dans les deux années suivantes par Hortense et Joséphine : on l'y retrouve sur les sièges du salon des Quatre Saisons et de la chambre à coucher, mais aussi sculpté sur les lambris, peint sur les murs ou en bronze sur les entrées de serrure[12]. Le cygne y est non seulement l'animal d'Apollon, ce que confirme son association à la lyre dans des dessins préparatoires, donc l'image même du goût en matière d'art, mais probablement aussi, une allégorie complémentaire de celle de l'aigle impériale. À l'empereur, la vigueur de l'aigle ; aux femmes qui l'entourent, l'élégance du cygne. En copiant le mobilier de son impériale belle-sœur et en le rehaussant par la dorure argentée d'un éclat nouveau, Caroline rivalisait ici avec les sommets du mécénat artistique.

Même s'il semble aujourd'hui intact, l'ensemble des sièges est différent de celui qu'a connu Caroline. La garniture lilas est celle choisie par l'empereur en 1812, après le rachat de l'hôtel. Celle d'origine était de soie ponceau rehaussée de galon d'argent.

59

L'ESCALIER D'HONNEUR

JEAN-PHILIPPE GARRIC

fig. 60
Vue de l'escalier d'honneur dit escalier Murat
avec détail des palmes (en situation)

Parmi ces nombreuses transformations apportées au palais de l'Élysée en 1806, par Joachim Murat et son épouse Caroline, l'escalier d'honneur est l'une des plus spectaculaires et caractéristiques *(fig. 60)*. Conduisant du vestibule principal au premier étage, où se trouvaient notamment les appartements privés du maréchal, il marquait le nouveau statut princier de cette résidence et ouvrait une séquence spatiale solennelle, qui se développait ensuite à droite en entrant vers les principaux espaces de réception. Il fixait l'axe principal parallèle à la façade, qui reliait par une enfilade d'ouvertures la salle des huissiers à la galerie des tableaux, servant aussi de salle de bal, puis à la salle de banquet, selon les usages contemporains. Formé d'une première volée droite centrale, qui débouchait sur un repos en face d'une niche habillée de miroirs, il se retourne ensuite en deux volées droites, latérales et symétriques. Dépourvu de supports verticaux intermédiaires, comme des colonnes ou des pilastres, il présente une organisation générale rigoureuse et répétitive sinon dépouillée : une austérité en partie tempérée par le choix d'un tapis d'escalier qui imitait la peau de tigre[1].

Pour le dessiner, le grand-duc et la grande-duchesse de Berg firent appel à deux architectes associés : Barthélemy Vignon (1762-1846) et Jean Thomas Thibault (1757-1826), qui ne pouvaient se prévaloir alors d'importantes réalisations, mais qui se situaient dans l'orbite directe d'un autre duo plus fameux, celui que formaient Charles Percier (1764-1838) et Pierre Fontaine (1762-1853), les architectes de Napoléon. Vignon et Thibault avaient remplacé Percier et Fontaine à Malmaison, en raison d'une surcharge de travaux, mais aussi de leur mésentente avec Joséphine. Thibault, très proche de Fontaine avec lequel il s'était rendu en Italie en 1788, ancien collaborateur d'Étienne Louis Boullée (1720-1799) et multi-lauréat des concours de l'an II, associé à Jean Nicolas Louis Durand (1760-1834), jouissait d'une importante aura comme dessinateur.

Les rampes, formées d'une suite continue de balustres de plomb doré affectant une forme de palme, constituent l'élément le plus marquant, le plus singulier et le plus surprenant de cet escalier. Car, si les branches de palmier étaient d'un emploi fréquent dans l'architecture monumentale ou chrétienne, où elles servent, comme une métaphore de la Victoire, à glorifier le Christ ou les héros, elles présentaient le plus souvent des formes courbes ou ondoyantes, qui adoucissaient les lignes droites ou qui jouaient avec la rigidité des corniches, des moulures et des colonnes. À l'inverse les palmes dédiées ici à Murat, entourées à leurs bases de couronnes de laurier circulaires et qui supportent une main courante en tôle, constituée de faisceaux de baguettes dorées, ressemblent à des barreaux de rampe d'escalier, mais magnifiés par la richesse de leur matière et l'ajout de folioles géométrisées. Figées, elles se dressent symétriques, comme une haie d'honneur.

LES LITS DE CAROLINE MURAT

VINCENT LAMOURAUX

Lit de la chambre de parade

Lorsqu'il est reproduit pour la première fois par Ernest Dumonthier au début du XXe siècle[1], ce meuble est décrit comme un « lit en bois sculpté et doré "style Empire" exécuté en 1867, sur les ordres de l'impératrice Eugénie lors de la reconstitution du château de Malmaison ». Pourtant, il porte l'estampille de Jacob-Desmalter, qui situe son exécution entre 1803 et 1813, et la marque au fer que Louis XVIII a fait appliquer à sa montée sur le trône. Il correspond en outre, à l'exception du cygne, à la description faite en 1809 du lit de parade de Caroline Murat (« un bois de lit sculpté et doré à flasques, cornes d'abondance avec guirlande de fleurs sur le pan de devant »).

Cette pièce exceptionnelle prit en fait place, probablement dès 1806, dans la chambre de parade du grand appartement de l'Élysée. Elle y resta sous Napoléon Ier puis à l'époque du duc et de la duchesse de Berry. À l'arrivée du prince-président, en 1849, la pièce devint un salon (actuel salon Pompadour) : le lit fut envoyé au Garde-meuble et remplacé par un divan semi-circulaire.

En 1861, Napoléon III racheta le château de Malmaison, acquis en 1799 par Joséphine qui l'avait occupé après son divorce, entre 1809 et 1814. Il s'évertua à remeubler la demeure dans le souvenir de sa grand-mère, avec l'aide d'Édouard Williamson, administrateur du mobilier de la Couronne. C'est ce dernier qui proposa, en 1865, pour évoquer le lit manquant de Joséphine, d'envoyer le lit de Caroline qui lui ressemblait par les cornes d'abondance et la guirlande de fleurs *(fig. 61)*[2]. Dérivé des guirlandes ornant les autels et cippes antiques, ce motif était apparu, sous la forme d'un bronze patiné rehaussant le bord supérieur du bateau, sur le lit de Mme Récamier[3]. Il avait été repris de façon proche par Marcion sur le lit de la chambre du roi de Rome, à Compiègne (1807-1808), puis, comme motif principal de la traverse, sur le lit de Joséphine à Malmaison (1812). Sur ce dernier, les dossiers à crosse étaient en outre ornés de cornes d'abondance, sur le modèle du lit de l'impératrice à Compiègne (1809), exécuté par le même Jacob-Desmalter sur un dessin de Louis Martin Berthault. Le lit de Caroline avait en outre l'avantage d'avoir connu Joséphine lorsque celle-ci avait occupé l'Élysée entre 1808 et 1809. Afin d'accentuer la ressemblance avec le lit impérial et de l'adapter à son nouvel emplacement, Williamson fit modifier ses dimensions, remplaça la traverse arrière cintrée et commanda à J. Steiner la sculpture d'un cygne en hêtre à l'un des chevets – celui de Joséphine en présentait un de chaque côté.

Mis en place en 1866, le meuble resta peu de temps à Malmaison : deux ans plus tard, les héritiers du prince Eugène firent don au château du véritable lit dans lequel Joséphine était morte en 1814 et le lit de substitution regagna les réserves du Mobilier impérial. En 2014, durant la restauration du lit de Joséphine, celui de Caroline reprit provisoirement sa place dans la chambre de l'impératrice. Sa garniture avait été rétablie en velours de soie cramoisi, suivant la description de 1808.

61

Lit de la chambre à coucher

Ce second lit en bois naturel, livré en même temps que le précédent *(fig. 62)*, occupait la chambre à coucher de l'appartement privé, dans l'aile est. Sur une estrade couverte d'une peau de tigre était placé ce « grand lit dans le goût moderne en acajou orné de bronzes dorés et ciselures ». Les rideaux du lit étaient assortis à la tenture de l'alcôve : « de 15/16 jaune avec galon fond jaune broché en chenille amarante et filets de velours noir ».

Moins exubérant que le lit de parade, il présente tout de même une remarquable richesse de bronzes, en rapport avec sa fonction. Sur les flasques prennent place les figures ailées du Silence, à gauche, le doigt sur la bouche, et du Sommeil, à droite, qui laisse tomber une main d'où glisse une gerbe de pavots. Sur la traverse antérieure, culots, rinceaux et palmettes se répartissent autour d'un médaillon central figurant la lune. Aux extrémités se répondent deux rhytons, vase que les poètes classiques donnaient comme attribut au Sommeil en lui faisant contenir une boisson narcotique. Ce répertoire hypnique était apparu dès le Consulat, apparemment sous l'impulsion de Charles Percier. On retrouve en effet des allégories de la nuit sur le lit de Mme Récamier, une figure de la lune, des lampes et des tiges à boutons de pavot sur celui de la générale Moreau (1802, château de Fontainebleau) – le premier attribué aux frères Jacob, le second estampillé par eux, tous deux sur des modèles de Percier. Dumonthier attribuait la composition de ces bronzes sur le lit Murat à Chaudet.

Lorsque, en 1809, Napoléon fit de cette pièce sa propre chambre, il conserva le lit de Caroline avant de le faire placer en 1813 au premier étage, dans la chambre de Marie-Louise. À l'exception d'un retour au Garde-meuble du temps de la duchesse de Berry (1817-1820), il y demeura jusqu'en 1865.

61 bis

fig. 61 et 61 bis
JACOB-DESMALTER
Lit d'apparat de Caroline Murat
avec détails des marques
1806
bois sculpté et doré, 111 × 170 cm
PARIS, MOBILIER NATIONAL,
GMEC 47

fig. 62
JACOB-DESMALTER
Lit de la chambre à coucher de Caroline Murat
1806
acajou et bronze doré, 135 × 212 × 154 cm
PARIS, MOBILIER NATIONAL,
GME 8937

62

LA SECONDE ABDICATION DE NAPOLÉON

THIERRY SARMANT

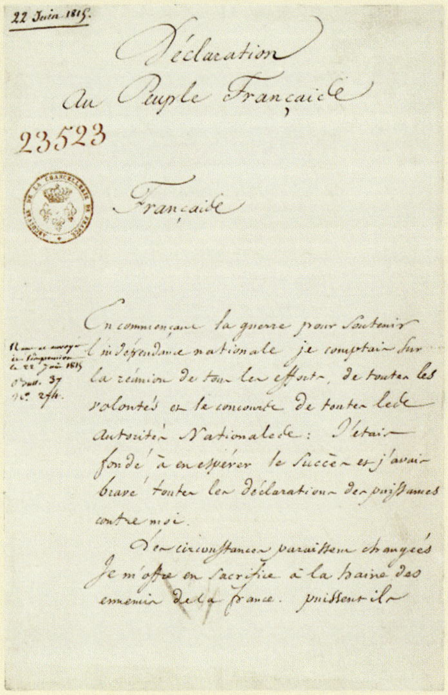

22 Juin 1815.

Déclaration
au Peuple Français

23523

Français

En commençant la guerre pour soutenir l'indépendance nationale je comptais sur la réunion de tous les efforts, de toutes les volontés et le concours de toutes les Autorités Nationales : j'étais fondé à en espérer le succès et j'avais bravé toutes les déclarations des puissances contre moi.

Les circonstances paraissent changées. Je m'offre en sacrifice à la haine des ennemis de la france. puissent-ils

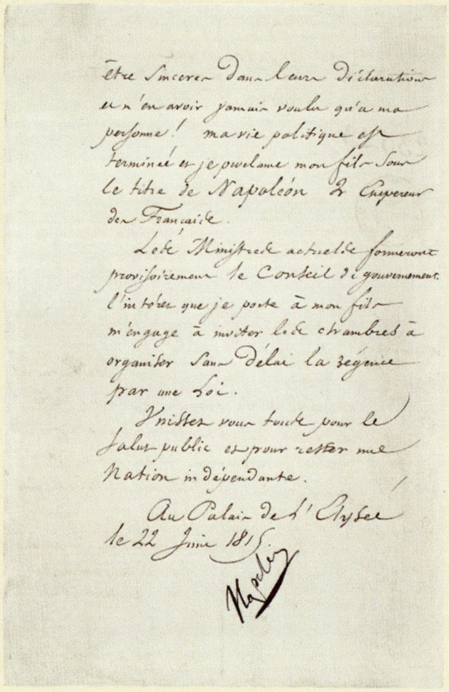

être sincères dans leurs déclarations et n'en avoir jamais voulu qu'à ma personne ! ma vie politique est terminée et je proclame mon fils sous le titre de Napoléon 2 Empereur des Français.

Les Ministres actuels formeront provisoirement le Conseil de gouvernement. L'intérêt que je porte à mon fils m'engage à inviter les chambres à organiser sans délai la régence par une loi.

Unissez vous tous pour le salut public et pour rester une nation indépendante.

Au Palais de l'Elysée le 22 Juin 1815

fig. 63
*Acte de la seconde abdication de Napoléon Ier*
22 juin 1815
PARIS, ARCHIVES NATIONALES, 222MI/1, CARTON IV, Nº 3, RECTO ET VERSO

Le 20 mars 1815, après dix mois d'exil sur l'île d'Elbe, Napoléon Ier se réinstallait aux Tuileries que Louis XVIII venait de quitter précipitamment : c'est le début de l'épisode des Cent-Jours[1]. Le 17 avril, l'empereur se transporta à l'Élysée : il avait toujours aimé cette résidence à échelle humaine qui, à l'inverse des Tuileries, offrait la commodité et l'intimité relative d'un vaste jardin. C'est de l'Élysée qu'il partit pour son ultime campagne et c'est à l'Élysée qu'il revint le 21 juin 1815, trois jours après sa défaite de Waterloo. Dans les salons du palais allaient se jouer les derniers actes des Cent-Jours et de l'épopée impériale. L'empereur vaincu réunit ministres et familiers et tâcha de reprendre ses esprits. Il dut rapidement constater que les courtisans se faisaient rares, que les chambres et l'opinion réclamaient son départ. Plusieurs de ses fidèles lui recommandèrent de passer en Amérique. Ceux de ses partisans qui s'attroupaient sur les Champs-Élysées aux abords du palais pour l'acclamer ne suffirent pas à recréer l'illusion d'une popularité. En outre, Napoléon, qui n'avait jamais aimé le peuple de Paris, se refusa à devenir le « roi d'une jacquerie[2] ».

Le 22 juin eut lieu le dernier « lever », l'audience des dignitaires conforme à l'étiquette, et le dernier Conseil des ministres. À son terme, l'empereur se retira dans le salon d'argent pour signer son second acte d'abdication, qui prit la forme d'une « Déclaration au peuple français » *(fig. 63)* :

> « Français ! en commençant la guerre pour soutenir l'indépendance nationale, je comptais sur la réunion de tous les efforts, de toutes les volontés, et le concours de toutes les autorités nationales. J'étais fondé à en espérer le succès, et j'avais bravé toutes les déclarations des puissances contre moi.
>
> Les circonstances paraissent changées. Je m'offre en sacrifice à la haine des ennemis de la France. Puissent-ils être sincères dans leurs déclarations, et n'en avoir jamais voulu qu'à ma personne ! Ma vie politique est terminée, et je proclame mon fils, sous le titre de Napoléon II, empereur des Français.
>
> Les ministres actuels formeront provisoirement le conseil de gouvernement. L'intérêt que je porte à mon fils m'engage à inviter les chambres à organiser sans délai la régence par une loi.
>
> Unissez-vous tous pour le salut public et pour rester une nation indépendante.
> Au palais de l'Élysée, le 22 juin 1815.
> Napoléon[3]. »

Averties, les chambres envoyèrent des délégations pour remercier l'ex-empereur de son sacrifice, mais les manœuvres de Fouché empêchèrent la proclamation de Napoléon II. Tandis que l'Élysée se vidait des derniers courtisans, la nouvelle commission de gouvernement, présidée par le duc d'Otrante, se réunit aux Tuileries. Le 23 juin, Bertrand, grand maréchal du palais, signa les paiements des 150 domestiques, 12 officiers civils, 12 officiers militaires, 14 employés de lingerie et 5 employés d'argenterie qui constituaient le personnel du souverain[4].

Le nouveau pouvoir ne tarda pas à s'inquiéter de voir le monarque déchu paraître dans le jardin de l'Élysée pour répondre aux acclamations de la foule. Napoléon ne pouvait-il être tenté de reprendre son abdication ?

Le 24, Fouché fit demander à son ancien maître de s'éloigner. Le lendemain, 25 juin, vers midi, Napoléon quittait l'Élysée par la grille du jardin, dans la voiture du grand maréchal. Les berlines impériales, vides, partirent par la cour d'honneur. L'ex-empereur arriva à Malmaison à une heure et demie. C'était le début d'un dernier voyage, qui devait finir à Sainte-Hélène.

fig. 64
JACOB-DESMALTER
Fauteuil gondole
(détail de l'accotoir droit)
1806
hêtre sculpté, peint et doré or blanc
PARIS, MOBILIER NATIONAL, EN DÉPÔT AU PALAIS DE L'ÉLYSÉE, GMT 18590/002

De l'Élysée-Bourbon à l'Élysée-National

3

De l'Élysée-Bourbon à l'Élysée-National

C'est à l'occasion de son mariage avec Marie-Caroline de Bourbon-Siciles que le duc de Berry reçut le palais de l'Élysée de son oncle le roi Louis XVIII. Le prince habitait jusque-là le palais des Tuileries, au rez-de-chaussée du pavillon de Marsan, dans un appartement qu'il conserva et qui devint celui de sa veuve en 1820. Il fallut d'abord remettre la demeure en état après l'occupation des lieux par le tsar Alexandre et surtout par le duc et la duchesse de Wellington qui y avaient mené grand train de novembre 1815 à février 1816. L'architecte du roi, Pierre Fontaine (1762-1853), écrivait à ce propos, le 1er mai 1816 :

> « Nous avons reçu l'ordre d'y réparer les dégâts que la résidence des étrangers a occasionnés. 40 000 francs sont affectés à cette dépense. Ces dégâts assez considérables en détail [...]. Ce sont des étoffes gâtées, des lambris tachés, des serrures forcées, des portes, des carreaux de croisées cassés, des dorures enlevées, salies et beaucoup d'autres malpropretés de ce genre[1]. »

Dans ses lettres, le duc de Berry, qui s'occupait personnellement de surveiller les travaux, informait sa « future » épouse – en chemin depuis Naples – de l'avancée de l'installation : « vous aurez ici une habitation charmante, que toute la famille s'occupe à arranger » (26 mai 1816) ; « mon père rassemble votre bibliothèque ; mon frère et sa femme ornent votre chambre ; chacun de nous se fait un si doux plaisir de vous être agréable ! » (31 mai 1816). Et la duchesse de lui répondre, de Lyon : « Je suis bien sensible à tout ce qu'on fait pour embellir mon habitation et parer ma personne. Comment témoigner à tous ma reconnaissance ? » (9 juin 1816)[2].

Les sommes importantes allouées par les Chambres pour le mariage couvrirent sans difficulté les dépenses qui furent réduites au maximum pour l'aménagement intérieur : on se borna à nettoyer et à réparer le mobilier des Murat qui avait également servi à Napoléon et Marie-Louise et qui était resté en place, en prenant soin d'en faire disparaître tous les symboles impériaux[3]. On utilisa surtout des soieries de la grande commande de 1811, toujours conservées intactes au Garde-meuble, pour retapisser

65

66

fig. 65
CHUARD ET CIE (LYON)
Lé de tenture
1811-1812
damas de soie et velours coupé, 106,3 cm × 55,4 cm
PARIS, MOBILIER NATIONAL,
GMMP 1047/1/4

fig. 66
CHUARD ET CIE (LYON)
Bordure de tenture
1812
damas de soie et velours coupé, 56,2 × 28 cm
PARIS, MOBILIER NATIONAL,
GMMP 743/2

fig. 67
FÉLIX RÉMOND (1779-1860)
Berceau du duc de Bordeaux
1819
loupe d'orme, loupe de frêne, noyer, amarante et bronze doré, 226 × 126 × 64 cm
PARIS, MOBILIER NATIONAL, DÉPÔT AU MUSÉE DES ARTS DÉCORATIFS, GMEC 38

fig. 68
FÉLIX RÉMOND (1779-1860)
Bercelonnette du duc de Bordeaux
1819
loupe d'amboine, ronce de frêne, ronce de noyer et bronze doré (textile moderne), 183 × 140,4 cm
PARIS, MOBILIER NATIONAL, DÉPÔT AU CHÂTEAU DE COMPIÈGNE, PRÊT À LONG TERME AU MUSÉE DU LOUVRE, GMEC 39

certaines pièces et recouvrir quelques meubles. C'est ainsi que le damas bleu et jaune à corbeilles et étoiles et sa bordure de feuilles de lierre en velours doré sur fond de satin bleu, tissés par Chuard et Cie et destinés au deuxième salon de l'empereur à Versailles, furent employés pour décorer la chambre nuptiale des jeunes mariés *(fig. 65 et 66)*[4].

Le 17 juin 1816, les jeunes époux ne purent gagner leur nouvelle résidence que vers minuit, après une journée épuisante de festivités : mariage civil célébré dans le cabinet du roi aux Tuileries, cérémonie religieuse de plus de trois heures à Notre-Dame et grand couvert dans la galerie de Diane. Mais le roi ayant décidé de suivre scrupuleusement le cérémonial hérité de Louis XIV, c'est sous les yeux de tout un cortège princier que le couple se mit au lit avant que l'on ne referme les rideaux du baldaquin. La chambre était celle jadis occupée par Mme de Pompadour et le lit de parade celui de Caroline Murat[5].

Le duc de Berry se réserva le petit appartement du rez-de-chaussée, qui avait été occupé par Napoléon précédemment, et la duchesse s'installa au premier étage du corps central, dans les pièces dont la dernière occupante n'était autre que sa cousine l'impératrice Marie-Louise. Les grands appartements servirent pour les nombreuses réceptions qui y furent données. La vie du couple, à l'écart de la cour des Tuileries, était faite de plaisirs simples : promenades sur les boulevards, leçons de peinture et de musique[6], dîners de gala, bals costumés et soirées théâtrales. Leur seul et unique rôle était de donner un héritier à la Couronne. Après deux naissances suivies de peu de funérailles à Saint-Denis en 1817 et 1818, Louise d'Artois vit le jour à l'Élysée le 21 septembre 1819. On lui affecta trois pièces du premier étage, communiquant avec les appartements de sa mère, où furent installés le célèbre berceau et la bercelonnette dus à l'ébéniste Félix Rémond (1779-1860)[7], certainement les livraisons les plus marquantes faites à l'Élysée sous la Restauration et dont on oublie pourtant, bien souvent, la première destinataire et la première destination[8] *(fig. 67 et 68)*.

67

68

fig. 69
PIERRE BENOÎT MARCION (1769-1840)
Secrétaire à abattant
1804-1814
acajou, bronze doré et marbre granit, 132 × 89 × 38 cm
PARIS, MOBILIER NATIONAL,
DÉPÔT AU CHÂTEAU DE MALMAISON,
GME 4121

fig. 70
MANUFACTURE DE LA SAVONNERIE
D'APRÈS MICHEL BRUNO BELLENGÉ (1726-1793)
Tapis à la turque
1807
laine, 421 × 360 cm
PARIS, MOBILIER NATIONAL,
DÉPÔT AU CHÂTEAU DE MALMAISON,
GMT 2055

fig. 71
PIERRE LOUIS ARNULPHE DUGUERS
DE MONTROSIER (1758-1806)
Paire de candélabres à dix lumières
1804-1814
bronze ciselé et doré et marbre, 109 × 42 × 30 cm
PARIS, MOBILIER NATIONAL,
GML 9462/1 ET /2

Bien sûr, d'autres biens furent fournis au couple pendant les presque quatre années que dura leur mariage, mais cela ne fut que ponctuel tant le riche mobilier des Murat donnait satisfaction. Signalons tout de même, à titre d'exemples, que l'ameublement de la chambre de parade fut complété d'un secrétaire à abattant de Pierre Benoît Marcion (1769-1840) dès 1816 *(fig. 69)* et d'une chaise longue en 1817 ; que le tapis tigré du grand escalier fut remplacé en 1818 par une moquette fleurie ; qu'un très élégant tapis « à la Turque », tissé par la manufacture de la Savonnerie d'après un modèle de Michel Bruno Bellengé (1726-1793)[9], fut installé dans le cabinet de toilette de la duchesse en 1819 *(fig. 70)* ; qu'une splendide paire de candélabres de Louis Duguers de Montrosier (1758-1806), enfin, fut livrée pour sa chambre à coucher en 1820 *(fig. 71)*.

Plus que de réelles modifications architecturales, quelques rares changements d'affectation furent apportés par le couple dans la distribution de l'hôtel. La chapelle, par exemple, fut déplacée à deux reprises, d'abord dans le premier salon de l'étage (1817) puis, à la suite de la naissance de Mademoiselle, dans la salle à manger des petits appartements du rez-de-chaussée (1819). La salle de banquet dite « de stuc », que le duc aurait voulu transformer en galerie de peinture[10], n'accueillit finalement, pour une question budgétaire, que les orangers de la duchesse, censés lui rappeler son Italie natale. C'est là que se tinrent toutes les grandes réceptions organisées par le couple.

69

70

L'importante collection de tableaux du duc, qu'il avait commencée pendant son exil en Angleterre, fut répartie dans toutes les pièces du palais et principalement dans le premier salon de ses appartements qui avait été tendu des métrages restants du gros de Tours feuille morte commandé à Grand frères en 1810 pour la grande galerie du Louvre et qui convenait donc parfaitement pour la présentation d'ouvrages d'art *(fig. 72 et 73)*[11]. Composée d'œuvres anciennes – principalement flamandes et hollandaises – et de peintures contemporaines d'artistes français, cette collection était régulièrement enrichie de nouvelles toiles achetées au Salon ou directement auprès des peintres par Charles-Ferdinand qui remplissait ainsi le rôle de mécène attendu d'un prince[12]. Sa jeune épouse, qui partageait sa passion, n'était pas en reste. *Le Moniteur* du 10 février 1819 relate, à ce sujet, une intéressante anecdote :

71

fig. 72
GRAND FRÈRES (LYON)
Élément de tenture
1810-1812
gros de Tours, 48 × 38,5 cm
PARIS, MOBILIER NATIONAL, GMMP 21724/1/1

fig. 73
GRAND FRÈRES (LYON)
Élément de bordure
1810-1812
gros de Tours, 49,2 × 28 cm
PARIS, MOBILIER NATIONAL, GMMP 21724/2

fig. 74
ÉLISABETH LOUISE VIGÉE LE BRUN (1755-1842)
Portrait de Emma Hart, Lady Hamilton, en Sibylle
vers 1792
huile sur toile, 73 × 57,2 cm
COLLECTION PARTICULIÈRE

73

72

« S.A.R. Madame la duchesse de Berry vient de faire l'acquisition du beau tableau de la Sibylle, un des chefs-d'œuvre de Mme Lebrun qu'elle a offert pour étrennes à Mgr le duc de Berry[13]. C'est avec plaisir qu'on doit voir cette jeune princesse, chez qui le sentiment des beaux-arts est inné, saisir avec empressement toutes les occasions d'encourager les artistes français, dont elle a déjà réuni plusieurs ouvrages intéressants, et chercher dans la protection qu'elle leur accorde un moyen de plus de porter ses affections sur les objets qui intéressent son auguste époux[14]. »

Le tableau *(fig. 74)*, un portrait allégorique de Lady Hamilton peint pour le duc de Brissac (1734-1792) assassiné pendant la Révolution, fut conservé par Élisabeth Vigée-Le Brun (1755-1842) qui l'emporta avec elle dans ses pérégrinations à travers l'Europe jusqu'en 1805. Il est peu de dire qu'il avait atteint une gloire internationale quand le peintre se résigna à le vendre à Marie-Caroline. Mais les goûts du couple les portaient également vers les paysages, les scènes de genre ou encore les sujets historiques des petits maîtres de l'école lyonnaise. À la mort du duc, l'historien de l'art Charles Paul Landon (1761-1826), conservateur des tableaux de la Couronne, estima la collection de l'Élysée à une centaine de toiles anciennes et une cinquantaine de « productions de l'école française actuelle[15] ».

L'assassinat du duc de Berry, dans la nuit du 13 au 14 février 1820, mit fin à l'occupation régulière du palais. Marie-Caroline vint y dormir une dernière fois après l'effroyable nuit passée à l'Opéra. Mme de Gontaut (1773-1862), sa dame d'honneur et gouvernante de la petite Louise d'Artois, fit de son retour à l'Élysée un récit poignant dans ses Mémoires :

« Je m'assis près d'elle ; sa tête retombait sur mon épaule ; la duchesse d'Angoulême, sur le devant de la voiture, nous soutenait l'une l'autre. Le trajet fut prompt. En arrivant dans la cour de l'Élysée, Madame reprit connaissance ; elle cherchait, de ses mains glacées, celui dont on venait de l'éloigner ; s'en voir séparée lui donna un moment d'affreux désespoir. On voulut la conduire dans son appartement ;

74

elle s'y refusa, et alla droit à celui de Monseigneur. Ce fut encore déchirant pour elle ! Tout était prêt pour recevoir celui qui n'existait plus ; son fauteuil apprêté, sa robe de chambre ouverte ; tout excepté lui, excepté la vie. Elle me tenait convulsivement, approchait sa fille de son cœur ; la pauvre petite eut peur, cria. Je la confiai à Mme Lemoine, Madame m'ayant dit de rester avec elle[16]. »

Mme de Gontaut s'assit ensuite au pied du lit du duc où la princesse s'était endormie d'épuisement après avoir retiré ses vêtements tachés de sang. À son réveil, elle revêtit le costume de veuve que ses femmes de chambre avaient préparé pendant son sommeil, puis elle assista, dans la chapelle, à la messe dite par son aumônier pour le repos de l'âme de son mari. Elle quitta ensuite l'Élysée avec sa fille pour ne plus jamais y revenir. D'abord retirée à Saint-Cloud, elle s'installa, quelques mois plus tard, dans l'appartement du pavillon de Marsan qui avait été préalablement entièrement drapé de deuil. C'est là qu'elle mit au monde, le 20 septembre 1820, l'héritier tant attendu.

Jusqu'aux Trois Glorieuses, le palais, revenu au duc de Bordeaux dès sa naissance, continua à accueillir parfois Mademoiselle et son jeune frère qui venaient y jouer dans le jardin, à l'abri des regards indiscrets. Une fois par semaine, les amateurs ou curieux qui en faisaient la demande pouvaient visiter la « Galerie de tableaux de son altesse royale monseigneur le duc de Berry ». Il s'agissait principalement des peintures anciennes, Marie-Caroline ayant fait transporter la majeure partie des œuvres modernes – correspondant plus à son goût personnel – aux Tuileries, à Rosny ou à Bagatelle. Les logements de service restèrent dévolus aux membres de la maison de la duchesse qui ne pouvaient pas être logés aux Tuileries, tandis que les grands appartements servaient à accueillir les hôtes de marque de passage, comme l'infant don Miguel du Portugal (1802-1866) en 1827 ou le « roi de Naples » et son épouse, père et belle-mère de la princesse, qui y séjournèrent un mois en mars 1830.

À la suite de la révolution de 1830, l'Élysée fut constitué en douaire pour la reine Marie-Amélie par Louis-Philippe, au cas où celle-ci lui survivrait. Aucun membre de la famille royale – pourtant nombreuse – ne s'y établit et il continua à être occupé par intermittence, servant principalement de résidence aux souverains étrangers en voyage à Paris : Albert de Saxe-Cobourg-Gotha (1819-1861), futur époux de la reine Victoria, en 1836, Alexandre de Wurtemberg (1804-1881), fiancé de Marie d'Orléans, en 1837, Bernard de Saxe-Weimar-Eisenach (1792-1862) en 1842, Ibrahim Pacha (1789-1848), généralissime et fils du vice-roi d'Égypte qui posa dans le jardin de l'Élysée pour son portrait commandé par Louis-Philippe *(fig. 75)*, en 1845, Léopold (1790-1851), prince de Salerne et beau-père du duc d'Aumale puis Ahmed Ier (1806-1855), bey de Tunis, en 1846, ou encore la reine douairière Marie-Christine d'Espagne (1806-1878) en 1847.

Peu entretenu, le palais se dégrada rapidement. Les rares travaux exécutés au cours de la monarchie de Juillet, toujours sous la direction de Fontaine, consistèrent à agrandir les écuries et les remises pour pouvoir y accueillir plus de chevaux et de voitures et à installer un auvent en verre sur la façade de la cour d'honneur, préfiguration de la future verrière installée sous la présidence de Sadi Carnot.

fig. 75
CHARLES PHILIPPE LARIVIÈRE (1798-1876)
Portrait d'Ibrahim Pacha, vice-roi d'Égypte en 1848 après l'abdication de son père Méhémet Ali
1846
peinture à l'huile sur toile, 245 × 160 cm
VERSAILLES, CHÂTEAUX DE VERSAILLES ET DE TRIANON, MV 6550

fig. 76
Le Président de la République française en route vers l'Élysée national
s. d. [1848]
PARIS, BIBLIOTHÈQUE NATIONALE DE FRANCE, VA 281a, T. 1, H64323

fig. 77
GRAND FRÈRES (LYON)
Assise de siège
1811-1812
satin de soie broché, 63 × 52,5 cm
PARIS, MOBILIER NATIONAL, GMMP 904/1

fig. 78
GRAND FRÈRES (LYON)
Élément de bordure pour tenture
1811-1812
satin de soie broché, 37 × 42 cm
PARIS, MOBILIER NATIONAL, GMMP 905/1

fig. 79
GRAND FRÈRES (LYON)
Élément de tenture
1811-1812
satin de soie broché, 135 × 74,5 cm
PARIS, MOBILIER NATIONAL, GMMP 931

Après la révolution de février 1848, le palais prit le nom plus républicain d'« Élysée-National » et ses jardins furent ouverts au public par le nouveau régime. De nombreux bals, concerts, fêtes foraines et feux d'artifice se tinrent sur ses pelouses et autant de manifestations diverses furent organisées dans les salons. Le 12 décembre 1848, un décret en fit la résidence officielle du premier président de la IIe République. Louis-Napoléon Bonaparte, élu triomphalement une semaine plus tard, s'établit au rez-de-chaussée, dans les petits appartements qui avaient été ceux de son oncle *(fig. 76)*. Malgré le mauvais état général du palais, peu de travaux y furent engagés dans un premier temps. On fit simplement venir quelques meubles et objets d'art de l'hôtel de Monaco[17] qui avait accueilli l'éphémère président du Conseil des ministres, le général Eugène Cavaignac (1802-1857). On prit aussi quelques mesures d'urgence, comme la réfection du plafond de la nouvelle salle du Conseil, installée dans l'ancien cabinet du duc de Berry, dans laquelle on plaça une table recouverte d'un tapis de drap vert à franges.

Mais, dès le mois de mai 1849, des rénovations furent lancées – toujours avec économie – au rez-de-chaussée, destiné aux réceptions officielles : remplacement des tapis râpés par des moquettes, changement des rideaux fanés, renvoi des sièges usés au Garde-meuble ne transformèrent pas pour autant les salons. La chambre de parade perdit en revanche sa destination démodée lorsqu'un grand canapé semi-circulaire prit la place du lit de Caroline Murat dans l'alcôve. Devenu le salon bleu (il avait conservé le décor mis en place pour le duc et la duchesse de Berry), il accueillit un grand portrait de l'impératrice Joséphine, grand-mère de Louis-Napoléon, par Robert Lefèvre (1755-1830).

76

77

78

Le premier étage du palais ne fut presque pas modifié, à l'exception des textiles d'ameublement cramoisis du grand salon, datant du Premier Empire et trop usés, qui furent remplacés par un satin jaune avec double fond lilas et dessin à boules de neige issu de la grande commande de 1811 et exécuté par Grand frères pour le petit salon de l'appartement de l'impératrice Marie-Louise à Versailles *(fig. 77, 78 et 79)* [18]. Pour la chapelle, on livra un très riche fauteuil et un prie-Dieu assorti en bois doré garnis de velours cramoisi brodé d'abeilles et de branches de chêne et de laurier. Le dossier du fauteuil – ou devrait-on dire du trône ? – présentait le chiffre LN du président mais était également couronné de l'aigle impériale… *(fig. 80 et 81)*

On accrocha enfin une effigie de Napoléon Ier dans le boudoir d'argent, lieu de l'abdication. Comment ne pas penser à cet oncle illustre dans ces lieux encore hantés par son souvenir ? C'est au cours de l'une des brillantes réceptions hebdomadaires pour lesquelles sa cousine la princesse Mathilde (1820-1904), fille du roi Jérôme, jouait le rôle de maîtresse de maison que le prince-président se décida à le venger [19]. L'Élysée était une ruche où tout ce que la société parisienne comptait de politiques, de militaires et d'intellectuels – fascinés par l'ascension fulgurante du futur Napoléon III – se pressait pour se placer ou pour mieux le surveiller. On prêta à Victor Hugo, au sortir d'une soirée au palais, les mots suivants : « Il fait danser la république en attendant qu'il la fasse sauter. » Le premier empereur s'était réfugié à l'Élysée avant l'exil, son neveu s'était servi de l'Élysée pour devenir le nouvel empereur.

79

fig. 80
Fauteuil
1848-1852
bois sculpté et doré, velours de soie brodé,
126 × 66 × 57 cm
PARIS, MOBILIER NATIONAL,
GMTC 12

fig. 81
Prie-Dieu
1848-1852
bois sculpté et doré, velours de soie brodé,
101 × 60 × 49 cm
PARIS, MOBILIER NATIONAL,
GMTC 13

LE DUC ET LA DUCHESSE DE BERRY

ANTONIN MACÉ DE LÉPINAY

82

Charles Ferdinand d'Artois naquit au château de Versailles le 24 janvier 1778. Titré duc de Berry à sa naissance par son oncle le roi Louis XVI, il était le second fils et le troisième enfant de Charles Philippe, comte d'Artois (1757-1836), et de Marie-Thérèse de Savoie (1756-1805). Espoir de la monarchie dès sa naissance (avec son frère le duc d'Angoulême, ils étaient les deux premiers princes français de leur génération, le mariage de Louis XVI et Marie-Antoinette n'ayant pas encore donné d'héritier au royaume et celui du comte et de la comtesse de Provence restant stérile), le jeune garçon reçut une éducation soignée sous la houlette du duc de Serent. Ses goûts le portaient vers les choses militaires et artistiques.

Âgé de onze ans lors de la prise de la Bastille, il suivit ses parents en émigration et passa les années suivantes à la cour de son grand-père maternel Victor-Amédée III, roi de Sardaigne. En 1794, le duc de Berry n'ayant que seize ans joignit, à Rastatt, l'armée du prince de Condé. Vivant dans les camps, il y acquit des manières franches, voire parfois brutales, mais combattit avec une grande bravoure. Établi en Grande-Bretagne après la dissolution des troupes royalistes, il s'attacha à une jeune anglaise, Amy Brown (1783-1876), dont il eut deux filles : Charlotte, comtesse d'Issoudun (1808-1886), et Louise, comtesse de Vierzon (1809-1891).

De retour en France en 1814, il ne put faire officialiser cette liaison inégale. Il épousa la princesse Marie-Caroline de Bourbon-Siciles (née le 5 novembre 1798) en la cathédrale Notre-Dame de Paris le 17 juin 1816[1]. De vingt ans sa cadette, cette princesse « ni gracieuse, ni jolie ; un œil à l'orient, un œil à l'occident[2] » était la fille de François de Bourbon (1777-1830), duc de Calabre (puis roi des Deux-Siciles sous le nom de François Ier), et de Marie-Clémentine d'Autriche (1777-1801)[3]. Petite-fille du roi Ferdinand Ier des Deux-Siciles (1751-1825), elle grandit entre Naples, Caserte et Palerme où sa famille se réfugia en 1799 après la défaite du royaume face aux armées de la République française puis, de nouveau, face aux armées impériales (1806). Elle passa une enfance libre et heureuse, entourée de ses nombreux frères et sœurs nés du second mariage de son père.

Jeune, espiègle et enjouée, la duchesse de Berry ne tarda pas à charmer la cour et son nouvel époux *(fig. 82)* avec qui elle partageait un goût prononcé pour la peinture. Elle se passionnait également pour la musique, le théâtre et la danse et bientôt pour la littérature, la décoration et l'art des jardins. Installé au palais de l'Élysée, le couple jouissait également du pavillon de Bagatelle et fit l'acquisition, en 1818, du château de Rosny. Malgré les infidélités du duc de Berry, le ménage fut très uni et donna naissance à quatre enfants dont deux seuls survécurent aux premiers jours : Louise d'Artois (1819-1864), future duchesse de Parme, et Henri d'Artois (1820-1880), titré duc de Bordeaux à sa naissance, futur comte de Chambord *(fig. 83)*.

Ce dernier ne connut pas son père. En effet, le duc de Berry fut poignardé le 13 février 1820 par Louis Pierre Louvel, à la sortie de l'Opéra[4], alors qu'il raccompagnait son épouse, enceinte et fatiguée, à sa voiture. Sept mois plus tard, la duchesse de Berry donnait naissance à « l'enfant du miracle », héritier présomptif de la Couronne. La révolution de 1830 en décida autrement et la famille royale dut partir pour un exil dont elle ne revint jamais. La duchesse de Berry tenta, seule et en vain, de soulever la Vendée contre son oncle Louis-Philippe en 1832. Elle forgea ainsi sa légende. Arrêtée à Nantes et détenue dans la citadelle de Blaye, elle donna naissance à une fille[5] en 1833 et fut déshonorée et privée de la garde de ses enfants par son beau-père Charles X.

Remariée au comte Hector Lucchesi-Palli (1808-1864) dont elle eut quatre autres enfants, elle vécut dès lors « en bourgeoise[6] » en Autriche, entre le château de Brunnsee situé près de Graz, acheté en 1837, et le palais Vendramin de Venise, acquis en 1844. Se considérant toujours comme la veuve du duc de Berry, elle se fit traiter en altesse royale par son second mari et vécut au-dessus de ses moyens. Ruinée et veuve en 1864, elle fut obligée de vendre sa résidence vénitienne et une grande partie de ses collections mais fut aidée par son fils, le comte de Chambord, dont elle s'était rapprochée. Elle mourut à Brunnsee le 16 avril 1870, presque aveugle et entourée d'une nombreuse descendance.

83

fig. 82
FRANÇOIS GÉRARD (1770-1837)
Charles Ferdinand d'Artois, duc de Berry
1819
peinture à l'huile sur toile, 243 × 164 cm
VERSAILLES, CHÂTEAUX
DE VERSAILLES ET DE TRIANON,
MV 4798

fig. 83
FRANÇOIS GÉRARD (1770-1837)
La duchesse de Berry et ses enfants
1822
peinture à l'huile sur toile, 256,5 × 181 cm
VERSAILLES, CHÂTEAUX
DE VERSAILLES ET DE TRIANON,
MV 479

LE PREMIER DÎNER

(extrait de Choses vues, *Victor Hugo, 24 décembre 1848)*

« Louis Bonaparte a donné son premier dîner, hier samedi, 23, deux jours après sa proclamation comme président de la République. [...] *(fig. 84)*

Comme je tenais à ne rien faire qui pût ressembler à de la froideur calculée, je m'habillai, il était six heures et demie, et je me rendis sur-le-champ à l'Élysée.

Sept heures et demie sonnaient quand j'y arrivai.

Je jetai en passant un coup d'œil au sinistre portail de l'hôtel Praslin qui touche à l'Élysée. La grande porte cochère verte, encadrée entre deux colonnes doriques du temps de l'Empire, était close, morne, vaguement dessinée par la lueur du réverbère.

La porte de l'Élysée était fermée à un battant, deux factionnaires de la ligne la gardaient, la cour était à peine éclairée, un maçon la traversait dans ses habits de travail, portant une échelle sur son dos, presque toutes les vitres des fenêtres des communs à droite étaient brisées et raccommodées avec du papier. [...]

J'entrai par la porte du perron. Trois hommes de service en habit noir m'y reçurent, l'un m'ouvrit les portes, l'autre me débarrassa de mon manteau, le troisième me dit : – Monsieur, au premier – Je montai par l'escalier d'honneur, il y avait un tapis et des fleurs, mais je ne sais quoi de froid et de dérangé qui sentait l'emménagement. [...]

Je traversai l'antichambre, puis un salon où je laissai mon chapeau, et j'entrai dans la salle à manger.

C'était une pièce carrée, lambrissée dans le goût Empire, à boiseries blanches. Aux murs, des gravures et des tableaux, du choix le plus misérable, entre autres la *Marie Stuart écoutant Rizzio* du peintre Ducis. Autour de la salle un buffet. Au milieu une table longue arrondie aux deux extrémités où siégeaient une quinzaine de convives. Cette table avait un haut bout dirigé vers le fond de la salle où était assis le président de la République. Il avait à ses côtés deux femmes, à sa droite, la marquise du Hallays-Coëtquen, née princesse de Chimay (Tallien) ; à sa gauche, Mme Conti, mère du représentant. [...]

Les deux femmes assises aux côtés du président avaient des chaises carrées par le haut. Celle du président était surmontée d'un petit chef arrondi. Au moment d'en tirer quelque induction, je regardai les autres chaises et je vis que quatre ou cinq convives, du nombre desquels j'étais moi-même, avaient des chaises pareilles à celle du président. Ces chaises étaient en velours rouge à clous dorés. Une remarque plus sérieuse, c'est que tous les assistants appelaient le président de la République *Monseigneur* et *Votre Altesse*. Moi qui l'appelais *Prince*, j'avais l'air d'un démagogue.

Le prince me demanda des nouvelles de ma femme, puis s'excusa beaucoup de la rusticité du service.

– Je ne suis pas encore installé, me dit-il, avant-hier, quand je suis arrivé, c'est à peine si j'avais un matelas pour me coucher.

Cela n'était pas étonnant, Cavaignac ayant fait le lit de Bonaparte.

Le dîner était médiocre et le prince avait raison de s'excuser. Le service en porcelaine blanche commune, l'argenterie bourgeoise, usée et grossière. Au milieu de la table, il y avait un assez beau vase en craquelé, monté en cuivre doré du mauvais goût Louis XVI. [...]

Nous passâmes dans le grand salon, séparé de la salle à manger par le salon d'attente que j'avais traversé en entrant.

Ce grand salon était fort laid, blanc avec des figures dans le goût de Pompéi sur les panneaux, tout l'ameublement dans le style empire, excepté les fauteuils en tapisserie et or d'un assez beau goût rocaille. Il y avait trois fenêtres cintrées auxquelles répondaient de l'autre côté du salon trois grandes glaces de même forme, dont l'une, celle du milieu, était une porte. Les rideaux des fenêtres étaient d'un beau satin blanc à ramages perse fort riches. [...]

Je suis sorti de l'Élysée vers dix heures. Comme je m'en allais, le président m'a dit : – Attendez un instant. – Puis il est entré dans une pièce voisine, et est ressorti un moment après avec des papiers qu'il m'a remis dans la main en disant : – Pour Mme Victor Hugo. – C'étaient des billets d'entrée pour voir la revue d'aujourd'hui, de la galerie du Garde-meuble.

Et tout en m'en allant je songeais. Je songeais à cet emménagement brusque, à cette étiquette essayée, à ce mélange de bourgeois, de républicain et d'impérial, à cette surface d'une chose profonde qu'on appelle aujourd'hui : le président de la République, à l'entourage, à la personne, à tout l'accident. Ce n'est pas une des moindres curiosités et un des faits les moins caractéristiques de la situation, que cet homme auquel on peut dire et on dit en même temps et de tous les côtés à la fois : prince, altesse, monsieur, monseigneur et citoyen.

Tout ce qui passe en ce moment met pêle-mêle sa marque sur ce personnage à toutes fins[1]. »

120 THE ILLUSTRATED LONDON NEWS. [FEB. 24, 1849.

THE PRESIDENT'S BALL, AT THE ELYSEE NATIONALE, PARIS.

fig. 84
« Le bal du Président à l'Élysée national »
The Illustrated London News,
24 février 1849
PARIS, BIBLIOTHÈQUE NATIONALE DE FRANCE,
VA 281A, T. 1, H64342

LE COUP D'ÉTAT DU 2 DÉCEMBRE 1851

THIERRY SARMANT

Élu président de la République en 1848, Louis-Napoléon Bonaparte n'était pas rééligible à l'issue de son mandat, sauf à modifier la Constitution. L'Assemblée nationale se refusant à une révision, le président ne put que recourir à un coup d'État pour se maintenir au pouvoir. Depuis l'Élysée, Louis-Napoléon, qui avait déjà une longue expérience des conspirations, prépara longuement ce qui allait prendre le nom d'« opération Rubicon[1] ». Il nomma ou promut ainsi à des postes importants des officiers généraux qui lui étaient favorables, souvent issus de l'armée d'Afrique.

Le passage à l'action reposait sur l'effet de surprise. Le soir du 1er décembre 1851, comme chaque lundi, les salons de l'Élysée accueillaient une grande réception. Vers dix heures, comme de coutume, le président se retira. Il passa alors dans son bureau où le rejoignirent ses principaux complices : Mocquard, son secrétaire, Persigny, fidèle parmi les fidèles, Morny, demi-frère du président, qui fut nommé ministre de l'Intérieur, Saint-Arnaud, ministre de la Guerre, Maupas, préfet de police. Ceux d'entre eux qui étaient présents à la réception firent mine de la quitter avant de revenir par une cour latérale. Les conjurés mirent au point les derniers détails de l'opération avant de gagner les postes qui leur furent assignés : au petit matin, Morny alla prendre le contrôle du ministère de l'Intérieur, d'où il fut la pièce maîtresse du coup d'État. Dans un salon de service, le colonel de Béville, officier d'ordonnance, attendait les ordres. Un huissier lui apporta les décrets et proclamations du président, qu'il se chargea de faire imprimer à l'Imprimerie nationale. Durant la nuit, les proclamations furent affichées sur les murs de Paris et les arrestations de députés commencèrent. La capitale mise en état de siège, l'Élysée était protégé par plusieurs unités d'infanterie et de cavalerie. Au total, cinquante mille hommes de troupe occupaient les rues de Paris.

Le 2 décembre à 10 heures, le prince-président quitta l'Élysée à cheval, accompagné de plusieurs généraux, pour inspecter les troupes et se faire acclamer par elles. Une seconde sortie eut lieu vers 3 heures. Les tentatives de résistance parlementaire et judiciaire furent rapidement étouffées. Le 4 décembre, des soldats, pris d'affolement, tirèrent sur les passants des grands boulevards avant de massacrer les habitants des maisons : cette « fusillade des boulevards », qui fit plusieurs centaines de victimes, marqua le terme de toute opposition organisée à Paris[2] *(fig. 85)*.

Le 31 décembre, Louis-Napoléon reçut à l'Élysée la commission consultative qui proclama les résultats du plébiscite ratifiant le coup d'État. Dix jours plus tard, il s'installa au palais des Tuileries[3] : la marche vers le Second Empire venait de commencer.

fig. 85
ERNEST DARGENT (1849-1908), graveur
Quatrième journée
La victoire de Victor Hugo
Récit du coup d'État du 2 décembre 1851
estampe
PARIS, MAISON DE VICTOR HUGO

fig. 86
HAIN, menuisier
Détail du lambris du salon Pompadour représentant le profil de Napoléon III
1860
bois sculpté, peint et doré
(en situation)

L'Élysée sous le Second Empire

4

L'Élysée sous le Second Empire

Après l'annonce des résultats du plébiscite, le président de la République Louis-Napoléon Bonaparte (1808-1873) *(fig. 88)* quitta l'Élysée le 1er janvier 1852 à 11 h 30 pour assister à un *Te Deum* à Notre-Dame et s'installa ensuite officiellement au palais des Tuileries. L'Empire rétabli, Napoléon III décida que le vieil hôtel d'Évreux, transformé en palais princier par Caroline et Joachim Murat avant de devenir une des résidences de Napoléon Ier, serait désormais la « maison des hôtes ». Elle accueillit dès le mois de janvier 1853 Eugénie de Montijo (1826-1920), future impératrice des Français, dont l'empereur venait de demander la main [1].

Le projet général de remise en état du palais de l'Élysée et de ses dépendances fut engagé en 1852, devant « la nécessité de remplacer des constructions que leur état de vétusté rendait inhabitables et dont plusieurs même menaçaient ruine [2] ». Ce projet comprenait la reconstruction successive de tous les communs, aménagés autour de deux cours centrales [3], la restauration du corps central du palais, désigné comme le « palais vieux » et son isolement du côté est, avec le percement de la rue de la Reine-Hortense [4].

Les bâtiments de l'aile gauche furent démolis à partir de mars 1852 et l'architecte du palais, Joseph Eugène Lacroix (1814-1873) [5], donna le dessin de la nouvelle entrée d'honneur au centre de la façade sur la rue du Faubourg-Saint-Honoré : une grande arcade fermée par une grille, cantonnée de colonnes corinthiennes jumelées qui soutenaient l'archivolte portant l'inscription « Élysée-Napoléon » et surmontée des armes impériales *(fig. 89)* [6].

88

La restauration profonde du corps central du palais débuta en 1857 et s'acheva dix ans plus tard[7]. Là aussi, l'état de ruine des planchers, le déversement des murs intérieurs et l'affaissement des toitures obligèrent à une reconstruction quasi complète, pour laquelle seuls les murs extérieurs et les caves purent être réutilisés[8].

LE GRAND APPARTEMENT DU REZ-DE-CHAUSSÉE

Il était logiquement destiné aux réceptions. Pour répondre à la volonté de Napoléon III d'en conserver le décor, les boiseries furent déposées avec soin et restaurées par le menuisier Hain de mai à septembre 1860[9]. L'ouverture d'une nouvelle série de portes en enfilade, afin d'augmenter les circulations, entraîna la suppression d'anciens lambris et la mise en place de nouveaux éléments décoratifs en carton-pierre, copiés sur les modèles anciens[10]. Le maître des lieux était discrètement présent dans ces décors : l'une des cornes d'abondance de chacun des grands panneaux du salon de l'Hémicycle présente une médaille ornée d'un profil de l'empereur, tête nue. Les chiffres entrelacés de l'empereur

fig. 87
Détail des armes impériales d'un écran à coulisse
1852-1855
bois sculpté et doré, 131 × 84 × 42 cm
PARIS, MOBILIER NATIONAL, GMTC 5

fig. 88
GUSTAVE LE GRAY (1820-1884)
Portrait du Prince-Président Louis-Napoléon Bonaparte à l'Élysée
1852
photogramme
SÈVRES, MANUFACTURE ET MUSÉE, F-SI-1852-NI

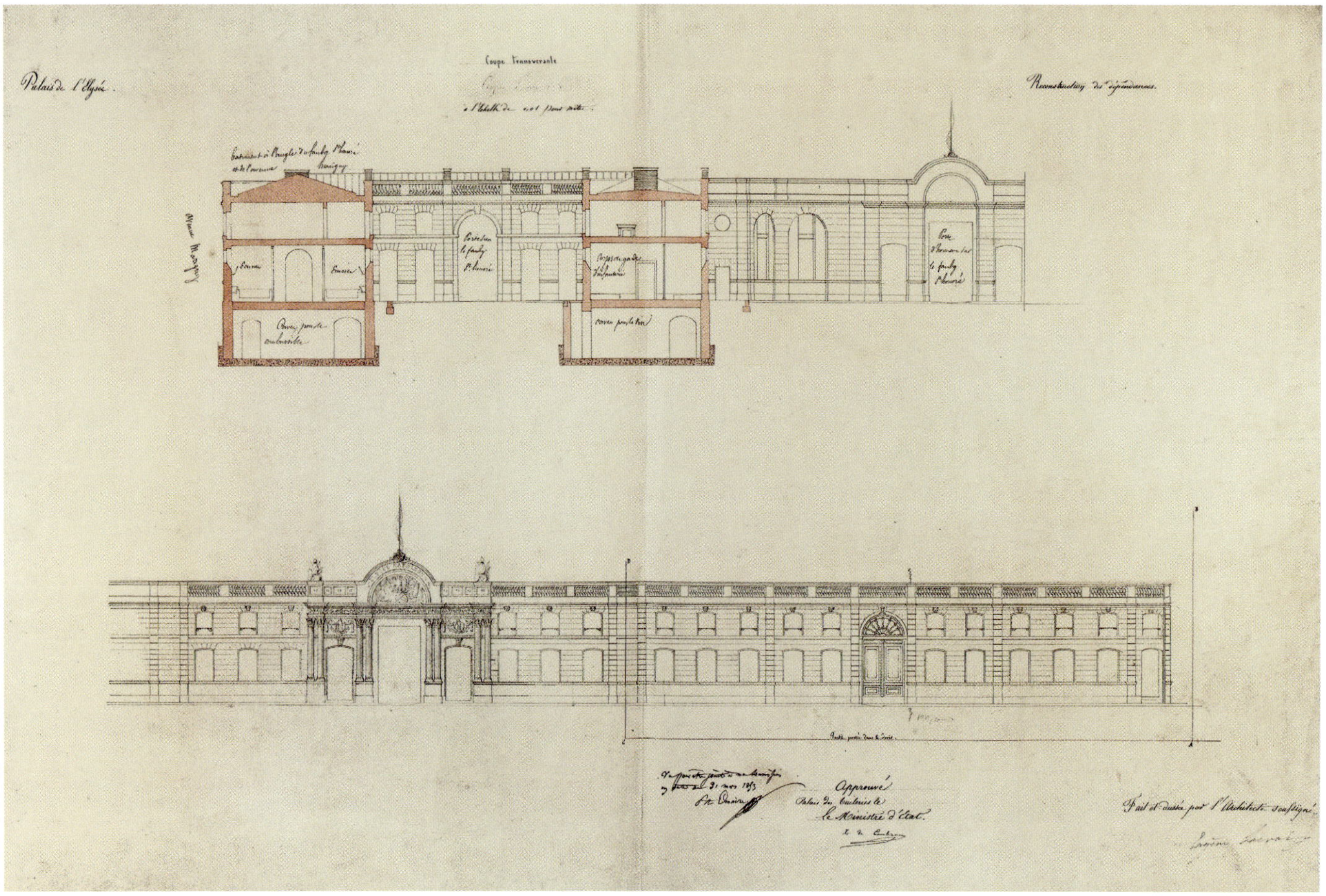

89

et de l'impératrice sont beaucoup plus visibles dans les trois nouveaux dessus-de-porte réalisés par Ovide Savreux dans la grande salle à manger[11]. Quatre des tableaux mis en place sous les Murat furent déposés et les fenêtres du mur ouest rouvertes et transformées en portes de glace afin de donner accès à une nouvelle salle de bal[12]. Le grand escalier n'échappa pas non plus à une réfection complète, en réutilisant au maximum les éléments de décor anciens, comme les palmes en tôle bronzée et dorée des rampes. Pour compléter le décor des salons du rez-de-chaussée et du premier étage, cinq cheminées en marbre blanc, copiées d'après celles des appartements royaux du château de Versailles, furent réalisées en 1860[13].

La reconstruction de la partie orientale du palais permit l'agrandissement de l'aile des petits appartements : elle fut surélevée d'un étage et la largeur des pièces en retour sur la rue de la Reine-Hortense fut doublée. Le rez-de-chaussée, précédemment occupé par Napoléon Ier et le prince-président, était réservé à l'empereur *(fig. 90)*, qui souhaita conserver intact le salon d'argent en mémoire de son illustre oncle et certainement aussi de la soirée du 1er décembre 1851 qui précipita son destin. Tout le reste de la décoration de cet appartement était neuf et comprenait des moulages exécutés sur des modèles du musée Campana ou des motifs décoratifs des appartements de réception du rez-de-chaussée[14]. Au premier étage, le décor de l'appartement destiné au prince impérial[15] et à son service reprenait le même parti décoratif.

L'APPARTEMENT DE L'EMPEREUR

Ainsi augmenté, celui-ci se composait désormais d'une antichambre, de deux cabinets suivis d'une bibliothèque, d'une chambre à coucher et son cabinet de toilette, du salon dit du Capharnaüm, du salon d'argent et d'une petite pièce servant d'entrée sur le jardin.

Le remeublement intervint à partir d'octobre 1863 avec la pose des rideaux de vitrages en mousseline brodée puis celle, en décembre, des tapis de pied en moquette, à fond rouge et grand dessin oriental pour les pièces principales. Au même moment furent fournis les rideaux de croisées, les cordons de sonnette et de lustre ainsi que les nouveaux sièges et meubles. Les bronzes d'ameublement et les accessoires de cheminée furent disposés en mai 1864. Venaient ensuite les indispensables housses en basin protégeant de la poussière et de la lumière.

Dans le premier cabinet, les sièges en bois sculpté et doré dits de style Louis XIII furent associés à une commode et un bureau Mazarin en marqueterie de bois du XVIIe siècle[16]. Deux consoles de style Louis XIV en marqueterie de cuivre se trouvaient dans le second cabinet[17] où prirent placent le bureau en palissandre et le fauteuil à têtes de chimère livrés par Georges Alphonse Jacob-Desmalter pour Saint-Cloud au cours du règne précédent[18]. Un des douze flambeaux couverts en vermeil, réalisés par Martin Guillaume Biennais pour le service de Napoléon Ier, compléta cet aménagement en mai 1864[19]. La nouvelle bibliothèque fut installée dans l'ancienne chambre à coucher, dont l'alcôve était désormais occupée par une grande bibliothèque conçue par Lemarchand[20]. À partir du modèle fournit en 1853 par André Lemoine pour les Tuileries, Fossey fils livra en février 1865 un bureau en acajou, accompagné d'un écran pour éviter les courants d'air dans les jambes de l'empereur[21]. Ce dernier fit disposer dans la pièce la réduction en bronze de la colonne de la Grande Armée créée par Nicolas Guy Antoine Brenet, et qui était auparavant dans le salon vert.

Dans la chambre à coucher située dans l'aile en retour, Napoléon III avait également conservé le paravent en tapisserie des Gobelins tissé en 1811 sur le modèle de celui du grand cabinet de l'empereur aux Tuileries et la commode de Jacob-Desmalter de la chambre de Caroline Murat. L'alcôve fut tendue en juin 1864 d'une tapisserie de la tenture des Jeux Russiens tissée à Beauvais d'après les modèles de Jean-Baptiste Le Prince (1734-1781)[22] et en septembre une draperie en tapisserie de Neuilly, à fond rouge damassé et bouquets de fleurs colorées, fut installée entre les deux colonnes à chapiteaux corinthiens de l'alcôve. La porte à droite de celle-ci permettait d'accéder au cabinet de toilette, éclairé sur la nouvelle rue. Les amours peints au plafond du boudoir de Nicolas Beaujon, redécouverts en 1861, furent déposés et intégrés en 1864 par Jean-Louis Godon dans le ciel nuageux de la coupole de la salle de bains de l'empereur[23]. Le salon à la suite de la chambre à coucher, dit du Capharnaüm, fut aménagé en cabinet de travail pour Napoléon III. Au bureau plat porté par quatre griffons ailés, provenant du cabinet de travail du duc de Nemours aux Tuileries[24], furent ajoutées deux bibliothèques en racine d'orme livrées en 1812 par Jacob-Desmalter pour les petits appartements de l'impératrice aux Tuileries[25]. Aucun changement n'est à signaler pour le salon d'argent,

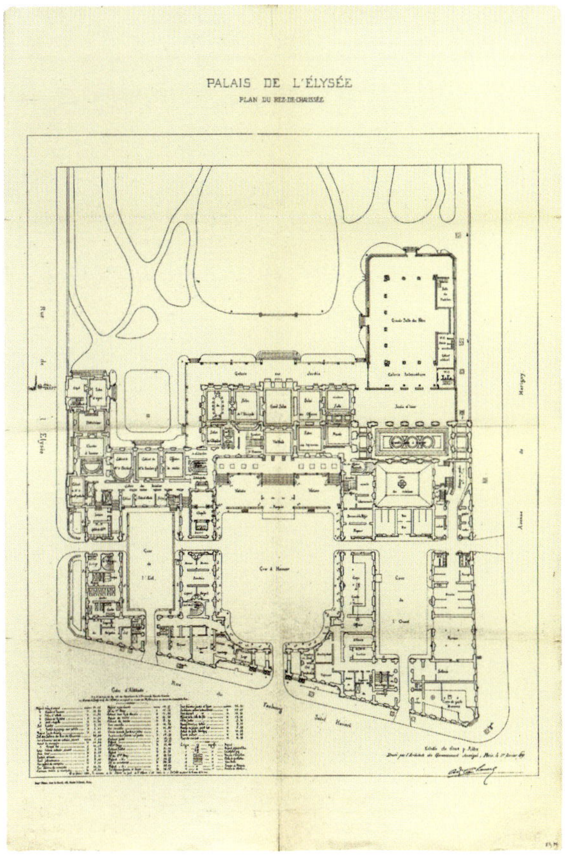

90

fig. 89
JOSEPH EUGÈNE LACROIX (1814-1873)
Élévation sur la rue du Faubourg Saint-Honoré
31 mars 1853
dessin à l'encre sur papier
PARIS, ARCHIVES NATIONALES,
VA XII/24

fig. 90
Plan général du rez-de-chaussée de l'Élysée avec les augmentations du Second Empire et de la IIIe République
1er janvier 1891
impression sur papier
PARIS, ARCHIVES NATIONALES,
VA XII/50

à l'exception des fonds de nuage peints sur les huit panneaux de boiseries par Godon au début de l'année 1864[26].

Les nombreuses acquisitions de tableaux ou sculptures de l'empereur et de l'impératrice prirent place sur les murs de l'Élysée, comme dans les autres résidences, mais il est difficile de les localiser précisément. L'œuvre la plus connue est *La Naissance de Vénus* d'Alexandre Cabanel, remarquée par Napoléon III au Salon de 1863 et placée à l'Élysée, très certainement dans son appartement[27]. D'une autre manière, *Le Ruisseau couvert*, présenté par Gustave Courbet au Salon de 1865, fut d'abord accroché au palais de Saint-Cloud avant d'être envoyé à l'Élysée[28].

L'APPARTEMENT DU PRINCE IMPÉRIAL

Au premier étage, cet appartement avait les mêmes développement et disposition que celui de l'empereur. Il comprenait une antichambre[29], un salon d'attente, une salle à manger, un premier salon et, en retour, une chambre à coucher à alcôve, une salle d'étude et deux autres salons. De la chambre, un passage conduisait à la salle de bains, dont le sol était protégé par une toile cirée. La gouvernante anglaise du prince, Miss Shaw, était logée près de lui, ainsi que son précepteur, Augustin Fillon (1841-1916).

Ce nouvel appartement fut meublé à partir de l'été 1866. De la toile cretonne dessin Louis XVI en grisaille sur fond bleu avait été choisie pour les rideaux et les sièges des trois premières pièces ; de la toile perse Pompadour à bandes coloriées sur fond gris pour les suivantes. Le reste du mobilier est également de style Louis XVI, en bois peint ou acajou, tout comme les bronzes d'ameublement, particulièrement soignés. Les deux riches commodes de la chambre à coucher, à marqueterie de losanges et bouquets de fleurs, inspirées des créations de Riesener, avaient été acquises en 1862 par le Garde-meuble impérial après la première faillite de Henri Léonard Wassmus (actif de 1840 à 1868)[30].

Au rez-de-chaussée de cette aile latérale est, Lacroix établit en 1864 une chapelle, dans un style néo-byzantin apprécié par l'impératrice[31]. Sébastien Cornu (1804-1870), beau-frère de Lacroix, en exécuta les peintures et Jean Gaspard Jules Gsell (1814-1904) les vitraux en grisaille[32].

L'APPARTEMENT DE L'IMPÉRATRICE

Celui-ci se déployait au premier étage du corps central du palais[33]. Au débouché du grand escalier, le vestibule (ou palier) ouvrait sur l'antichambre (ou salon des huissiers) puis sur le salon des Paysages ; donnant sur le jardin, à l'angle, la salle à manger, suivie du salon de service ou des dames d'honneur, puis le grand salon central ; au-delà se trouvaient les pièces plus privées réservées à la souveraine : le salon-cabinet de travail, la chambre à coucher à l'angle et le cabinet de toilette (ou salle de bains).

À la différence des salons du rez-de-chaussée dont les décors anciens avaient été en grande partie conservés, les pièces du premier étage furent entièrement réaménagées et décorées à neuf à partir de 1860, dans le style du XVIIIe siècle employé dans les nouveaux espaces créés pour l'impératrice Eugénie. Les décors conçus par Lacroix ont été exécutés par Ovide Savreux pour la sculpture ornementale, souvent à partir des éléments des salons du rez-de-chaussée, et par Jean-Louis Godon pour la peinture décorative[34]. Comme aux Tuileries, dont les salons vert, rose et bleu étaient en cours de réalisation, les manufactures impériales de tissage ont été sollicitées pour concourir au décor et à l'ameublement de ces pièces. À la tête des deux manufactures des Gobelins et de Beauvais depuis mai 1860, Pierre Adolphe Badin (1805-1876) fut chargé d'étudier, en concertation avec l'architecte, et en fonction des directives de l'empereur et de l'impératrice, un vaste programme textile pour quatre des pièces principales de l'appartement[35].

Dans la salle à manger, le thème de la vénerie fut justement retenu. Deux grandes natures mortes, dont l'une d'après un tableau de Alexandre François Desportes, étaient environnées de panneaux représentant, pour les uns, des plats et récipients suspendus mêlés à des produits de la chasse et de la pêche et, pour les plus étroits d'entre eux, des guirlandes de fruits et de fleurs avec des écureuils et des oiseaux. Destinés aux métiers des Gobelins, ces panneaux, sans figures, furent finalement tissés à la manufacture de Beauvais entre 1862 et 1866 *(fig. 91)*[36]. Le salon suivant prit le nom de salon des Boucher, en raison des modèles qui servirent aux tissages, répartis entre les deux manufactures. À celle des Gobelins revint le panneau principal, *Le But*, tissé à partir du tableau de François Boucher, *La Cible d'Amour*, prêté par le musée impérial et qui avait été commandé par le marquis de Marigny pour servir, déjà, de carton de tapisserie à la tenture des Amours des dieux destinée au salon de son hôtel parisien de directeur des Bâtiments du roi[37]. Deux autres panneaux reprenaient des figures d'enfants d'après François Boucher, symbolisant *La Musique* et *L'Astronomie*. Ils avaient été peints pour les dossiers de fauteuils du second meuble en tapisserie des Gobelins commandé par madame de Pompadour et placés dans le grand salon de son château de Crécy[38]. Les ornements des panneaux de ce salon étaient traités en camaïeu bleu et rouge tendre *(fig. 92)*[39]. En raison du riche décor de boiseries peintes du grand salon central[40], un seul panneau fut réservé pour recevoir une tapisserie : *Melpomène, Érato et Polymnie*, d'après le tableau d'Eustache Le Sueur provenant du cabinet des Muses de l'hôtel Lambert et dont la traduction en tapisserie avait déjà été envisagée sous la Restauration. L'empereur ordonna que le modèle fût peint au double de l'original et la bordure composée dans un style « Louis XIII » à partir d'un fragment d'époque conservé à la manufacture[41]. La tenture destinée au salon-cabinet de travail de l'impératrice a demandé une élaboration plus complexe. Jules Diéterle (1811-1899) a déterminé la composition générale – comme pour les ensembles précédents – et exécuté les ornements, Paul Baudry (1828-1886) les figures, Pierre-Adrien Chabal-Dussurgey (1819-1902) les fleurs et fruits, et Eugène Lambert (1825-1900) les animaux et les oiseaux *(fig. 94 à 96)*. Inspirée des *Portières des dieux* de Claude III Audran, où l'élément décoratif domine, elle est considérée comme la seule tenture moderne tissée sous le Second Empire. Elle devait comprendre de grands panneaux à figures sur le thème des cinq sens, deux dessus-de-porte figurant des jeux d'enfants représentant les saisons, et six panneaux plus étroits avec arabesques, ornements et demi-figures *(fig. 94 et 95)*[42].

fig. 91
MANUFACTURE DE BEAUVAIS D'APRÈS
ALEXANDRE FRANÇOIS DESPORTES (1661-1743)
Nature morte pour la salle à manger
1862-1866
panneaux de tapisserie, laine et soie
347 × 111 cm, 355 × 82 cm et 363 × 62 cm
PARIS, MOBILIER NATIONAL,
GMTT 459-461 ET 464-465

fig. 92
MANUFACTURE DES GOBELINS
D'APRÈS JULES DIETERLE (1811-1889)
[D'APRÈS FRANÇOIS BOUCHER (1703-1770)]
La Musique et *L'Astronomie pour le salon des Boucher*
1866
panneaux de tapisserie, laine et soie,
355 × 80 cm et 355 × 50 cm
PARIS, MOBILIER NATIONAL,
GMTT 654

93 a

93 b

93 c

93 d

93 e

fig. 93
JOSEPH FRANÇOIS (1830-18??)
Vues stéréoscopiques du palais de l'Élysée
avant 1870
a *Salon des Paysages*
b *Salon des Ambassadeurs*
c *Cabinet de travail de l'impératrice*
d *Salon Murat*
e *Salon d'honneur de l'impératrice dit des Boucher*
photographies posées sur papier albuminé
d'après des négatifs sur verre au collodion, 8,6 × 17 cm
PARIS, BIBLIOTHÈQUE NATIONALE DE FRANCE,
DÉPARTEMENT DES ESTAMPES ET DE LA PHOTOGRAPHIE,
EK5-1 (FRANÇOIS, JOSEPH)

94

95

96

fig. 94
PAUL BAUDRY (1828-1866)
Le Printemps et l'Été
1863
modèle pour tapisserie, huile sur toile,
86,7 × 146,5 × 2,2 cm
PARIS, MOBILIER NATIONAL, GOB 85/001

fig. 95
PAUL BAUDRY (1828-1866)
L'Automne et l'Hiver
1863
modèle pour tapisserie, huile sur toile,
87 × 147 × 2,2 cm
PARIS, MOBILIER NATIONAL, GOB 86/001

fig. 96
MANUFACTURE DES GOBELINS
D'APRÈS JULES DIÉTERLE (1811-1899)
Le Toucher
1864-1867
tapisserie, laine et soie, 359 × 160 cm
PARIS, MOBILIER NATIONAL, GOB 230

97

En février 1867, l'impératrice Eugénie donna l'ordre de terminer l'ameublement de l'Élysée, le palais devant recevoir les souverains étrangers venus visiter l'Exposition universelle qui rassemblait toute l'Europe à Paris[43].

Au rez-de-chaussée, le vestibule reçut de façon traditionnelle des banquettes, des tabourets et un fauteuil de veille. L'antichambre[44] était meublée de sièges et consoles de style Premier Empire en bois peint et la salle à manger[45] conservait en partie son mobilier ancien. Le grand salon central était éclairé par un lustre de style Louis XV en bronze doré, à soixante lumières, et l'un des quatre-vingt-treize tapis exécutés sous Louis XIV par la manufacture de la Savonnerie pour la Grande Galerie du Louvre couvrait le sol *(fig. 97)*[46]. Les sièges commandés par les Murat furent remplacés par un grand ensemble, dont les bois dits de style Louis XIV livrés par Guillaume Grohé (1808-1885) furent

fig. 97
AMBROISE PIERRE RICHEBOURG (1810-1875)
Salon des Ambassadeurs (Grand salon)
Album Palais impérial de l'Élysée Napoléon
1868
tirage photographique
PARIS, MOBILIER NATIONAL,
CABINET DES ARTS GRAPHIQUES

98

99

couverts du meuble « genre Baptiste », à fond jaune et bordure brune, à groupes de fleurs et encadrement de lilas, tissé à la manufacture de Beauvais d'après les modèles de Pierre Adrien Chabal-Dussurgey *(fig. 98)*[47]. Quelques rares dessins, rattachés au dessinateur du Mobilier impérial, Victor Ruprich-Robert (1820-1887), relatifs à ces sièges et aux consoles destinés à cette pièce, sont conservés *(fig. 99)*[48]. Dans le salon de l'Hémicycle *(fig. 100)*, ancienne chambre de parade de madame de Pompadour, deux fauteuils exécutés par Nicolas Quinibert Foliot pour le grand salon de la marquise au château de Crécy, servirent de modèles à un important ensemble de sièges de style Louis XV, dont une banquette en trois parties pour l'hémicycle *(fig. 101 et 102)*[49]. Les nouveaux bois furent façonnés par l'atelier d'ébénisterie du Garde-meuble, sculptés par Steiner et couverts également de tapisseries de Beauvais fond blanc et bordure bleue, à motifs de fleurs et médaillons inspirés de Jean-Baptiste Huet[50]. Dans le salon du Conseil, où les portraits des souverains contemporains de Napoléon III avaient remplacé ceux des membres de la famille impériale restés introuvables, les sièges d'époque Louis XVI avaient été acquis pour la visite du roi de Suède Gustave III à Versailles[51].

Au premier étage, seules les dernières pièces de l'appartement de l'impératrice reçurent un nouvel ameublement. Dans le salon-cabinet de travail, les sièges richement sculptés d'époque Louis XVI et complétés par Michel Victor Cruchet (1815-1899)[52] furent associés au bureau à cylindre du comte de Provence à Fontainebleau[53] et à la paire de meubles à hauteur d'appui acquis à la vente du prince Charles de Beauvau-Craon de 1865[54]. La chambre à coucher *(fig. 103)* est meublée de façon moderne avec des sièges

100

confortables capitonnés, couverts de damas de Lyon vert émeraude, qui tranchaient avec la tenture en reps popeline cramoisie. La couchette de style Louis XVI, en bois peint rechampi or, très richement sculptée, relevait du même modèle que celles réalisées pour les Tuileries ou Saint-Cloud *(fig. 105)*. Elle avait d'ailleurs été livrée dix ans auparavant, en 1857[55], avec les deux somnos assortis, tout aussi richement sculptés *(fig. 104)*[56]. La psyché en acajou provenait du palais des Tuileries et avait été fournie par Grohé frères pour le cabinet de toilette de l'impératrice[57].

De rares vues stéréoscopiques des premières pièces de l'appartement montrent que les sièges du Premier Empire garnissaient toujours ces salons dont le décor a été récemment renouvelé[58] *(fig. 93)*. La pendule du *Serment des Horaces*[59], provenant du salon de réception de Joachim Murat, fut placée sur la cheminée du salon des dames

fig. 98
PIERRE CHABAL-DUSSURGEY (1819-1902)
Carton de dossier de causeuse pour le grand salon
1867
huile sur toile, 63,7 × 100,2 × 2,2 cm
PARIS, MOBILIER NATIONAL, BEAUVAIS 236

fig. 99
Dessin préparatoire aux fauteuils du grand salon du rez-de-chaussée
17 septembre 1861
dessin
PARIS, MOBILIER NATIONAL, CABINET DES ARTS GRAPHIQUES

fig. 100
AMBROISE PIERRE RICHEBOURG (1810-1875)
Salon de l'Hémicycle
Album Palais impérial de l'Élysée Napoléon
1868
tirage photographique
PARIS, MOBILIER NATIONAL, CABINET DES ARTS GRAPHIQUES

101

fig. 101
PIERRE CHABAL-DUSSURGEY (1819-1902)
Carton de dossier de chaise pour le salon de l'Hémicycle
1867
huile sur toile, 46 × 43 cm
PARIS, MOBILIER NATIONAL, BEAUVAIS 153/1

fig. 102
ATELIER DU GARDE-MEUBLE IMPÉRIAL ET STEINER, D'APRÈS NICOLAS QUINIBERT FOLIOT (1706-1776) ET MANUFACTURE DE BEAUVAIS D'APRÈS PIERRE CHABAL-DUSSURGEY (1819-1902)
Fauteuil d'un ensemble exécuté pour le salon de l'Hémicycle à l'Élysée sous Napoléon III
1867
bois sculpté et doré, tapisserie, 105 × 73 × 62 cm
PARIS, MOBILIER NATIONAL
GMT 13629

d'honneur de l'impératrice. Elle était encadrée par la paire de candélabres livrée par la veuve Duguers de Montrosier, entrée au palais en 1820 et placée dans la chambre à coucher de la duchesse de Berry[60]. Des copies des modèles des tapisseries en cours de tissage furent peintes à la demande de l'impératrice, pour ne pas laisser les murs nus *(fig. 93e)*. Les sièges du Premier Empire meublaient également le salon des Paysages, orné d'une suite de peintures de Jean-Pierre Houël (1735-1813), provenant des lambris d'un salon de l'hôtel de Castellane, acquis en 1852[61] *(fig. 93a)*.

Sous le Second Empire, l'Élysée et ses dépendances avaient connu une période de travaux sans précédent depuis l'édification de l'hôtel d'Évreux. Le palais rénové et remeublé constitua le cadre des réceptions et de la vie quotidienne des présidents de la IIIe République. Les grands ensembles de sièges de style couverts en tapisserie de Beauvais d'après Chabal-Dussurgey ou les panneaux de tentures des Gobelins composés par Diéterle maintinrent sur place, jusque dans les années 1950, le goût de Napoléon III et celui de l'impératrice Eugénie.

102

103

fig. 103
JOSEPH FRANÇOIS (1830-18??)
Vues stéréoscopiques
du palais de l'Élysée
avant 1870
Chambre de l'impératrice
photographie posée sur papier albuminé
d'après un négatif sur verre au collodion, 8,6 × 17 cm
PARIS, BIBLIOTHÈQUE NATIONALE DE FRANCE,
DÉPARTEMENT DES ESTAMPES ET DE LA PHOTOGRAPHIE,
EK5-1 (FRANÇOIS, JOSEPH)

fig. 104
Somno de la chambre à coucher
de l'impératrice Eugénie
1857
bois sculpté et peint, 82 × 41 cm
PARIS, MOBILIER NATIONAL,
GME 5948

fig. 105
ATELIER DU GARDE-MEUBLE IMPÉRIAL
ET MAISON MATHEVON ET BOUVARD
(pour le damas d'origine)
Lit à colonne de l'impératrice Eugénie
au palais de l'Élysée
1857
bois sculpté et doré, damas de soie, passementerie
(couverture textile moderne), 440 × 230 cm
COMPIÈGNE, CHÂTEAU DE COMPIÈGNE,
DÉPÔT DU MOBILIER NATIONAL,
GME 435 ; C 7296

104

105

LE SALON DORÉ ET LA SALLE DE BAINS DE L'IMPÉRATRICE

ARNAUD DENIS

Situé au centre de l'enfilade du premier étage du corps central ouvrant sur les jardins par trois portes-croisées, le grand salon était la pièce principale de l'appartement de l'impératrice, aboutissement somptueux des salons de service et de réception et au-delà duquel se trouvaient les espaces privés réservés à la souveraine.

L'élément principal du riche décor conçu à partir de 1860 par Eugène Lacroix était le fond doré en mosaïque des panneaux de lambris et des portes, qui donna à la pièce le nom de « salon doré » qu'elle a conservé jusqu'à nos jours *(fig. 106)*. Jean-Louis Godon, l'auteur de toute la peinture décorative, y a représenté des figures féminines et des enfants encadrés d'arabesques et de guirlandes de fleurs « en couleur[1] ». Pour la réalisation des dessus-de-porte, Ovide Savreux a copié ceux du grand salon du rez-de-chaussée, exécutés sur les dessins d'Étienne Louis Boullée pour Nicolas Beaujon. Assis sur l'entablement,

107

106

les amours soutiennent un médaillon orné du chiffre enlacé de Napoléon III et d'Eugénie et surmonté de la couronne impériale *(fig. 107)*. Responsable de tous les ornements de sculpture, Savreux employa pour la corniche les éléments qu'il avait moulés dans le salon bleu au rez-de-chaussée[2]. Parmi les cheminées en marbre blanc copiées dans les appartements royaux et princiers du château de Versailles, c'est celle de la chambre à coucher du dauphin, la plus riche, avec les figures de Zéphyr et de Flore en bronze doré, qui fut posée dans le grand salon[3].

Ovide Savreux et Jean-Louis Godon furent également chargés de la décoration de la salle de bains de l'impératrice, qui terminait son appartement et qui reçut un soin particulier *(fig. 108)*. Le décor était copié sur celui de la salle de bains de l'empereur à Fontainebleau, habillée depuis le règne de Louis-Philippe des lambris et glaces peintes exécutés pour Pierre Élisabeth de Fontanieu à l'hôtel du Garde-meuble de la Couronne[4].

Napoléon III demanda, en octobre 1860, que fût exécutée dans la salle de bains « une maquette au pastel », à grandeur d'exécution, obligeant Godon à plusieurs voyages à Fontainebleau[5]. C'est l'empereur également qui désigna directement Charles Chapelin (1825-1891) en 1861 pour les peintures sur glace étamée. Entre juin et décembre,

109

108

il peignit deux grands dessus-de-porte représentant Diane surprise par Actéon et Vénus sur la mer *(fig. 109)*, deux plus petits avec Léda et la Toilette de Vénus, et huit panneaux représentant le Bain, les Fleurs, les Fruits, la Moisson, la Pêche, la Chasse, le Patinage et les Tourterelles[6]. Des ornements en camaïeu d'or à deux tons or vert et or jaune, furent enfin peints en 1862 par Godon à la table de toilette de l'impératrice[7].

Le salon des Paysages, le cabinet de travail et la chambre de l'impératrice ont perdu leur décor du Second Empire. Seuls le salon doré et la salle de bains ont conservé quasi intact le décor réalisé pour l'impératrice Eugénie. Lorsque le général de Gaulle s'installa à l'Élysée, il choisit le salon doré pour en faire son bureau. Le riche décor ne semblait pas avoir été un sujet de préoccupation, seule la position stratégique du lieu, au centre du premier étage, comptait alors.

fig. 106
Vue d'ensemble du salon doré
2023
(en situation)

fig. 107
Détail d'un dessus-de-porte et de la corniche du salon doré
2023
(en situation)

fig. 108
Vue de la salle de bains de l'impératrice
2023
(en situation)

fig. 109
CHARLES CHAPELIN (1825-1891)
Vénus sur la mer
Salle de bains de l'impératrice
1861
peinture sur glace étamée
(en situation)

LA BIBLIOTHÈQUE DE NAPOLÉON III

MURIEL BARBIER

110

Du temps de la duchesse de Bourbon, l'architecte Pierre Adrien Pâris avait modifié la distribution et l'aménagement du petit appartement. Le boudoir de glaces, la bibliothèque et la galerie de Nicolas Beaujon furent supprimés[1]. Un hémicycle fut alors pris sur l'ancienne galerie pour agrandir le salon vert de Beaujon qui devint la chambre de la duchesse de Bourbon. L'actuel salon-bibliothèque a conservé la forme et les proportions de cette pièce. La forme en hémicycle correspond à l'espace de l'alcôve. Cette pièce demeura une chambre à coucher pour Caroline Murat, pour Napoléon Ier, pour le duc de Berry et pour Louis-Napoléon Bonaparte avant qu'il ne devienne empereur[2].

La pièce aujourd'hui dénommée salon-bibliothèque faisait partie de l'appartement réaménagé pour Napoléon III dans l'aile est. De cet appartement décoré dans les années 1860, la bibliothèque de Napoléon III est la seule pièce qui subsiste, restituée par le président Valéry Giscard d'Estaing dans son état d'origine.

Le décor de boiseries blanches, aux motifs de palmes, de lauriers et d'oliviers, contraste avec le bois de la bibliothèque et donne, par sa sobriété, une atmosphère d'étude. Les quatre bustes antiques qui surmontaient les portes évoquaient également la sagesse et le savoir mais n'étaient pas encore en place sous le Second Empire. Comme dans les autres pièces de l'appartement, le décor était composé de moulages réalisés à partir de modèles appartenant au musée Campana ou à partir de motifs décoratifs des appartements de réception *(fig. 110 et 111)*[3].

La grande bibliothèque qui ornait le mur en hémicycle face à la fenêtre avait été livrée par Lemarchand et Lemoine dont les ateliers se situaient au 17 rue des Tournelles à Paris. Louis Édouard Lemarchand et Henri Lemoine, tous deux fournisseurs brevetés de Napoléon III, avaient livré de nombreux meubles pour le palais de l'Élysée mais aussi pour les écuries de l'Alma. Cette grande bibliothèque de 3 m de haut et de 5,30 m de long, tout en acajou et épousant la forme incurvée du mur, était ornée de chutes de fleurs, de rosaces et de petits mufles de lion qui ponctuaient l'acajou vernis *(fig. 112)*[4]. La pièce était également meublée d'un bureau à caissons en acajou et dessus de cuir, livré en février 1864 par Gustave Fossey[5]. Dans le dos de l'empereur, devant la bibliothèque, figurait une réduction de la colonne de la Grande Armée, œuvre de Nicolas Brenet et mesurant 1,77 m de haut. Il s'agit manifestement de l'exemplaire aujourd'hui conservé au musée de l'Armée au sommet duquel se tient Napoléon Ier coiffé du bicorne et vêtu de la redingote[6]. L'ameublement de la pièce comprenait encore « une portière en lampas fond vert dessin jaune à fleurs [...]. Une chaise longue ceinture et pieds tournés en acajou » couverte de la même étoffe. Il s'agissait d'un lampas exécuté par la maison Grand frères à Lyon pour le château de Versailles mais finalement employé dans l'ancienne chambre

fig. 110
PIERRE AMBROISE RICHEBOURG
(1810-1875)
Bibliothèque de Napoléon III
Album Palais impérial de l'Élysée Napoléon,
pl. XIX
1868
tirage photographique
PARIS, MOBILIER NATIONAL,
CABINET DES ARTS GRAPHIQUES

fig. 111
Bibliothèque Napoléon III
1865
tirage photographique
PARIS, BIBLIOTHÈQUE NATIONALE DE FRANCE,
VA 281A, T. 1, H64352

fig. 112
LEMARCHAND ET LEMOINE
Bibliothèque
1860
acajou assemblé, sculpté et vernis,
300 × 530 cm
(en situation, 2023)
PARIS, MOBILIER NATIONAL,
GME 12373

111

112

de Napoléon Ier *(fig. 113)*. Cette portière comme la chaise longue restèrent en place jusqu'en 1865[7].

Sous la IIIe République, la bibliothèque de Napoléon III devint le bureau des présidents. Félix Faure modifia l'ameublement, en faisant notamment adapter la grande bibliothèque en acajou de Napoléon III, qui meublait l'hémicycle, à l'alcôve de la pièce suivante, affectée à Louis Le Gall, son directeur de cabinet[8]. Pendant la présidence de Gaston Doumergue, la bibliothèque de Napoléon III reprit sa place initiale. Avec Paul Doumer, le bureau du directeur de cabinet devint celui du Président pour lequel une seconde bibliothèque fut commandée, en janvier 1932, sur le modèle de celle de Napoléon III[9]. Vincent Auriol, à son tour, établit son bureau dans cette pièce qui fut transformé en fumoir futuriste par Pierre Paulin à la demande de Claude et Georges Pompidou, en 1971[10].

Les portraits officiels des présidents de Gaulle, Pompidou, Mitterrand et Sarkozy furent réalisés dans cette bibliothèque *(fig. 114)*.

113

114

fig. 113
MAISON GRAND FRÈRES (LYON)
Lé de damas tissé pour le château de Versailles
employé pour une cantonnière de la bibliothèque de Napoléon III au palais de l'Élysée
1811
damas de soie, 74,3 × 55 cm
PARIS, MOBILIER NATIONAL, GMMP 1256/2

fig. 114
JEAN-MARIE DARCEL
Charles de Gaulle, président de la République
1959
tirage photographique
LA DOCUMENTATION FRANÇAISE

LA CHAPELLE DU PALAIS DE L'ÉLYSÉE

HÉLÈNE CAVALIÉ

Aujourd'hui le palais de l'Élysée ne comporte plus de chapelle mais il n'en fut pas toujours ainsi.

Si cela n'était pas systématique, au XVIIIe siècle, nombre d'hôtels ou de châteaux abritaient une chapelle ou un oratoire. L'Élysée-Bourbon était de ce nombre, et c'est ainsi que sa chapelle fut le cadre, le 17 août 1817, de la cérémonie des relevailles de la duchesse de Berry[1] ou, l'année suivante, du baptême du fils du comte de Mesnars, écuyer de la duchesse[2].

De 1848 à 1852, durant les trois années où Louis-Napoléon Bonaparte fut prince-président, il assista avec sa maison à l'office du dimanche dans la chapelle de l'Élysée[3]. Il y fit faire quelques travaux de réparation[4], mais la chapelle demeura de modestes dimensions et à usage privé. C'est dans un cadre privé qu'en 1852, une fois devenu Napoléon III, empereur des Français, il accueillit le baptême du dernier enfant du prince Murat[5] et le mariage du ministre de l'Intérieur, Persigny[6]. Le 30 janvier 1853, lui-même et Eugénie de Montijo y communièrent le matin avant leur mariage à Notre-Dame[7].

En 1854, on achevait la remise à neuf du palais et, au cas où l'empereur eût voulu s'y installer, un étage fut ajouté à l'aile des petits appartements. La création d'une plus vaste chapelle nécessitait de modifier l'architecture du palais, ce qu'entreprit Eugène Lacroix[8]. Malgré ces difficultés, la chapelle fut achevée en 1865[9]. L'architecte prit dans la hauteur du bâtiment l'espace qui manquait en longueur. Pour cela, on lui accorda trois pièces sur trois niveaux, rez-de-chaussée, entresol et premier étage *(fig. 115)*. Il établit entre elles un escalier, les niveaux supérieurs permettant la création de tribunes[10]. Depuis le perron de l'Élysée, relate la presse, « on tourne de suite à gauche,

fig. 115
FÉLIX THORIGNY (1824-1870)
« Restauration et achèvement du palais impérial de l'Élysée. La nouvelle chapelle par M. Eugène Lacroix, architecte du palais »
gravure
Le Monde illustré,
21 octobre 1865, p. 265

116

on descend quelques marches, et l'on se trouve dans une toute petite chapelle qui a tout l'air d'être construite dans une cave. C'est une chapelle intime [...] Eugène Lacroix a tiré bon parti d'un local écrasé et [...] en amphithéâtre ». « En face du résultat, il est juste de reconnaître que M. Eugène Lacroix s'est très habilement tiré de cet ingrat travail », concède *Le Courrier artistique*[11].

Les peintures, confiées à Sébastien Cornu (1804-1870)[12], furent considérées comme un joyau dans le goût byzantin. Dans le style du XIIIe siècle alors en vogue dans l'architecture religieuse elles présentaient un heureux mélange de couleur, d'or et de stuc, rappelant l'église russe de la rue Daru[13]. Peintes sur toile, elles consistaient en une grande tête de Christ entourée d'anges, placée au-dessus de l'autel, et en figures de saints, protecteurs de la France, au pourtour du chœur et le long des parois latérales de la nef, dans une tonalité douce et harmonieuse : Charlemagne, Saint Louis, saint Symphorien, sainte Blandine, saint Martin, saint Remy, sainte Clotilde, saint Cloud, sainte Geneviève *(fig. 116)*, saint Denis[14]. Selon certains journaux, Cornu y avait pris la suite du peintre Hippolyte Flandrin, son ancien condisciple de l'atelier d'Ingres, décédé, en s'adjoignant la collaboration de Camille Eugène Gastine[15].

Avec la IIIe République et l'installation définitive des présidents à l'Élysée, la chapelle, dépendant de la paroisse de la Madeleine, fut tour à tour utilisée à titre privé et public, ou délaissée selon les convictions religieuses des chefs de l'État.

Le président Mac-Mahon en fit usage, la maréchale son épouse y suivant un office quotidien avec quelques dames du faubourg Saint-Honoré[16].

L'usage privé en semble ensuite plus occasionnel : sous la présidence de Jules Grévy, peu enclin à des démonstrations de religiosité, on y vit en 1881 le mariage en toute discrétion de sa fille Alice avec le sous-secrétaire d'État aux finances, par ailleurs propriétaire du château de Chenonceau, Daniel Wilson[17], puis le baptême de leur fille Jeanne Wilson en 1883[18] ; ou encore une messe, en mai 1898, en mémoire des victimes du Bazar de la Charité sous le président Félix Faure[19].

La chapelle servit en outre de cadre pour la remise de barrette aux cardinaux français : ainsi sous Mac-Mahon, en 1873, Jules Grévy préférant pour sa part les réceptions dans un salon, sur un mode laïque[20]. Après une longue interruption, le président Carnot[21] la fit restaurer et y rétablit les cérémonies officielles *(fig. 117)*[22].

La chapelle demeurait exiguë. Lors des décès de présidents, dont celui de Sadi Carnot en 1894, ses dégagements insuffisants ne permirent pas l'exposition publique du corps, et c'est le salon d'honneur qui fut dressé en chapelle ardente[23]. Mme Carnot y fit

LA REMISE DE LA BARRETTE AUX NOUVEAUX CARDINAUX DANS LA CHAPELLE DE L'ÉLYSÉE

117

118

toutefois donner une messe privée pour son mari tandis que l'enterrement national eut lieu à Notre-Dame[24]. De même, en 1899, dans les heures précédant la mort du président Félix Faure, qui lui avait restitué sa destination sacrée[25] après une transformation en salon avec pendule sur l'autel sous Jean Casimir-Perier[26], des bougies furent allumées dans la chapelle[27], mais la dépouille présidentielle fut veillée dans la salle des fêtes.

Sous Émile Loubet, elle servit de nouveau à la messe dominicale[28] ainsi qu'à une série de messes annuelles[29]. Après 1905, avec la séparation des Églises et de l'État, la chapelle resta un temps inemployée. Les caricaturistes de la période s'en donnèrent à cœur joie sur les possibles réaffectations des lieux dévotionnels dans les lieux d'exercice du pouvoir : « Ici, Monsieur le président, se trouve la chapelle de l'Élysée. – C'est bien, vous me la transformerez, comme celle du Luxembourg, en salle de billard », plaisante ainsi l'un d'eux[30].

Par la suite, il n'y eut plus que des cérémonies à caractère privé à l'Élysée[31]. En 1931, Gaston Doumergue y épousa en fin de mandat Mme Graves[32]. Mme Auriol fit supprimer la chapelle[33] mais Mme Coty, pratiquante, la fit réinstaller après qu'elle eut été employée comme débarras *(fig. 118)*[34]. Charles et Yvonne de Gaulle y firent dire des messes privées par leur neveu François de Gaulle[35]. Enfin, la chapelle devint un lieu de dépôt, une salle d'attente puis un bureau, sa destination actuelle[36].

fig. 116
SÉBASTIEN CORNU
Sainte Geneviève
1864
peinture à l'huile sur toile, 205 × 87,5 cm
PARIS, MUSÉE DU LOURE,
INV. 20571

fig. 117
« Cérémonie de remise de barrette de cardinaux français sous le président Carnot »
Le Journal illustré, 12 février 1893
PARIS, BIBLIOTHÈQUE NATIONALE DE FRANCE,
H64436

fig. 118
Vue de la chapelle du palais de l'Élysée
France-Illustration
photographie, 25 janvier 1947
PARIS, BIBLIOTHÈQUE NATIONALE DE FRANCE

LA SALLE DE BAL

MURIEL BARBIER

119

Alors qu'il était encore hôtel d'Évreux, le palais qui allait prendre nom d'Élysée abritait déjà des bals et des fêtes. Les architectes n'eurent donc de cesse de prévoir des espaces dédiés aux danses de société.

Au XVIIIe siècle, la salle d'assemblée qui occupait l'angle nord-ouest de la cour d'honneur faisait office de salle à manger mais servait occasionnellement de salle de bal[1]. En 1797, c'est la présence d'une salle de bal et de la foule qui s'y pressait qui força la duchesse de Bourbon à quitter son hôtel particulier.

Avec l'installation du couple Murat au palais de l'Élysée, de nouveaux espaces de réception furent créés. D'une part, on réunit la salle des buffets et la salle à manger de la duchesse de Bourbon par la destruction du mur de refend pour créer une galerie de tableaux servant également de salle de bal (actuel salon Murat). D'autre part, l'aile de l'appartement des bains du comte d'Évreux fut complètement modifiée pour abriter une grande salle des banquets précédée d'un vestiaire *(fig. 119)*[2].

Cette dernière grande salle, appelée salle des stucs lorsque le duc et la duchesse de Berry habitaient les lieux, servait alternativement de salle à manger, de salle de spectacle et de salle de bal[3].

Devenu prince-président, Louis-Napoléon Bonaparte organisa une vie mondaine très active qui se manifestait au palais de l'Élysée par des réceptions tous les lundis soir. Bénéficiant de l'entregent de sa cousine la princesse Mathilde, les fêtes de l'Élysée attiraient le Tout-Paris et nécessitaient chacune l'aménagement de salles provisoires pour la danse et les soupers. En janvier 1851, il devint nécessaire d'ériger une nouvelle salle de bal provisoire. Celle-ci fut établie le long de l'ancienne galerie de stucs qui abritait déjà les spectacles et la danse sous la Restauration. La dépense atteignit 22 704,88 francs. Cette somme qui correspondait à la totalité des crédits d'entretien du palais de l'Élysée avait été employée sans que la moindre autorisation fût demandée. Ainsi l'exécution des travaux, en particulier le percement de deux portes destinées à faciliter l'accès à la grande salle à manger et au grand salon, avaient été dirigée par Eugène Lacroix sur ordre du président de la République mais sans l'aval de l'administration, ce qui lui fut reproché en ces termes :

> « [...] M. Lacroix, architecte du palais de l'Élysée, vous adresse un devis des travaux qu'il a fait exécuter dans ce palais, d'après les ordres de M. le Président de la République

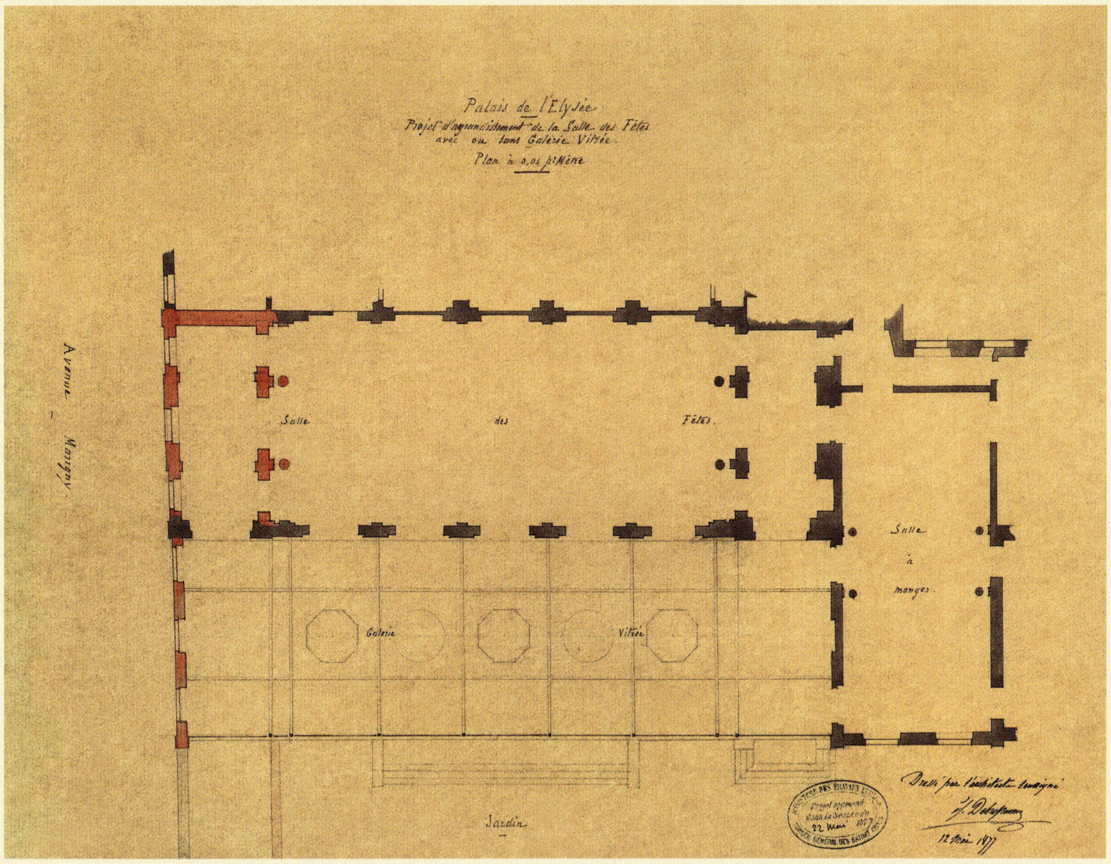

120

pour l'établissement d'une nouvelle salle de bal. Ce devis s'élève à 22 704,88 francs. Aucune autorisation, Monsieur le Ministre, n'a été donnée pour l'exécution de ces travaux et même M. Lacroix a négligé de prévenir l'administration des ordres qu'il aurait reçus de M. le Président de la République.

Les travaux se trouvant aujourd'hui exécutés, vous penserez sans doute, Monsieur le Ministre, qu'il y a lieu de régulariser la dépense qu'ils ont occasionnée [...][4]. »

En 1853, bien que Napoléon III, devenu empereur, résidât le plus souvent au palais des Tuileries, Eugène Lacroix avait donné les plans d'une salle de bal. Elle devait être édifiée à l'avant de l'emplacement de l'ancienne salle des stucs dans la continuité du salon Murat. Dans la perspective des réceptions à venir pour l'Exposition universelle de 1855 et de la « fête impériale », cette grande salle devait servir à la fois de salle à manger et de salle des fêtes. Cette salle de bal fut pourvue d'une fenêtre du côté de l'avenue de Marigny et de cinq baies vitrées côté jardin. Elle reçut plusieurs aménagements : un décor sculpté[5], un parquet à compartiments en remplacement de celui en point de Hongrie[6] et cinq glaces dans les croisées feintes opposées aux baies vitrées et les reflétant[7]. Le décor sculpté était concentré au niveau des dessus-de-porte et s'inspirait des motifs réalisés dans le grand salon d'après les dessins d'Étienne Louis Boullée[8].

Tous les aménagements prévus par Lacroix ne furent pas menés à terme et cette salle de bal ne fut finalement achevée que sous la présidence de Patrice de Mac-Mahon *(fig. 120)*[9].

fig. 119
« La grande salle de réception du président au palais de l'Élysée »
The Illustrated London News, 28 avril 1849
PARIS, BIBLIOTHÈQUE NATIONALE DE FRANCE, H64343

fig. 120
EUGÈNE DEBRESSENNE
Palais de l'Élysée, projet d'agrandissement de la salle des fêtes avec ou sans galerie vitrée
12 mai 1877
dessin à l'encre sur papier
PARIS, ARCHIVES NATIONALES, VA XII/42

LE SÉJOUR DES SOUVERAINS LORS DE L'EXPOSITION UNIVERSELLE DE 1867

ARNAUD DENIS

Visite de S. M. l'Empereur au Sultan, au palais de l'Élysée.

121

Pendant huit mois, du 1er avril au 31 octobre 1867, plus de onze millions de visiteurs arpentèrent les galeries du palais de l'Industrie au Champ-de-Mars, faisant de cette deuxième exposition universelle organisée à Paris un véritable succès public et diplomatique pour le régime impérial[1].

Le palais de l'Élysée, maison des hôtes de Napoléon III, reçut quelques-uns des très nombreux souverains et princes d'Europe et d'ailleurs, venus admirer les meilleures productions de l'industrie, de l'agriculture et des beaux-arts. En août 1855 déjà, le palais avait accueilli la reine Victoria (1837-1901) et le prince Albert (1840-1861) pour un déjeuner et la réception du corps diplomatique. La souveraine britannique trouva ce palais, dont la restauration venait de débuter, joli mais petit, et mal aménagé, à l'exception d'une ou deux pièces[2] ! Douze ans plus tard, le tsar de Russie Alexandre II (1818-1881), accompagné de ses deux fils, eut l'honneur de loger dans l'appartement de l'empereur, au rez-de-chaussée de l'aile est. Un appareil à douche fut alors installé dans la salle de bains et renvoyé dès le départ du tsar[3]. À l'occasion de ce séjour, Alexandre II offrit à l'impératrice Eugénie un extraordinaire cabinet de style Renaissance en ébène, bronze doré, lapis-lazuli, orné de médaillons de pierre dure sculptés en relief. Placé dans le salon du Capharnaüm, il fut restitué à l'impératrice en 1871[4]. C'est au désir du tsar de conserver l'image des appartements qu'il avait occupé que l'on doit la précieuses série des vues des principales pièces du rez-de-chaussée prises par Pierre Ambroise Richebourg (1810-1875), photographe de la Couronne[5]. Le palais accueillit ensuite le sultan de Turquie Abdul-Aziz (1830-1876) *(fig. 121)* puis l'empereur d'Autriche François-Joseph Ier (1830-1916), venu sans son épouse Élisabeth, Sissi *(fig. 122)*. Faute de place à l'Élysée, l'impératrice mit à disposition le deuxième étage de son hôtel particulier pour la reine

122

Sophie des Pays-Bas (1839-1877) et ses deux jeunes fils ; le prince d'Orange trouva, lui, asile à l'hôtel du duc de Mouchy[6].

Comme en 1855, le Garde-meuble, l'empereur et l'impératrice firent de nombreuses acquisitions de meubles à l'exposition qui furent rapidement envoyées dans les principales résidences de la Couronne. Une table de canapé de la maison Trollope et fils, de style Renaissance, en loupe de noyer, palissandre et citronnier, fut ainsi choisie dans la section britannique pour le salon de l'Hémicycle[7]. L'ébéniste marqueteur Frédéric Roux présentait une grande table de style Louis XIV, plaquée d'ébène et marquetée de cuivre et d'écaille. Il reçut la médaille d'or accordée par le jury national et la table fut acquise pour les mêmes salons de réception du palais[8]. Ainsi se perpétuait le rôle de l'Élysée et des palais officiels pour la promotion de l'ameublement d'art, issu tant de l'industrie privée que des manufactures impériales.

Le dernier hôte de l'Élysée-Napoléon fut le vice-roi d'Égypte, Ismaïl Pacha (1830-1895), venu à Paris en juin 1869, pour convier le couple impérial à l'inauguration du canal de Suez[9].

fig. 121
Visite de S.M. l'empereur au Sultan au palais de l'Élysée
s.d. [1867]
PARIS, BIBLIOTHÈQUE NATIONALE DE FRANCE, VA 281A, T. I, H64357

fig. 122
Paris. Installation de S.M. l'empereur d'Autriche à l'Élysée Présentation des dames de la suite de S.M. l'impératrice
s.d. [1867]
PARIS, BIBLIOTHÈQUE NATIONALE DE FRANCE, VA 281A, T. I, H64355

L'Élysée sous la IIIe République

5

L'Élysée sous la IIIe République

Le 4 septembre 1870, la République était proclamée et l'hôtel devenait « Élysée national ». Entre cette date et le mois de mai 1871, les bâtiments furent affectés, pendant le siège de Paris, à l'état-major de la Garde nationale, à la Commune puis à l'Armée [1]. La période qui courut de 1871 à 1940 fut l'un des régimes politiques les plus longs de l'histoire de France mais aussi l'un des plus stables, interrompu par deux guerres mondiales, animé par une croissance industrielle, des mouvements sociaux et une incertitude politique sans précédent. Pour autant, cette période finit par donner au palais de l'Élysée son aspect actuel et de l'asseoir comme siège définitif du pouvoir exécutif. C'est aussi sous la IIIe République, en 1916, qu'il fut classé au titre des monuments historiques *(fig. 123)* [2].

LES TRAVAUX DE MISE EN ÉTAT ET D'ENTRETIEN

Après la chute du Second Empire, le palais de l'Élysée fut à nouveau affecté au président de la République. Si Adolphe Thiers (1871-1873) préférait habiter sa résidence officielle de la préfecture de Versailles [3], à cause de l'occupation militaire des années 1870-1871, des travaux de mise en état des bâtiments du palais s'avéraient nécessaires. Conduits par Eugène Debressenne (1815-1894), sur un crédit alloué de 35 000 francs, ils consistèrent dans un premier temps en interventions urgentes. On procéda au rejointement des dallages, à la réparation de souches de cheminées, à la révision des couvertures, à des raccords destinés à masquer les impacts des projectiles reçus en 1871 et à la remise en état du mur de soutènement de l'avenue Marigny. À l'intérieur, les serrures furent réparées et remises en jeu, les sonnettes de service remises en état, les menuiseries révisées ou remplacées, les poêles, fourneaux et calorifères ramonés et nettoyés, les cheminées poncées et réparées et, enfin, les peintures lessivées et raccordées lorsqu'elles l'exigeaient [4].

Après la démission d'Adolphe Thiers, son successeur, le maréchal Patrice de Mac-Mahon (1873-1879) élu le 24 mai 1873, s'y installa définitivement avec son épouse et ses enfants. Les appartements privés du président étaient situés au premier étage de l'aile est.

fig. 123
FERNAND CORMON (1845-1924)
Réception des maires de France par le président Émile Loubet dans les jardins du palais de l'Élysée
1904
peinture à l'huile sur toile, 172 × 257 cm
VERSAILLES, CHÂTEAUX DE VERSAILLES ET DE TRIANON, MV 5648

Afin de parfaire l'installation du nouveau président, Debressenne réclamait une somme de 50 500 francs pour fermer la marquise placée au-dessus du grand perron de la cour d'honneur, construire un dégagement vitré sur la terrasse de gauche du premier étage destiné à relier les grands et les petits appartements, ainsi qu'un escalier de service montant du sous-sol au rez-de-chaussée, ouvrir une porte pour accéder au salon rouge par le vestibule d'entrée, établir une armoire dans le cabinet de toilette du premier étage, installer une nouvelle cuisine, aménager une autre sellerie et poser des appareils à gaz[5].

À l'arrivée de Jules Grévy au pouvoir (1879-1887), les peintures et dorures de la plupart des grands salons du rez-de-chaussée et de toutes les pièces des étages demandaient à être reprises. Debressenne en fournit les devis qui incluaient en outre la réfection des gargouilles de la cour d'honneur et de la cour est, celle des feuillures des chéneaux des communs et la réparation des canalisations d'eau et de gaz[6]. L'architecte arrangea le vestibule du premier étage, l'escalier d'honneur, installa des stores aux fenêtres des petits appartements du premier étage[7]. Les archives de la période comprennent de nombreux devis de maçonnerie relatifs à la consolidation des souches de cheminées, des balustrades, des tablettes d'appui et à d'autres travaux liés aux affres du temps[8]. Ces travaux d'entretien courant qui se répétaient d'un président à l'autre se poursuivirent pendant la présidence de Sadi Carnot (1887-1894)[9]. Les documents qui nous sont parvenus sont révélateurs de l'activité permanente et de la présence quotidienne d'ouvriers dans cet édifice alors vieux de plus de cent cinquante ans. Ils attestent surtout l'état de délabrement de certaines parties de l'Élysée national, comme les locaux du corps de garde ou les planchers du premier étage. La description du 17 juillet 1890 est à cet égard alarmante : « Nous avons reconnu plusieurs crevasses dans les plafonds, notamment au-dessous du salon des paysages, sous le grand salon et la salle de billard : les crevasses sont généralement dans le sens des solives, dont la trace est apparente parallèlement au mur de face[10]. » À la suite de quoi, Adrien Chancel (1853-1901), architecte en chef du palais de l'Élysée qui venait de remplacer Debressenne, entreprit la dépose des planchers des sept salons du premier étage et la réfection de leurs parquets. Il lança en parallèle la réparation de la toiture du jardin d'hiver mais aussi la remise en état de la grande chambre du président, de la galerie d'attente du secrétariat général, des galeries des cours ouest et est, ainsi que le pavage des passages entre les deux cours et la cour d'honneur[11].

La réfection des façades sur la rue du Faubourg-Saint-Honoré et sur la cour d'honneur, également au programme, s'échelonnèrent jusqu'en 1894[12]. D'importants travaux de maçonnerie furent exécutés, sur les corniches et les balustrades. L'opération permit en outre d'effacer les dernières traces du régime précédent, en particulier les armes impériales, flanquées de l'aigle et de la main de la loi, au-dessus du portail. À la place fut installé un buste de trois quarts de la République, œuvre du sculpteur Camille Lefèvre, et les symboles impériaux, furent remplacés par les initiales RF se détachant sur un faisceau de drapeaux[13].

Pendant la courte présidence de Casimir Périer (1894-1895), Adrien Chancel fut surtout occupé par la réparation des écuries et des remises situées dans la cour ouest[14].

De multiples travaux d'entretien se poursuivirent sous la présidence de son successeur Félix Faure (1895-1899) : couvertures en plomb de l'aile du côté de l'avenue de Marigny, consolidation des maçonneries de la loge du concierge sous le porche d'honneur, réfection du sol de la cour d'honneur et de la cour ouest et, à l'intérieur, reprises de peintures et de dorures[15]. À l'approche de l'Exposition universelle de 1900, l'année 1899 fut l'occasion de nombreux travaux, dont la remise en peinture de tous les salons du rez-de-chaussée et des espaces du premier étage, mais aussi la rénovation des grilles, des cours et des façades extérieures[16].

Pourtant ces travaux d'entretien successifs restaient insuffisants, comme le révèle la longue liste des interventions nécessaires « pour rendre au palais son aspect propre et habitable » dressée par Louis Bonnier, architecte du palais[17]. Celui-ci déplorait le mauvais entretien des trente années précédentes et la faiblesse des crédits qui, bien que toujours dépassés, avaient été maintenus à un niveau médiocre. Bonnier préconisait d'importants travaux de maçonnerie, de charpente – notamment le remplacement de planchers pourris –, de fumisterie et de peinture. Sur ce dernier point, il précisait que « les grands salons de réception du rez-de-chaussée et du 1er étage sont dans un état de saleté extraordinaire, à tel point qu'on n'ose en lessiver une partie de crainte de produire des taches blanches accentuant encore l'état déplorable du reste ». Le 20 août 1906, sous la présidence d'Armand Fallières (1906-1913), un crédit de 169 520 francs fut voté afin d'engager la réfection du palais.

Vers 1914, Henri Paul Nénot, inspecteur général des Bâtiments civils, décrivait l'Élysée comme un palais « mal construit [...] ; ses façades en pierre s'effritent en plusieurs points, ses couvertures gauchissent, les ardoises se pourrissent ». Guillaume Tronchet (1867-1959), architecte en chef de l'Élysée, qui mena à son tour des réparations, ajoutait dans un rapport du 5 février 1929 que « noircies par les intempéries, les suies et fumées de Paris, elles [les façades] présentent un aspect général sale, triste et froid ». Selon lui, une remise en état complète était nécessaire[18]. L'intérieur ne semblait guère plus réjouissant car il signalait l'aspect déplorable des salons « dont la vétusté et le mauvais état ne manqueront pas d'impressionner de la manière la plus fâcheuse les hôtes de marque[19] ».

Les travaux préconisés par Tronchet, estimés à 200 000 francs, furent engagés sous la présidence d'Albert Lebrun (1932-1940), élu après l'assassinat de Paul Doumer. De 1935 à 1937, une campagne de restauration des maçonneries mais aussi des couvertures en plomb et zinc fut mise en œuvre, concernant les bâtiments des bas-côtés de la cour d'honneur, les bâtiments bas sur les cours des cuisines et ouest ainsi que sur la cour est, le porche d'entrée, les appartements privés du côté de la rue de l'Élysée et leurs retours, les terrassons en zinc du bâtiment principal et les pavillons Marigny et Gabriel[20].

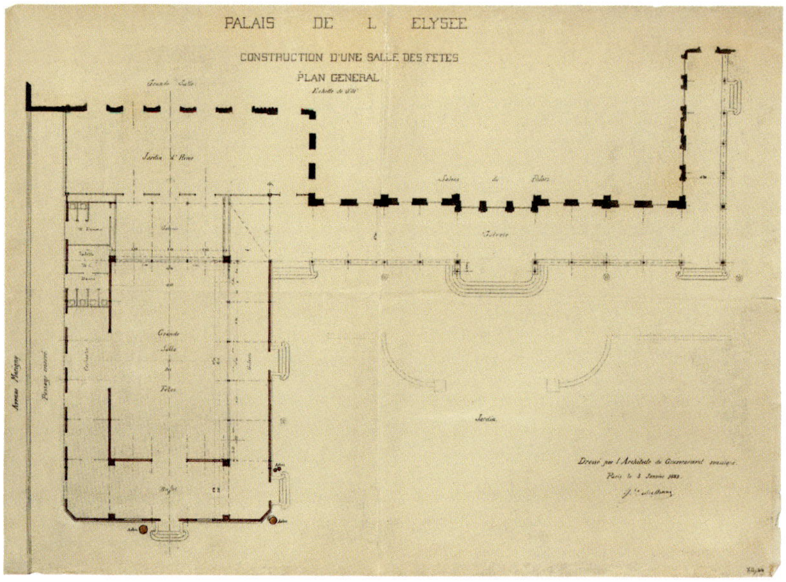

125

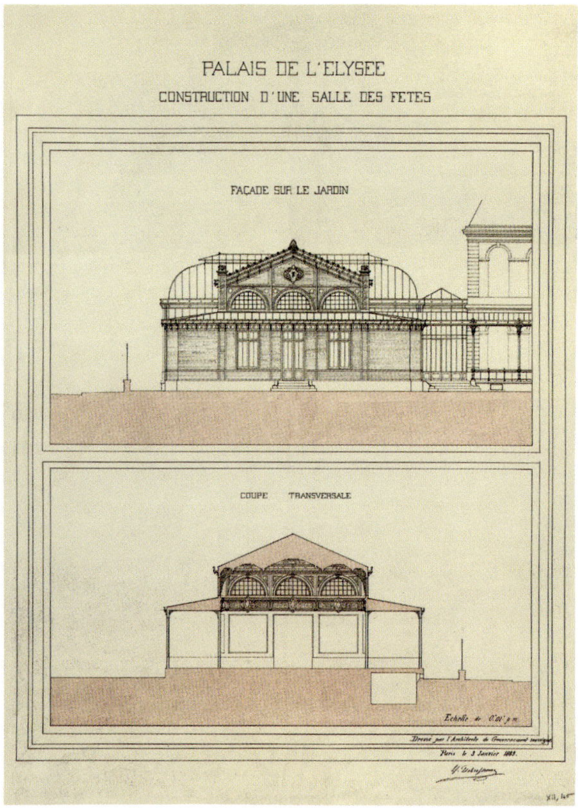

124

fig. 124 et 125
EUGÈNE DEBRESSENNE (1813-1894)
Projet de construction d'une salle des fêtes
élévation et plan général
3 janvier 1889
encre et lavis sur papier
PARIS, ARCHIVES NATIONALES,
VA XII/44 ET 45

fig. 126
ADRIEN CHANCEL (1853-1901)
Projet pour le plafond de la salle des fêtes
3 juillet 1889
encre et lavis sur papier
CHARENTON, MÉDIATHÈQUE DU PATRIMOINE
ET DE LA PHOTOGRAPHIE
VA XII/44

fig. 127
ADRIEN CHANCEL (1853-1901)
Projet pour le plafond de la salle des fêtes
1er juillet 1891
lavis sur papier
PARIS, ARCHIVES NATIONALES,
VA XII/44, 60

DES ESPACES D'APPARAT DIGNES DE LA RÉPUBLIQUE

Dès la présidence de Mac-Mahon, il fut constaté que « les fêtes données, chaque année, [...] nécessitent l'établissement de constructions provisoires destinées à agrandir les appartements du rez-de-chaussée[21] ». En conséquence, la nouvelle salle des fêtes (actuel salon Napoléon III), commencée sous le Second Empire, fut achevée et prolongée d'une travée pour atteindre le niveau de l'avenue de Marigny, sur les plans d'Eugène Debressenne *(fig. 124 et 125)*. L'architecte avait fourni un projet d'agrandissement sur le jardin par une galerie vitrée. Le 20 mai 1878, il signait un mémoire relatif aux travaux à exécuter pour la transformation de l'aile ouest, envisagée pour la construction de la nouvelle salle des fêtes et qui impliquait le ravalement des façades, la réfection des joints des appareils en pierre et en brique et la réfection des enduits[22]. Le 20 août de la même année était achevée la charpente de ce « pavillon de danse adossé à la façade du palais[23] ».

Sous Jules Grévy (1879-1887), Eugène Debressenne aménagea un jardin d'hiver, adjacent au salon Napoléon III et s'étendant jusqu'au niveau du corps de logis principal. Il était conçu comme une grande serre vitrée, faisait parfois office d'annexe au salon Napoléon III, et s'ouvrait sur la salle à manger (actuel salon Murat) par deux portes. Ce jardin d'hiver, qui fut la grande affaire des années 1879-1880, fit l'objet d'un projet de loi portant ouverture, sur l'exercice 1879, d'un crédit supplémentaire de 180 000 francs. Le législateur reconnaissait « la nécessité de revenir au projet abandonné en le rendant plus complet. Une grande galerie vitrée serait construite sur le jardin pour former annexe des salons de réceptions, et serait en outre disposée de manière à servir de jardin d'hiver dans l'intervalle des fêtes[24] ». En 1880, le jardin d'hiver était achevé[25]. Sa couverture comme sa façade sur jardin étaient composées de structures métalliques. Il ne restait plus qu'à acheter les plantes destinées à l'orner, ce qui fut fait dans l'année. Cependant cette « annexe » obscurcissait tellement le salon Napoléon III qu'il était manifestement impossible de l'utiliser durant la journée. Aussi Debressenne donna-t-il

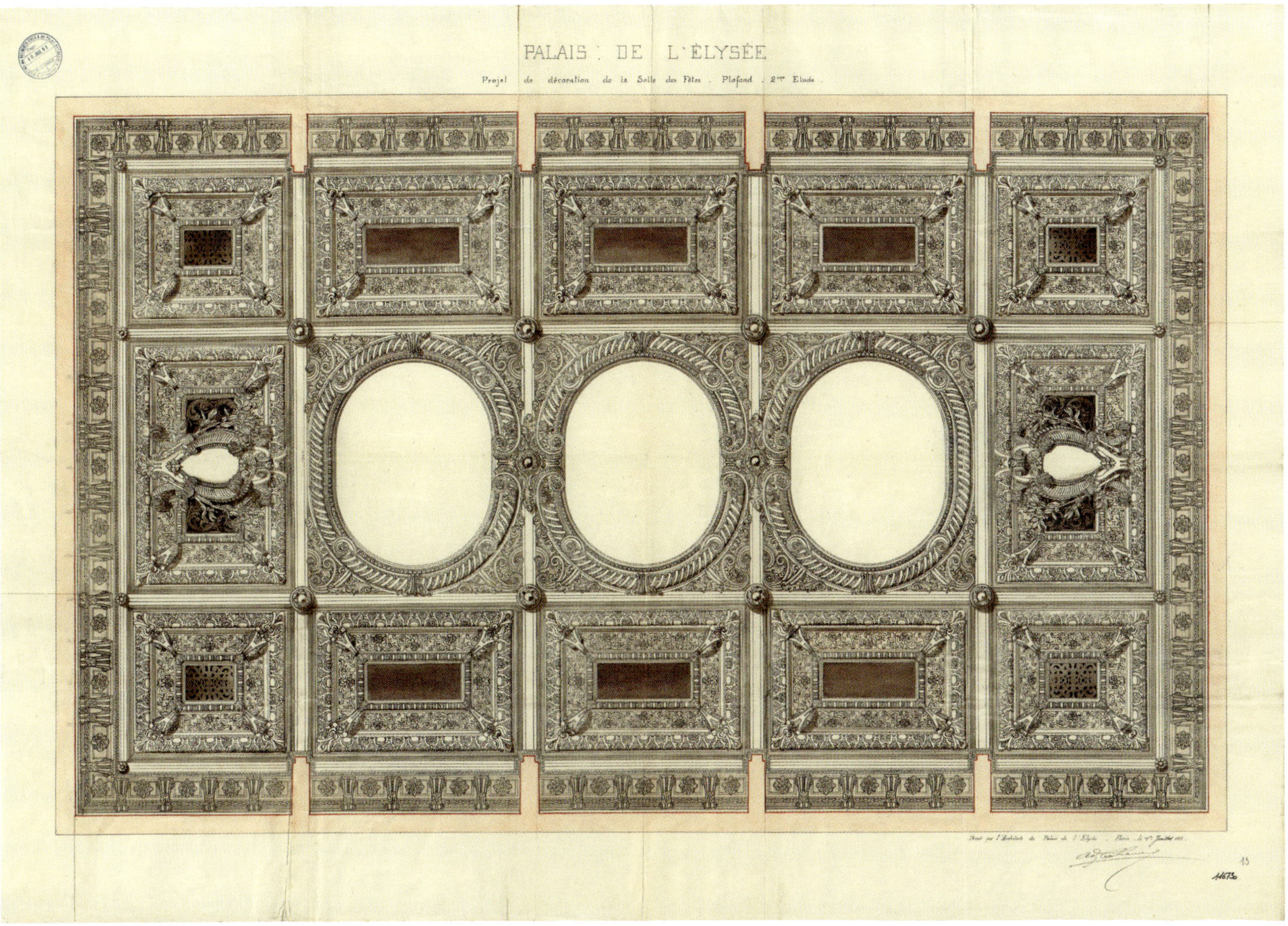
PALAIS : DE L'ÈLYSÉE
Projet de décoration de la Salle des Fêtes . Plafond . 2ème Etude .

126

127

fig. 128
Dessin du fauteuil de la salle des fêtes du palais de l'Élysée
1899-1900
crayon graphite et aquarelle sur papier, 37,5 × 30,3 cm
PARIS, MOBILIER NATIONAL, MM 6180

fig. 129
ARMAND GUÉRINET (1852-1925)
« Le jardin d'hiver »
Le Palais de l'Élysée. Décorations intérieures, pl. XX, 1900
PARIS, MOBILIER NATIONAL, BMN 2772

fig. 130
ARMAND GUÉRINET (1852-1925)
« Façade sur le parc »
Le Palais de l'Élysée. Décorations intérieures, pl. I, 1900
PARIS, MOBILIER NATIONAL, BMN 2772

fig. 131
Chute de neige dans la cour du palais de l'Élysée, pendant le Conseil des ministres, à Paris
1er janvier 1935
KEYSTONE-FRANCE CONTRIBUTEUR, COLLECTION GAMMA-KEYSTONE, GETTY IMAGES

129

des plans pour percer trois oculi surmontés de coupoles aplanies dans le plafond, afin d'y faire pénétrer plus de lumière[26].

La présidence de Sadi Carnot (1887-1894) marqua l'Élysée par la construction d'une grande salle des fêtes, à l'ouest du palais, sur les jardins[27]. Créée à la fois pour l'Exposition universelle de 1889 et pour commémorer le centenaire de la Révolution française, elle était nécessaire aux grandes fêtes de la République. Commencée par Eugène Debressenne, la salle fut aménagée le long de l'avenue de Marigny, sur le jardin, dans le prolongement du jardin d'hiver et du salon Napoléon III. Elle connut plusieurs états provisoires avant d'être fixée en une version plus pérenne dotée d'un éclairage zénithal et de deux perrons sur le jardin, au sud et à l'est. Préparée en grande hâte pour l'Exposition universelle de 1889, la salle des fêtes ne fut réellement terminée que pour celle de 1900, sous la direction d'Adrien Chancel (1853-1901), en lien avec les nombreuses réceptions données par Félix Faure *(fig. 126 et 127)*. Plusieurs projets de meubles furent dessinés spécialement : des sièges de style Louis XIV furent retenus pour la salle des fêtes tandis qu'un mobilier canné dans le goût rocaille fut livré pour le jardin d'hiver *(fig. 128 et 129)*[28]. Liée à cette salle, une marquise formant vestibule fut aussi construite le long de la façade sur jardin à l'angle du jardin d'hiver et de la salle des fêtes et en retour vers les petits appartements *(fig. 130)*. Ne plaisant pas au président Alexandre Millerand, cette marquise fut supprimée en 1923.

128

Du côté de la cour d'honneur, une autre marquise vitrée beaucoup plus grande fut installée. Elle courait le long du corps de logis principal, suivant les plans de Debressenne *(fig. 131)*[29]. Entièrement vitrée, elle servait de vestiaire à la grande salle des fêtes. L'ancien

130

131

132

perron du palais fut détruit à cet effet et remplacé par trois perrons à l'intérieur de la marquise ; l'un au centre devant les quatre travées centrales, les deux autres plus petits de part et d'autre de la marquise. Simultanément, les garde-corps des fenêtres du rez-de-chaussée furent supprimés.

En 1927, les étoffes des espaces de réception avaient quelque peu perdu de leur lustre, et l'administrateur du Mobilier national sollicita Raoul Dufy pour une soierie ornée du « RF » de la République, de guirlandes de roses, d'épis de blé et de drapeaux *(fig. 132)*. Cette étoffe devait servir pour les couvertures des sièges, les rideaux et la tenture de la salle des fêtes[30]. En 1929, d'après ce dessin, la maison Bianchini-Férier livra au Mobilier national seize lés de brocatelle cramoisie avec rosaces et douze lés du même tissu au monogramme de la République. La soierie, tissée chez Tassinari & Chatel à Lyon, fut utilisée sur les sièges de style Louis XIV de Napoléon Quignon[31]. En 1930, on se servit d'une nouvelle brocatelle non plus cramoisie mais jaune d'or tissée par la maison Prelle pour les rideaux du jardin d'hiver.

À partir de 1932, il s'avéra à nouveau nécessaire de rénover la salle des fêtes et ses annexes[32]. Douze canapés, trente-six fauteuils et cent vingt chaises, copiés d'après des sièges anciens des collections du Mobilier national, furent spécialement conçus et couverts de tapisseries tissées à Aubusson et inspirées de Fessier d'après des originaux appartenant à Maurice Fenaille. Sur le mur ouest, depuis 1920, étaient accrochées deux tapisseries de la tenture de l'Histoire d'Esther tissée à la manufacture des Gobelins : *Le Triomphe de Mardochée* *(fig. 134)* et *Le Repas d'Esther*, d'après les tableaux de Jean-François De Troy, peints à Rome en 1739[33]. Entre les colonnes se trouvaient, depuis 1901, vingt-six pièces de la tenture des Portières des dieux (les quatre saisons et les quatre éléments), tissées au XVIIIe siècle à la manufacture des Gobelins sur des modèles fournis vers 1699 par Claude III Audran[34].

En 1933, 180 mètres de « damas cerise », du dessin de Dufy, furent commandés à la maison Le Manach à Tours pour les rideaux de la salle à manger Napoléon III[35] et, en 1934, soixante-dix patères furent livrées par Roustan pour toutes ces salles d'apparat *(fig. 133)*[36]. Parallèlement, pour répondre aux besoins des réceptions, l'architecte Tronchet fournit un projet d'agrandissement des services de la cour des cuisines, s'élevant à 152 400 francs, qui devait permettre « de trouver au niveau du sous-sol une salle à manger pour le personnel, au rez-de-chaussée un local de même surface pour le service, et à l'entresol de nouvelles chambres pour l'appartement du chef du Service de l'Intérieur[37] ».

La IIIe République avait ainsi parachevé les espaces de fêtes du palais de l'Élysée qui conservèrent cet aspect jusque sous la Ve République.

133

fig. 132
TASSINARI ET CHATEL
D'APRÈS RAOUL DUFY (1877-1953)
Étoffe pour tenture de la salle des fêtes
1927
brocatelle, lin et soie, 92 × 72 cm
PARIS, MOBILIER NATIONAL,
GMMP 25307/27

fig. 133
LAURENT ROUSTAN (1977-1952)
Patère
1934-1935
bronze ciselé et doré, 36 × 10 × 15 cm
PARIS, MOBILIER NATIONAL,
GML 4703/1

pages 148-149
fig. 134
MANUFACTURE DES GOBELINS
D'APRÈS JEAN-FRANÇOIS DE TROY (1679-1752)
Le Triomphe de Mardochée
1752
tapisserie de laine et soie, 420 × 750 cm
PARIS, MOBILIER NATIONAL,
GMTT 311/2

134

REX
VM VOLVIT
ONORARE

LE REFLET DE LA MODERNITÉ

Hormis les réfections courantes et l'aménagement des trois grandes salles de réception, la IIIe République ouvrit la voie à de nombreux aménagements de confort et de modernisation reflétant bien souvent les innovations technologiques du moment. Il semble que les occupants des lieux se soient toujours laissé séduire par les sirènes de la modernité.

L'installation du tout-à-l'égoût, rendu obligatoire par l'arrêté du préfet Eugène Poubelle (1831-1907) relatif à l'assainissement de Paris du 8 août 1894, fut achevée dès 1898 grâce à un crédit de 17 000 francs *(fig. 135)*[38]. En outre, en 1896, Debressenne supervisa l'installation de l'une des premières douches de l'Élysée au deuxième étage, dans l'appartement du président de la République, type d'équipement qui devait se multiplier par la suite[39].

Dans un lieu aussi stratégique pour le pouvoir en place, certaines canalisations jouaient aussi un rôle pour la sécurité. Ainsi, en 1888, fut instauré un service spécial d'incendie pour les appartements privés du président[40]. La sécurité contre l'incendie, dont on se souciait déjà sous le Premier Empire, demeura constamment une préoccupation majeure.

La question du chauffage était tout aussi primordiale comme l'attestent les nombreuses mentions d'entretien des calorifères dans les documents d'archives. En 1896, par exemple, un crédit spécial fut décidé pour reconstruire un calorifère sous la cour d'honneur[41]. En 1889, la salle des fêtes et la marquise nouvellement créées furent équipées de poêles de la marque Choubersky par le fumiste Charles Fradelizi[42]. Ce type de poêle inventé par un ingénieur russe présentait l'avantage de ne nécessiter aucune installation complémentaire car il s'adaptait à toute cheminée. L'année 1930 vit l'installation du chauffage central avec son local pour la chaufferie en sous-sol du corps de logis entre la cour ouest et l'avenue de Marigny[43].

L'entrée de l'électricité dans les foyers parisiens fut l'une des grandes innovations de la période. Le 16 janvier 1873, Debressenne annonçait qu'il avait rempli les attentes du président désireux d'équiper son cabinet d'une sonnette électrique permettant une communication directe avec le vestibule des huissiers[44]. En février 1896, M. Mors, ingénieur civil, équipa presque tous les espaces du palais de sonneries électriques, de la lingerie à l'écurie en passant par le vestibule et le bureau du directeur de cabinet[45]. Sadi Carnot fit installer en 1889 l'éclairage électrique dans les appartements de réception du rez-de-chaussée et dans la salle des fêtes, en remplacement de l'éclairage au gaz. Les travaux, qui avaient bénéficié d'un crédit de 43 000 francs, furent confiés à la compagnie Continental Edison[46]. Enfin Félix Faure fit compléter l'éclairage du premier étage, des vestibules et des escaliers du palais en 1897[47].

Faire entrer le palais de l'Élysée dans l'ère industrielle impliquait aussi de le doter de moyens de communication efficaces, tels que le service télégraphique de la Présidence pour lequel Debressenne fit des aménagements en 1877[48] ou la ligne télégraphique installée à l'intérieur du poste des sapeurs-pompiers en 1879[49].

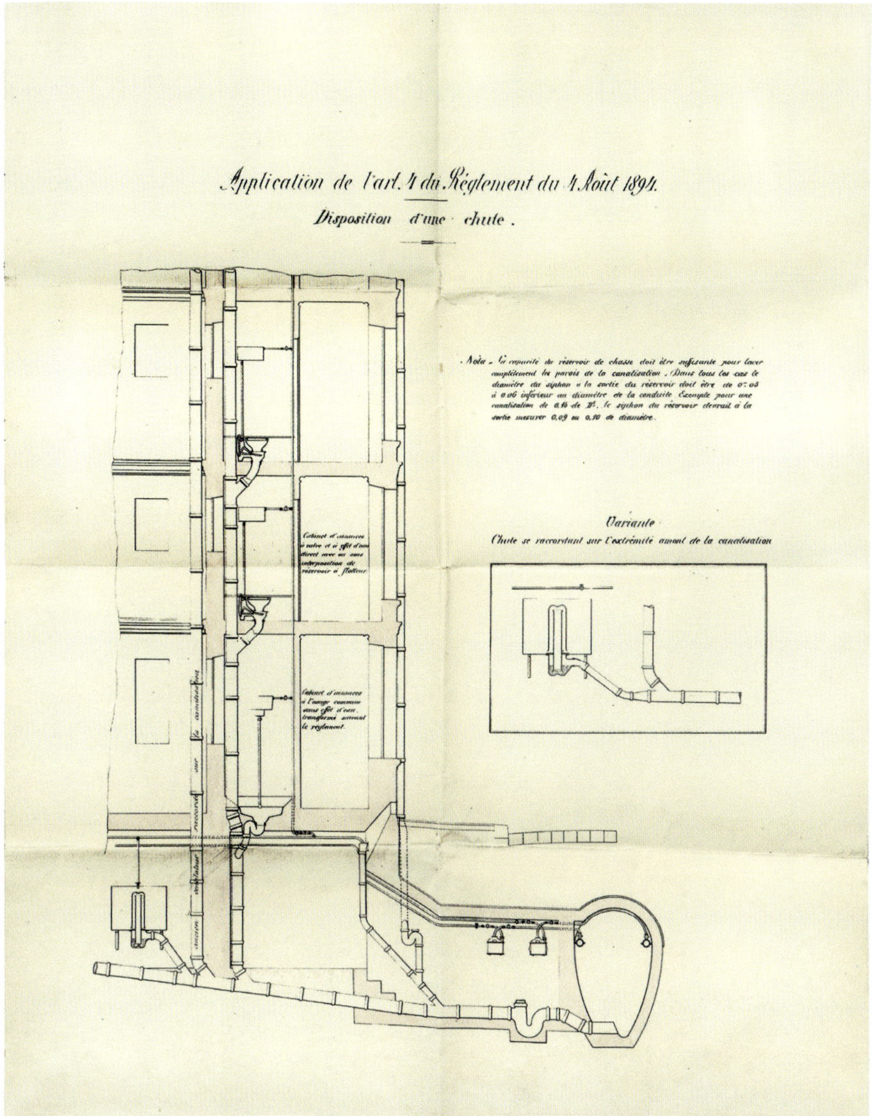

Les télécommunications furent améliorées au gré des avancées techniques. Ainsi, le premier coup de téléphone de l'histoire de l'Élysée fut donné par Jules Grévy au roi des Belges Léopold II[50]. En 1897, le service de la Présidence demanda que de nouvelles communications téléphoniques fussent établies entre le bureau des secrétaires et les bureaux du directeur du cabinet et des officiers de service[51], à la suite de quoi l'installation d'appareils téléphoniques se poursuivit dans tous les espaces du palais de l'Élysée.

Enfin, sous la IIIe République, les occupants des lieux passèrent progressivement de la voiture hippomobile à l'automobile. Cette évolution des modes de transport se reflétait dans certains aménagements confiés à l'architecte Guillaume Tronchet comme, en 1914, l'agrandissement des remises à voitures au détriment des écuries, la construction d'un abri en sous-sol et l'installation d'une marquise dans la cour pour protéger les voitures[52]. Sous la présidence de Raymond Poincaré, on comptait quatre automobiles, deux landaus, un coupé, une victoria, un break et un tilbury. Sous celle d'Alexandre Millerand (1920-1924), la question automobile occupa beaucoup l'architecte Guillaume

fig. 135
CHARLES LAFFORGUE, ARCHITECTE (1838-1897)
Disposition d'une chute pour l'installation du tout-à-l'égoût
1896
encre sur papier
PARIS, ARCHIVES NATIONALES, F21 2317

Tronchet qui transforma une écurie en garage et en atelier de réparation avant d'en modifier les portes « insuffisantes pour le passage des autos[53] ».

Petit à petit et au rythme des innovations, primées lors des expositions universelles ou simplement dictées par l'hygiène et le confort, l'ancien hôtel d'Évreux devenait une résidence discrètement moderne.

MEUBLES ET DÉCORS DE LA RÉPUBLIQUE

En apparence, les intérieurs du palais de l'Élysée avaient conservé leur aspect du Second Empire avec les boiseries qu'Alfred de Champeaux comptait « parmi les plus belles de Paris[54] ». Les espaces pour lesquels des remeublements complets furent élaborés étaient en toute logique les salons de réception du rez-de-chaussée, les pièces de travail des présidents successifs et les appartements privés. La période ne fit pas réellement place à l'innovation stylistique mais puisa allègrement dans les richesses du Garde-meuble en les complétant avec du mobilier « de style ». Ce parti pris décoratif associant les tapis, tapisseries, bronzes dorés et meubles hérités des garde-meubles successifs avait pour objectif de s'harmoniser avec les lambris anciens tout en fabriquant une nouvelle image de la République et de ses ors qui marqua durablement les lieux officiels.

Au rez-de-chaussée, on pénétrait depuis la cour d'honneur dans le vestibule qui avait perdu son aspect minéral par l'ajout de plantes vertes, de tapis et de sièges. Sous la présidence d'Émile Loubet, le visiteur était accueilli par une grande jardinière en zinc verni blanc remplie de plantes d'intérieur. Ces dernières contribuaient à l'impression confortable et luxuriante également fournie par des chaises en chêne verni couvertes de velours cramoisi, un tapis de la manufacture de la Savonnerie et une lanterne commandée en 1784 au marchand mercier Dominique Daguerre pour le cabinet intérieur de Louis XVI au château de Compiègne[55]. Cette lanterne fut retirée sous le président Fallières, en 1903, lorsque le vestibule d'honneur fut réaménagé, et remplacée par un lustre à douze lumières en bronze ciselé et doré orné de musiciennes ailées créé par Claude Galle sous le Premier Empire[56]. Deux torchères à treize lumières en céramique, marbre et bronze doré prirent place de part et d'autre de la jardinière. Déjà présentes dans le grand salon du palais de l'Élysée sous le Second Empire, elles provenaient du château de Saint-Cloud[57].

À l'entrée de l'enfilade des grands appartements venait d'abord l'antichambre (actuel salon des Tapisseries) dont le décor ne fut modifié qu'à partir de 1907. Le mondain Henri Gervex (1852-1929) fut sollicité pour orner le plafond d'une composition représentant la France accueillant l'Abondance[58]. Celle-ci ne fut jamais mise en place car Gervex avait omis de tenir compte du lustre dont l'emplacement au centre du plafond nécessitait une composition différente pour la rendre lisible. Néanmoins deux esquisses peintes à la gouache et à l'aquarelle conservées – l'une au Mobilier national, l'autre au musée Carnavalet – révèlent un programme iconographique chantant les louanges de la République *(fig. 136)* : dans une nuée, l'Abondance tenant sa corne,

fig. 136
HENRI GERVEX (1852-1929)
La France accueillant l'Abondance
esquisse du plafond du salon des Tapisseries au palais de l'Élysée
1907
peinture à l'aquarelle sur carton, 44 × 45 cm
PARIS, MOBILIER NATIONAL, GMTB 1167

accompagnée de Mercure, se dirige vers le Travail, assis près d'une enclume et d'un marteau, que lui présente l'allégorie de la France[59]. Cette pièce, au plafond laissé nu, reçut des panneaux décoratifs peints par Henri Compan (1841-1912) destinés à encadrer trois pièces de la tenture de l'Histoire de Scipion tissées d'après Jules Romain à la manufacture des Gobelins en 1707[60] qui avaient été associées à des bordures des tapisseries des Sujets de la Fable d'après Jean Lemoine (1688-1689) et à des entrefenêtres de la série des Termes d'après Charles Le Brun (après 1704)[61]. Toutes tissées à la manufacture des Gobelins, durant le premier tiers du XVIIIe siècle, ces tapisseries étaient déjà en place en 1894. L'ameublement du salon des Tapisseries fut complété par deux consoles en bois sculpté et doré[62]. L'association des tapisseries et de ces meubles opulents laisse à penser que la République cherchait à créer une atmosphère évoquant le Versailles de Louis XIV.

Le salon des Tapisseries donnait sur le salon Murat qui avait encore conservé les marques du Premier Empire, jugées par Alfred de Champeaux en ces termes :

137

138

« La décoration en est aussi pauvre que disgracieuse, et l'on a imaginé d'y encastrer dans des châssis de menuiserie deux grandes toiles de Carle Vernet, représentant une des victoires de Murat et la reine Caroline se promenant en calèche[63]. » Dans cette pièce se trouvait un ensemble de sièges du Second Empire en bois peint crème rechampi couverts de la série des Scènes villageoises tissée à la manufacture de Beauvais à la fin du XVIIIe siècle d'après des cartons de François Casanova[64] ainsi que la célèbre console en porcelaine de Sèvres et bronze doré, exécutée en 1819 d'après des dessins d'Alexandre Évariste Fragonard et dont les plaques peintes par Jean-Baptiste Zwinger et Louis Bertin Parant, représentaient la germination, la floraison et la fructification *(fig. 137)*[65]. Cette console, présentée à l'Exposition des produits de l'industrie du 1er janvier 1820, avait été initialement placée, en 1821, dans le grand salon de la duchesse d'Angoulême au palais de Saint-Cloud. Après avoir rejoint les réserves du Garde-meuble en 1869, elle fut envoyée dans le salon Murat en 1878[66]. À la même époque la pendule dite des Trois Horloges, créée à la manufacture de Sèvres par Jean-Charles Develly en 1841 et provenant également du palais de Saint-Cloud, fut placée sur la console[67]. Ces deux objets se trouvent toujours dans le salon Murat aujourd'hui. Cet ameublement éclectique était complété par un tapis tissé à la manufacture de la Savonnerie d'après un carton de Charles Sallandrouze de Lamornaix pour le grand salon du duc de Bordeaux au pavillon de Marsan, exposé à l'Exposition des produits de l'industrie en 1827 puis transformé en 1834[68].

fig. 137
MANUFACTURE DE SÈVRES
JEAN-BAPTISTE ZWINGER (1787-?)
ET LOUIS BERTIN PARANT D'APRÈS
ALEXANDRE ÉVARISTE FRAGONARD (1780-1850)
Console
1819
bois, porcelaine de Sèvres, 109 × 202 × 54,5 cm
PARIS, MOBILIER NATIONAL,
GME 12303

fig. 138
ARMAND GUÉRINET (1852-1925)
« Grande salle à manger »
(actuel salon Napoléon III)
in *Le Palais de l'Élysée. Décorations intérieures*,
pl. XVII, 1900
PARIS, MOBILIER NATIONAL,
BMN 2772

La grande salle à manger (actuel salon Napoléon III) *(fig. 138)*, fut d'abord meublée de 70 chaises en bois noirci de style Louis XVI couvertes de maroquin rouge et de deux consoles en bois sculpté et doré inspirées du style rocaille[69]. Ce premier aménagement, qui avait puisé dans les ressources du Garde-meuble, laissa la place, à partir de 1900, à un mobilier commandé spécialement pour la pièce : huit consoles en bois sculpté et doré à plateau en marbre de Carrare blanc veiné livrées par la maison parisienne Quignon et fils *(fig. 139)*[70] et 120 chaises « à la Bérain », en bois sculpté et doré, fournies par la maison Pihouée et couvertes d'une brocatelle vieux rouge[71]. Des rideaux en brocatelle cramoisie bordés de bandes de brocart et surmontés de lambrequins en satin brodé également cramoisis séparaient la salle à manger du jardin d'hiver. La pièce était alors éclairée par huit lustres à 56 lumières en bronze doré à cristaux de style Louis XV livrés par la maison Marchand en 1852 pour la galerie de Diane au palais des Tuileries[72]. Le sol était couvert d'un grand tapis aux armes de Louis-Philippe duc d'Orléans tissé par la manufacture de Jean Sallandrouze à Aubusson en 1819-1820 pour le grand salon de l'aile de Valois au Palais-Royal[73].

Le salon des Aides de camp, alors appelé salon des Grands Officiers, dont les boiseries ne provenaient pas du château de Bercy contrairement à ce qu'avait écrit Alfred de Champeaux[74], reçut en 1907 *La Charge des cuirassiers* peint par Aimé Morot (1850-1913)[75].

139

140

L'ameublement du grand salon (actuel salon des Ambassadeurs) ne changea que très peu par rapport à celui du Second Empire. Il était composé de trois canapés, deux causeuses, trois fauteuils et quatre tabourets de pied, en bois sculpté et doré de Guillaume Grohé[76], complétés à partir de 1898 par un grand tapis exécuté en 1830 à la manufacture de la Savonnerie d'après un dessin de Saint-Ange pour la salle du Conseil des Tuileries et qui avait été modifié en 1842 afin d'en effacer les fleurs de lys.

Dans le salon de l'Hémicycle (actuel salon Pompadour) *(fig. 140)*, l'ancienne alcôve fut tendue du *Jugement de Pâris*, tapisserie tissée en 1703 à la manufacture des Gobelins et appartenant à la série des Sujets de la Fable d'après Raphaël[77]. Au sol se trouvait depuis 1867 un tapis réalisé entre 1822 et 1825 à la manufacture de la Savonnerie d'après un dessin de Jean Démosthène Dugourc, pour le cabinet de travail du roi aux Tuileries[78]. Ce tapis comme la tapisserie demeurèrent en place jusqu'en 1947. Les sièges de style Louis XV aux bois sculptés et dorés recouverts de tapisseries de Beauvais d'après Chabal-Dussurgey étaient présents depuis 1867[79]. La pièce suivante, le salon du Conseil (actuel salon des Portraits) *(fig. 143)*, présentait un ameublement similaire demeuré inchangé depuis le Second Empire, excepté un buste de la République par Jean-Antoine Injalbert d'un modèle commandé par l'État en 1889 à l'occasion du centenaire de la Révolution française[80].

fig. 139
QUIGNON ET FILS
Console de la grande salle à manger
1900
bois sculpté et doré, marbre de Carrare blanc veiné, 95 × 127 × 64 cm (en situation)
PARIS, MOBILIER NATIONAL, GME 12313

fig. 140
ARMAND GUÉRINET (1852-1925)
« Salon de l'Hémicycle »
(actuel salon Pompadour)
Le Palais de l'Élysée. Décorations intérieures, pl. XIV, 1900
PARIS, MOBILIER NATIONAL, BMN 2772

141

142

143

Au bout de l'enfilade, le salon de Cléopâtre prit son nom sous la IIIe République en raison de la tapisserie *Le Festin de Marc Antoine et de Cléopâtre* issue de la tenture de l'Histoire de Cléopâtre tissée à la manufacture des Gobelins entre 1758 et 1760 d'après Charles Natoire, qui en ornait un des murs[81]. Le sol était couvert d'un tapis tissé à Aubusson, d'un modèle reprenant celui du tapis tissé par la manufacture de Jean Sallandrouze pour le grand salon du château de Meudon[82]. Les sièges estampillés Marcion avaient été commandés en 1812 pour le salon de musique de l'impératrice à Monte Cavallo à Rome (palais du Quirinal) et étaient alors couverts de tapisseries de Beauvais exécutées sous le règne de Charles X[83]. Ce salon, qui servait de salon d'attente aux visiteurs du président de la République, donnait accès aux espaces de travail du président et de ses collaborateurs, établis de manière réellement pérenne sous Sadi Carnot, au rez-de-chaussée de l'aile est. L'antichambre devint le bureau des officiers de service, suivait le cabinet du chef de la Maison militaire puis l'ancienne bibliothèque de Napoléon III transformée en bureau pour le président, la salle de bains devenue « salon de la coupole » changée en bureau pour son secrétariat particulier, l'ancienne chambre de l'empereur, le salon du Capharnaüm devenu bibliothèque et le salon d'argent qui demeurait une petite pièce isolée permettant d'accéder au jardin[84]. L'ameublement du président est bien connu grâce aux photographies qui nous sont parvenues *(fig. 141)*. Le tapis qui ornait cette pièce de 1888 à 1926 était celui tissé par la manufacture de Charles Sallandrouze à Aubusson pour le salon jaune de la duchesse d'Angoulême aux Tuileries

fig. 141
ARMAND LANDRIN (1844-1912)
Bureau de Sadi Carnot
Album de vues photographiques du palais de l'Élysée aux armes de Sadi Carnot
1889
papier albuminé, reliure cuir, in-4°
PARIS, MOBILIER NATIONAL, ARCHIVES 1J

fig. 142
ALPHONSE JACOB-DESMALTER (1799-1870)
Bureau utilisé par Sadi Carnot
1815-1830
palissandre de Rio et bronze doré, 79 × 196 × 98 cm
PARIS, MOBILIER NATIONAL, GME 12369

fig. 143
ARMAND GUÉRINET (1852-1925)
« Salle du Conseil des ministres »
(actuel salon des Portraits)
Le Palais de l'Élysée. Décorations intérieures, pl. XXX, 1900
PARIS, MOBILIER NATIONAL, BMN 2772

en 1819, réduit et modifié[85]. Sadi Carnot avait retenu un bureau d'Alphonse Jacob-Desmalter déjà utilisé par Napoléon III *(fig. 142)*[86] complété par un fauteuil en acajou à protomes et pattes de lion en bronze doré[87]. La garniture de cheminée était composée de la pendule Le Temps et Clio et de deux candélabres provenant de l'ameublement de Louis-Philippe au Grand Trianon en bronze patiné et doré[88]. Félix Faure conserva le bureau aménagé par Sadi Carnot mais en modifia l'ameublement en faisant déplacer la grande bibliothèque dans la pièce suivante affectée à son secrétaire particulier Louis Le Gall[89] et par l'apport du bureau de Charles Cressent[90]. Les attributions des pièces de cette aile varièrent quelque peu d'un président à l'autre, tout comme leur ameublement. Raymond Poincaré fit placer son cabinet de travail dans l'ancien salon du Capharnaüm et ajouter par l'ébéniste Fernand Kohl, en 1913, un grand bureau blanc rechampi argent au mobilier du boudoir d'argent de Caroline Murat toujours en place[91].

Le premier étage devint l'appartement privé du président de la République. Ces espaces reflétaient certes le goût des occupants mais parfois aussi une certaine négligence montrant que la priorité était donnée à l'apparat officiel de la République. Ainsi, en 1897, Félix Faure demanda la transformation du couloir menant à ses appartements privés « encombré de meubles et tableaux, mal éclairé et présentant réellement un aspect misérable ». Il fut repeint en blanc et débarrassé « des meubles sans style et sans valeur [...] afin de lui donner de l'air et de la clarté, dont il est entièrement dépourvu[92] ». L'année suivante, dans l'ouvrage d'Alfred de Champeaux, on pouvait en lire une description peu réjouissante : « Les appartements du premier étage, refaits aujourd'hui et agrandis, n'avaient pas reçu tout d'abord de décoration ; quelques-uns, datant du Premier Empire et affectés à l'habitation particulière du président, ont été ornés de peintures et de paysages d'un médiocre intérêt[93]. » La distribution se développait comme suit : après le vestibule (actuel palier des huissiers) venait la salle des huissiers puis le salon des Paysages, la salle à manger dans l'angle sud-ouest, le salon des dames, le grand salon doré[94], au centre, le salon des Cinq Sens, puis le salon vert dans l'angle sud-est qui servit, à partir de Félix Faure, de bureau aux présidents et le salon des Glaces (salle de bains de l'impératrice) *(fig. 144)*.

L'aménagement le plus considérable réalisé à ce niveau, dans le corps central du palais sous la IIIe République, concerna l'ancien cabinet de travail de l'impératrice, le salon des Cinq Sens transformé en salon de billard par Jules Grévy et pour lequel la manufacture des Gobelins tissa, à partir de 1883, la tenture des Poèmes d'après les compositions de Pierre Victor Galland[95]. Ces tapisseries mises en place en juillet 1899 sur ordre du président Loubet donnèrent son nom de salon des Muses à la pièce.

À l'aube de la Seconde Guerre mondiale, la Belle Époque, ses fêtes associées aux aménagements de confort et d'apparat n'étaient plus à l'ordre du jour. Comme dans tous les bâtiments publics, des mesures dites de défense furent prises et dès 1936, l'architecte Guillaume Tronchet fournit un devis pour la construction d'un abri anti-bombes sous la cour est. Georges Huisman, directeur général des Beaux-Arts, prit un arrêté pour un crédit de 1 675 075 francs à cet effet[96]. En 1939, les équipes du Mobilier national évacuèrent vers Aubusson meubles, objets d'art, tapis et tapisseries où ils restèrent pendant toute la guerre[97].

fig. 144
ARMAND GUÉRINET (1852-1925)
« Le salon des Glaces »
(actuelle salle de bains de l'impératrice)
Le Palais de l'Élysée. Décorations intérieures, pl. XXXIV, 1900
PARIS, MOBILIER NATIONAL,
BMN 2772

HÉLÈNE CAVALIÉ

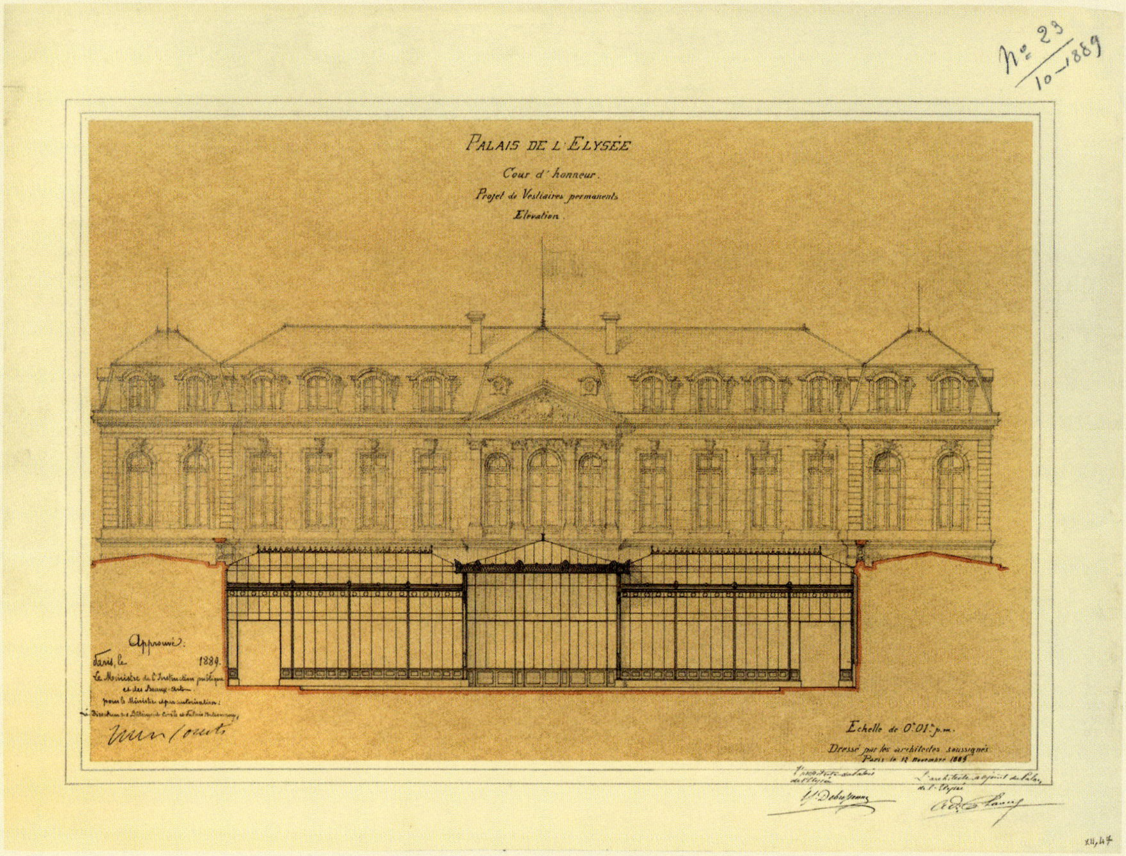

145

Durant le XIXe siècle, grâce aux progrès techniques du verre et du métal, des architectures de fonte et de verre se développèrent bien au-delà des serres à ossature métallique apparues en 1834 au Jardin des Plantes à Paris : en 1851, le Crystal Palace fut édifié à Londres pour accueillir la première exposition universelle et, en 1854, un édifice semblable fut érigé à Munich. Les fameuses Halles de Baltard adoptèrent aussi cette manière de construire à Paris entre 1857 et 1874, de même que la plupart des grandes gares françaises qui constituèrent progressivement un vaste réseau desservant toutes les grandes villes d'Europe. Le même procédé constructif fut encore employé dans les années 1880 pour les palais flottants dits jetées-promenades, bâtis sur pilotis dans certaines stations de villégiature en bord de mer, comme Nice (1882). La solution s'avérait efficace, économique, rapide à exécuter et présentait en outre l'avantage de pouvoir s'appuyer sur un bâtiment existant. C'est elle qui fut choisie par le président Sadi Carnot lorsqu'il s'agit d'accroître les espaces de réception de l'Élysée.

En vue de l'Exposition universelle de 1889, parallèlement à la vaste salle des fêtes édifiée sur les plans de l'architecte Eugène Debressenne[1] et afin accueillir des milliers d'invités dans les salons, le président fit ajouter des verrières côté jardin (qui restèrent en place jusqu'en 1923)[2], et, bientôt après, d'importants vestiaires pour éviter d'avoir à dresser à chaque bal des tentes pour cet usage[3]. Sur la cour d'honneur, une imposante structure de métal et de verre vint s'appuyer sur la façade[4]. Composée de deux salles servant de vestiaires, reliées par une marquise occupant un tiers de la cour, elle aussi avait été conçue par Debressenne *(fig. 145)*[5]. Le vaste espace ainsi créé, protégé des vents, fut orné d'un tapis rouge de Maurice Dufrène[6], et c'est dans cette salle de verre ou devant elle, au gré des conditions climatiques, que se firent photographier une série de nouveaux gouvernements sous la IIIe République[7]. Néanmoins, il apparut que l'harmonie de l'architecture originale des lieux souffrait de cet ajout moderne, perçu comme un corps étranger. Des journalistes allèrent jusqu'à qualifier de « cage aux singes » « l'affreuse véranda de Sadi Carnot[8] » qui, durant l'entre-deux-guerres, pouvait abriter dans ses vestiaires, les soirs de réception, 2 000 à 3 000 chapeaux, sans compter les pardessus *(fig. 146)*[9].

En 1947, lorsque Vincent Auriol accéda à la présidence, l'une de ses premières décisions, très favorablement accueillie par la presse, fut de supprimer la verrière et de rétablir la façade dans son état antérieur[10]. Les travaux furent menés de juillet à octobre *(fig. 147)*. Les vestiaires furent alors déplacés dans les sous-sols et équipés d'appareils électriques pour descendre et remonter les vêtements[11].

fig. 145
EUGÈNE DEBRESSENNE (1813-1894)
Palais de l'Élysée, cour d'honneur, projet de vestiaires permanents
élévation
12 novembre 1889
PARIS, ARCHIVES NATIONALES, VA XII/47

fig. 146
Le palais de l'Élysée illuminé pour la première fois pour la fête nationale du 14 juillet 1932
Paris, 15 juillet 1932
KEYSTONE FRANCE CONTRIBUTEUR, COLLECTION GAMMA KEYSTONE, GETTY IMAGES

fig. 147
Démolition de la verrière de la cour d'honneur du palais de l'Élysée
1er janvier 1947
KEYSTONE FRANCE CONTRIBUTEUR, COLLECTION GAMMA KEYSTONE, GETTY IMAGES

146

147

LA SALLE DES FÊTES

ARNAUD DENIS

Les exigences de représentation liées à la fonction présidentielle entraînèrent à partir de 1874 la construction de salles provisoires peu commodes et coûteuses à l'ouest du palais. Pour y remédier, Sadi Carnot décida d'établir une salle des fêtes permanente à l'occasion de l'Exposition universelle de 1889 et du centenaire de la Révolution française.

L'architecte du palais, Eugène Debressenne, en dressa le plan définitif le 3 janvier 1889 : une grande salle rectangulaire entourée de chaque côté de galeries, établie au-devant du jardin d'hiver. Pour faciliter la circulation dans les salons du rez-de-chaussée lors des réceptions, une marquise, en fer et verre, longeait la façade du corps central du palais et rejoignait l'aile des petits appartements affectée aux bureaux de la Présidence[1].

Le Temps donna une description détaillée de ces nouvelles « galeries des fêtes » du palais de l'Élysée, lors de l'inauguration du 10 mai 1889 : « Tous les murs, du faîte à la base, sont complétement garnis de vieilles tapisseries des Gobelins, séparées par des tentures de brocatelle bouton d'or et reposant sur un fond de même nuance. C'est à la fois simple et somptueux, et l'effet produit par le défilé de ces chefs-d'œuvre tissés, que l'on a l'heureuse idée de sortir du garde-meuble où personne ne pouvait les voir, est véritablement superbe[2]. » À la sortie du salon d'attente des officiers de la maison militaire du président étaient tendues quatre tapisseries de la tenture de la Galerie de Saint-Cloud d'après Mignard ; dans la grande galerie, les tapisseries de Don Quichotte à fond imitant le damas cramoisi répondaient aux Thermes de Le Brun ; les *portières des Dieux* de Claude III Audran ornaient la vaste salle centrale[3].

Jean-Baptiste Lavastre réalisa les peintures décoratives des toiles tendues au plafond, des tympans et de la frise régnant au pourtour de la salle. Un médaillon en mosaïque sur fond bleu, exécuté aux Gobelins, représentait la France en buste, d'après un modèle de Jules Eugène Lenepveu[4]. Plusieurs sculptures en marbre blanc ornèrent ce grand espace : *Le Flûteur* de Jean André Delorme, *Le Pêcheur à l'épervier*

148

de Claude Vignon, la *Clotilde de Surville* de Jean Gautherin ou *Le Crépuscule* d'Émile Boisseau[5].

Si le président de la République disposait désormais d'un cadre digne du chef de l'État pour les réceptions officielles, en raison « des conditions de hâte et de précipitation dans lesquelles la salle [...] a été exécutée pendant l'hiver », employant la brique et le fer, « on n'a pu faire qu'une œuvre d'aspect précaire[6] ». Entre 1890 et 1896, un nouveau décor fixe pérenne était réalisé sous la direction d'Adrien Chancel, le nouvel architecte du palais. Camille Lefèvre et Édouard Pépin étaient les auteurs des grandes figures féminines en ronde bosse semblant porter le plafond à compartiments d'une extrême richesse décorative. Florian Kulikowski, Hamel et Bouet y déployèrent tout le répertoire ornemental classique, où se mêlent enfants ailés et monogramme RF *(fig. 149)*. Au centre du plafond, trois compartiments furent réservés à Guillaume Dubufe, qui peignit, selon un programme traditionnel, *La République sauvegarde la Paix*, encadrée de *L'Art* et *La Science (fig. 148)*. La salle était définitivement achevée pour l'Exposition universelle de 1900[7].

Le sol fut couvert en 1890 par un tapis de la Savonnerie tissé pour le salon de réception du comte d'Artois aux Tuileries[8] et deux tapisseries des Gobelins de l'Histoire de Jason furent placées de part et d'autre de la scène : *Créuse consumée par la robe enchantée* et le *Mariage de Jason et Médée*[9]. La première moquette fut posée en décembre 1893 : une moquette cramoisie quatre tons, dessin Louis XVI, à rinceaux et fleurs. Elle fut remplacée en 1900 par un autre tapis moquette rouge, ton sur ton.

En décembre 1901 furent posés les panneaux de tenture, les rideaux portières et de croisées, les cantonnières et lambrequins, en brocatelle vieux rouge dessin « Louis XIV », qui couvrait également l'important ensemble de sièges en bois sculpté et doré, de style Louis XIV « à la Bérain », fourni par Gustave Frédéric Quignon[10]. Un canapé-divan en trois parties ceinturait l'espace de la scène centrale, aux parois couvertes de miroirs[11]. Une centaine de chaises légères vinrent par la suite (1906) compléter ces sièges d'étiquette, selon différents modèles : capitonnées ou non, à dossiers à barreaux, à balustres ou imitation bambou. Des stores plissés en pékin de gaze crème furent ajustés aux ouvertures.

Les tapisseries de l'Histoire de Jason furent remplacées en 1920 par deux autres pièces également tissées d'après les modèles de Jean-François de Troy, relatives à l'Histoire d'Esther : *Le Dédain de Mardochée* et *Le Repas d'Esther*, qui encadraient *Le Triomphe de Mardochée*[12] *(voir fig. 134)*. Une quatrième pièce, *La Toilette d'Esther*, prit place dans l'anti-galerie en 1926.

Était ainsi fixé, pour près d'un siècle, le décor de la salle des fêtes qui avait tant fait défaut au palais[13].

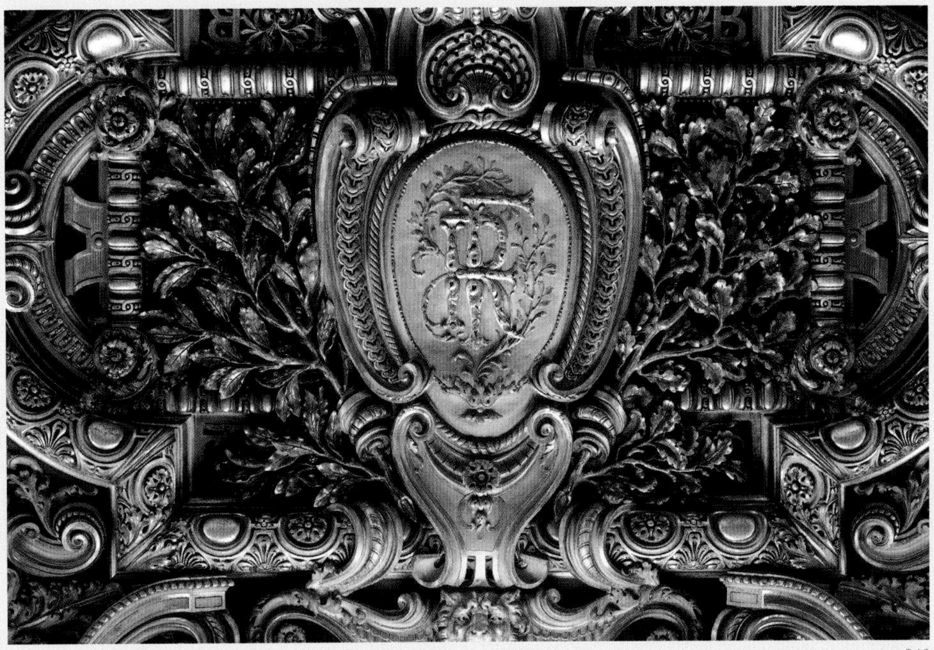

149

fig. 148
Détail du plafond de la salle des fêtes
2023
(en situation)

fig. 149
FLORIAN KULIKOWSKI, HAMEL ET BOUET
Détail du monogramme RF
1890-1896
(en situation)

LA MORT DE FÉLIX FAURE

BERTRAND JOLY

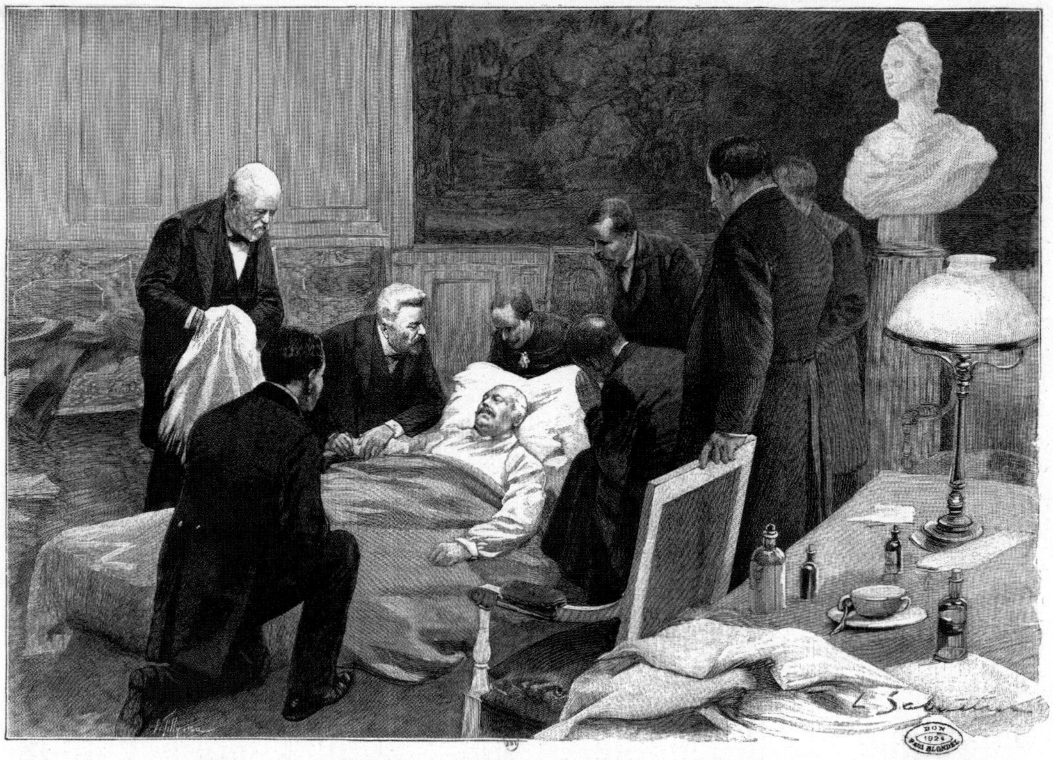

Dr Bergeron. Dr Lannelongue. Général Bailloud. M. Le Gall. M. Charles Dupuy.

LES DERNIERS MOMENTS DU PRÉSIDENT FÉLIX FAURE, A L'ÉLYSÉE. — (Voir l'article, page 132.)

150

Félix Faure est le seul président de la République décédé à l'Élysée et sa mort, le 16 février 1899, relève autant du folklore grivois du régime que de son histoire sérieuse, puisqu'elle avait pour cadre l'affaire Dreyfus et provoqua l'unique tentative de coup d'État qu'ait connue la IIIe République[1].

Élu le 17 janvier 1895 après la démission maussade de Casimir Périer, Félix Faure avait su se rendre populaire par sa prestance, son goût du décorum et son rôle dans l'alliance russe. En 1899, il était cependant en butte à l'hostilité de ceux qui lui reprochaient son inaction dans l'affaire Dreyfus, bien qu'il fût *in petto* rallié à la révision du procès de 1894[2]. À 58 ans, cet homme vigoureux menait une vie publique éprouvante, comme le montre son journal intime[3], mais aussi une vie privée imprudente, et il se plaignait depuis quelque temps de légers malaises.

Les seuls témoignages sérieux sur sa mort viennent du chef de son cabinet civil, Louis Le Gall. Si ses deux interviews dans *Le Figaro* des 18 et 23 février 1899 taisent pudiquement les détails scabreux de la scène, ses mémoires, rédigés en 1912, offrent plus de garantie de sincérité tout en restant dans les limites du bon ton[4]. Ils permettent de reconstituer ainsi la dernière journée du chef de l'État.

Se sentant un peu las, Félix Faure renonça à sa promenade à cheval matinale, présida le Conseil des ministres et se reposa après le déjeuner. Il reçut à 15 h 30 l'archevêque de Paris, Mgr Richard, puis à 16 h 15 le prince de Monaco qui dira plus tard que le président lui parut distrait et fatigué. Vers 17 h 15 arriva sa maîtresse, Mme Steinheil, femme d'un peintre à la notoriété médiocre, et Félix Faure demanda à Blondel, son secrétaire particulier, de lui céder son bureau, contigu au sien.

Vers 18 h 30, le président entra en titubant dans le bureau de Le Gall, s'effondra dans un fauteuil et déclara avoir senti comme un coup violent derrière la tête, avant d'ajouter : « Je crois que la mort n'est pas loin. » Le Gall fit vite sortir Mme Steinheil, rassura le président, le ramena dans son bureau et fit venir un médecin qui parla de simple malaise et prescrivit quelques gouttes d'alcool de menthe. Le mal perdurant, Le Gall appela le Dr Lannelongue, vieil ami du président, qui comprit tout de suite que l'issue fatale était proche.

Allongé sur un matelas, Félix Faure put recevoir un instant sa famille et, sans illusions, il demanda un prêtre. Comme Le Gall et lui étaient francs-maçons, cette requête devait susciter plus tard une polémique, mais Le Gall affirma que le président était lucide quand il lui réclama à deux reprises la présence d'un prêtre. Passant par hasard devant

La chapelle ardente dans la salle des fêtes a l'Élysée. — (Dessin de M. Gerardin.)

151

l'Élysée, l'abbé Renault fut introduit dans le cabinet présidentiel et le fameux dialogue (« Le président a-t-il encore sa connaissance ? — Non, on l'a fait sortir par l'escalier de service. ») n'est nullement apocryphe, contrairement à ce qui a été dit depuis. À partir de 20 h 30, Félix Faure s'affaiblit, peina à parler ; il tomba dans le coma vers 21 heures et mourut peu avant 22 heures, officiellement d'une « hémorragie cérébrale foudroyante » *(fig. 150)*.

Comme on ne pouvait pas dire la vérité, que pourtant tout le monde connaissait, rumeurs et commentaires grivois se répandirent rapidement. Lannelongue confia à Le Gall que, même sans Mme Steinheil, le président, malade, était condamné à brève échéance ; néanmoins on mit en cause l'ardeur de la rencontre et l'aphrodisiaque peut-être pris préalablement ; on insinua aussi, à tort, que Félix Faure était mort chez sa maîtresse et qu'il avait été ramené discrètement à l'Élysée. Puis la politique s'en mêla et les antisémites accusèrent les dreyfusards d'avoir assassiné l'homme qui s'opposait à leur cause ; Drumont évoqua même un cigare au cyanure qui faisait surtout honneur à son imagination.

Alors que cinq jours durant la foule défilait devant le cercueil du président exposé dans la grande salle des fêtes de l'Élysée *(fig. 151)*, les chambres votèrent le 20 février les crédits nécessaires aux obsèques nationales. Le premier projet prévoyait un défilé des corps constitués de Notre-Dame au Père-Lachaise, mais la veuve du président exigea que le convoi partît de l'Élysée, malgré la fatigue supplémentaire que cela impliquait. Le 23, un interminable cortège traversa Paris devant une foule immense, sympathique mais peu recueillie : il faisait beau, on plaisantait et certains lançaient même des confettis. En fin de soirée, on apprit avec une surprise goguenarde que, sur la place de la Nation, vers 16 heures, Paul Déroulède avait vainement tenté de détourner vers l'Élysée deux régiments revenant du cimetière. Quant au défunt, il sombra vite dans l'oubli.

fig. 150
« Les derniers moments du président Félix Faure à l'Élysée »
février 1899
dessin de presse
PARIS, BIBLIOTHÈQUE NATIONALE DE FRANCE, Va 281a, T. 1, H64512

fig. 151
GÉRARDIN
« La chapelle ardente dans la salle des fêtes à l'Élysée »
1899
dessin de presse
PARIS, BIBLIOTHÈQUE NATIONALE DE FRANCE, Va 281a, T. 1, H64516

LA GRILLE DU COQ

EMMANUELLE FEDERSPIEL

Dès les origines de l'hôtel d'Évreux en 1720, l'extrémité méridionale des jardins de l'Élysée formait une demi-lune marquant la frontière avec la promenade des Champs-Élysées. Au cours de l'histoire, les transformations de cette zone du parc témoignent des liens variés que les différents propriétaires de l'hôtel souhaitèrent entretenir avec l'espace urbain environnant. La grille dite du coq, construite en 1900, fut l'ultime grande modification apportée à cette limite des jardins *(fig. 152)*.

En 1721, à la faveur d'une cession de terrains obtenue du Régent, le comte d'Évreux put reculer les limites de sa propriété vers le sud, empiétant ainsi sur les Champs-Élysées. Une terrasse en demi-lune terminait alors les parterres du jardin. Bordée d'un fossé sec, elle permettait d'isoler le parc de la ville tout en allongeant agréablement sa perspective sur la promenade publique. La deuxième propriétaire des lieux, la marquise de Pompadour (1721-1764), eut l'occasion de franchir cette limite pour aménager un potager. Elle fit étendre les jardins vers le sud, en vertu d'une permission accordée par le roi d'exploiter un terrain situé au droit de l'axe principal des jardins. Cette occupation d'une partie des Champs-Élysées, qui provoqua la colère des Parisiens, prit fin à la mort de la marquise et les jardins de l'hôtel retrouvèrent leur limite et leur configuration initiales.

Cette ouverture du parc vers le sud allait prendre véritablement fin avec la duchesse de Bourbon (1750-1822), cousine du roi et propriétaire de l'hôtel d'Évreux à partir de 1787. Nostalgique de ses années passées à Chantilly dans le parc des Condé, elle conçut l'endroit comme un lieu de retraite, qu'elle baptisa « hameau de Chantilly », et fit aménager les jardins de l'hôtel « à l'anglaise ». Afin de se soustraire au regard des visiteurs et aux incommodités des Champs-Élysées – notamment la poussière en été –, elle les fit clôturer[1]. Cette clôture, initialement en bois, fut remplacée au milieu du XIXe siècle par une grille.

À l'extrême fin du XIXe siècle, en prévision de l'Exposition universelle de 1900, la question de la restauration de la grille se posa et on projeta alors la création d'un portail monumental donnant sur l'avenue Gabriel[2]. Le palais de l'Élysée, désormais résidence présidentielle, se devait de participer aux aménagements urbains liés à la préparation de l'exposition. Le principe d'une ouverture majestueuse côté sud, franchissant la demi-lune, permettait de redonner un axe central au jardin, perpendiculaire aux Champs-Élysées, et de le raccorder à l'axe nouvellement créé formé par l'avenue et le pont Alexandre III, lequel desservait le Petit et le Grand Palais et menait aux Invalides.

La grille du coq, qui porte la mention de sa date de création[3], fut exécutée par Antoine Bernard (1843-1912), ferronnier[4], d'après un dessin d'Adrien Chancel (1853-1901), architecte de l'Élysée[5]. L'ouvrage est formé d'un grand portique central supportant un portail principal à deux vantaux, chacun mesurant 2,10 m de largeur sur 5,70 m de hauteur. De part et d'autre du portail, deux pilastres plus petits encadrent des portillons latéraux réservés à l'accès piéton. Par sa structure générale autant que par l'emploi d'ornements végétaux rehaussés à l'or, la grille du coq offre une version assagie de célèbres ouvrages de ferronnerie urbaine, tels que les grilles de la place Stanislas à Nancy (1767) par Jean Lamour (1698-1771) sur les modèles d'Emmanuel Héré (1705-1763) ou encore les grilles du parc Monceau à Paris (1860), conçues par la maison Ducros d'après les dessins de l'architecte Gabriel Davioud (1823-1881).

Remarquable par ses dimensions, la grille l'est aussi par la virtuosité décorative de la partie sommitale de son arche principale, qui rassemble divers symboles républicains. Un blason enfermant les initiales RF, flanqué de deux faisceaux de licteurs, sert de support à un coq, emblème traditionnel de la France[6], qu'entourent des rameaux de chêne et d'olivier, symboles de justice et de paix. C'est à cet oiseau en bronze doré, pesant près de 300 kilos, que la grille de l'Élysée doit sa fameuse appellation *(fig. 153)*.

fig. 152, 153
Grille du coq et détail du coq et du monogramme RF
ANTOINE BERNARD (1843-1912)
D'APRÈS ADRIEN CHANCEL (1853-1901)
1900
fer forgé et doré, 570 × 210 cm
(en situation)

LE SALON DES POÈMES OU LE SALON DES MUSES

MARIE-HÉLÈNE MASSÉ-BERSANI

154

155

Le palais de l'Élysée, devenu résidence officielle du président de la République en 1874, requérait des décors appropriés à sa nouvelle destination. Le 5 juin 1876, le ministère des Travaux publics commanda à Pierre Victor Galland (1822-1892) un ensemble textile destiné à orner l'ancien cabinet de travail de l'impératrice Eugénie au premier étage. Peintre décorateur de renom et ami d'Alfred Darcel, administrateur des Gobelins, Galland devait concevoir une composition pour un lieu précis en s'adaptant à l'ordonnance des boiseries et des glaces d'un salon dans le style du XVIIIe siècle. Sur le thème général des *Poèmes*, il définit dix-neuf panneaux de diverses grandeurs symbolisant les différents genres de poésie : quatre trumeaux personnifiaient les poèmes héroïque, satyrique, lyrique, pastoral *(fig. 154)*[1] ; cinq grands panneaux présentaient Apollon sous plusieurs aspects : deux montraient des trépieds d'or[2], deux autres des vases d'or[3] et le dernier Apollon sur Pégase *(fig. 156)*[4]. Sept dessus de panneaux représentaient les Muses (Calliope, Clio, Thalie, Terpsichore, Melpomène, Érato) et la lyre d'Apollon[5]. Ce sont ces représentations qui, sous Jules Grévy, donnèrent finalement leur nom à ce salon. Enfin trois entrefenêtres purement ornementaux complétaient l'ensemble[6].

Galland réussit un ensemble décoratif harmonieux où la disposition de chaque panneau est étudiée dans ses rapports avec les autres. Il s'est inspiré du XVIIIe siècle en regardant des peintres comme Claude III Audran, François Boucher et Christophe Huet. Le fond de toutes les compositions est jaune d'or, couleur qui contrairement au rouge et au bleu ne marque pas la profondeur. Les douze pièces rectangulaires comportent des architectures légères en portique entrelacées de guirlandes de fleurs encadrant le sujet central : vase sur piédestal, trépied, Apollon en bas-relief, enfants ailés, thème particulièrement cher à Galland. Les profils des Muses en camaïeu *(fig. 155)* et la lyre sont, eux, présentés dans un médaillon entouré de fleurs inscrit dans un ovale barlong. La même valeur donnée à tous les fonds, les répétitions et les correspondances de motifs créent une unité sans uniformité[7].

Galland mit dix ans à peindre tous les cartons au format du tissage ; le dernier fut livré le 22 avril 1886[8]. La manufacture des Gobelins, tributaire des envois, dut échelonner l'exécution des dix-neuf pièces de la tenture entre le 15 février 1878 et le 30 juin 1890[9]. Les tapisseries, réalisées sur une chaîne de laine avec une répartition de dix fils par centimètre, transcrivent parfaitement la finesse et la précision du dessin des compositions. La trame de laine et de soie joue sur le contraste mat-brillant et offre un rendu plus lumineux et des blancs éclatants[10].

La marque RF Gobelins ou la lettre G portées sur les tapisseries permettent de montrer les valeurs d'une République française qui

156

protégeait et faisait pratiquer un savoir-faire remontant à Louis XIV. La tenture des Poèmes, complète ou non, fut exposée à plusieurs reprises à partir de 1884, notamment à l'Union centrale des arts appliqués à l'industrie et à l'Exposition universelle de Paris de 1889 [11]. Ce n'est qu'en juillet 1899 [12] qu'elle fut installée à l'Élysée à la demande même du président Loubet. Elle y resta jusqu'en 1949, date à laquelle le président Auriol décida de nouveaux aménagements au premier étage de l'Élysée pour en faire un appartement destiné à accueillir souverains et chefs d'État étrangers.

fig. 154
MANUFACTURE DES GOBELINS D'APRÈS PIERRE VICTOR GALLAND (1822-1892)
Le Poème satyrique
1886
tapisserie, laine et soie, 358 × 72 cm
PARIS MOBILIER NATIONAL,
GOB 187

fig. 155
MANUFACTURE DES GOBELINS D'APRÈS PIERRE VICTOR GALLAND (1822-1892)
Calliope
1884
tapisserie, laine et soie, 90 × 148 cm
PARIS, MOBILIER NATIONAL,
GOB 169

fig. 156
MANUFACTURE DES GOBELINS D'APRÈS PIERRE VICTOR GALLAND (1822-1892)
Pégase
1886
tapisserie, laine et soie, 252 × 151 cm
PARIS, MOBILIER NATIONAL,
GOB 189

LE BUREAU DES PRÉSIDENTS

HÉLÈNE CAVALIÉ

LE MONDE ILLUSTRÉ

JOURNAL HEBDOMADAIRE

ABONNEMENT POUR PARIS ET LES DÉPARTEMENTS
Un an, 24 fr. ; — Six mois, 13 fr. ; — Trois mois, 7 fr. ; — Un numéro, 50 c.
Le volume semestriel, 12 fr. broché. — 17 fr. relié et doré sur tranche.
ÉTRANGER (Union postale) : Un an, 27 fr. ; — Six mois, 14 fr. ; — Trois mois, 7 fr. 50.

35e Année. — N° 1803. — 17 Octobre 1891

Directeur : M. ÉDOUARD HUBERT

DIRECTION ET ADMINISTRATION, 13, QUAI VOLTAIRE
Toute demande d'abonnement non accompagnée d'un bon sur Paris ou sur la poste, toute demande de numéro à laquelle ne sera pas jointe le montant en timbres-poste, seront considérées comme non avenues. — On ne répond pas des manuscrits et des dessins envoyés.

NOS CONTEMPORAINS CHEZ EUX. — M. le président Carnot dans son cabinet de travail, au palais de l'Élysée.

(Photographie de MM. Dornac et Cie.)

157

Sous la IIIe République, le bureau du président fut installé au rez-de-chaussée de l'aile est, dans la bibliothèque conçue sous Napoléon III. La pièce, qui était une chambre, en avait conservé la forme en hémicycle qui était destinée à accueillir le lit de l'hôte des lieux jusqu'au Second Empire [1]. La grande bibliothèque [2] qui y avait trouvé place ou l'hémicycle remis à nu constituèrent tour à tour l'élément principal du décor, de Patrice de Mac-Mahon à Vincent Auriol.

De 1887 à 1894, le président Sadi Carnot y travailla, sur une table d'époque Restauration, estampillée Alphonse Jacob-Desmalter *(fig. 157)* en palissandre de Rio à têtes de lion et pieds griffes, précédemment utilisée au palais de Saint-Cloud. Après un passage au Garde-meuble en décembre 1857, elle avait été envoyée en 1864 à l'Élysée dans le second cabinet de l'appartement de l'empereur Napoléon III [3]. Ce meuble, délaissé par le président Félix Faure pour les fonctions officielles, trouva ensuite une place de choix dans la pièce suivante qui servait de bureau au secrétaire général [4]. Il retrouva des fonctions officielles et présidentielles dans le cabinet de travail de Raymond Poincaré, de 1913 à 1920 [5], puis durant la présidence d'Alexandre Millerand, de 1920 à 1924.

M. FÉLIX FAURE, PRÉSIDENT DE LA RÉPUBLIQUE FRANÇAISE, DANS SON CABINET DE TRAVAIL A L'ÉLYSÉE

M. Félix Faure est né à Paris le 30 janvier 1841. Chef de bataillon de la garde mobile en 1870, il fut décoré de la Légion d'honneur en 1871. D'abord simple ouvrier tanneur, il sut par son intelligence et son travail se créer une position commerciale importante dans la ville du Havre. Député en 1881, sous-secrétaire d'État, puis, vice-président de la Chambre, il était ministre de la Marine quand le vote du Congrès l'appela à la première magistrature de l'État. Dans le cabinet de travail de l'Élysée, devant cette table sur laquelle se décident d'un trait de plume les destinées de la patrie, siège, élégant dans sa haute taille, la physionomie empreinte d'une bienveillance qui ne se dément jamais, l'ancien ouvrier, devenu par le travail et la probité le premier de tous les citoyens de son pays et le chef d'une grande nation.

F. 1

158

À côté du bureau, décrivait *L'Union républicaine de la Marne* dans son supplément illustré de janvier 1891, « une grande salle voisine, lambrissée d'élégantes boiseries Louis XVI et tendue de tapisseries à personnages, sert d'annexe au cabinet du président. Cette pièce est sommairement meublée ; là sont encore quelques livres et surtout une belle et précieuse collection de cartes, rangées méthodiquement dans une série de grands étuis de maroquins noirs[6]. »

Sous Félix Faure (1895-1899), la bibliothèque Napoléon III fut retirée du bureau officiel et céda sa place à un décor en tapisserie des Gobelins, *Cybèle* ou *L'Hiver*, de la tenture de la Galerie de Saint-Cloud, d'après Mignard *(fig. 159)*[7]. C'est dans ce bureau que le président succomba en 1899, victime d'une hémorragie cérébrale, après un rendez-vous galant avec Marguerite Steinheil, source inépuisable de railleries[8]. Contrairement à ce que montrent certaines illustrations de presse *(fig. 158)*, Félix Faure ne conserva pas l'ameublement de Sadi Carnot et fit venir le bureau attribué à Charles Cressent qu'il avait utilisé au ministère de la Marine de 1894 à 1899[9]. Ce meuble, issu des collections royales d'Ancien Régime et déposé à l'hôtel de la Marine en Ventôse an III (mars 1795)[10], devint dès lors un des bureaux officiels des chefs de l'État.

fig. 157
DARRAC & CIE
« Nos contemporains chez eux. Le président Carnot dans son cabinet de travail au palais de l'Élysée »
Le Monde illustré, 1891
PARIS, BIBLIOTHÈQUE NATIONALE DE FRANCE, VA 281A, T. I, H64427

fig. 158
M. Félix Faure, président de la République dans son cabinet de travail à l'Élysée
Le Diorama photographique, publié par Rueff, éditeur à Paris, 1895
PARIS, BIBLIOTHÈQUE NATIONALE DE FRANCE, SG W-20

LE PALAIS DE L'ÉLYSÉE Pl. 9.

Cabinet de M. le Président de la République - Grand Bureau Louis XV
Tapisserie, Les Quatre Éléments

159

Il fut utilisé comme tel par Émile Loubet (1899-1906)[11], Armand Fallières (1906-1913), puis par la plupart des présidents de la Ve République (Charles de Gaulle, Georges Pompidou, François Mitterrand durant sa première mandature, Jacques Chirac, Nicolas Sarkozy et François Hollande). Il a pris place dans le salon Murat sous le président Emmanuel Macron.

En parallèle du cabinet officiel, Félix Faure disposait d'un « cabinet de travail » orné de *Marie-Antoinette et ses enfants* d'Élisabeth Vigée-Lebrun, encore en place sous le président Émile Loubet en 1900 *(fig. 159 et 160)*[12].

Raymond Poincaré (1913-1920) installa en 1913 son bureau dans le salon dit alors du Capharnaüm, où il tenait les conseils de guerre. La pièce avait fait partie de l'appartement de Napoléon III[13]. Elle fut tendue d'un brocart bleu et or d'époque Restauration[14], et on choisit l'ancienne table de travail du président Sadi Carnot[15] ainsi qu'une série de sièges couverts en tapisserie de Beauvais sur le sujet des *Fables* de La Fontaine, précédemment au château de Fontainebleau[16].

Après les années de guerre, le salon du Capharnaüm resta le bureau des présidents Raymond Poincaré[17] et Vincent Auriol (1947-1954), jusqu'à René Coty (1954-1959) qui s'installa dans le salon bleu (actuel salon Pompadour). Ils utilisèrent à la suite d'Albert Lebrun[18] un bureau en acajou, à bronzes dorés et quatre griffons ailés de bois peint en couleur bronze antique[19]. Ce bureau avait naguère figuré au palais des Tuileries, dans le cabinet de travail de Louis d'Orléans, duc de Nemours, second fils de Louis-Philippe, puis dans celui de Napoléon III. À partir du général de Gaulle, qui reprit le bureau Cressent, ce meuble fut utilisé pour le secrétariat général, au premier étage[20]. Il en fut de même sous Georges Pompidou et Valéry Giscard d'Estaing[21] *(fig. 161)*.

Le salon-bibliothèque fut délaissé par le général de Gaulle et ses successeurs, au profit du salon doré du premier étage, qui donnait au bureau du président une place plus centrale dans la distribution des lieux et dans la symbolique du pouvoir. Selon les mots de François Mitterrand : « Ce bureau est plus beau, plus central, et, à mon avis, plus commode, quoiqu'au premier étage. Ce bureau est dans l'axe du palais et du jardin, dans un style très achevé. N'y voyez pas autre chose. J'aurais préféré m'installer au rez-de-chaussée pour communiquer avec le jardin mais rien n'était prévu pour cela[22]. »

160

161

fig. 159
ARMAND GUÉRINET (1852-1925)
« Le bureau du président Émile Loubet »
Le Palais de l'Élysée. Décorations intérieures, 1900, pl. IX
PARIS, MOBILIER NATIONAL, BMN 2772

fig. 160
ARMAND GUÉRINET (1852-1925)
« Le bureau du secrétaire général du président Émile Loubet »
Le Palais de l'Élysée. Décorations intérieures, 1900, pl. X
PARIS, MOBILIER NATIONAL, BMN 2772

fig. 161
CHARLES CRESSENT
Bureau provenant du ministère de la Marine ayant servi à Félix Faure, Émile Loubet et Armand Fallières au palais de l'Élysée
XVIIIe siècle, bois de violette et bronze doré, 80 × 213 × 103 cm
(en situation)
PARIS, MOBILIER NATIONAL, GME 12372

UN GRAND PROJET POUR JEAN LURÇAT

GÉRALD REMY

162

Le palais de l'Élysée, demeure des princes et de la République devenu l'un des phares de la vie politique française, devait s'adapter à son nouveau rôle de représentation. Les réceptions officielles demandaient de l'espace et du faste, et toute pièce supplémentaire était la bienvenue. La construction de la salle des fêtes et de la verrière sur la cour d'honneur répondait à cette nécessité. En 1924, après le démontage de la marquise ceinturant la façade sur jardin, la terrasse offrit ponctuellement sa surface ainsi libérée aux grandes messes républicaines. Guillaume Janneau, administrateur du Mobilier national et des manufactures, vit le parti à tirer des structures éphémères qui, à cet emplacement, servaient à accueillir les chefs d'État étrangers et il imagina de les décorer d'un ensemble de tapisseries.

Dès la fin du mois de juillet 1938, le directeur de la manufacture des Gobelins fit part à Jean Lurçat (1892-1966) de sa volonté de lui confier ce grand et prestigieux projet[1]. Particulièrement enthousiaste, l'artiste mit à profit les mois d'été pour réfléchir à des thèmes et à des propositions appropriées. Il pressentait que l'occasion pourrait servir le renouvellement de l'art de la la tapisserie qu'il encouragea avec force. Durant deux semaines il séjourna à Aubusson, parcourant les ateliers et rencontrant Élie Maingonnat à l'École des arts décoratifs, afin de se livrer à des recherches de points et de teintures. Il s'essaya au tissage pour ne pas tomber dans les erreurs si « fréquemment imputables aux peintres de chevalet[2] ». Ses idées se bousculèrent, donnant naissance à un carnet, des notes et des croquis aujourd'hui conservés dans les archives de la Fondation Jean et Simone Lurçat.

À l'automne 1938, Lurçat répondit favorablement à Guillaume Janneau. Visionnaire, il percevait dans ce projet le devenir de l'art mural textile pour les décennies suivantes :

> « Je vous ai prié de me laisser quelques jours de réflexion, et vous ai bientôt fait savoir l'intérêt considérable que j'entrevoyais dans

la réalisation d'une œuvre de cette amplitude. En effet, sous cet angle serait restitué à la haute lisse, et son sens monumental et sa spécificité. Il me plaisait alors de souligner qu'au moment même où les meilleurs techniciens de l'École de Paris, soit par des recherches appuyées par l'État, soit par leurs recherches privées collaborent concrètement à la renaissance d'un art malheureusement compromis, une telle marque d'intérêt donnée par l'Administration des Beaux-arts ne pouvait avoir que de grosses répercussions : l'attention des collectivités, des Architectes, des Collections françaises ou étrangères devant être vivement éveillée par une tentative aussi sérieuse, continue et d'un usage si public[3]. »

163

Dans cette même lettre, il dévoilait ses premières propositions et le thème de la tenture : « Les métiers et les Richesses français, accueillent le Prince Étranger ». Il prévoyait quatre tapisseries de grande dimension, mesurant chacune approximativement 7,50 m de long sur 3,80 m de haut, et précisait leurs sujets : *L'Agriculture et l'Élevage français* ; *Les métiers du tissu. Soieries, dentelles, tapisseries* ; *Les Richesses du sous-sol. Le bâtiment, le fer*, *Le vin* ; *Les richesses de la table*. Tapisseries auxquelles viendraient s'ajouter, en second lieu, un dais formant vélum et deux panneaux plus petits pour achever la composition.

Son atelier n'étant pas suffisamment spacieux pour la réalisation de cartons d'une telle ampleur, il demanda à pouvoir bénéficier de locaux au Mobilier national et à s'entourer d'une équipe de jeunes cartonniers, choisie par lui, afin de réaliser d'importantes économies sur l'ensemble des phases techniques. Il était prêt à consacrer trois mois de recherches, prévoyait deux mois d'exécution par carton et une livraison des quatre premiers projets dans les deux ans. Le 28 novembre 1938, Janneau lui annonçait l'aval du directeur des Beaux-Arts et la nécessité, sous réserve de disponibilités budgétaires, de se mettre immédiatement au travail[4].

Hélas, aucune pièce de cette tenture ne fut jamais tissée. Il faut croire que la désillusion fut douloureuse car ni les écrits ni les entretiens donnés par Lurçat ne portent trace du projet avorté. L'artiste avait pourtant été chargé par arrêté du 8 mai 1939 d'exécuter pour la somme de 25 000 francs deux compositions sur le thème du « Travail français accueille le Prince étranger » et dont les titres étaient *La Bretagne et le Comté de Nice* (*fig. 162*) et *L'Alsace et les Pyrénées*, mais les cartons, restés dans les réserves des Gobelins, ne furent pas mis en production (*fig. 163*).

fig. 162
JEAN LURÇAT (1892-1966)
La Bretagne et le Comté de Nice
1939
carton de tapisserie, huile sur toile,
548 × 250 cm
PARIS, MOBILIER NATIONAL,
GOB 840/1

fig. 163
JEAN LURÇAT (1892-1966)
L'Alsace et les Pyrénées (détail)
1939
carton de tapisserie, huile sur toile,
548 × 250 cm
PARIS, MOBILIER NATIONAL,
GOB 841/1

L'ÉLYSÉE DE LA BELLE ÉPOQUE DANS LA PRESSE ILLUSTRÉE (1870-1914)

HÉLÈNE CAVALIÉ

164

165

À partir de la présidence de Louis-Napoléon Bonaparte et de la rénovation de l'édifice, l'Élysée prit une place importante dans la vie publique. Le palais lui-même devint un sujet de presse. Ses intérieurs firent l'objet d'articles ou de reportages dans la presse nationale, régionale en plein développement, mais aussi parfois dans la presse internationale illustrée, en couverture ou dans des suppléments illustrés de week-end au gré des événements. La presse satirique préférait quant à elle les soubresauts de la politique pour croquer des situations et des scènes propices à caricatures (départs de présidents, crises ou réformes).

À partir de la IIIe République, la prise de fonction des présidents donna régulièrement lieu à une visite de découverte du palais *(fig. 164)*, de ses ameublements, avec ses

166

histoires, ses anecdotes répétées à chaque nouveau mandat, ses corps de métiers (jardiniers, argentiers, horlogers), les travaux d'aménagement, la « première dame »... Les trois décès de présidents en exercice, Sadi Carnot en 1894, Félix Faure en 1899 ou encore Paul Doumer en 1932 laissèrent voir certains intérieurs et la marquise revêtus des décors de deuil, avec l'émoi de la foule endeuillée devant les bâtiments.

Mais la presse illustrée se fit surtout l'écho, durant ces décennies, des réceptions officielles de chefs d'État étrangers, des grands dîners (des maires, des préfets, etc.) et bals officiels ou des *garden-parties* de juillet. Les Mac-Mahon, le président Sadi Carnot (1887-1894) comme M. et Mme Émile Loubet (1899-1906) furent des hôtes actifs notamment dans le contexte des expositions universelles accueillies à Paris en 1889 et 1900, des Jeux olympiques de 1900, et plus généralement d'une société de la Belle Époque qui appréciait l'art de la réception.

Les premiers grands titres de presse illustrés immortalisèrent ces moments par des gravures en noir et blanc, puis colorisées de 1850 à la Première Guerre mondiale – *L'Illustration*, *L'illustrazione italiana*, *La Petite Presse* ou *Le Monde illustré* – : on y lit et vit la réception du tsar, puis celle du sultan (*La Petite Presse*, 31 mai 1867), l'accueil à l'Élysée du shah de Perse (*La Petite Presse*, 16 juillet 1873), du prince Ferdinand de Saxe-Cobourg-Gotha (*Le Petit Journal*, 10 mai 1896), des ambassadeurs d'Abyssinie (*Le Petit Journal*, 24 juillet 1898), du prince Kotohito-Kan-In (*Le Petit Journal*, 15 avril 1900), ou encore des parlementaires anglais du groupe de l'arbitrage international (*L'Illustration*, 5 décembre 1903) *(fig. 165 et 166)*. Bien souvent les représentations cessaient au-delà de l'entrée d'honneur où la presse avait pu pénétrer.

La photographie illustrée arriva timidement dans la presse durant les années 1910. Elle permit de nouveaux sujets-reportages, à commencer par la formation des nouveaux gouvernements, immortalisée à la table du Conseil des ministres, sous la marquise ou dans le jardin, selon le nombre de ministres et les conditions météorologiques *(fig. 167)*. Les photographies individuelles de ministres montant l'escalier d'honneur sous la Vᵉ République relèvent davantage de la « pose » et de la possibilité offerte par la technologie moderne, la captation de l'instant fugitif et l'enregistrement vidéo.

fig. 164
« À l'Élysée. La cérémonie de transmission des pouvoirs du président de la République »
Le Petit Journal, février 1906
PARIS, BIBLIOTHÈQUE NATIONALE DE FRANCE, VA 281A, T. I, H64556

fig. 165
« Les Ambassadeurs abyssins à l'Élysée »
Le Petit Journal, 24 juillet 1898
PARIS, BIBLIOTHÈQUE NATIONALE DE FRANCE, VA 281A, T. I, H64504

fig. 166
M. LIX
« Fête de l'Élysée donnée par le Maréchal Président à S.M. le shah de Perse – salle du trône »
juillet 1873
dessin de presse
PARIS, BIBLIOTHÈQUE NATIONALE DE FRANCE, VA 281A, T. I, H64372

fig. 167
AGENCE ROL
« Ministère Painlevé à la Chambre »
[devant, de gauche à droite, MM. Durand, Steeg, Painlevé, Briand, Caillaux, Chaumet]
17 avril 1925
photographie négative sur verre, 13 × 18 cm
PARIS, BIBLIOTHÈQUE NATIONALE DE FRANCE, EI-13 (1205)

167

L'ÉLYSÉE SOUS L'OCCUPATION

THIERRY SARMANT

Le 10 juin 1940, Paris étant menacé par l'avancée de l'armée allemande, le président Albert Lebrun quitta l'Élysée pour le château de Cangé en Indre-et-Loire. Le 14 juin, une unité allemande hissa le drapeau à croix gammée sur le toit du palais[1]. Après l'armistice, le gouvernement se transporta à Vichy, car cette ville d'eaux offrait de nombreux locaux vacants et un central téléphonique moderne. Un mois plus tard, le 10 juillet, l'Assemblée nationale, réunie à Vichy, votait les pleins pouvoirs au maréchal Pétain. Le lendemain, ce dernier se proclama chef de l'État et supprima la présidence de la République. Il fut très vite question d'un retour du gouvernement en Île-de-France, à Versailles ou Paris, et des travaux de rénovation et de remeublement de l'Élysée furent entrepris en 1941 dans la perspective de la venue du Maréchal *(fig. 168)*. Le nouvel « État français » conserva son siège à Vichy jusqu'à sa chute, même si les dauphins successifs de Pétain se transportèrent souvent à Paris : Pierre Laval, ancien président du Conseil, revint à l'hôtel de Matignon, tandis que l'amiral Darlan, dont les ambitions étaient immenses, occupa une partie de l'Élysée à partir du 29 avril 1942. Darlan s'attribua alors le salon des Ambassadeurs et plaça les officiers de son cabinet au rez-de-chaussée de l'aile est, dans les anciens bureaux des collaborateurs du président *(fig. 169)*. Après l'assassinat de l'amiral, le 24 décembre 1942, le palais retomba provisoirement dans l'oubli. L'installation du Maréchal lui-même fut envisagée à plusieurs reprises, notamment au printemps et à l'été 1944, quand il fut question d'organiser une transition d'un régime à l'autre, de l'État français à une République restaurée, avec ou sans de Gaulle.

168

Début août 1944, le Mobilier national remeubla salons et appartements privés dans l'hypothèse de la venue imminente du chef de l'État. L'ultime combinaison avorta dans la tourmente de l'avancée des troupes alliées : Pétain ne quitta pas Vichy pour l'Élysée, mais pour Sigmaringen. Le 24 août 1944, le palais fut occupé par un détachement de la Garde.

Après la libération de Paris, le général de Gaulle, qui était chef du Gouvernement provisoire et non chef de l'État, choisit de s'installer au ministère de la Guerre, rue Saint-Dominique. « Pour demeure, je n'ai pas voulu du palais de l'Élysée, marquant ainsi que je ne préjuge ni des institutions de demain ni de la place que j'y prendrai, explique-t-il dans ses *Mémoires de guerre*. D'ailleurs, le train de vie qu'imposerait au général de Gaulle et que coûterait à l'État l'installation à l'Élysée serait choquant au milieu de la misère nationale[2]. » Ses successeurs allèrent à l'hôtel de Matignon. Le grand retour des institutions à l'Élysée n'eut lieu qu'en 1947, après l'adoption de la Constitution et l'élection d'un président de la République.

169

fig. 168
ROGER PARRY (1905-1977)
L'Élysée sous l'Occupation. Façade vue partielle
1940-1944
négatif original
CHARENTON, MÉDIATHÈQUE DU PATRIMOINE ET DE LA PHOTOGRAPHIE, 70L0711

fig. 169
ROGER PARRY (1905-1977)
L'Élysée sous l'Occupation. Intérieur, policiers en uniforme
1940-1944
négatif original
CHARENTON, MÉDIATHÈQUE DU PATRIMOINE ET DE LA PHOTOGRAPHIE, 70L07119

Le palais de l'Élysée sous la IVe République

6

GÉRALD REMY

Le palais de l'Élysée sous la IVe République

« Je vous avertis loyalement, je ne resterai pas cloîtré dans la maison où vous allez m'emmener. Ayant été en prison, je saurai faire des trous dans les murs[1]. »

Si la IVe République sonnait le retour de la démocratie en France, elle restait malgré tout dans la droite ligne de la république parlementaire instituée en 1875. Le régime devait s'efforcer d'obtenir des combinaisons politiques stables dans le dur contexte de la Reconstruction. Vingt-quatre présidents du Conseil allaient former vingt-deux gouvernements en douze ans. Les deux présidents élus successivement par le Congrès devaient, malgré leur pouvoir législatif restreint, replacer la France dans le monde et renforcer ses richesses. Face à des gouvernements dont la durée moyenne n'excédait pas 41 jours, le palais de l'Élysée semblait un îlot de stabilité ; îlot républicain qui bénéficia de l'attention de ses « locataires » successifs.

LA CULTURE AU POUVOIR

Tout en faisant sien l'idéal démocratique issu du Front populaire et de la Résistance, la nouvelle République a pérennisé les nouvelles institutions mises en place à la Libération. C'est ainsi que dans le domaine culturel montait en puissance la Direction générale des arts et lettres (DGAL). Celle-ci fut créée le 20 novembre 1944, par une ordonnance du Gouvernement provisoire de la République française portant réorganisation de l'administration centrale du ministère de l'Éducation nationale. Jacques Jaujard (1895-1967), directeur général des Beaux-Arts depuis octobre 1944, fut nommé à sa tête par René Capitan, ministre de l'Éducation nationale[2].

Installée à l'hôtel Kinsky, rue Saint-Dominique, cette institution, grâce à l'une de ses entités, la direction des Arts plastiques, allait jouer un rôle primordial dans la résurgence des métiers de la décoration. Par de grandes commandes à des artistes décorateurs, elle contribua au renouveau de ces professions et d'un artisanat d'art

bien malmené pendant la guerre. Les décorateurs André Arbus (1903-1969), Jules Leleu (1883-1961), Jacques Adnet (1900-1984) ou des maîtres d'art comme Gilbert Poillerat (1902-1988), réunis par les premières commandes, furent bientôt associés à la rénovation du palais de l'Élysée.

À ce bouillonnement créatif allaient en effet se greffer la personnalité et la sensibilité artistique du président élu en 1947, Vincent Auriol (1884-1966), et de sa femme, Michelle (1896-1979) *(fig. 170)*.

Malgré les extrêmes sollicitations dues à une vie politique complexe et intense, Auriol, bibliophile convaincu, put au fil des années réunir une importante bibliothèque au palais. L'étude de ses archives personnelles versées aux Archives nationales[3] révèle

fig. 170
CECIL BEATON (1904-1980)
Madame Michelle Auriol dans le salon doré devant une table de Gilbert Poillerat
photographie
Vogue France, février 1951, p. 29
DROITS RÉSERVÉS

que les goûts du président le portaient principalement vers les grands classiques de la littérature française (Gustave Flaubert, le cardinal de Retz, Jean-Jacques Rousseau...) mais parfois aussi vers des écrivains contemporains (Jean-Paul Sartre avec *La Nausée*, Stephan Zweig avec *Amok*, Hervé Bazin avec *Vipère au poing*...). À ces monuments de la littérature venaient s'ajouter d'autres ouvrages témoignant d'un esprit d'ouverture : récits d'hommes politiques (André Tardieu ou Édouard Herriot avec *La Porte Océane*), ouvrages régionalistes (*Le Lot, terre des merveilles*, *La Chanson de la croisade albigeoise*), ou d'un penchant pour le pittoresque avec le *Manuel du bon jardinier* (1 800 pages éditées par la maison Vilmorin). Les littératures latine et grecque étaient représentées par les œuvres d'Hérodote, Pindare et Tacite, auxquels il eut à cœur d'initier ses petits-enfants avec l'achat en 1952 de méthodes d'apprentissage du latin. De nombreux ouvrages sur l'art, contenant parfois des interventions artistiques, prenaient également place dans ses bibliothèques (Stendhal, *De l'amour* illustré par 32 eaux-fortes originales de Grau Sala, André Malraux, *Psychologie de l'art*).

Ce goût pour la lecture s'associait à une appétence certaine pour les arts plastiques et décoratifs.

> « Myrbor avait monté une galerie, dans les années vingt, en face des locaux que Daniel-Henry Kahnweiller avait ouverts en 1907 rue Vignon, et tout en exposant Juan Gris, Jean Lurçat ou Fernand Léger, elle s'était consacrée aux tapisseries sur des cartons dessinés par les peintres de l'époque [...]. Tonri, le mari de Myrbor, socialiste de la première heure et que le confort des millions n'avait pas entamé dans sa conviction, s'intéressait autant aux intrigues politiques qu'à l'art, qu'il connaissait bien, et il comptait une palette d'amis qui s'étendait de Vincent Auriol, président de la République, à André Breton ou à Picasso [...][4]. »

Cet extrait décrit avec exactitude ces milieux parisiens associant le monde politique à la création la plus avant-gardiste. Avant-garde que les époux Auriol allaient acheter, collectionner et accrocher dans leurs appartements privés au milieu des aménagements réalisés par le Mobilier national. Ils vivaient environnés de toiles de Rouault, de Desnoyer, de Cavaillès ou de Chagall, de dessins de Matisse, de Marquet, de gravures de Braque.

171

Michelle Auriol achetait des sculptures de Rodin avec le *Mouvement de danse*, de Lipsi avec *Femme nue assise*, de Bourdelle avec le masque de l'artiste[5]. Le président ne se privait pas de parcourir les allées du Salon d'automne ou des artistes décorateurs et recevait des témoignages d'attachement de personnalités comme André Arbus ou Raymond Subes.

Cet alignement des astres et comètes artistiques allait particulièrement favoriser la politique de rénovation et de modernisation du palais.

fig. 171
PAUL FRÉCHET (1908-1949)
Guéridon
1946
citronnier, bronze doré, marbre blanc,
70 × 110 cm
PARIS, MOBILIER NATIONAL,
GME 10268

fig. 172
MAURICE PRÉ (1907-1988)
Buffet
1947
acajou de Cuba, laque et laiton,
109 × 250 × 50 cm
PARIS, MOBILIER NATIONAL,
GME 10247

RETOUR VERS LE FUTUR

Si l'arrivée au pouvoir du président Auriol accéléra les chantiers, le palais n'était pas pour autant à l'abandon. Dès la libération de Paris, une remise en état général avait été amorcée : révision des installations sanitaires, chauffage central et électricité. Dans les salons, les peintures et dorures furent rafraîchies. Les façades furent restaurées, en particulier les lucarnes en pierre de taille du bâtiment central. De nouveaux appartements étaient installés sur les cours de l'ouest et de l'est ainsi que sur la rue de l'Élysée[6]. Un crédit spécial de six millions de francs fut débloqué pour la fourniture de diverses pièces de mobilier[7]. Deux aménagements complets pour les appartements de fonction des secrétaires généraux civil et militaire du futur président furent réalisés. Leur ameublement fut confié à plusieurs décorateurs modernes. Lucien Rollin conçut un cabinet de travail composé d'un bureau en acajou de Cuba et bronze patiné, d'une bibliothèque, d'une table console assortie de quatre fauteuils. Dans le salon venaient prendre place des créations de Paul Fréchet : une grande table ronde à dessus de marbre *(fig. 171)*,

172

173

une console, un meuble haut, le tout plaqué de citronnier, un canapé, quatre fauteuils et deux chaises. Dans la salle à manger furent installés des meubles particulièrement originaux d'après les dessins de Maurice Pré (1907-1988). Le buffet, la table et la console *(fig. 172)* alliaient un placage en acajou de Cuba avec des panneaux laqués vert. Pour l'appartement du secrétaire général militaire, des commandes avaient été passées aux décorateurs Albert Guénot pour un cabinet de travail, Bénédicte pour une salle à manger en frêne et bronze patiné, Jacques Klein pour un ensemble de salon.

Mais, dès l'arrivée du président et de son épouse, se profilèrent des travaux de plus grande ampleur.

Sitôt l'installation et l'ameublement des appartements privés effectués, l'attention du couple présidentiel se tourna vers la cour d'honneur. Une grande verrière avait été édifié en 1900 en prolongement de la marquise construite sous Napoléon III[8]. Cet ensemble, utilisé comme vestiaire lors des grandes célébrations républicaines, dévalorisait l'architecture et réduisait considérablement la surface de la cour. Bien qu'ayant grande allure pendant les soirs de réception, avec ses parois drapées de velours rouge et ses plafonds tendus d'un vélum, il se transformait en une sorte d'arrière-boutique proche de l'abandon la majeure partie de l'année *(fig. 173)*. Jean Demaret, l'architecte du palais, a résumé parfaitement ce cruel dilemme :

> « En période normale les grands vestiaires ne sont pas utilisés. Dans les galeries au niveau du rez-de-chaussée sont disposés des porte-manteaux ainsi qu'à l'intérieur du Palais de part et d'autre du grand escalier d'honneur. Cette disposition est d'un aspect assez fâcheux sur un parcours qu'emprunte fréquemment Monsieur le Président de la République[9]. »

fig. 173
Vue intérieure de la verrière sur la cour d'honneur
s. d.
photographie argentique
PARIS, ARCHIVES NATIONALES, 552 AP 50

fig. 174
JEAN DEMARET
Élévation de la façade sur la cour d'honneur : état Napoléon III
état projeté, montage de deux plans
février 1947
encre sur papier
PARIS, ARCHIVES NATIONALES, 552 AP 50

fig. 175
Plan du corps central, état projeté
s. d.
encre sur papier
PARIS, ARCHIVES NATIONALES, 552 AP 50

DIRECTION GÉNÉRALE DE L'ARCHITECTURE
BATIMENTS CIVILS ET PALAIS NATIONAUX
PALAIS
DE
L'ÉLYSÉE
FAÇADE SUR COUR D'HONNEUR
TRANSFORMATIONS
JEAN DÉMARET
ARCHITECTE EN CHEF

174

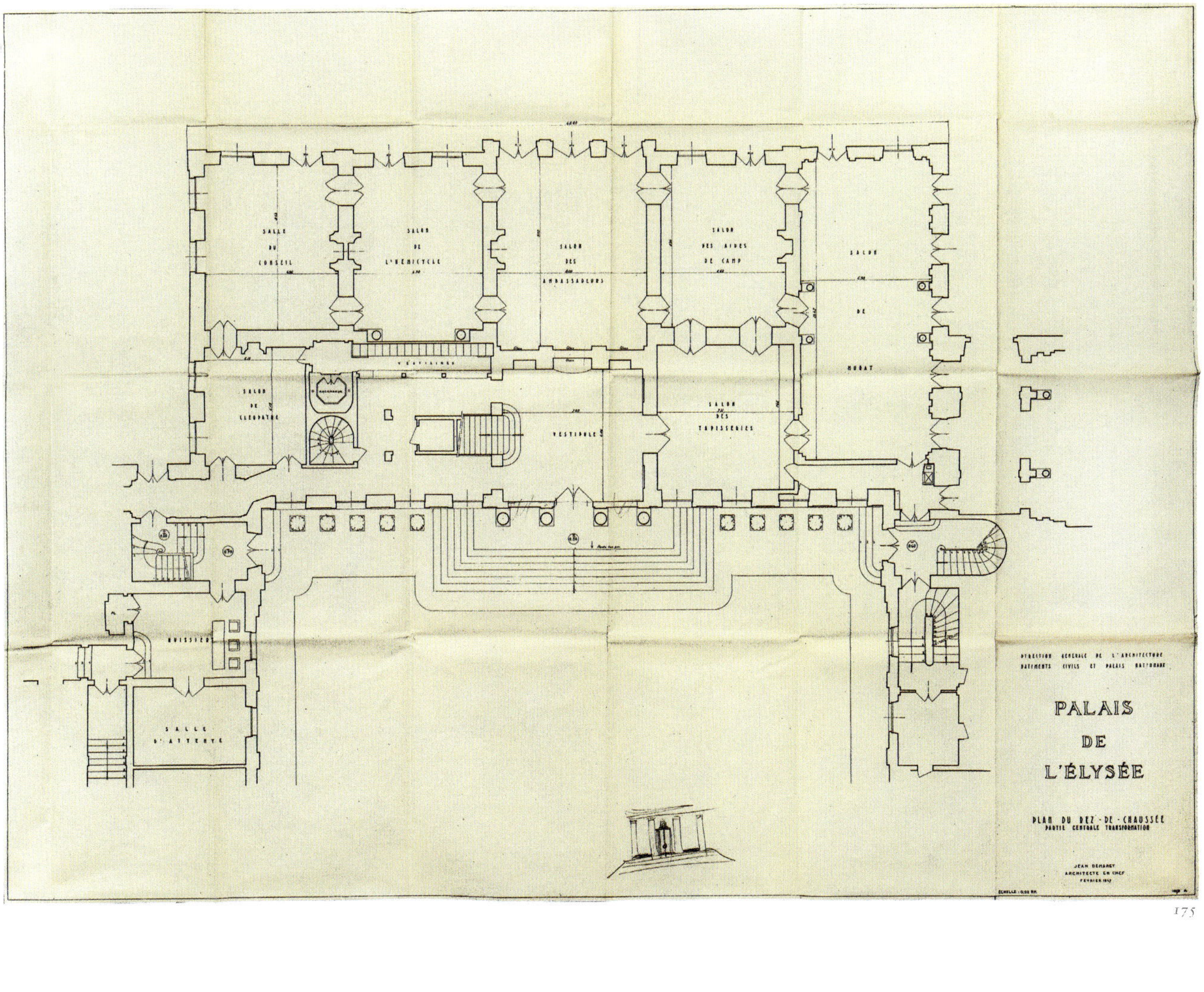
SALLE DU CONSEIL
SALON DE L'HÉMICYCLE
SALON DES AMBASSADEURS
SALON DES AIDES DE CAMP
SALON DE MURAT
SALON DE CLÉOPATRE
VESTIBULE
SALON DES TAPISSERIES
HUISSIERS
SALLE D'ATTENTE
DIRECTION GÉNÉRALE DE L'ARCHITECTURE
BATIMENTS CIVILS ET PALAIS NATIONAUX
PALAIS
DE
L'ÉLYSÉE
PLAN DU REZ-DE-CHAUSSÉE
PARTIE CENTRALE TRANSFORMATION
JEAN DÉMARET
ARCHITECTE EN CHEF
FÉVRIER 1947

175

176

Le président, qui souhaitait rendre à la cour ses proportions du XVIIIe siècle, demanda le retrait de l'ensemble des aménagements Napoléon III et IIIe République. Un budget de 7 250 000 anciens francs fut alloué à cette destruction ainsi qu'à la restitution de la façade du corps central et à l'installation d'un vestiaire moderne dans les caves du palais relié au rez-de-chaussée par des élévateurs électriques *(fig. 174)*[10].

Dans un premier projet les entrecolonnements latéraux du corps central devaient être murés, ne laissant qu'une porte d'entrée monumentale *(fig. 175)*. Par souci de symétrie, le même parti pris était appliqué au premier étage. Soucieux de conserver la lumière naturelle dans le hall d'honneur, l'architecte Demaret proposa, en septembre 1947, de remplacer les murs prévus par de grandes parois et portes vitrées[11]. Devant ces murs de verre devaient prendre place deux statues en même matériau de trois mètres de haut commandées à l'artiste Henri Navarre. Ce projet de 1949 fut annulé en 1951 peut-être à cause de difficultés techniques ou plus probablement en raison de son coût financier *(fig. 176)*[12].

L'ensemble des travaux furent conduits rapidement, du 15 juillet au 1er octobre 1947, et suscitèrent des commentaires élogieux.

« Madame,

Sous votre heureuse inspiration sans doute, la façade de l'Élysée, enfin débarrassée de l'affreuse verrière qui la déshonorait, apparaît dans toute sa pure beauté.

Malgré les graves inquiétudes de l'heure, cette excellente restauration n'est pas passée inaperçue, les gens de goût y applaudissent et se permettent de vous en féliciter.

Je crois pouvoir néanmoins vous présenter très respectueusement une légère critique de détail : les portes ont été peintes en couleur bois, ce qui n'est pas dans le goût du XVIIIe siècle et nuit sensiblement à l'effet [...][13]. »

fig. 176
HENRI NAVARRE
Palais de l'Élysée, façade vitrée
juillet 1947
encre sur papier calque
PARIS, ARCHIVES NATIONALES,
552 AP 50

fig. 177
JULES LELEU
Ensemble de dessins pour le mobilier de la salle à manger du palais de l'Élysée
1947
crayon graphite, crayons de couleur
et rehauts de gouache sur papier calque, 30,8 × 41,8 cm
buffet no 816 ; buffet no 817 ; buffet no 818 ; chaise no 820
PARIS, MOBILIER NATIONAL,
L II

fig. 178
JULES LELEU ET MAISON FARGETTE
Dessin du lustre de la salle à manger du palais de l'Élysée
1947
crayon graphite et gouache sur papier
PARIS, MOBILIER NATIONAL,
CABINET DES ARTS GRAPHIQUES

177

Pour agrémenter le pourtour de cette nouvelle cour d'honneur on commanda en 1948 une série de lanternes au maître ferronnier Gilbert Poillerat.

D'autres grands chantiers furent menés pendant ces années Auriol, moins visibles à première vue mais qui permirent une gestion plus rationnelle des espaces et du temps. En 1948, le vaisseau Élysée montait en puissance ; les cuisines du palais durent préparer pour le seul mois de novembre 1 805 repas et 223 réceptions… et ne suivaient plus. Il fut alors décidé d'aménager de nouvelles cuisines plus spacieuses dans les sous-sols de l'aile ouest et de les doter de monte-plats électriques pour faciliter le service vers la salle des fêtes, les salons ainsi que la future salle à manger privée décorée par Jules Leleu au premier étage du corps central. Pour les grandes réceptions, le renfort de traiteurs devint ainsi inutile car tout était désormais préparé sur place sous la direction de Lucien Tibier, ancien chef de l'Aga Khan et du duc de Windsor.

178

LA PRÉSIDENCE DANS SES MEUBLES

À partir de 1948, les projets de réaménagement prirent de l'ampleur et se portèrent sur les anciens appartements des présidents des IIIe et IVe Républiques au premier étage du corps central. Ces espaces jadis décorés pour l'impératrice Eugénie allaient servir de lieux d'expérimentations décoratives confiés aux plus grands noms de l'époque.

Le couple présidentiel désirait avoir à sa disposition des pièces de réception plus intimes que les salons ou la salle des fêtes du rez-de-chaussée pour accueillir des cercles d'invités plus restreints.

180

179

Le salon doré conserva son décor Second Empire mais, au milieu des sièges Empire, furent disséminées des tables basses en bronze doré et marbre, objet d'une commande à Gilbert Poillerat[14].

Une salle à manger pour une vingtaine de convives fut créée à la place d'un salon. À partir de septembre 1947, Jules Leleu dessina la totalité du mobilier, une table au plateau de laque d'Indochine, vingt-quatre chaises, trois buffets[15]. Un tapis à motifs géométriques dessiné par Paule Leleu (1906-1987), fille de Jules, prenait place au centre de la pièce[16] *(fig. 179)*. Un lustre commandé à la maison Fargette initialement pour le cabinet d'audience du président surmontait la table *(fig. 178)*[17]. Ce mobilier devait bien sûr exprimer la supériorité de la haute décoration hexagonale.

> « Ne me demandez pas, déclare Jules Leleu, quand le Président de la République me fait l'honneur de me commander une salle à manger pour l'Élysée, de lui proposer des tréteaux et des billots pour sièges. C'est, peut-être en l'occurrence, très attentivement fonctionnaliste que d'établir un projet qui signifie, en même temps que les goûts personnels du Président et de sa famille, les prérogatives et les devoirs de la haute dignité[18]. »

Jules Leleu fit également appel au sculpteur André Bizette-Lindet (1906-1998), aux céramistes Marjolaine et Luc Lanel pour réaliser son projet de décor mural. Des guirlandes de fleurs, fruits et feuillages couraient autour des portes et des fenêtres. De grands panneaux historiés furent installés en dessus-de-porte et au-dessus de la cheminée *(fig. 180)*[19]. Ce décor avait pour inspiration les enluminures du XIIIe siècle français et les émaux persans, qui avaient fortement influencé la céramique en Occident. Comme le revêtement de pierre disposé sur les murs devait transparaître à travers la résille des motifs céramiques, l'artiste avait souhaité utiliser des éléments iconographiques particulièrement épurés : Centaure, Licorne, La Source et Les Vendanges[20].

Le fumoir décoré par la maison Dominique, ancien salon des Paysages, voyait ses moulures et lambris masqués par des panneaux de bois contrastant avec la laque rouge des portes. Deux pièces majeures, un meuble d'entre-deux en ébène du Gabon et un buffet bas à décor de laque de Paul Cressent (né en 1923) *(fig. 181)*, rythmaient l'espace[21] et dialoguaient avec un ensemble de sièges « confortables » et de fauteuils couverts de tapisserie d'Aubusson. À cet appartement de réception furent adjointes deux chambres réservées aux hôtes de marque, chambres fastueusement décorées où se mêlaient les collections anciennes du Mobilier national (chambre de la Reine) aux productions les plus contemporaines (chambre du Roi).

L'ensemble de ces aménagements resta en place pendant toute la présidence de René Coty, avant d'être en grande partie démantelé à l'avènement de la Ve République.

fig. 179
JULES LELEU
Ensemble de dessins pour le mobilier de la salle à manger du palais de l'Élysée
tapis nº 821
1947
crayon graphite, crayons de couleur et rehauts de gouache sur papier calque,
30,8 × 41,8 cm
PARIS, MOBILIER NATIONAL,
L II

fig. 180
ANDRÉ BIZETTE-LINDET,
LUC ET MARJOLAINE LANEL
La Jungle
médaillon de cheminée
1947-1948
terre cuite vernissée
CENTRE NATIONAL DES ARTS PLASTIQUES,
FNAC 7036 (1)

fig. 181
PAUL CRESSENT ET DOMINIQUE
Meuble d'appui
1947
noyer vernis, laque, bronze doré, 100 × 270 × 46 cm
PARIS, MOBILIER NATIONAL,
GME 10757

181

TRADITION, FAMILLE, *CAFÉ SOCIETY* : RECEVOIR AU PALAIS SOUS LA IVe RÉPUBLIQUE

GÉRALD REMY

182

« Mitraillé depuis trois ans, jour après jour, et tout à l'heure encore, par les opérateurs de vos agences de reportages photographiques ; – n'ayant jamais cessé de fournir vos archives d'innombrables clichés personnels ; – ayant rédigé pour votre information je ne sais plus combien de discours et de communiqués ; – alimentés vos rubriques d'échos extraordinaires, parfois aussi invraisemblables que fantaisistes… ; – ne suis-je pas à vrai dire un de vos principaux collaborateurs[1] ? »

En 1952, Vincent Auriol demandait la création d'un service photographique rattaché au palais de l'Élysée. Le photographe avait alors pour mission d'accompagner le président dans l'ensemble de ses déplacements protocolaires mais également privés. Ces clichés mis à la disposition de la presse étaient un élément important de la communication présidentielle. Dans cette période d'instabilité politique, les reportages au sein de l'activité élyséenne permettaient d'affirmer la continuité du pouvoir. La consultation de ces différentes photographies permet d'étudier en quelque sorte la géographie politique et événementielle du palais mais aussi l'évolution de ses aménagements intérieurs.

L'utilisation des différents espaces reste calquée sur l'organisation traditionnelle d'un grand hôtel particulier du XVIIIe siècle. Pour les événements les plus protocolaires, le président utilisait en particulier trois lieux. Son bureau, contigu au salon d'argent, situé dans l'aile est des petits appartements, était dévolu aux rencontres et audiences de personnalités politiques ou étrangères. Le salon des Ambassadeurs gardait la solennité de sa dénomination pour accueillir les cérémonies de présentation des lettres de créance mais servait parfois à honorer des catégories de Français méritants (remise des médailles d'or de la mère de famille nombreuse[2], déjeuner des artistes, peintres et décorateurs en 1953[3]). Le salon Murat accueillait aussi bien une réception en l'honneur de l'OTAN[4] que l'imposition de la barrette cardinalice à Guiseppe Roncalli, futur pape Jean XXIII[5], ou, beaucoup plus profane, la présentation des athlètes participant aux Jeux olympiques d'été à Helsinki[6].

La création d'un appartement de réception au premier étage pour les époux Auriol permit de nouveaux usages. Ces espaces modernes étaient conçus pour recevoir de façon plus intime loin de la pompe républicaine des grands salons. Ils servaient pour des rencontres politiques ou artistiques mais aussi familiales,

183

telles que les fiançailles d'une petite-fille du président Coty dans la salle à manger Leleu *(fig. 182)*[7]. Ces clichés de la vie privée faisaient aussi partie de la stratégie de communication de la présidence, avec des photographies de Vincent et Michelle Auriol entourés de leurs petits-enfants.

Mais la pièce maîtresse de la planète Élysée restait sans nul doute la salle des fêtes. Témoin des grands événements de la IVe République, elle accueillait aussi bien, le 15 octobre 1953, le centenaire du *P'tit Quinquin* que les vœux du corps diplomatique. Elle fut le cadre des plus grands événements mondains, où se bousculaient les invités de la République. La réception du corps diplomatique, des assemblées et corps constitués non seulement rassemblait une brillante société mais mettait en valeur toutes les innovations techniques qu'avait connues le palais pendant ces deux mandats. Pour cette occasion, l'ensemble des salons étaient en usage et, signe des temps, un bar dessiné par Jacques Adnet avait été installé dans le salon des Portraits *(fig. 183)*[8].

fig. 182
Fiançailles de la petite-fille des époux Coty
s. d.
photographie argentique
PARIS, ARCHIVES NATIONALES, AG//SPH/5, Nº 403

fig. 183
JACQUES ADNET
Bar dans le salon des Portraits pour la réception du corps diplomatique, des assemblées et corps constitués
GME 11781
photographie argentique
s. d.
PARIS, ARCHIVES NATIONALES, Nº 120 BIS : 4 AG/445

LA CHAMBRE DU ROI

GÉRALD REMY

Ce 24 mai 1950, revenu à presque minuit du gala de l'Opéra de Paris, le prince Bernhard des Pays-Bas (1911-2004) regagnait sa chambre après avoir pris congé de son épouse la reine Juliana (1909-2004) et salué M. Petit, fonctionnaire républicain en faction sur le palier en tenue à la française [1]. Il allait de nouveau mal dormir du fait d'un lit certes somptueux, mais trop court. La presse le lendemain parla d'un léger et possible lumbago [2] *(fig. 184)*.

La République avait pourtant tout fait pour rendre le séjour du prince consort le plus agréable possible. Sa chambre, proche de celle de la reine, avait été installée au premier étage du corps central, dans l'ancien salon du matin de Caroline Murat, devenu bibliothèque de Joséphine. Ces aménagements décidés le 30 mars 1950 entraînèrent de gros travaux commencés le 5 avril et terminés le 6 mai. La création d'une salle de bains alliait des problèmes techniques et structurels considérables en raison de sa situation au-dessus des salons historiques. La cloison élevée au fond de la chambre fut suspendue par une ossature métallique fixée sur les murs latéraux, limitant ainsi la surcharge sur les parquets anciens. Typique de ces années cinquante débutantes, les murs de la salle de bains furent recouverts de céramique vert pâle [3].

André Arbus eut la lourde charge de concevoir aussi rapidement que possible toute la décoration. Un marché de fourniture de rideaux et de décor d'alcôve était passé avec lui pour la somme de 500 000 francs [4]. Une moquette grise fut posée.

Comme le temps pressait et qu'il fallait trouver des expédients, l'ensemble du mobilier fut transféré de Rambouillet, demeure d'été de la présidence de la République. Dans cette résidence, André Arbus avait déjà été appelé en 1946 pour concevoir la décoration d'une chambre d'hôtes de marque située dans la tour François Ier. Autour de trois meubles commandés à André Arbus, Louis Süe et Jean-Charles Moreux et présentés en 1947 dans « La résidence française », exposition organisée par la revue *Art et industrie*, étaient réunis un ensemble de sièges, une chaise longue, un lit et deux guéridons. Les sièges d'inspiration néo-classique et antiquisante étaient

184

enrichis d'éléments de bronze façonnés par le sculpteur Vadim Androusov *(fig. 185)*. Le meuble à estampes d'André Arbus et l'armoire-bibliothèque à deux corps de Moreux témoignaient de recherches décoratives plus proches de la Renaissance avec, pour Arbus, les motifs de cuirs découpés et, pour Moreux, des portes marquetées, réminiscences des panneaux de *studioli* italiens, décor trahissant leur première destination. D'autres éléments venaient s'ajouter à cet ameublement, dont une sphère armillaire dessinée et forgée par Gilbert Poillerat, et un tapis point plat tissé à Aubusson sur les dessins d'Arbus.

Le gros œuvre terminé à l'Élysée, la chambre fut mise à la disposition du Mobilier national le 8 mai pour la pose des tapis, tissus muraux, rideaux et meubles[5]. Un lustre d'époque Empire en bronze doré et cristaux venait parfaire l'ensemble. Les œuvres d'art ne furent pas oubliées : on ajouta une tapisserie des Gobelins, *Le Temps des cerises* d'après Roger Lersy et, pour honorer le pays invité, des dépôts du musée du Louvre avec *La Grille de l'Élysée* par Van Dongen, *Les Fritillaires* par Van Gogh et, du Musée national d'art moderne, une baigneuse en bronze de Jane Poupelet[6].

En remerciement de son implication constante dans un chantier à la fois prestigieux et contraignant, André Arbus fut invité avec son épouse, lors du séjour des souverains hollandais, à un spectacle au théâtre de la Reine à Versailles en présence des couples royal et présidentiel[7].

185

fig. 184
ANDRÉ ARBUS (1903-1969)
ET JEAN-CHARLES MOREUX (1889-1956), décorateurs
VADIM ANDROUSOV (1895-1975), sculpteur,
GILBERT POILLERAT (1902-1988), ferronnier d'art
Chambre du roi au palais de l'Élysée
vers 1950
photographie
PARIS, MOBILIER NATIONAL

fig. 185
ANDRÉ ARBUS (1903-1969)
VADIM ANDROUSOV (1895-1975)
Fauteuil
1946
sycomore, bronze noirci, satin (moderne),
78 × 68 × 52 cm
PARIS, MOBILIER NATIONAL,
GMT 15313/1

COLETTE GUEDEN, UNE DÉCORATRICE AU SERVICE DE LA PRÉSIDENCE

GÉRALD REMY

« Je vous remercie d'avoir pensé à moi à cette occasion. J'ai malheureusement été assez occupée par diverses expositions et, me trouvant assez surmenée, je pars dans quelques jours dans le Midi, pour me reposer jusqu'à la fin de juillet.

Je ne pourrai donc pas pour le moment étudier le projet demandé et le regrette vivement. Veuillez me dire si le délai accordé me permettrait de faire ces maquettes à mon retour, sinon, vous trouverez certainement un décorateur qui l'étudiera avec talent[1]. » (19 juin 1946)

Cette réponse de Colette Gueden (1905-2000), directrice artistique de l'atelier Primavera, à une demande de l'administrateur général du Mobilier national George Fontaine augurait mal d'une collaboration naissante. Celui-ci, en ce mois de juin 1946, désirait engager le chantier de modernisation des appartements privés réservés au futur couple présidentiel. Deux salles de bains avaient été aménagées et il souhaitait les parer d'un mobilier contemporain. À son retour de vacances, Colette Gueden accéda enfin à la demande du Mobilier national et fournit non sans mal, en cette période de disette de matériaux, deux coiffeuses *(fig. 186)*, des chaises, des tabourets et des supports de serviettes en métal chromé[2]. Cette commande était sa première intervention rue du Faubourg-Saint-Honoré.

Née en 1905, Colette Gueden travailla tout d'abord chez Primavera, l'atelier d'art des grands magasins du Printemps fondés en 1912, comme créatrice de modèles. Elle en devint la directrice en 1938 et ne quitta ses fonctions qu'en 1972. En 1945, la décoratrice avait déjà esquissé à la demande de l'État un projet d'aménagement de la tribune présidentielle et du salon contigu à l'hippodrome d'Auteuil. Sa présence à l'Élysée s'intensifia à l'arrivée de Vincent Auriol. À partir du mois de janvier 1947, le président et son épouse Michelle prirent possession du palais. Leur fils unique Paul, secrétaire général adjoint de la Présidence, s'installa à son tour avec son épouse Jacqueline et leurs deux enfants Jean-Paul et Jean-Pierre. Le Mobilier national conserve un projet de Colette Gueden correspondant à cette phase d'emménagement. Ce dessin légendé « chambre du président[3] » dévoile le décor textile du lit présidentiel. Mais c'est surtout dans la conception de la chambre des petits-enfants que s'affirmait la prééminence de la décoratrice. Elle avait créé un décor d'une élégante sobriété alliant le bois de chêne

186

187

fig. 186
COLETTE GUEDEN (1905-2000)
Coiffeuse
1946
métal chromé et verre, 131 × 110 × 46 cm
PARIS, MOBILIER NATIONAL,
GME 10316

fig. 187
COLETTE GUEDEN (1905-2000)
Palais de l'Élysée, chambre d'enfant
1946-1947
gouache sur papier
PARIS, MOBILIER NATIONAL,
MM 6159

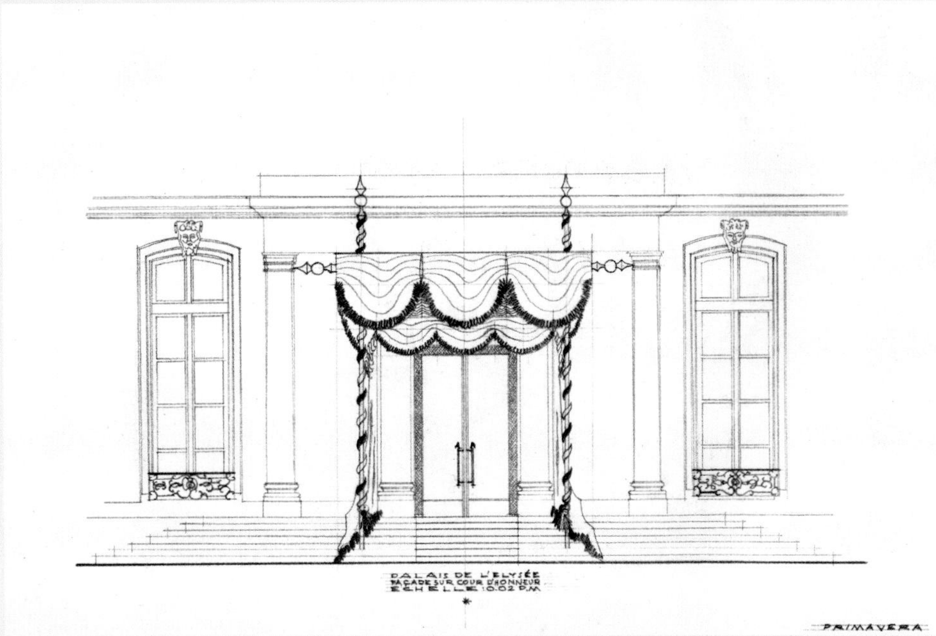

188

à une gamme colorée particulièrement riche (blanc, rouge et vert)[4]. Elle avait retravaillé les volumes de cette vaste pièce en séparant l'espace nuit de celui réservé à l'étude installé sur une estrade. Elle avait conçu l'intégralité du décor depuis les meubles, les luminaires, la balustrade jusqu'aux objets disposés dans la pièce comme les gouaches décorant les murs ainsi qu'une carte de France *(fig. 187)*. L'ensemble de ce mobilier fut mis en place durant le mois de mai 1947.

En 1950, en prévision du séjour officiel à Paris de la souveraine des Pays-Bas, le Mobilier national demanda à l'atelier Primavera d'élaborer et fabriquer un dais. Ce dernier serait installé lors des cérémonies officielles dans la cour d'honneur nouvellement restaurée. Il devait s'ancrer au péristyle d'entrée et sur-

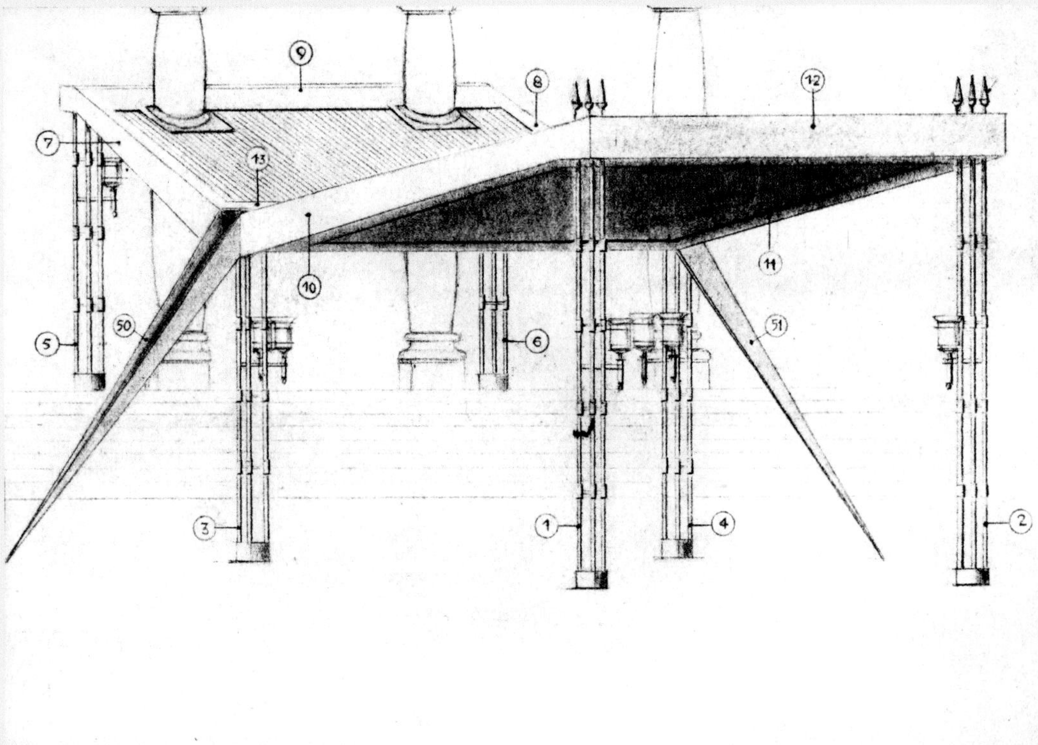

189

monter les degrés du perron. Gueden présenta deux projets[5]. Le Garde-meuble en sélectionna un : vaste et complexe ensemble de rideaux et lambrequins plissés retenus par deux piliers et une traverse torsadés décorés de piques à leurs extrémités[6] *(fig. 188 et 189)*.

En 1961, la Présidence envisageait la réalisation d'un nouveau dais pour les réceptions officielles. Après une période d'incertitude où le service de l'architecture du palais et le Mobilier national se disputèrent la conduite du projet, le Garde-meuble se tourna à nouveau vers Colette Gueden et l'atelier Primavera.

La décoratrice soumit alors un projet particulièrement novateur composé en majeure partie de métal. Deux auvents adossés s'inclinaient vers un chéneau central assurant grâce à ses deux gouttières le bon drainage de la structure mais également sa stabilité. Beaucoup plus long que le premier modèle livré en 1950, il permettait le passage des voitures et la sortie à couvert des invités de la République *(fig. 190)*[7]. Une précieuse polychromie venait animer l'édicule. Les encadrements et bandeaux du dais en aluminium laqué doré contrastaient avec les poteaux stabilisateurs noir-vert, le tout complété par un décor textile en velours gris. D'une longueur de douze mètres, le dais, à cause de son poids, ne pouvait être posé et déposé par le Mobilier national et nécessitait les services de sociétés spécialisées et d'engins de levage. Après une phase de préfiguration et de certification particulièrement longue, il fut mis en place le 10 janvier 1963 pour une réception, à la grande satisfaction du général de Gaulle. Prévu pour être monté en quatre heures, il en requérait six avec des difficultés de manutention. De 1963 à 1965, il ne fut utilisé que quinze fois avant d'être abandonné sous le septennat de Georges Pompidou puis vendu par les Domaines au début des années 2000.

190

fig. 188
COLETTE GUEDEN (1905-2000)
Palais de l'Élysée,
façade sur la cour d'honneur
1950
crayon sur calque
PARIS, MOBILIER NATIONAL,
MM 6178, DOSSIER 2

fig. 189
Palais de l'Élysée
Dais démontable, nomenclature
et numérotation des pièces
encre sur papier
26 octobre 1962
PARIS, MOBILIER NATIONAL,
MM 987 BIS

fig. 190
Arrivée de la reine Juliana
dans la cour de l'Élysée
Point de vue – Images du monde, 1er juin 1950
PARIS, ARCHIVES NATIONALES,
552 AP 89, DOSSIER IV ET V

L'Élysée sous la Ve République

7

L'Élysée sous la Ve République

Pour comprendre le rôle du palais de l'Élysée sous la Ve République, un détour par le droit constitutionnel est indispensable. Rédigée dans le but de résoudre la crise algérienne, la Constitution de 1958 donne la prééminence au pouvoir exécutif sur le pouvoir législatif, en rupture avec ce qui s'était pratiqué sous les IIIe et IVe Républiques. Au sein de l'exécutif, cette Constitution institue une sorte de dyarchie entre le président de la République, arbitre placé au-dessus des partis, et le Premier ministre, à qui devrait incomber la direction du gouvernement. D'emblée, la pratique des institutions va être à l'opposé de ces dispositions : le président s'affirme comme le véritable chef du pouvoir exécutif, le Premier ministre n'étant qu'une sorte de chef d'état-major ou d'administrateur général chargé de mettre en œuvre les directives présidentielles. L'élection du président au suffrage universel, à partir de 1962, renforce cette conception. En dehors des périodes de « cohabitation » (1986-1988, 1993-1995, 1997-2002), le régime prend la forme d'une « monarchie républicaine ». Le général de Gaulle *(fig. 191)* l'affirme sans ambages lors de sa célèbre conférence de presse du 31 janvier 1964 : « Il doit être évidemment entendu que l'autorité de l'État est confiée tout entière au président, qu'il n'en existe aucune autre, ni ministérielle, ni civile, ni militaire, ni judiciaire qui ne soit conférée et maintenue par lui. Il lui appartient d'ajuster le domaine suprême qui lui est propre avec ceux dont il attribue la gestion à d'autres [1]. »

Dans ces conditions, l'Élysée devient « le Palais » par excellence, le principal centre, réel comme symbolique, du pouvoir politique en France – rôle qu'occupait le Palais-Bourbon sous les régimes précédents. Les décisions concernant son architecture, son décor et sa distribution sont prises par le chef de l'État – éventuellement assisté par son épouse. À la différence de ce qui se pratique dans d'autres pays, par exemple aux États-Unis où œuvre un Comité pour la préservation de la Maison Blanche institué en 1964, aucun organe délibératif ne vient orienter ou tempérer les initiatives du couple présidentiel. La seule contrainte est celle qu'impose l'état du bâtiment, qui implique des chantiers de restauration périodiques sous l'égide des Monuments historiques. L'Élysée offre ainsi un reflet assez direct de l'imaginaire et des ambitions des présidents successifs [2].

fig. 191
ROGER CHAPELAIN-MIDY (1904-1992)
Le général de Gaulle
1980
peinture à l'huile sur toile, 215 × 150 cm
PARIS, MOBILIER NATIONAL,
GMTB 436

192

Le paradoxe est que pour Charles de Gaulle l'Élysée n'a été qu'un choix par défaut. Sensible aux références historiques, le Général goûte peu les souvenirs attachés au palais – la Pompadour, l'abdication de 1815, le coup d'État de 1851, la mort subite de Félix Faure. « On ne fait pas l'histoire dans le VIIIe arrondissement[3] », grommelle-t-il. De Gaulle projette d'abord de transporter sa résidence dans un bâtiment plus prestigieux – l'hôtel national des Invalides ou le château de Vincennes. Des études assez poussées sont consacrées à cette dernière implantation[4]. Mais le contexte politique intérieur et extérieur – contestation persistante du nouveau régime, règlement douloureux de la crise algérienne, tensions internationales – le conduit à renoncer à ce dessein aux accents par trop louis-quatorziens. La restauration du Grand Trianon et l'aménagement de Trianon-sous-Bois en résidence d'État tiendront lieu de substitut[5].

À l'Élysée même, l'intervention majeure du général de Gaulle est d'ordre symbolique : le bureau présidentiel, que le président désigne dans ses *Mémoires d'espoir* comme « la pièce capitale[6] », occupe désormais le salon doré, au centre de l'étage noble. On ne saurait mieux inscrire dans l'espace le rôle institutionnel du président de la République après 1958. L'importance relative des différents collaborateurs du chef de l'État, devenus beaucoup plus nombreux, se lira désormais en fonction de la proximité de leur bureau par rapport à celui du président. Pour le reste, les interventions du couple présidentiel sont singulièrement timides. À l'heure où la France se couvre de bâtiments publics et administratifs appartenant au « style international », où les commandes d'État vont aux tenants de l'abstraction lyrique, l'Élysée reste un sanctuaire des « grands styles » du passé, mélangés dans l'esprit de l'éclectisme du Second Empire. Dans le salon doré, un bureau Régence attribué à Charles Cressent *(fig. 192)*[7] cohabite avec des sièges Empire[8], des meubles Napoléon III[9] et une tapisserie tissée à la manufacture des Gobelins d'après Charles Coypel, *Don Quichotte guéri de sa folie par la sagesse*[10]. Cet aménagement restera peu ou prou celui des président suivants. Les aménagements novateurs commandés sous la IVe République disparaissent. Mme de Gaulle fait ôter le bar des Auriol et installer deux divans-lits adaptés à la haute taille du Général dans les appartements privés. Comme sous la IVe, les réceptions d'État donnent à voir une « grande tradition » d'art de vivre à la française, qui se veut immuable sans pour autant avoir de référence précise dans le temps. « Tout compte, explique l'hôte du palais, s'il s'agit du prestige de l'État. Je tiens pour important qu'à cet égard les choses se passent avec ampleur et mesure, bonne grâce et dignité[11]. »

Ni de Gaulle ni son épouse ne manifestaient d'intérêt personnel pour les beaux-arts ou les arts décoratifs. Il en va tout autrement de Georges et de Claude Pompidou, « locataires de l'Élysée » à partir de 1970 *(fig. 193)*. Tous deux amateurs et collectionneurs d'art contemporain, ils vont prendre le contrepied du couple précédent. La démarche est esthétique mais aussi politique car Pompidou, qui fut le Premier ministre du Général et son « dauphin », s'est distancié de son mentor dans les dernières années et leurs relations se sont notoirement détériorées[12]. Le nouveau président entend aussi changer l'image de la France, affirmer son identité de grande nation industrielle et moderne. En 1971, Pompidou et son épouse lancent l'initiative la plus audacieuse et

193

fig. 192
CHARLES CRESSENT (1685-1768)
Bureau plat
millieu du XVIIIe siècle
satiné, bois de violette et bronze doré
PARIS, MOBILIER NATIONAL,
GME 12372

fig. 193
ANDRÉ SAS/GAMMA RAPHO
Claude et Georges Pompidou, président de la République française
avril 1972
GETTY IMAGES

194

fig. 194
YAACOV GIBSTEIN, DIT AGAM (né en 1928)
Antichambre des appartements privés du palais de l'Élysée dit salon Agam
1972
aluminium et plexiglas
PARIS, CENTRE POMPIDOU,
MUSÉE NATIONAL D'ART MODERNE –
CENTRE DE CRÉATION INDUSTRIELLE,
AM2000-3

fig. 195
PIERRE PAULIN (1927-2009) ET ARC
Salon des tableaux des appartements semi-privés
1971
PARIS, MOBILIER NATIONAL

195

196

la plus ambitieuse de l'histoire du palais : la transformation des pièces du rez-de-chaussée de l'aile est en une série de grands décors contemporains confiés au plasticien Yaacov Agam et au designer Pierre Paulin *(fig. 194 et 195)*. Ils associèrent l'ARC au chantier qui fut suivi de près par Jean Coural, administrateur du Mobilier national[13]. L'entreprise fit date : les salons élyséens demeureront comme le principal manifeste du style 1970[14].

Tout changea avec Valéry Giscard d'Estaing *(fig. 196)*, qui succèda à Pompidou, décédé avant la fin de son mandat en 1974. Si le programme modernisateur et libéral de Giscard prolongeait, avec quelques nuances, celui de son prédécesseur, ses partis pris esthétiques étaient à l'opposé. L'ancien ministre des Finances du général de Gaulle se rêvait en aristocrate du Siècle des lumières. Lui-même collectionneur, il patronna en 1974 une exposition mémorable, à la Monnaie de Paris, consacrée au style Louis XV, « un moment de perfection de l'art français[15] ». Dans cette logique, l'Élysée connut alors un retour au « grand genre » : les décors pompidoliens furent démontés, à l'exception de la salle à manger Paulin ; un groupe de Jean-Baptiste Lemoyne, *Vertumne et Pomone* (1760), accueille le visiteur dans le vestibule du palais *(fig. 197)*[16].

François Mitterrand *(fig. 198)*, qui l'emporta sur Valéry Giscard d'Estaing en 1981, était un homme de culture littéraire plutôt qu'artistique. Son goût personnel joua pourtant un grand rôle à l'Élysée. Dans le percement de larges baies dans la salle des fêtes (1983-1985) qui ouvrirent sur un jardin rénové et repensé (1992), on sent la patte

197

du promeneur de Latche et de la roche de Solutré[17]. Mitterrand était aussi un fin politique, bien conseillé par son ministre de la Culture, Jack Lang. Il comprenait l'intérêt de se concilier les créateurs et d'afficher un goût pour la modernité. La rénovation des appartements privés – qui constitue pour le style 1980 le pendant de ce qui avait été fait par les Pompidou pour le style 1970 – fut confiée à Marc Held *(fig. 199)*, Ronald-Cecil Sportes, Annie Tribel, Philippe Starck et Jean-Michel Wilmotte (1982-1984)[18]. Mais ce chantier ambitieux, du fait de sa localisation, reste peu connu du grand public. Il n'en va pas de même de la grande commande de mobilier faite à Pierre Paulin pour le salon doré. Ce génial coup de communication contribua à donner au président, en fait malade et vieillissant, une aura rajeunie : le 28 avril 1985, lors d'une interview demeurée célèbre, le journaliste Yves Mourousi interrogeait François Mitterrand installé dans le mobilier Paulin *(fig. 201 et 211)* et – sacrilège savamment étudié –, s'assit sur le rebord du nouveau bureau présidentiel. À Mourousi qui lui demandait s'il est « branché », Mitterrand répondit qu'il était plutôt « bléca ». En 1988, le président est réélu pour un second mandat et l'ameublement Paulin est mis en place dans le salon doré.

Les présidents suivants – Jacques Chirac (1995-2007) *(fig. 200)*, Nicolas Sarkozy (2007-2012), François Hollande (2012-2017) – ne laissèrent pas sur le palais une marque équivalente. Tandis que Bernadette Chirac fit prévaloir un retour à la tradition gaullienne durant le mandat de son mari, une certaine indifférence prévalut sous les

198

199

fig. 196
Valéry Giscard d'Estaing,
président de la République (27 mai 1974 – 21 mai 1981)
sur les marches du perron de l'Élysée le 27 mai 1974
cliché photographique
PARIS, PRÉSIDENCE DE LA RÉPUBLIQUE

fig. 197
JEAN-BAPTISTE II LEMOYNE (1704-1778)
Vertumne et Pomone
1760
marbre, 163 × 150 × 60 cm
PARIS, MUSÉE DU LOUVRE,
RF 2716

fig. 198
François Mitterrand et son labrador
dans les jardins de l'Élysée
1981
négatif monochrome souple
SAINT-GERMAIN-LA-BLANCHE-HERBE,
INSTITUT MÉMOIRES DE L'ÉDITION CONTEMPORAINE

fig. 199
MARC HELD (né en 1932)
Desserte à deux vantaux
créée pour les appartements privés
du président François Mitterrand
1983
contreplaqué moulé, 90 × 65 × 65 cm
PARIS, MOBILIER NATIONAL,
GME 15540/2

deux mandats suivants, pendant lesquels eurent lieu des travaux de restauration, notamment de la salle des fêtes, avec réfection à l'identique du décor textile en 2010. Les chefs de l'État ne s'autorisèrent que de modestes infidélités au modèle gaullien : c'est ainsi que Nicolas Sarkozy installa son bureau dans le salon des Portraits et y fit placer un mobilier contemporain (bureau et fauteuils de Philippe Chaix et Jean-Paul Morel, réalisés par l'ARC en 2007 ; tapis *Polylobés*, d'après Emilio Terry, manufacture de la Savonnerie, atelier de Lodève, 1999) *(fig. 202)*. Il est vrai que l'institution présidentielle apparaissait alors fragilisée : Jacques Chirac est réélu en 2002 grâce à l'accession de Jean-Marie Le Pen au second tour des élections, Nicolas Sarkozy fut battu en 2012, François Hollande dut renoncer à se représenter en 2017.

Une nouvelle ambition pour le palais s'affirme cette année-là avec l'arrivée d'Emmanuel et de Brigitte Macron. Désireux de marquer une rupture par rapport à leurs prédécesseurs – « le monde d'avant » –, le nouveau couple présidentiel lance une transformation complète du décor de la salle des fêtes et, en quelques années, redécore entièrement les salons du rez-de-chaussée et du premier étage. Dans la salle des fêtes, les tentures et les moquettes à dominante rouge laissent place à du gris, les tapisseries à de grands panneaux blancs frappés d'emblèmes républicains[19]. Le rôle du décor textile se réduit. Dans la continuité de la rénovation mitterrandienne, clarté et lumière prévalent au détriment de l'affirmation de richesse initiale. Dans les salons, le mobilier et les objets d'art d'époque ou de style sont remplacés par les créations de designers, les tapis et les tapisseries des XVIIe et XVIIIe siècles par des savonneries et des gobelins tissés sur les cartons d'artistes du dernier demi-siècle *(fig. 203)*. Aux rideaux et tentures à motifs, on préfère des tissus plus discrets, dans la gamme des gris, des beiges et des ocres. Des tableaux déposés par le Centre Pompidou et le CNAP complètent l'ensemble. L'Élysée se veut ainsi une vitrine de la création et des arts décoratifs contemporains[20].

Sur la durée, on voit se succéder à l'Élysée deux tendances distinctes, voire trois. Aux « Anciens » (Charles de Gaulle, Valéry Giscard d'Estaing, Jacques Chirac) s'opposent les « Modernes » (Georges Pompidou, François Mitterrand, Emmanuel Macron). Il convient de nuancer cette classification en y ajoutant la catégorie des « indifférents relatifs » (Nicolas Sarkozy et François Hollande).

À ce va-et-vient entre tradition plus ou moins assumée et modernité affichée se surimpose une tendance de longue durée, qui tient à l'évolution des représentations politiques : si la pratique du pouvoir présidentiel de la Ve République demeure monarchique ou néo-monarchique, son image est, elle, en voie de rapide désacralisation. Dans ce contexte, l'élaboration de grands desseins pour l'Élysée devient plus délicate, sauf à en faire, comme la Maison Blanche l'est aux États-Unis, une demeure plus largement ouverte au peuple souverain. Faute d'une évolution de ce type, il n'est pas impossible que les nécessités de la communication politique remettent en cause, à terme, l'existence même d'un « palais présidentiel ».

200

fig. 200
DEREK HUDSON
Jacques et Bernadette Chirac dans le parc du palais de l'Élysée
1er avril 2002
GETTY IMAGES

fig. 201
PIERRE PAULIN (1927-2009)
Ameublement du salon doré pour François Mitterrand

201

202

fig. 202
Bureau du président Nicolas Sarkozy installé dans le salon des Portraits
CHAIX & MOREL ET ASSOCIÉS ET ARC
2007 (meubles)
MANUFACTURE NATIONALE DE LA SAVONNERIE (ATELIER DE LODÈVE), D'APRÈS EMILIO TERRY (1890-1969)
Tapis « Polylobes »
1999

fig. 203
Salon Pompadour (mur nord)
JOAN MIRÓ (1893-1983), MANUFACTURE DES GOBELINS,
Femme au miroir
tapisserie, laine et soie
2023 (en situation)
PARIS, MOBILIER NATIONAL, GOBT 1922

203

204

205

fig. 204
Salon Pompadour (côté est)
ÉTIENNE HAJDU (1907-1996),
MANUFACTURE DE LA SAVONNERIE
Tapis « Le Grand Cercle »
BISMUT & BISMUT
Tables basses « Wizzz »
2023
(en situation)
PARIS, MOBILIER NATIONAL,
GMTL 613 ET GME 18104 À 18707

fig. 205
Salon doré (angle sud-ouest)
VICTOR VASARÉLY (1906-1997),
MANUFACTURE DE LA SAVONNERIE
Tapis
Thierry Lemaire, bureau « *K* »,
sièges « *Passion* » de Philippe Starck,
« *Kami* » de Patrick Jouin et « *Ico* » de Ora-Ïto,
lampes « *Colonne* » d'André Dubreuil
2023
(en situation)
PARIS, MOBILIER NATIONAL

L'INVESTITURE DE CHARLES DE GAULLE

THIERRY SARMANT

206

Élu président de la République le 21 décembre 1958 par un collège électoral élargi, le général de Gaulle est investi dans la salle des fêtes du palais de l'Élysée le 8 janvier 1959[1]. Les symboles sont mûrement médités. Les deux présidents, Charles de Gaulle et René Coty, entrent ensemble dans le vaste vaisseau où sont assemblés les corps constitués au son de la marche de *Thésée* de Lully. Comme son prédécesseur, le général est en jaquette, non en uniforme – il faut faire oublier l'origine militaire de la crise qui l'a ramené au pouvoir. René Cassin, vice-président du Conseil d'État et président de la Commission constitutionnelle provisoire, proclame les résultats de l'élection avant que le général d'armée Catroux, grand chancelier de la Légion d'honneur, ne remette au nouveau président les insignes de grand maître de l'ordre et lui donne l'accolade. Il faut adoucir la transition d'un régime à l'autre : le dernier président de la IVe République rend d'abord hommage à son successeur (« Le premier des Français est désormais le premier en France ») avant que de Gaulle ne salue son prédécesseur, « grand citoyen quittant aujourd'hui avec une dignité parfaite le mandat qu'il a exercé d'une manière vraiment exemplaire ». Mais l'essentiel de son propos porte sur l'Algérie et sur l'Afrique[2]. L'ombre des centurions d'Alger plane sur la cérémonie (*fig. 206*).

Après les allocutions, les deux présidents serrent la main des assistants. Ils se rendent ensemble sur le perron du palais pour recevoir les honneurs de la Garde républicaine, entendre la *Marseillaise* et saluer le drapeau. Un déjeuner réunit ensuite les présidents et leurs proches collaborateurs. Pour finir, ils se rendront ensemble sous l'Arc de triomphe pour déposer une gerbe au Soldat inconnu.

Les références historiques ne manquent pas dans cette cérémonie : références monarchiques lointaines – la marche de Lully, la remise du grand collier –, références républicaines – la proclamation du résultat des élections par le Comité constitutionnel –, référence patriotiques – la *Marseillaise*, le salut au drapeau, la gerbe. En 1959, ce cérémonial est encore tout récent. Sous la IIIe République, les présidents étaient investis à Versailles sitôt après leur élection par l'Assemblée nationale réunissant Sénat et Chambre des députés. C'était là le véritable moment inaugural de leur mandat. La passation des pouvoirs et la remise des insignes de la Légion d'honneur avaient lieu à Paris, en petit comité. Ce n'est qu'en 1954 qu'un nouveau lustre fut donné à la passation de pouvoir proprement dite, entre le président sortant Vincent Auriol et son successeur René Coty, et c'est à ce moment que la salle des fêtes accueillit pour la première fois la remise des insignes et des allocutions devant une assemblée nombreuse[3]. En 1959, investiture et passation des pouvoirs se confondent : l'Élysée est désormais le lieu majeur où s'inaugure le pouvoir.

fig. 206
Cérémonie d'investiture du président Charles de Gaulle
8 janvier 1959
KEYSTONE, GETTY IMAGES

LE SALON DORÉ SOUS LES PRÉSIDENTS DE LA Ve RÉPUBLIQUE

HÉLÈNE CAVALIÉ

207

208

Au premier étage, au centre de la topographie élyséenne, avec vue sur jardin, le salon doré possède un décor réalisé pour l'impératrice Eugénie par le décorateur Jean-Louis Godon en 1861[1]. Au-dessus de la porte les initiales N et E entrelacés rappellent l'époque d'exécution. La corniche est restée dans son état du XVIIIe siècle.

Vincent Auriol y fit installer un mobilier Second Empire pour reconstituer les décors d'Eugénie[2]. Le salon faisait partie d'une suite aménagée par le couple Auriol pour accueillir les souverains étrangers en séjour officiel, comprenant la chambre du Roi, de la Reine, les salons doré et des dames, une grande salle à manger et un fumoir.

Le général de Gaulle décida de prendre possession de cet éphémère appartement des souverains du premier étage, pour y placer un ensemble de bureaux et une salle du Conseil.

Il installa son bureau au centre, dès le lendemain de son arrivée dans les lieux *(fig. 207)*. Henri Gleizes, administrateur du Mobilier national, raconte[3] les échanges d'urgence avec le cabinet du général de Gaulle lors de sa prise de fonction, afin d'installer le bureau présidentiel dans le salon doré : « Aucun des très beaux tapis en place n'ayant été jugé digne de devenir celui du bureau du président, une savonnerie exceptionnelle fut exigée pour le lendemain matin »… Un examen scrupuleux des pièces qui pouvaient convenir par les dimensions, style et état de conservation fut réalisé dans les réserves du Mobilier national. Un seul convenait, un tapis d'Ancien Régime, agrémenté de jaunes « auquel le temps avait donné une mielleuse patine ».

Verdict du cabinet après présentation : « Ce tapis ne serait pas mal mais la laine est en certains endroits plus haute qu'en d'autres ce qui traduit une évidente fatigue, de plus les tons sont fanés… – Mais, Monsieur, c'est une savonnerie royale qui offre le privilège de n'avoir jamais été profondément restaurée [répond l'administrateur du Mobilier national]. – Sans doute, mais, pour le Général, vous auriez pu vous donner la peine d'en choisir une qui fût à la fois d'époque et neuve ! »

fig. 207
Le président Charles de Gaulle reçoit le premier secrétaire du Parti communiste et président du Conseil des ministres de Bulgarie Todor Jivkov
13 octobre 1966
photographie
KEYSTONE-FRANCE CONTRIBUTEUR, COLLECTION GAMMA-KEYSTONE, GETTY IMAGES

fig. 208
MICHEL LAURENT
Le président Georges Pompidou en entretien avec le président du Gabon Omar Bongo
14 février 1974
photographie
COLLECTION GAMMA-RAPHO, GETTY IMAGES

209

On fit monter le bureau de l'ébéniste Charles Cressent hérité de Félix Faure qui l'avait fait venir de la Marine, et demeuré traditionnellement le bureau du président de la Vᵉ République jusqu'à François Hollande, excepté sous Valéry Giscard d'Estaing *(voir fig. 192)*[4]. On y installa un des flambeaux couverts en vermeil commandés par Napoléon Iᵉʳ à l'orfèvre Biennais, déjà utilisés par Vincent Auriol et René Coty[5]. On conserva le décor textile mis en place sous René Coty en 1946, le lustre, les flambeaux et la pendule, une grande table marquetée de Wassmus[6], les meubles d'appui Napoléon III[7] et une tapisserie des Gobelins, *Don Quichotte guéri de la folie par sa sagesse*[8].

Le salon doré est demeuré depuis lors le bureau officiel des présidents de la Vᵉ République, même si Valéry Giscard d'Estaing en fit un lieu de réunion pendant son septennat et préféra disposer d'un bureau de travail dans la « chambre de la Reine », à l'angle sud-est de l'étage.

210

211

L'ameublement fut retouché sous Georges Pompidou qui conserva tapis, bureau, lustre mais fit retirer pendule et flambeaux de la cheminée, fit ajouter un second flambeau couvert et une écritoire de vermeil de Biennais commandée pour l'empereur Napoléon Ier *(fig. 208)*[9]. Il fit remplacer les meubles d'appui Napoléon III par des médailliers en marqueterie Boulle[10], complétés par quatre petites consoles attribuées à Adam Weisweiler *(fig. 210)*[11] et troqua la tapisserie de Don Quichotte contre un Apollon d'après Monnoyer. Un changement de sièges pour les visiteurs fut aussi réalisé au profit de fauteuils Régence. On compléta l'ensemble avec une bibliothèque basse[12].

Le président Giscard d'Estaing ne se servit du salon doré que pour les événements officiels et la réception de chefs d'État *(fig. 209)*. Il garda l'essentiel du mobilier, reprit la tapisserie de Coypel et échangea la bibliothèque contre un canapé en bois doré Louis XV, période dont il était grand amateur.

Par la suite, le mobilier, a très peu changé, hormis les assises, sauf durant deux périodes. La première fois, durant le second septennat de François Mitterrand, lorsque fut installé un bureau bleu réalisé par l'ARC au Mobilier national sur le dessin de Pierre Paulin *(fig. 211)*[13], avant que ne fût réinstallé le traditionnel bureau pour son successeur Jacques Chirac. Le second changement est intervenu sous la présidence d'Emmanuel Macron. Le président reçoit dans ce bureau officiel dont les décors ont été restaurés à l'été 2020. La savonnerie Louis XIV de la Grande Galerie du Louvre, le bureau Cressent Louis XV, les consoles Louis XVI, les sièges Empire et les médailliers Boulle ont laissé place à un ameublement contemporain, noir et or : le bureau *K.* noir de Thierry Lemaire aux lignes épurées[14], deux savonneries jaune d'or et noir d'après Vasarely, et un coin salon autour d'un canapé et d'une table basse. Emmanuel Macron a choisi comme le président Giscard d'Estaing de faire aménager un bureau de travail dans la « chambre de la Reine », à l'angle sud-est de l'étage. Le bureau de Cressent a, quant à lui, trouvé place dans le salon Murat.

fig. 209
JEAN-RÉGIS ROUSTAN
Le président Valéry Giscard d'Estaing dans le salon doré avec le bureau de Riesener mis en place pour la photographie
23 octobre 1974
photographie
ROGER VIOLLET

fig. 210
ADAM WEISWEILER (1746-1820)
Console
1774-1789
ronce d'acajou, bronze et marbre,
92 × 60 × 44 cm
PARIS, MOBILIER NATIONAL, GME 11201

fig. 211
DANIEL SIMON
Le président François Mitterrand, lors de son second mandat, reçoit Valéry Giscard d'Estaing
26 février 1990
photographie
COLLECTION GAMMA-RAPHO, GETTY IMAGES

LES APPARTEMENTS DES POMPIDOU

LUCILE MONTAGNE

212

À la demande du couple Pompidou, quatre pièces des appartements privés de l'Élysée furent réaménagées en 1971, sous l'égide du Mobilier national et de son Atelier de recherche et de création, auquel le président avait déclaré vouloir faire appel en visitant l'institution, ainsi que grâce à des prestataires de confiance, tels Dennery, Alpha International ou Verre Lumière[1]. L'artiste israélien Yaacov Agam (né en 1928) conçut une antichambre, environnement cinétique total, recouvert du sol au plafond *(voir fig. 194)*. Cette véritable polyphonie chromatique, en 189 couleurs, était l'occasion pour l'artiste de présenter à l'échelle de l'architecture d'intérieur son principe d'œuvre en mouvement, changeant selon le point de vue du spectateur. Au sol, un tapis de Savonnerie, aux murs des panneaux peints et des plaques de Transacryl colorées, au plafond des profilés aluminium en biseau permettaient de démultiplier poétiquement les compositions abstraites et, selon le souhait d'Agam, de « dépasser les considérations purement décoratives et donner à la surface un caractère d'émerveillement magique ». « L'ensemble est un geyser de couleurs changeantes, [...] un lieu et un espace enveloppant où jouent les variations de quelque deux cents coloris d'une pimpante fraîcheur[2]. »

De son côté, Pierre Paulin (1927-2007) imagina trois pièces aux tonalités grèges, en contraste total avec l'antichambre, formant un espace « apaisant et rassurant[3] ». Ne pouvant intervenir sur les murs de l'Élysée ni réaliser de travaux bruyants, le créateur conçut un système autoportant et démontable : « l'architecture, je l'ai voilée, j'ai resculpté les pièces, pour créer une sorte d'igloo, de tente[4] ». Murs et plafonds étaient recouverts d'un lainage beige, une couleur sobre déclinée dans le mobilier et le sol, souhaitée par le couple présidentiel et rare à l'époque dans l'univers du designer.

Le salon dit des Tableaux (actuel salon des Fougères) *(voir fig. 195)* accueillait dans un écrin empreint de sobriété et de délicatesse, meublé de canapés et fauteuils en cuir retourné, des toiles de Delaunay et Kupka, signe du goût du président pour la peinture moderne. Le fumoir (actuel salon-bibliothèque) *(fig. 212)*, dans le prolongement, se présentait comme un manifeste des idées de Paulin en matière d'aménagement intérieur : cocon tendu de textile, au plafond bas, aux sièges intégrés dans l'architecture, et où les murs disparaissaient. Les appliques en métal laqué aux formes rondes, qui reprenaient celles des lampadaires des pièces attenantes, apportaient un éclairage tamisé, tout comme la table basse lumineuse, aux délicats pétales de plexiglas. Près de la fenêtre, une bibliothèque composée de blocs en plexiglas assemblés en quinconce, fermait la perspective de cette pièce intime, où Mme Pompidou aimait recevoir. Venait ensuite la salle à manger *(fig. 214)*, ornée de panneaux de polyester moulé laqués, imitant une coque de bateau renversée habillée d'une large suspension lumineuse en verre *(fig. 213)*. Les deux tables rondes à plateau de verre fumé ainsi que les assises étaient pourvues de piètements en fonte d'aluminium inspirés d'Alvar Aalto (1898-1976) et d'Eero Saarinen (1910-1961), recouverts d'une peinture Nextel, utilisée dans les cabines Apollo. Dessertes fixes et roulantes complétaient cet ensemble, tandis qu'une jardinière, jamais installée, devait apporter un peu de fraîcheur.

Adjacent à la salle à manger, un couloir donnant sur l'office était paré de nouveaux

213

214

panneaux en résine, dont certains dissimulaient des portes coulissantes, dans une esthétique qui s'inspirait du vocabulaire des navires. Le plafond était orné d'une sculpture lumineuse en feuilles d'aluminium souples, « long ruban ondoyant dont les vagues conduisent le visiteur d'une pièce à l'autre[5] ». Enfin, cet aménagement se concluait par un espace de sanitaires, conçus dans le même esprit : murs peints de beige, plafond moulé au motif floral, et une attention à chaque détail, des porte-serviettes sobres en métal jusqu'aux vasques entourées de loupe de madrona.

La salle à manger, seule pièce à être restée en place en dehors du couloir de l'office et des sanitaires, marque encore au sein de l'Élysée cette entrée de la modernité et d'une nouvelle façon d'habiter dans les années 1970. Le salon Agam, de son côté, est réinstallé au Musée national d'art moderne, consacrant ainsi un des aménagements les plus audacieux de ce palais classique.

fig. 212
PIERRE PAULIN (1927-2009) ET ARC
Fumoir des appartements semi-privés
1971
PARIS, MOBILIER NATIONAL

fig. 213
PIERRE PAULIN (1927-2009) ET ARC
Plafond lumineux
1971
polyester moulé et verre
(en situation)
PARIS, MOBILIER NATIONAL

fig. 214
PIERRE PAULIN (1927-2009) ET ARC
Salle à manger des appartements semi-privés
1971
(en situation)
PARIS, MOBILIER NATIONAL

LE BUREAU PARTICULIER DE VALÉRY GISCARD D'ESTAING

HÉLÈNE CAVALIÉ

215

Durant son septennat, de 1974 à 1981, Valéry Giscard d'Estaing utilisa le salon doré pour recevoir les chefs d'État étrangers mais choisit rapidement de disposer d'un second bureau pour son travail quotidien. Cette pièce, conçue comme un véritable cabinet, se trouve également à l'étage, dans l'angle sud-est, à l'emplacement de l'ancienne chambre de l'impératrice Eugénie [1]. Elle offrait l'avantage de communiquer plus aisément avec les appartements privés. Le Président, grand connaisseur du XVIIIe siècle, fit aménager ce cabinet privé dans une ambiance qui rappelait son ameublement du ministère des Finances, au palais du Louvre, rue de Rivoli. Il en fit venir les meubles les plus importants auxquels il s'était attaché, en particulier le bureau plat en acajou et bronzes dorés de l'ébéniste Jean-Henri Riesener, livré en 1786 pour le contrôleur général des Finances, qu'il avait utilisé en tant que ministre de 1962 à 1966 puis de 1969 à 1974 *(fig. 216)* [2].

216

Il fit encore venir des Finances une pendule aiguière montée en bronze doré, d'époque Louis XVI, à cadrant tournant *(fig. 217)*[3], placée sur la cheminée, et un meuble pupitre en bois de rose.

Les tentures murales et les rideaux furent confectionnés avec un damas bleu et or de style Louis XVI, tout comme les sièges Louis XVI en bois peint en blanc et estampillés Adrien Pierre Dupain *(fig. 215)*[4].

La glace au-dessus de la cheminée céda la place à une portière de Diane aux armes de Stanislas Leszczynski, roi de Pologne, duc de Lorraine, beau-père de Louis XV, tissée à la manufacture des Gobelins sur le dessin de Pierre Josse Perrot[5]. Les autres murs accueillirent une autre tapisserie des Gobelins, *Pygmalion amoureux de sa statue*, d'après Jean Restout[6], deux tableaux d'Hubert Robert et deux paysages de Jean-Pierre Houël[7]. Quatre petites consoles d'Adam Weisweiler provenant du bureau du président Pompidou furent ajoutées[8] et deux flambeaux couverts de Martin Guillaume Biennais précédemment à Matignon et qui ornaient initialement la salle du Conseil au palais des Tuileries[9]. L'attachement du président pour cette époque et son mobilier est bien connu : il avait donné son haut patronage à l'exposition *Louis XV, un moment de perfection de l'art français* en 1974 à la Monnaie de Paris. Il choisit donc des ameublements XVIIIe pour l'Élysée où il fit installer un portrait en pied de Louis XV. Il devait acquérir à titre privé tout au long de sa vie de nombreuses pièces d'époque Louis XV et surtout Louis XVI[10]. Le président, d'une tout autre génération que les précédents, choisit enfin d'agrémenter son bureau de quelques bibelots et de photographies privés, pratique alors nouvelle.

Ses successeurs restituèrent au salon doré sa pleine fonction de bureau. En revanche, le président Emmanuel Macron, comme Valéry Giscard d'Estaing avant lui, a repris l'usage de ce second bureau particulier.

217

fig. 215
Le Président Giscard d'Estaing dans son bureau privé
in *Valéry Giscard d'Estaing, l'homme qui voulait changer la France*
Le Point, 5 décembre 2020

fig. 216
JEAN-HENRI RIESENER
Bureau plat
1786
acajou et bronze doré, 77 × 196 × 102 cm
PARIS, MOBILIER NATIONAL, GME 17280

fig. 217
Pendule à cadran tournant
dernier tiers du XVIIIe siècle
tôle et bronze doré
(en situation)
PARIS, MOBILIER NATIONAL, GML 9272

LES APPARTEMENTS DES MITTERRAND

LUCILE MONTAGNE

218

S'inscrivant dans la lignée des Pompidou, le couple Mitterrand décida du réaménagement des petits appartements privés de l'Élysée au premier étage de l'aile est et fit appel à cinq créateurs pour meubler chacune des pièces[1]. Le Mobilier national fut chargé de la coordination des commandes et du financement des mobiliers, réparti à égalité selon le nombre de pièces conçues, tandis que le Fonds de la commande publique se consacra aux deux plafonds peints de Gérard Garouste (né en 1946) et Denis Rivière (1945-2020) qui complétaient l'ensemble. L'ambition était à la fois la modernisation du palais et le soutien aux architectes d'intérieur et designers : ce « chantier exemplaire [...] devra déboucher sur la fabrication industrielle et la diffusion des modèles créés à l'occasion[2] ».

Les cinq créateurs retenus après consultation de la présidence s'illustraient par leurs talents variés ; ils témoignaient « des expressions diverses [qui] coexistent et se renforcent mutuellement » à l'époque et proposaient chacun un univers propre, tandis que « l'unité et la continuité de l'espace [étaient] assurées par le choix des matières et des couleurs, notamment pour ce qui est du traitement du sol et des espaces de transition[3] ». Chacun imagina ce que pourrait être le lieu de vie du couple présidentiel : un « décor[4] », une « architecture sémantique[5] », ou encore une « vitrine du meuble français[6] ».

Ronald Cecil Sportes (né en 1943), pour le petit salon de télévision, imagina des meubles très ancrés dans la veine technologique des années 1980 : canapés, luminaires et tables aux verres gravés s'agrémentaient de pièces métalliques laquées ou chromées et d'une omniprésence de la couleur noire. À l'opposé, Marc Held (né en 1932), chargé du réaménagement d'un grand salon servant de salle à manger, s'inscrivit dans la tradition de l'ébénisterie, tendance qui connaissait alors un retour en grâce. Pour ses sièges, tables, paravents et buffets, il fit appel à des artisans qui travaillaient le multiplis de bouleau, donnant un aspect chaleureux à sa pièce complétée d'un tapis aux couleurs claires et d'un canapé d'angle en cuir beige *(fig. 219)*. Son aménagement fut parachevé par l'installation d'un fauteuil de repos et d'un pouf en cuir noir et métal laqué rouge, destiné à être placé côté jardin, imaginé par Marc Alessandri (1932-2003) auquel il était associé.

Pour la chambre d'amis, Annie Tribel (née en 1933) imagina quatre assises aux piètements de bois ou métal tubulaire, tendues de textile gris. Philippe Starck (né en 1949) installa dans le bureau du président une table et des sièges aux formes angulaires qu'il affectionnait. Pour la chambre de Danielle Mitterrand, univers à parois obliques doté d'une coiffeuse chromée, il ajouta un peu de confort grâce à un tapis dessiné par sa compagne Brigitte Laurent et un fauteuil club revisité garni de cuir fauve *(fig. 220)*[7]. Enfin, Jean-Michel Wilmotte (né en 1948) aménagea la chambre du président et le couloir attenant de granit blanc et de meubles en chêne cérusé, ornés d'un quadrillage métallique décliné sur le lit, les consoles, les meubles bas et même le pare-feu. Ordre et géométrie dominaient dans ce lieu reposant où le calme était exprimé par l'utilisation de matériaux « qui savent vieillir, se patiner[8] » *(fig. 218)*.

Quelques années plus tard, en 1985, Danielle Mitterrand poursuivit cette entreprise de soutien aux créateurs en confiant à Isabelle Hebey (1935-1996) l'aménagement de son bureau dans le « salon de la coupole », dont le mobilier conçu par l'ARC était en frêne et métal noir. Ces commandes étaient particulièrement représentatives des différentes tendances de design de l'époque et formaient un instantané de la création mis en valeur au Salon des artistes décorateurs à l'automne 1983, sous le thème « Habiter c'est vivre ». Certains meubles conçus pour l'Élysée y furent exposés, juste avant leur installation dans le palais en février 1984. Une belle opportunité pour découvrir l'intimité d'un président qui souhaitait davantage ouvrir l'Élysée au public, et avait même proposé durant sa campagne de transformer le lieu en musée et d'installer les services de la présidence à la Défense.

fig. 218
JEAN-MICHEL WILMOTTE (né en 1948)
Chambre du président Mitterrand
1983
PARIS, MOBILIER NATIONAL

fig. 219
MARC HELD (né en 1932)
Chaise
1983
bouleau multiplis et acier brossé, 75 × 49 cm
PARIS, MOBILIER NATIONAL, GMT 27233/1

fig. 220
PHILIPPE STARCK (né en 1949)
Fauteuil club
1983
aluminium et cuir, 89 × 93 × 57 cm
PARIS, MOBILIER NATIONAL, GMT 27213

219

220

LA *GARDEN-PARTY* DU 14 JUILLET À L'ÉLYSÉE

HÉLÈNE CAVALIÉ

221

La *garden-party* est une institution anglaise. L'expression apparaît dans le dictionnaire anglais-latin de Robert Ainsworth, *Thesaurus linguae latinae compendarius* en 1736.
À la belle saison, l'aristocratie anglaise recevait en plein air à l'instar de la monarchie.
La *garden-party* se différenciait d'une fête familiale, d'une réception donnée pour une occasion particulière, d'une invitation pour le thé, une soirée ou encore un pique-nique. Elle constituait un rendez-vous de la saison, si possible régulier, organisé, formel. L'élargissement des salles de réception dans les résidences de la gentry et la création de serres permettaient un repli en cas de pluie, le beau temps donnant quant à lui le loisir de faire découvrir à ses invités la qualité d'un parc ou d'une roseraie. L'ensoleillement et la stabilité météorologique de juillet désignaient ce mois comme celui de la *garden-party*.

À la fin du XIXe siècle, le terme comme la pratique de la haute société d'inviter largement durant la journée passa outre-Manche. Le *Grand dictionnaire universel du XIXe siècle* de Pierre Larousse, paru entre 1866 et 1877, se fit l'écho de l'apparition de ce mot en France « On nomme en Angleterre "*garden-party*" des fêtes mondaines en plein air qui ont lieu dans la journée [...]. Les journées "*garden-party*" et le *lawn tennis* tendent de plus en plus à s'acclimater en France. »

L'Élysée, devenu résidence nationale, offrait déjà un cadre à des fêtes estivales officielles.

222

Napoléon III y reçut par exemple en 1854 Lord Raglan, le duc de Cambridge et leur suite pour une fête dans les jardins *(fig. 221)*[1]. Lorsque l'événement avait lieu le soir, on pouvait ajouter des lampions.

Le président Carnot reçut beaucoup *(fig. 222)*. C'est sous son mandat, en 1888, que se tint la première *garden-party* du 14 juillet sur le modèle britannique. L'événement qui se maintint durant la IIIe, la IVe et le début de la Ve République demeurait la dernière fête assimilable aux anciennes réjouissances de la cour française. Les représentants des corps constitués, ambassadeurs, ministres, parlementaires et une large série de personnalités étaient invités.

La présidence de Charles de Gaulle maintint un nombre d'invités encore assez réduit, avec une forte proportion de militaires dans cet univers d'anciens combattants. En 1964, il autorisa les caméras de l'ORTF à filmer cette fête. Les Pompidou convièrent aussi le monde des arts. À partir du président Giscard d'Estaing, 700 couples furent invités, choisis pour leurs actions, tandis que pour cette première édition, l'Élysée accueillait 13 000 visiteurs. La première de ces « traditions » fut maintenue, Jacques Chirac choisissant d'y faire venir aussi des jeunes sélectionnés pour leurs engagements. Le jean et les baskets côtoyèrent désormais les uniformes, les costumes de parlementaires masculins et les quelques chapeaux, plus rares, des élégantes. L'événement, largement couvert par la presse illustrée et la télévision, montre

fig. 221
« Fête donnée par l'Empereur au palais de l'Élysée pour Lord Raglan, le duc de Cambridge et leur suite dans les jardins de l'Élysée »
The Illustrated London News, 29 avril 1854, p. 384
PARIS, BIBLIOTHÈQUE NATIONALE DE FRANCE, H64345

fig. 222
HENRI AUGUSTE DOCHY,
graveur (1851-?)
ET STANISLAW REJCHAN,
dessinateur (1858-1919),
D'APRÈS PIERRE PETIT,
photographe (1831-1909)
« La dernière garden-party de Madame Carnot dans le jardin du palais de l'Élysée »
Le Monde illustré, 1888
gravure sur bois, 1888
PARIS, MUSÉE CARNAVALET

LA *GARDEN-PARTY* DU 14 JUILLET À L'ÉLYSÉE

223

les buffets mettant à l'honneur la gastronomie et les vins des territoires[2]. 2 000 à 7 500 visiteurs furent conviés selon les décennies à cette réception, la plus importante de l'année, qui constituait un défi du point de vue de l'organisation, de l'intendance et de la sécurité pour le palais, son jardin et ses pelouses mises alors à l'épreuve, la foule devenant dans les dernières années de plus en plus compacte *(fig. 223)*[3]. Peu à peu, des invités d'honneur y furent conviés, comme Nelson Mandela en 1994[4], l'équipe de France de football après sa victoire à la Coupe du monde en 1998, Ingrid Betancourt après sa libération en 2008, ou l'Inde en 2009 pour la dernière *garden-party*, qui coûta 732 826 euros[5]. La fête se préparait alors dès le mois de mai, selon l'intendant du palais[6].

Elle fut supprimée pour l'année 2010 par le président Sarkozy dans le cadre des réductions de la dépense publique, à la suite de la crise financière de 2008. Une réception plus modeste a subsisté à l'hôtel de Brienne, le 13 juillet.

Le palais de l'Élysée continue d'accueillir des visiteurs tout au long de l'année à de nombreuses occasions comme lors des Journées européennes du patrimoine ou des conventions citoyennes, par exemple.

fig. 223
DANIEL SIMON
Tables dressées dans le jardin du palais de l'Élysée pour la traditionnelle garden-party le 14 juillet 1989
photographie
COLLECTION GAMMA-RAPHO, GETTY IMAGES

fig. 224
Façade sur jardin depuis le jet d'eau
2023

Une vitrine des métiers d'art et des arts décoratifs français

8

Une vitrine des métiers d'art et des arts décoratifs français

Les résidences de la République reçoivent du Mobilier national des créations, issues des manufactures nationales, de l'Atelier de recherche et de création (ARC) et d'acquisitions annuelles auprès de designers. La mission d'ameublement du Mobilier national fait vivre ses collections, en jouant véritablement le rôle d'ensemblier. Le palais de l'Élysée offre le plus bel écrin pour valoriser les savoir-faire et l'innovation dans les arts décoratifs français auprès des hôtes étrangers, dans la continuité de ses illustres occupants que furent la marquise de Pompadour, Caroline Murat ou encore le président Pompidou.

Depuis mai 2017, le souhait présidentiel de renouveler l'esprit des lieux a conduit la mission ameublement à repenser les aménagements des espaces de réception. En effet, qui dit espace de réception de palais officiel dit grands volumes, hauteur sous plafond d'un minimum de cinq mètres, décors fixes de boiseries la plupart du temps classés monuments historiques. Ainsi, afin de renouveler l'esprit des lieux, les nouvelles propositions d'ameublements devaient correspondre à des critères de proportions, de noblesse des matières, d'exigence en termes de façon d'ébénisterie, de menuiserie, de bronze, de travail du métal, de tapissage et de finitions. Chaque objet devait être à la hauteur du palais et de sa fonction mais aussi être en mesure de succéder à des mobiliers devenus historiques. Ces biens devaient pouvoir se substituer aux pièces anciennes en contentant l'œil et en s'intégrant sans heurt aux décors des XVIIIe et XIXe siècles. Un cahier des charges en apparence assez simple pour un défi majeur.

fig. 225
PHILIPPE ANTHONIOZ (né en 1953)
Poignées de porte de l'antichambre du président
bronze patiné et partiellement doré
(en situation)
PARIS, MOBILIER NATIONAL,
GML 11231 À 11238

fig. 226
JEAN-PAUL MOREL ET PHILIPPE CHAIX, ARC
Bureau
2001
érable et contreplaqué, 73 × 220 × 90 cm
PARIS, MOBILIER NATIONAL,
GMC 512

DES PIÈCES CONTEMPORAINES EN FILIGRANE

Les changements les plus significatifs furent ceux voulus par le président Auriol dans l'immédiat après-guerre[1] pour les salons du premier étage, suivis de la révolution visuelle des Pompidou caractérisée par les décors de Pierre Paulin (1927-2009) et Yaacov Agam (né en 1928)[2].

Après un regain d'intérêt pour le mobilier d'époque XVIIIe sous le président Giscard d'Estaing et le démontage de trois salons sur quatre de l'aile est, le mobilier contemporain revint lors du second septennat du président Mitterrand. Pour une part, plus confidentielle, dans les appartements privés[3] et, d'autre part, dans l'antichambre du président à l'étage avec une commande de mobilier en bronze patiné et pierre de Grimaud à Philippe Anthonioz (né en 1953)[4], qui comprenait deux consoles, deux lampadaires, deux tabourets, une table basse, dans un programme décoratif incluant même les poignées de portes menant au secrétariat général et au salon vert, toujours en place *(fig. 225)*; à cela s'ajoutait un tapis tufté d'après le modèle *Suomi* de Jean-Michel Meurice (1938-2022)[5] et un ensemble de salon *Utrecht* de Gerrit Thomas Rietveld (1888-1964)[6]. Les boiseries du salon des Tapisseries furent patinées dans un ton terre de Sienne et le mobilier ancien, composé de sièges de style Louis XVI en bois doré, tapis de la Savonnerie et tapisseries de la tenture de l'Histoire de Scipion d'après Jules Romain (vers 1492-1546)[7], resta en place. L'apport notoire était l'ensemble bleu à filets roses conçu par Pierre Paulin pour le cabinet de travail du président associé au tapis de la Savonnerie d'époque Louis XIV resté en place.

225

Sous le président Chirac, les salons officiels demeurèrent très classiques, hormis lors d'aménagements éphémères – appelés « corvées » dans le jargon du Mobilier national – tels que ceux réalisés pour les interviews du 14 juillet. En 2001, le président Chirac reçut les journalistes[8] dans le bureau d'angle entouré d'un mobilier récemment prototypé par l'ARC: bureau et fauteuils aux lignes épurées en érable, signés des architectes Philippe Chaix et Jean-Paul Morel *(fig. 226)*[9], sur un tapis tissé à la manufacture de la Savonnerie, *Formes*, d'après Geneviève Asse[10]. Ces pièces minimalistes se mêlaient aux tableaux modernes et aux sièges d'époque Louis XVI en bois sculpté, laqué blanc et garnis de damas, ameublement traditionnel de cette pièce, tendue d'un damas Tassinari & Chatel, où le président Giscard d'Estaing avait installé son cabinet de travail[11].

226

La période fut également marquée par une importante commande de sièges contemporains au designer Christophe Pillet (né en 1959)[12] en 2000 à l'initiative du président Chirac pour la tribune présidentielle installée place de la Concorde chaque année lors de la cérémonie du 14 juillet *(fig. 227)*[13], en remplacement des fauteuils de style Empire en bois doré garnis de velours rouge traditionnellement utilisés[14]. Au tournant du XXIe siècle, un mobilier en prise avec son temps devait intégrer le proscenium de cette tribune, vue par des millions de Français chaque année. Le chantier fut piloté par le Mobilier national, l'ARC prototypa trois assises : un fauteuil présidentiel à haut dossier, un fauteuil « haute personnalité » aux proportions légèrement moindres et une chaise. Ces sièges sont toujours en usage et, au-delà de leur fonction initiale, ont d'abord intégré des aménagements éphémères, puis ont récemment trouvé place dans le salon des Tapisseries. Bien que resté assez confidentiel, l'aménagement du cabinet de travail du secrétaire général était composé de meubles spectaculaires : bureau de Pierre Guariche (1926-1995)[15], réalisé par l'ARC, à l'origine pour le bureau du préfet de l'Essonne, aux proportions et à la forme elliptique singulières *(fig. 228)*, assorti à une table de réunion *Cathédrale* de Pierre Paulin[16], à une tapisserie d'Étienne Hajdu (1907-1996)[17], *Songe au lever du jour*, tissée en 1992 par la manufacture nationale de Beauvais, et des sièges *Bigframe* d'Alberto Meda (né en 1945)[18]. Trouver l'harmonie dans cette pièce où domine une tenture en tissu rose relevait du tour de force.

Sous le président Sarkozy, le grand chantier de rénovation de la salle des fêtes eut lieu entre 2010 et 2011 avec le changement de la moquette, dont le motif évolua subtilement, et des décors textiles : la brocatelle fut remplacée par un damas Trevira à motifs XVIIIe tissé chez Prelle à Lyon et les passementeries, légèrement allégées sur les bandeaux[19]. Les ameublements des grands salons restèrent dans les mêmes goûts XVIIIe et Empire. L'entretien des sièges en bois doré amena quelques roulements entre des séries emblématiques des collections du Mobilier national, notamment dans l'antichambre au riche décor composé de mobilier Empire, des deux tapisseries de la tenture de l'Histoire de Don Quichotte d'après Charles Antoine Coypel (1694-1752)[20] et d'une Savonnerie de style Louis XIV[21]. L'ensemble à têtes ailées garni d'un lampas bleu et or[22], ayant figuré au château de Fontainebleau, remplaça celui[23] commandé par le prince Murat pour le salon de famille de l'Élysée qui était à restaurer. Durant cette période on installa dans l'escalier d'honneur le carton *L'Europe* de François Dubois d'après Saint-Ange

227

(1780-1860), tandis que le tapis d'escalier à fond bleu et bordures à oves jaunes laissa place à un modèle aux motifs d'inspiration Empire[24]. Le salon des Portraits subit une modification stylistique et fonctionnelle[25] avec le président Sarkozy qui formula en 2007 le désir d'y placer son bureau. On retrouvait le bureau Chaix et Morel en bois clair, déjà utilisé lors d'interviews par le président Chirac *(fig. 226)*, sur un tapis tissé à l'atelier de Lodève de la manufacture nationale de la Savonnerie, *Polylobes*, d'après un modèle d'Emilio Terry (1890-1969)[26] aux motifs décoratifs *(voir fig. 202)*. Ils apportent une note audacieuse à cet aménagement sobre complété d'un coin salon composé de fauteuils *W* d'Andrée Putman[27] et d'une table basse, dont la structure donne une impression d'instabilité[28]. L'ARC fut sollicité pour la fabrication d'une console[29] supplémentaire adaptée au format du panneau à droite de la cheminée, pour compléter ce nouvel espace baptisé bureau d'été du président. Enfin, un ajout plus discret eut lieu dans le salon des Fougères, pièce de l'aile semi-privée, traditionnellement affectée à l'usage de la Première Dame, avec un coin salon également dû à Andrée Putman[30], dont les lignes des sièges *Lotus* empreintes d'un classicisme moderne s'intégraient parfaitement aux aménagements alors essentiellement composés de mobiliers d'époque.

À l'arrivée du président Hollande, le salon des Portraits retrouva sa vocation de salon de réception et fut remeublé de l'ensemble d'époque Louis XVI en bois doré garni du lampas aux mésanges, le tapis Louis XV qui s'y trouvait précédemment ayant remplacé celui du salon des Aides de camp, un grand tapis velours d'époque Restauration[33], provenant des ameublements Rothschild à l'hôtel de Marigny, prit place.

fig. 227
CHRISTOPHE PILLET
Chaise de la tribune du 14 juillet
2000
louro preto massif, contreplaqué moulé, cuir, 90 × 43 × 65 cm
PARIS, MOBILIER NATIONAL, GMT 31735/7

fig. 228
PIERRE GUARICHE ET ARC
Bureau et fauteuil de bureau
1969
ébène, acier, cuir, 720 × 356 × 137 cm
PARIS, MOBILIER NATIONAL, GMC 139/1 ET 140

228

Ce quinquennat entraîna peu de nouveautés dans la décoration du palais de l'Élysée, si ce n'est le remplacement de l'ensemble de sièges Napoléon III en damas vert capitonné du salon de la Cartographie, par un salon couleur chocolat. Il faut noter que les assises de la salle à manger Paulin, traditionnellement installées uniquement pour les Journées européennes du patrimoine, furent maintenues en place à la demande du président qui appréciait ce salon. Par ailleurs, le président utilisa du mobilier contemporain lors d'interviews, notamment la table *Seven* de Jean-Marie Massaud (né en 1966) le 14 juillet 2014 et le grand bureau, en acier inox et plateau gainé de cuir taupe, de Frédéric Ruyant (né en 1955), réalisé en 2007 par l'ARC, lors d'un entretien avec les médias internationaux en 2012, dans le salon des Portraits. Quant à la directrice de cabinet Sylvie Hubac, elle fut affectataire d'un mobilier remarquable réalisé par l'ARC dans l'ancien appartement du roi de Rome, au deuxième étage, divisé alors en cabinets de travail : l'ensemble est composé d'un bureau en poirier et de six fauteuils, garnis de tissu noir, de François Bauchet (né en 1948)[34].

RENOUVELER LES DÉCORS D'UN PALAIS DE LA RÉPUBLIQUE

Les décors contemporains, comme pendant la période du président Pompidou, étaient relativement circonscrits. Il s'agissait soit d'un seul ameublement pris dans l'enfilade des salons XVIIIe et Empire, soit d'un aménagement ponctuel, soit de l'aile semi-privée. Ainsi, certaines tapisseries étaient accrochées depuis les années 1950 et les ameublements du palais n'avaient presque pas changé en quarante ans, évoluant parfois au gré des restaurations, mais toujours vers des pièces similaires. Ils semblaient marqués du sceau de la IIIe République, sans qu'il ne soit possible d'imaginer la moindre modification cosmétique. Le sujet de l'entretien des collections finit par être problématique lorsque même leur remplacement provisoire, par des œuvres de même époque et de qualité similaire, est reporté. Les chantiers estivaux menés par l'OPPIC et les architectes des monuments historiques sont autant d'occasions de restaurer les biens au Mobilier national mais ne sont pas alors systématiquement corrélés à une réflexion d'ensemble sur les décors. Le réaménagement global des salons du pavillon central et de l'aile semi-privée du palais de l'Élysée en mobilier contemporain, ne s'est pas imposé immédiatement. Toutefois, la démarche volontariste en faveur de la création vivante, permettant aussi le renouvellement et la préservation des pièces anciennes, ouvre de nouveaux horizons pour le soutien aux arts décoratifs et au design du XXIe siècle.

Après une visite de la Première Dame au Mobilier national, lors de la tombée de métier du tapis *Cortex* de Christian Jaccard *(fig. 229)*[35] le 22 juin 2017, il fut décidé de revoir prioritairement les espaces de travail. Dans un premier temps, le président Macron a souhaité transformer le bureau d'angle en cabinet de travail. Sous les mandats précédents, la vocation de cette pièce avait évolué d'un bureau utilisé pour des conseillers à une salle de réunion où avaient été installés une grande table ovale de Florence

fig. 229
CHRISTIAN JACCARD, MANUFACTURE DE LA SAVONNERIE
Tapis Cortex-Tondo 2008-1
2017
laine, D. 480 cm
PARIS, MOBILIER NATIONAL, GOB 1599

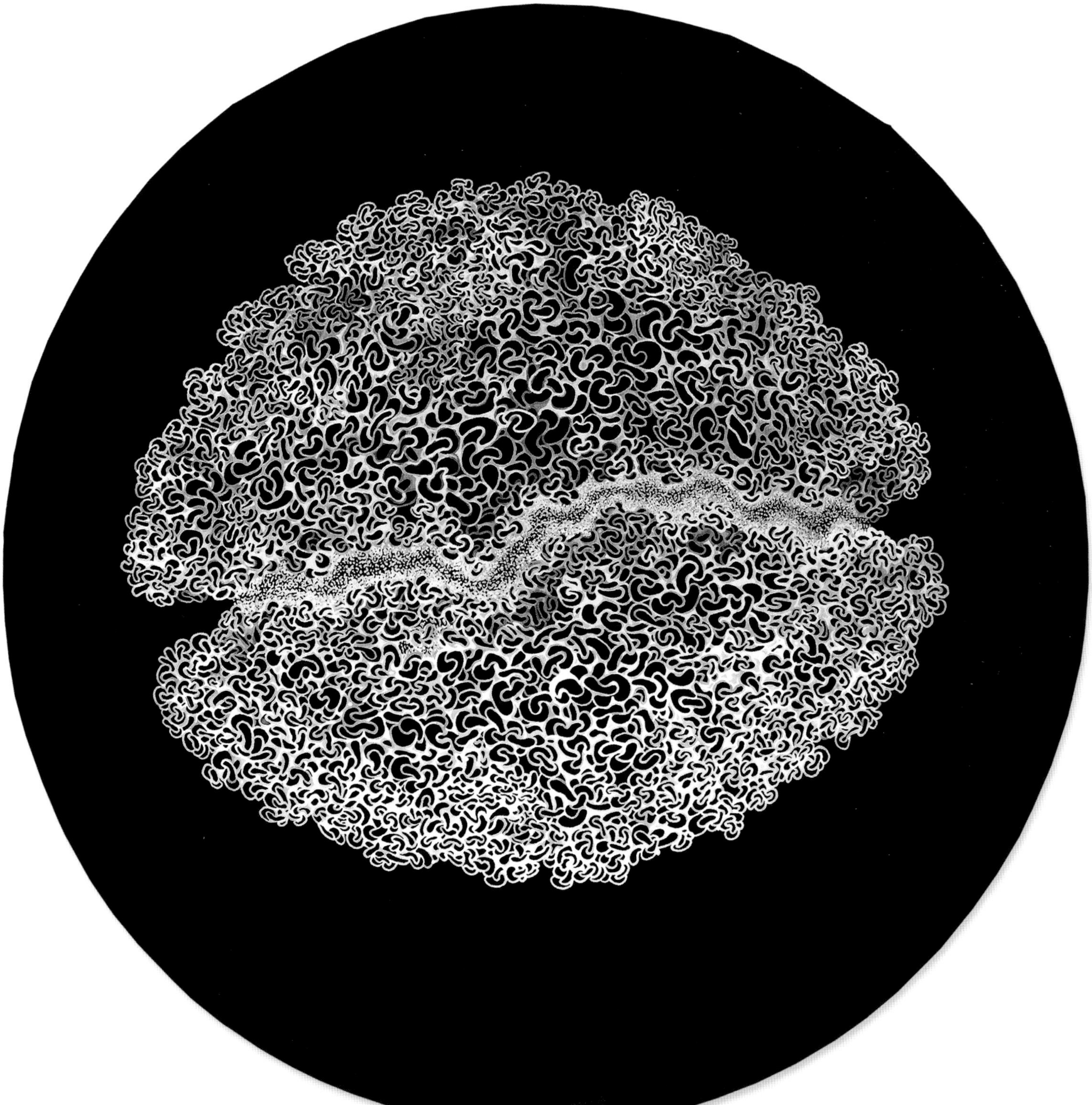

Knoll[37] et des canapés contemporains en cuir taupe sur une savonnerie *Instabilis* d'après Julio Villani[38] (né en 1956). La tenture aux motifs XVIIIe, posée cinquante ans plus tôt, avait été remplacée en 2015 par un tissu contemporain tramé ivoire. L'aménagement évolua donc vers une ambiance studieuse aux tonalités gris clair et noire. Élément principal, le bureau en béton de Francesco Passaniti[39] (né en 1952) aux formes rigoureuses est installé dos à la salle de bains de l'impératrice. Des sièges visiteurs *Mabelle* de Patrick Jouin[40] (né en 1967) furent ajoutés, la table Knoll fut maintenue pour la partie réunion, associée à des chaises *Frida* d'Odoardo Fioravanti[41], modèle ayant reçu le Compasso d'Oro en 2011, avec des tapisseries *Lavande* de Pierre Alechinsky[42] et *Encre de Chine* d'Hans Hartung[43] tissées à Beauvais. Un coin salon *Aura*, garni de cuir noir, signé de l'architecte Paolo Piva[44] (1950-2017) ainsi que des bouts de canapé *Fût*, en chêne des marais, de Jérôme Faillant-Dumas[45] (né en 1957), complètent cet ensemble installé en juillet 2017. Au rez-de-chaussée de l'aile est, dans le salon des Fougères, bureau affecté à la Première Dame, c'est l'ARC qui est à nouveau à l'honneur avec un ensemble dessiné par matali crasset (née en 1965)[46] *(fig. 230)*. Le bureau repense la façon de travailler par son grand plateau flanqué de deux caissons à tiroirs latéraux, permettant d'avoir les documents à la hauteur de la table de travail. Ce meuble élégant gainé de deux tons de cuir beige et d'un piètement en aluminium anodisé, s'assortit à la tenture qui domine et à la paire de consoles d'époque Louis XVI[47]. Les sièges installés autour d'une table de réunion *Jane*, en chêne et laiton brossé, sont de Christophe Delcourt (né en 1966)[48] et un carton de tapisserie, *L'Ardente*, de Monique Frydman (née en 1943)[49]. En parallèle, dans le salon de la Cartographie attenant, la tapisserie des Gobelins *Champ ensoleillé balayé par le vent*, d'après Sheila Hicks (née en 1934)[50], apporte lumière et couleurs et permet de renvoyer pour restauration au Mobilier national la tapisserie issue de la tenture des Sujets de la Fable d'après Jules Romain[51]. Dans les jours qui suivent l'installation de la tapisserie de Sheila Hicks, un ensemble de salon garni de tissu écru, *Favn* et *Fri* de Jaime Hayon[52] (né en 1974), est installé sur le tapis de la Savonnerie de René Binet[53] (1866-1911) maintenu dans un premier temps ainsi que le bas d'armoire[54] livré par Jean-Henri Riesener[55] (1734-1806) mais qui ne tardent toutefois pas à rejoindre les réserves du Mobilier national.

Ces premières installations ayant donné satisfaction et suscité un vif intérêt pour le mobilier contemporain, les aménagements des salons évoluèrent encore en ce sens. Si un certain manque d'unité a pu être reproché, il s'explique par la coexistence avec les installations préalables ou par un état intermédiaire. Une feuille blanche était à écrire pour le Mobilier national et dès l'été 2017, des modifications sensibles furent apportées progressivement dans plusieurs salons de réception.

Dans le salon Pompadour, une savonnerie, d'un bleu électrique, aux motifs ciselés dans le velours, *Le Grand Cercle* d'après Étienne Hajdu[56], remplaça un tapis velours d'après Pierre Josse Perrot[57], de style Louis XV, qui glissa provisoirement dans le salon des Aides de camp, dont le tapis rentra pour restauration. La tapisserie issue de la tenture de l'Histoire de l'Ancien Testament d'après Simon Vouet[58], déposée depuis 1959, fut remplacée par un tissage des Gobelins, *Désagrégation*, d'après Jean-Joseph Crotti (1878-1958)[59] qui créait une heureuse perspective entre les colonnes et cohabitait avec l'ensemble de sièges[60] de style Louis XV au damas à motifs « ananas » un temps, remplacé par l'ensemble Murat garni en velours de soie bleu de l'antichambre[61]. Une savonnerie des années 1950, *Musique de la Terre*, d'après Roland Oudot (1897-1981)[62], fut installée dans le salon des Portraits, tandis que, dans le salon de la Cartographie, la savonnerie *Une fenêtre au sol* d'après André-Pierre Arnal (né en 1939)[63] *(fig. 231)* remplaça le tapis de Binet du début du XXe siècle et que la pièce reçut un ensemble de salon composé d'un canapé, de deux fauteuils d'Andrée Putman[64] (1925-2013), d'une table basse de Salomé de Fontainieu[65] (née en 1973), aujourd'hui transférés dans le salon du fort de Brégançon, et d'une console *Washington* de Jean-Michel Wilmotte[66] (né en 1949). Fin août, cet esprit contemporain, d'abord distillé en petites touches harmonisées avec le mobilier ancien, gagna le bureau d'apparat du président. C'est ainsi qu'un changement des plus importants s'opéra avec le retrait du dernier tapis d'après Charles Le Brun[67] (1619-1690), qui fut remplacé par *Les Javels*, tissé à Lodève d'après Julien Gardair[68] (né en 1976). En effet, tous les tapis de la grande galerie du Louvre, tissés au XVIIe siècle par la manufacture de la Savonnerie, avaient été retirés au fur et à mesure

fig. 230
MATALI CRASSET (née en 1965) ET ARC
Ensemble de bureau dans le salon des Fougères
(en situation)
2017
aluminium anodisé et cuir
PARIS, MOBILIER NATIONAL,
GMC 595, 596, 598 À 601

Carton de Monique Frydman ayant
servi pour le tissage d'une tapisserie
à la manufacture des Gobelins
PARIS, MOBILIER NATIONAL,
GBA 310

231

fig. 231
ANDRÉ PIERRE ARNAL (né en 1939)
MANUFACTURE DE LA SAVONNERIE
Une fenêtre au sol
2015
tapis, laine, 547 × 455 cm
PARIS, MOBILIER NATIONAL,
GOB 1595

fig. 232
HENRI MATISSE (1869-1954)
MANUFACTURE DE BEAUVAIS
Tapisserie « La Mer », diptyque « Polynésie »
1972
tapisserie de laine, 203 × 315 cm
PARIS, MOBILIER NATIONAL,
BV 226

232

fig. 233
ALEXANDRE HYACINTHE DUNOUY (1757-1841),
Vue du château de Berg sur les bords du Rhin (détail)
1807
huile sur toile, 405 × 382 cm
PARIS, MUSÉE DU LOUVRE,
DÉPÔT AU PALAIS DE L'ÉLYSÉE,
INV. 9291

HERVÉ VAN DER STRAETEN (né en 1965)
Console « Psychose »
2008
matériaux composites, 99 × 210 × 65 cm
PARIS, MOBILIER NATIONAL,
GME 1866

fig. 234
Salon des Aides de camp
2015 (en situation)
THIERRY LEMAIRE (né en 1960)
Sièges
ZAO WOU-KI (1920-1923)
MANUFACTURE DE LA SAVONNERIE
Tapis
PARIS, MOBILIER NATIONAL,
GMT 34387, 34388, 34289, 34393,
34394, 34457, 34458 ET GOB 1541

sous le président Sarkozy pour des raisons de conservation. Au nouveau tapis ont été adjoints une table basse et des bouts de canapé *Basic* de Toni Grilo (né en 1979)[69], qui empruntent au vocabulaire classique avec le piètement en marbre et le mélange de finitions dorées et argentées, tout en étant résolument contemporaines par leur forme et l'emploi de feuilles de métal pliées. Une console de Gilbert Poillerat (1902-1988)[70], aux mêmes finitions, complète ces touches contemporaines qui accompagnent le changement déjà opéré dans la distribution de la pièce avec le déplacement du bureau Louis XV estampillé Charles Cressent (1685-1768)[71] devant les fenêtres. Les savonneries récentes furent également mises à l'honneur dans le salon Murat métamorphosé par le retrait d'un grand tapis moquette à motif de caissons Empire et l'installation de deux superbes tapis aux couleurs vives dans les tons rose, rouge et bleu : *Cinq cent quarante-deux* de Sylvie Fajfrowska (née en 1959)[72] et *Orientation spatiale paradoxale* de Nathalie Junod-Ponsard (née en 1961)[73]. Installés de part et d'autre du salon, face aux bibliothèques de Ferdinand Bury (1740-1795[74]) bientôt remplacées par une paire de consoles laquées rouge *Psychose* d'Hervé Van der Straeten[75], ils lui confèrent l'aspect d'un espace en mouvement, comme un lieu d'exposition[76] *(voir fig. 233)*. Le salon des Tapisseries attenant se voit attribuer un temps, des tapisseries d'après Zao Wou-Ki (1920-2013)[77], en bleu et brun profonds, tissées aux Gobelins, et *Entrée et sortie* d'après Pierre Alechinsky (né en 1927)[78] tissée à Beauvais. Trois des tapisseries anciennes de la tenture de l'Histoire de Scipion rentrèrent alors au Mobilier national pour restauration. L'antichambre du président fut revue début 2018, avec un ensemble d'assises *Kami* de Patrick Jouin (né en 1967)[79] en cuir noir, une paire de consoles *Ming* en verre laqué noir de Piero Lissoni (né en 1956)[80], un guéridon et une table basse de Martin Szekely (né en 1956)[81] de l'ARC, en acier laqué gris mat et plateau de cuivre, sur un tapis de la Savonnerie de Gottfried Honegger (1917-2016)[82]. Le Mobilier national pense également aux détails en complétant avec des bouts de canapé *Star* d'Olivier Gagnère (né en 1952)[83] en métal laqué et marbre noirs ainsi que des luminaires : des lampes de la série *Mayuhana* à la forme de fleur en fibre de verre de Toyo Ito (né en 1941)[84] et d'un duo de jeunes créateurs, Brichet et Ziegler (nés en 1977 et 1980)[85], en cuivre martelé. Cet aménagement fut aussi l'occasion d'installer le diptyque *Polynésie, Le ciel* et *La mer* d'Henri Matisse[86] (1869-1954) tissé à Beauvais, à l'origine envisagé pour le salon des dames sous le président Auriol[87] *(fig. 232)*.

Après ces importants changements, à l'instar du travail d'ensemblier réalisé dans les cabinets de travail et dans l'antichambre, tous les salons furent repensés. Faire entrer la lumière, valoriser les métiers d'art et la création vivante prévalaient, conjointement au souci d'épurer les salons de l'excédent de mobiliers des ameublements précédents.

233

Début 2019, les salons des Aides de camp, Pompadour et de la Cartographie furent métamorphosés, à quelques jours de la visite d'État du président chinois. Dans le premier salon, qui s'était vu, lors du retrait des pièces XVIIIe en bois doré, attribuer un ensemble de sièges Empire[88], en bois peint en gris garni d'un damas à motif de losanges sur fond violine, et une savonnerie d'Étienne Hajdu[89] verte et bleue[90], prirent place des sièges de Thierry Lemaire[91] (né en 1960). Un grand canapé *Garment* avec deux chauffeuses furent dessinés spécialement et garnis en velours épais bleu et accompagnés de quatre poufs *SR*, deux couverts du même velours et deux en cuir retourné gris mauve. Des tables basses[92] *Hellmet* et *Black Drum* de Bismut & Bismut (nés en 1956 et 1962) complètent cet ensemble sur une savonnerie de Zao Wou-Ki[93] de 1977, ainsi qu'une paire de consoles *Double twist*[94] et une paire de lampes *Beaume*[95] en laiton bronze médaille *(fig. 234)*. Cet ameublement à la palette douce, allant des beiges jaunes aux bleus et bronze, s'intègre aux boiseries récemment restaurées et laquées gris clair. Les piètements en laiton doré des assises rappellent l'or des boiseries et les sièges des salons attenants. Dans le salon des Ambassadeurs, c'est le tapis *Mouvements et transparences* tissé par la Savonnerie en 1980 d'après le modèle de Yacoov Agam[96] installé dans le salon de la Cartographie sous le président Pompidou qui accueille la table du Conseil

fig. 235
Salon des Tapisseries
2023
(en situation)

fig. 236
Salon Pompadour
THIERRY LEMAIRE (né en 1960)
Canapé « Niko »
ÉTIENNE HAJDU (1907-1996)
Tapis
BISMUT & BISMUT
Tables basses « Wizzz »
PARIS, MOBILIER NATIONAL,
GMT 34390/1 À 3, GMTL 613
ET GME 18104 À 18707

fig. 237
HERVÉ VAN DER STRAETEN (né en 1965)
Console Cristalloïde Rainbow
2020
inox, métal, 83,5 × 124 × 54 cm
PARIS, MOBILIER NATIONAL,
GME 18664

des ministres avec l'ensemble d'assises Empire, précédemment dans l'antichambre sous le président Sarkozy *(fig. 240)*. Dans le salon Pompadour, prirent place, sur le tapis bleu d'Hajdu, un grand canapé arrondi *Niko* et son pouf de Thierry Lemaire[97] garni d'un tissu blanc bouclé. Dans l'ancienne alcôve, entre les colonnes rechampies or, fut placée une longue console *Pompadour* de Thierry Lemaire[98] qui allie travail du métal pour le piètement et de l'ébénisterie traditionnelle avec un plateau plaqué d'ébène de Macassar. Au-dessus, une grande tapisserie des Gobelins, *Femme au miroir*, d'après Joan Miró[99] (1893-1983) *(voir fig. 203)* et, au sol, quatre tables basses *Wizzz* de Bismut & Bismut[100] en inox poli miroir, dont les couleurs répondent harmonieusement à celles de la tapisserie, rejoignirent par la suite cet aménagement *(fig. 236)*. Le tapis d'Arnal est transféré dans le salon des Portraits, où ses couleurs dialoguent avec une étonnante console en inox *Cristalloïde Raimbow* d'Hervé Van der Straeten *(fig. 237)*[101]. Dans le salon de la Cartographie, où un ensemble en cuir ton anis et verre gravé de Christophe Pillet[102] réalisé par l'ARC est un temps installé[103], le tapis *Les Javels* est mis en place avec une déclinaison du siège *Niko* en quatre modules[104] garnis de tissu lin bouclé et deux poufs aux piètements en bronze, *Osman* et *Soliman*, d'Éric Schmitt[105] et d'une impressionnante table basse *Jeruk* en bronze martelé doré, signée Thierry Lemaire[106]. Une console *Maillon* d'Hervé Van der Straeten[107] en marbre noir, bronze patiné et mordoré complète l'aménagement bientôt rejoint par le lampadaire sculpture de Guillaume Bardet (né en 1971)[108] en bronze patiné et poli *(fig. 238)*. Cette palette d'écrus, ors et bronzes forme un ensemble harmonieux avec les tableaux de Jean Degottex et Victor Vasarely. Le salon-bibliothèque qui conservait encore le meuble dans l'hémicycle fut remanié. La moquette rouge fut remplacée par un tapis de la Savonnerie, *Au temps jadis*, d'après Jean-René Sautour-Gaillard (1946-2016)[109] sur lequel furent installés une table de salle à manger *Boboli* au piètement hélicoïdal en inox et plateau en verre fumé de Rodolpho Dordoni (né en 1954)[110] et des petits fauteuils *Revers* en hêtre teinté courbé et aluminium vernis d'Andrea Branzi (né en 1938)[111] ainsi que deux lampes *Tubes* d'André Dubreuil (1951-2022)[112]. Deux accueillants fauteuils en fibre de carbone fabriqués par l'ARC de Christian Ghion (né en 1958)[113] invitaient, devant la bibliothèque, à la lecture, avec une table d'appoint miroir *Brasilia* des frères Campana (nés en 1953 et 1961)[114] *(voir fig. 112)*. Dans la salle à manger Paulin, le tapis d'après Christian Bonnefoi (né en 1948)[115] donne une note colorée à la partie salon, et répond au triptyque *Liberté, Liberté. Hommage à l'abbé Grégoire* d'Alfred Manessier (1911-1993)[116], aux mêmes couleurs républicaines, acquis à la suite des commémorations du bicentenaire de la Révolution française en 1989. Il retrouvait ainsi l'emplacement historique qu'il avait dans l'hémicycle du temps de François Mitterand. Un siège bas *Face à face* de Pierre Paulin[117], garni de jersey jaune, accueille désormais les visiteurs dans le couloir entre la cartographie et le salon Cléopâtre. Fin 2019, le nouveau décor de ce dernier est achevé avec la tapisserie de Beauvais d'après Yves Oppenheim (1948-2022)[118], la savonnerie *Marelles mnemos* de Jean-Paul Philippe (né en 1944)[119] et une encre sur papier *P 1967 – A 17* de Hans Hartung (1904-1989)[120]. Dans le salon des Tapisseries, de l'ancien ameublement, seule la table de milieu Second Empire de Charles Guillaume Winckelsen (1812-1871)[121]

235

resta au palais, placée dans le couloir à gauche de l'escalier d'honneur. C'est l'ensemble de Philippe Anthonioz, créé pour l'antichambre sous le président Mitterrand, qui fut installé et assorti aux « tables mouchoirs » de Rena Dumas[122] et aux chaises de la tribune du 14 juillet réalisées par l'ARC ainsi qu'à la savonnerie *Diabolo* de Garouste & Bonetti (nés en 1946 et 1952)[123] *(fig. 235)*. À l'étage, les réaménagements se poursuivirent aussi : le salon vert qui, après avoir été un temps doté de la table *Concorde* de Salomé de Fontainieu[124], prototypée par l'ARC, fut remeublé avec une étonnante table dessinée par Kristian Gavoille (né en 1956)[125] de l'ARC également, dont le format correspondait mieux aux réunions qui s'y tiennent. Ses matériaux, savant mélange de matières nobles, telles que l'acajou ou l'érable moucheté vert, et innovantes, avec l'aluminium et la résine verte des piètements, répondent au décor peint du salon. Des chaises *Cab* de Mario Bellini (né en 1935)[126] en cuir rouge de Russie furent ajoutées avec des fauteuils de Sylvain

236

237

Dubuisson (né en 1946)[127], en louro faia et cuir vert amande, réalisés en 1991 par l'ARC pour le cabinet de travail du ministre de la Culture, Jack Lang, un buffet *Ondine* d'Hubert Le Gall (né en 1961)[128] et l'un des exemplaires de la pendule de *La Chute de Phaéton*[129] complètent cet ensemble.

Dans le salon doré, au décor de boiseries peintes et dorées exécuté pour l'impératrice Eugénie, repenser l'ameublement du cabinet de travail du président impliquait de préserver cette harmonie et l'histoire de la pièce. Le long bureau *K* de Thierry Lemaire[130] en wengé, cuivre poli et acier noirci brossé, articule ce décor rigoureux où se côtoient des consoles et tables basses de Gilbert Poillerat, *Colonne double* d'Éric Schmitt (né en 1955)[131] et *Basic* de Toni Grilo, des sièges *Passion* de Philippe Starck[132] (né en 1949), *Kami* de Patrick Jouin et *Ico* de Ora-Ïto (né en 1977)[133], des lampes *Colonne* d'André Dubreuil[134], *Élancée* d'Hervé Van der Straeten[135] et *Ombre portée* de Brichet-Ziegler. Le tableau de Pierre Soulages (1919-2022)[136], *2 décembre 1989*, remplace la tapisserie XVIIIe issue de la tenture de Don Quichotte d'après Coypel. Les effets d'optique et les tons noirs, verts et jaunes des deux tapis de la Savonnerie d'après Victor Vasarely (1906-1997)[137] viennent adoucir l'apparente sévérité des meubles, calent la distribution en deux espaces bien définis, et répondent aux tons des boiseries, en créant un juste équilibre entre nouveau souffle contemporain et redécouverte du décor ancien *(fig. 239)*.

Les grandes commandes lancées en 2021 dans l'escalier Murat et sur le palier des huissiers nécessitèrent de repenser le décor de l'antichambre voisine. Les tapisseries des Gobelins d'Albert Ayme[138], qui avaient remplacé celles de Matisse, furent changées pour le diptyque d'Alicia Penalba (1913-1982)[139]. La table basse *Nénuphar* de Janette Laverrière (1909-2011)[140] est placée sur une savonnerie de René Schumacher (né en 1942)[141] avec un ensemble de banquettes et chauffeuses *Newton* de Christian Ghion (né en 1958) garnies d'un tissu orangé qui fait le lien avec les couleurs du tapis et de l'œuvre-tapis de l'escalier Murat. Un meuble de Marc Held (né en 1932)[142], créé pour les aménagements du président Mitterrand[143], complète cet aménagement en entrefenêtre. À l'été 2022, le bureau d'angle fut légèrement remanié avec le retrait de la table Knoll, le changement du coin salon par des fauteuils *Kami* et des bibliothèques d'Axel Kufus (né en 1958)[144] et *Équinoxe* de Pierre-Rémi Chauveau (né en 1983)[145] par des modules de Le Corbusier (1887-1965)[146] et un meuble d'André Arbus (1903-1969)[147] en ébène, sycomore et bronze, disposé en entrefenêtre. Le bureau fut déplacé et une tapisserie *P 1974-3* de Hans Hartung[148] installée sur le mur du côté de la salle de bains de l'impératrice. Cette pièce historique fut également métamorphosée par l'ajout de tables de Richard Peduzzi et des fauteuils *Paris-Saint-Étienne*, aux formes généreuses laquées jaune, de Christian Ghion[149].

Tous ces nouveaux décors contemporains ne négligent pas pour autant le mobilier ancien. Bien que largement renouvelé, il est encore présent en fil d'Ariane d'un salon à l'autre. L'exceptionnelle console en porcelaine de Sèvres est toujours en place dans le salon Murat, bientôt rejointe par une série de fauteuils de style Empire[150] en bois doré, traditionnellement utilisés sur la tribune présidentielle du 14 juillet. Ils ont été rajeunis par un velours au subtil dégradé de tons rouges. Un ensemble provenant du Sénat[151], d'époque Restauration, en bois peint blanc rechampi or garni d'un reps ivoire est réparti entre les salons des Tapisseries, Cléopâtre et des Portraits. L'ensemble de sièges Murat, évoqué plus haut, a glissé dans le salon des Ambassadeurs où sont maintenues les consoles XVIIIe en entrefenêtres, tout comme dans le salon Pompadour. Les lustres sont quant à eux restaurés au fil des chantiers d'été et font l'objet de changement vers des pièces de plus grande taille, mieux proportionnées aux espaces et aux nouveaux décors, notamment dans le vestibule d'honneur [152] et sur le palier des huissiers [153]. Des pièces de qualité, telles que la commode Louis XV attribuée à Mathieu Criaerd [154] (1689-1776), dans le salon Cléopâtre, sont maintenues. En outre, de nouvelles confections accompagnent tous ces changements de décor et, progressivement, chaque salon est doté de rideaux au tombé droit dans des tissus aux tons beiges, écrus ou or et d'une tringlerie restaurée ou modernisée.

fig. 238
Salon de la Cartographie
(en situation)
2023

fig. 239
Salon doré
(en situation)
2023

238

239

fig. 240
YAACOV AGAM
MANUFACTURE DE LA SAVONNERIE
Tapis « Mouvements et transparences »
1980
sièges livrés par Jacob-Desmalter
pour Joachim Murat
2019
(en situation)
PARIS, MOBILIER NATIONAL,
GOB 1565

fig. 241
NATHALIE JUNOD-PONSARD (née en 1961)
ATELIERS PINTON
Tapis « Odyssée »
2021
laine
(en situation)
PARIS, MOBILIER NATIONAL,
GMT 34661/1 À 4

240

LES GRANDES COMMANDES

Au-delà de ces remaniements, quatre espaces ont mobilisé une attention particulière en rapport avec leur fonction et leur situation dans la distribution du palais. Dès 2018, l'ensemble composé par la salle à manger Napoléon III, le jardin d'hiver et la salle des fêtes fit l'objet d'un appel à projets en vue d'être redécoré. L'architecte lauréate, Isabelle Stanislas (née en 1970), repensa alors dans un doux camaïeu de gris le riche décor rouge présent jusque-là[155]. Ce lieu dédié aux réceptions est devenu plus lumineux par l'allègement du décor textile et plus adapté aux événements officiels qui s'y succèdent. Ce chantier mobilisa pendant huit mois l'expertise de la mission ameublement et des techniciens d'art du Mobilier national sur les questions de menuiserie, lustrerie, tringlerie, confection et pose de textiles mais aussi sur le sujet de la couleur. En effet, l'architecte a travaillé à la sélection de la gamme colorée avec le Nuancier informatisé des manufactures nationales (N.I.M.es)[156], héritier, modernisé, du système de classification des couleurs d'Eugène Chevreul. Environ 16 000 couleurs sont actuellement référencées au nuancier dans une base de données mais également stockées physiquement dans un meuble conçu spécifiquement. Cet outil insolite est un extraordinaire répertoire qui permet de mener une recherche d'échantillonnage coloré. C'est ainsi qu'Isabelle Stanislas a pu sélectionner sa palette de gris et or en vue du tissage, par une manufacture aubussonnaise, de la moquette d'après son dessin.

En 2021, cette même démarche a présidé à la réalisation de l'œuvre-tapis *Odyssée* de Nathalie Junod Ponsard (née en 1961)[157]. Plasticienne contemporaine de la lumière appliquée au monumental, remarquable coloriste, elle a conçu un ensemble, tufté à Felletin, pour l'escalier Murat *(fig. 241)*. Les trois volées de marches et le palier déploient un impressionnant dégradé chromatique allant du bleu profond au rouge et orange, en passant de manière imperceptible et subtile par le cyan, le violet et le rose. Cet espace, qui lie les salons officiels du rez-de-chaussée aux espaces de réception et de travail du président de la République, concentre l'attention du visiteur qui entre dans le vestibule d'honneur et découvre cette architecture dont la rampe à motif de palmes dorées attire le regard. Les couleurs vives se reflètent dans la dorure, faisant ainsi participer le garde-corps à l'œuvre-tapis dont il forme l'écrin, et bouleversent notre perception :

> « Dans ce programme pictural les modifications chromatiques et fluides circulent et glissent en créant une réflexion colorée, elles agissent comme des énergies nouvelles dans une immersion polychromatique. L'œuvre *Odyssée* apparaît comme si nous marchions sur la lumière et ses variations chromatiques fondues[158]. »

En parallèle, *Voiles-Assemblages*, une installation composée de sept voiles créés par Pierre Bonnefille (né en 1958), artiste et designer, prend également place dans l'escalier d'honneur mais aussi sur le palier des huissiers et l'antichambre *(fig. 242)*. Empreints d'une délicate poésie, ces voiles unifient le décor des trois espaces d'accueil de l'étage. Ils répondent sans heurt au dynamisme de l'œuvre-tapis qu'ils apaisent grâce à leur jeu de transparence et à la matière dorée peinte sur le textile qui est, elle aussi, un écho au garde-corps Empire. Ces créations lumineuses sont le fruit d'une collaboration entre l'artiste et l'atelier de tapisserie décor du Mobilier national sur le choix du tissu, de la technique d'accrochage et de la fabrication. Elles permettent de repenser l'ameublement du palier des huissiers, déjà meublé avec la console *Galets* d'Éric Schmitt[159] et d'œuvres en verre coloré, signées Ettore Sottsass (1917-2007) et Pierre Charpin (né en 1962), prêtées par le CIRVA. Le bureau *Brass* de Valentin Loellmann (né en 1983)[160], une chaise *Dot* de Cédric Breisacher (né en 1992)[161], un ensemble de sièges de la ligne *Hémicycle*

241

du designer Philippe Nigro (né en 1975)[162], fruit d'une coédition entre le Mobilier national et Ligne Roset ont été ajoutés à cet ensemble. Le tapis *Cortex*, longtemps sur le palier, est passé en 2023 dans le salon-bibliothèque qui avait fait l'objet l'été précédent d'une restauration complète.

Celle-ci fut l'occasion d'une nouvelle grande commande pour ce salon dont la forme en hémicycle appelait un geste artistique, dans ce lieu qui fut le fumoir Paulin et qui jouxte la salle à manger encore en place du même designer. Pour remplacer la bibliothèque[163] de forme concave rentrée au Mobilier national, l'artiste Justin Weiler (né en 1990) a imaginé *Dédale*, une œuvre composée de sept panneaux installés dans une structure conçue par l'ARC[164] *(fig. 243)*. L'artiste a réalisé, sur deux plaques indépendantes pour chaque panneau, une peinture dont le graphisme rigoureux est formé par couches

242

successives de couleur en dégradé de bleus pris dans le feuilletage du verre. Il bouleverse ainsi notre perception en jouant avec l'arrondi de l'hémicycle, l'incidence de la lumière naturelle et artificielle qui fait évoluer l'œuvre au fil des heures, et invite à entrer dans ce labyrinthe qui donne de la perspective à l'hémicycle. Cette œuvre est accompagnée d'un ensemble *Tulipe* d'Eero Saarinen[165] (1910-1961), de deux consoles *Sinan* de Nicolas Aubagnac[166] (né en 1971) et *Dogue* d'Éric Schmitt[167] ainsi que de grands lampadaires aux formes organiques, *Arborescence*, d'Hervé Langlais[168] (né en 1964).

Au terme de six années de réaménagement, le palais de l'Élysée offre un nouveau visage à ses visiteurs. Ce florilège des collections et savoir-faire du Mobilier national synthétise soixante ans de création en matière de design. Le travail d'ensemblier réalisé par la mission ameublement associe pièces anciennes et contemporaines avec l'ambition de restituer l'esprit d'un certain art de vivre à la française. Les œuvres mettent en lumière les techniques, les matériaux, l'innovation et la vitalité de l'écosystème des métiers d'art français mais aussi l'inventivité renouvelée des designers, qu'il s'agisse de talents confirmés ou de la jeune garde dont le Mobilier national soutient l'émergence. L'histoire des ameublements du palais de l'Élysée s'enrichit ainsi d'un nouveau chapitre, résolument ancré dans l'art de son temps.

fig. 242
PIERRE BONNEFILLE (né en 1958)
Voiles d'assemblages
2021
lin
(en situation)
PARIS, MOBILIER NATIONAL

fig. 243
JUSTIN WEILER (né en 1990)
Dédale
2023
verre
(en situation)
PARIS, MOBILIER NATIONAL

243

L'ARC AU XXIe SIÈCLE

LUCILE MONTAGNE

244

fig. 244
Confection de la table
du Conseil des ministres à l'ARC
2022
PARIS, MOBILIER NATIONAL

fig. 245
ÉTIENNE BORDES, MISIA MOREAU,
LUCILE POOUS ET JULIEN ROOS
(ENSAAMA)
Table du Conseil des ministres « Medulla »
2022
acier thermo-laqué, fibre de verre,
75 × 1 340 × 200 cm
PARIS, MOBILIER NATIONAL,
GMC 670 À 719 ET GMC 721 À 740

L'ARC a été sollicité au cours de son histoire pour plusieurs aménagements de l'Élysée, qui marquent autant de jalons de la création de mobilier contemporain. L'atelier a ainsi accompagné la présidence au tournant du millénaire avec deux projets phares : d'une part, la conception d'un nouveau mobilier pour la tribune du 14 juillet, imaginé par Christophe Pillet et composé de sièges en louro preto et cuir blanc empreints d'élégance et de classicisme[1], de l'autre, celle d'un salon itinérant pour les rencontres présidentielles conçu par Martin Szekely, où les assises en textile blanc côtoient des meubles aux reflets de cuivre chatoyants[2]. Même en dehors du palais de l'Élysée, l'ARC reste au service de la présidence qui s'est largement investie dans la sélection des lauréats *(fig. 244)*.

Si les grands chantiers des années 1970 et 1980 ont fait entrer le design au sein de cette résidence officielle, les aménagements des années 2000 restent marqués par une prédominance du mobilier ancien. Seul Nicolas Sarkozy fit installer dans son bureau un ensemble en bois clair conçu par l'ARC sur les dessins de Philippe Chaix et Jean-Paul Morel *(voir fig. 226)*[3]. Les créations récentes de l'atelier sont également plébiscitées par les présidents honoraires qui les utilisent dans leurs bureaux rue de Lille, à l'instar de Jacques Chirac, qui choisit des meubles en wengé de Richard Peduzzi[4], et de François Hollande, qui a sélectionné un bureau d'Isabelle Hebey[5] initialement conçu dans les années 1980 pour les aménagements de Bercy. Un souffle nouveau est apparu sous la présidence d'Emmanuel Macron, qui décida de transformer radicalement l'ameublement de l'Élysée, grâce à des commandes passées à des créateurs et le dépôt de nombreuses pièces imaginées par les techniciens de l'ARC dans les salons officiels et privés. C'est ainsi que la table de Kristian Gavoille[6], conçue en 1996, est mise en place dans le salon vert, tandis que l'ensemble de bureau de matali crasset[7] est installé dans le salon des Fougères *(voir fig. 230)*.

En 2020, l'atelier a reçu une commande de la présidence pour la création d'une nouvelle table destinée au Conseil des ministres, jusque-là simplement constituée de tréteaux recouverts d'un textile, celle-ci devant être montée et démontée rapidement selon les différentes configurations du Conseil. La sélection des designers s'est effectuée dans le cadre d'un concours ouvert aux étudiants du campus des métiers d'art et du design des Gobelins, afin de favoriser la jeune création. La table *Medulla* imaginée par les quatre lauréats de ce concours, Étienne Bordes, Lucille Poous, Misia Moreau et Julien Roos, est conçue comme un assemblage de vertèbres, avec des plateaux s'agrippant facilement à un squelette de piétements en métal *(fig. 245)*. La réalisation de cet ensemble mobilier[8], composé d'une table démontable, de chaises, luminaires et meubles d'appoint, a été l'occasion pour l'atelier de mettre à profit son ouverture aux nouvelles techniques de fabrication : utilisation des derniers logiciels de modélisation 3D, qui permettent de valoriser les fichiers des designers, et usage de machines à commandes numériques, capables d'usiner avec une grande précision des matériaux d'une extrême résistance. L'ARC a expérimenté des matériaux nouveaux pour les plateaux, constitués d'une armature en contreplaqué et aluminium nid d'abeille, recouverte d'un béton taloché. Pour la réalisation de ce projet d'ampleur dans des délais contraints, il a également fait appel à de nombreux sous-traitants, une constante dans l'histoire de l'atelier qui permet de fédérer un large réseau industriel et artisanal sur le territoire. Il continue ainsi d'inscrire la création contemporaine au sein des institutions publiques, et de participer au rayonnement des savoir-faire français, « primordial pour notre image à l'étranger[9] », ainsi que le déclarait Olivier Mourgue aux prémices de l'existence de l'atelier.

245

LES ATELIERS DE RESTAURATION DU MOBILIER NATIONAL

DOLORS SALA FENÉS

246

Les ateliers de restauration du Mobilier national constituent une part importante de son activité. Ils travaillent au quotidien à la gestion mais aussi au bon entretien des lieux du pouvoir démocratique. Monde foisonnant d'activités et de compétences, les sept ateliers de restauration surprennent aussi par la variété insoupçonnée de leurs savoir-faire.

Les ateliers d'ébénisterie, de menuiserie en sièges, de tapisserie d'ameublement, de tapisserie-décor, de lustrerie-bronze, de restauration de tapisseries et ceux de tapis sont animés par des artistes et artisans qui donnent une couleur, une texture et une saveur particulière, pour jouer de la métaphore culinaire à l'idée que nous nous faisons de ce qu'est la France d'aujourd'hui, entre dialogue avec le passé et enjeux contemporains. Les ateliers sont donc, avant tout, des lieux où se côtoient des acteurs essentiels de la restauration avec des métiers à haute valeur ajoutée relevant des univers du « fait maison » et surtout du « bien fait ». Les ébénistes, les menuisiers, les marqueteurs et les sculpteurs rivalisent d'ingéniosité et de dextérité avec les tapissiers, les tapissières et les couturières sans oublier les sculpteurs, bronziers, ciseleurs, monteurs et tourneurs.

Les ateliers sont également ouverts sur le monde extérieur puisqu'ils font souvent appel à d'autres métiers d'art indispensables pour couvrir les besoins du Mobilier national. Le dialogue instauré depuis longtemps avec les formations de pointe dans le domaine des arts décoratifs permet de faire vivre l'artisanat français tout en accueillant souvent des compétences rares en son sein. Doreurs sur bois ou sur métal, peintres, vernisseurs ou maîtres verriers, marbriers, serruriers ou horlogers, le plus souvent formés à l'École Boulle, La Bonne Graine, entre autres, ou bien à l'école interne des arts textiles du Mobilier national constituent le vivier de l'institution puisque nombre d'entre eux la rejoignent par voie de concours.

Les missions

Les missions des ateliers de restauration sont multiples ; ils interviennent dans l'entretien des collections mises en dépôt sur les nombreux sites et dépendances de la présidence de la République. Le palais de l'Élysée, l'hôtel de Marigny, le palais de l'Alma, le pavillon de la Lanterne ou le fort de Brégançon sur la commune de Bormes-les-Mimosas sont autant de bâtiments qui contribuent au rayonnement international des activités et des savoir-faire des ateliers français. Tous ces lieux gardent l'empreinte des artisans et des artistes qui s'attèlent à leur donner une identité du moment ou tout simplement leur garder la fraîcheur d'antan. Les salons, les espaces d'accueil, les bureaux sont habillés de mobilier, sièges, lustres, tapis et tapisseries entretenus et restaurés au quotidien, et de décors confectionnés directement par les personnels qualifiés des ateliers. Il suffit de penser au salon doré, entièrement rénové en 2020, pour se rendre compte qu'il est un espace qui s'ancre dans l'histoire mais qui, aussi, fait place à un mobilier contemporain de Thierry Lemaire. La prouesse des ateliers est de maintenir une identité continue dans le temps, dans l'histoire et pour les générations futures.

En outre, les ateliers jouent aussi un rôle de conseil et d'expertise par leurs propositions pour l'échantillonnage et le choix des textiles

247

248

fig. 246
Atelier de menuiserie en sièges
PARIS, MOBILIER NATIONAL

fig. 247
Atelier de menuiserie en sièges
PARIS, MOBILIER NATIONAL

fig. 248
Atelier d'ébénisterie
PARIS, MOBILIER NATIONAL

adaptés aux besoins et aux goût de l'époque ; ils font aussi appel à des éditeurs de textiles et de passementeries qui se distinguent dans des réinterprétations d'anciens motifs et styles, notamment les maisons Pierre Frey, Lelièvre, Casal, Declercq ou Houlès à Paris qui perpétuent par leurs fonds patrimoniaux l'héritage d'un artisanat aux valeurs transgénérationnelles.

Les différentes actions des ateliers de restauration se dessinent au gré du calendrier présidentiel et de l'actualité politique. La tenue du Conseil des ministres tous les mercredis, les réunions ou déplacements à l'étranger, les congés et vacances dictent pour les ateliers le temps de l'action. En fonction du degré d'intervention allant du simple dépoussiérage à la restauration fondamentale, les ateliers travaillent toute l'année en continu. Du changement de couverture des fauteuils par roulement aux retouches des dorures des consoles des salles de réception éprouvées par l'usage en passant par le nettoyage des tapis ou la création de châssis pour les tapisseries contemporaines et les modernisations d'électrification et remontages des lustres sans oublier la reprise des finitions du mobilier au vernis tampon, le nettoyage des bronzes d'ameublement, pendules et autres changements de décors, une myriade d'actions s'égrène tout au long de l'année. En 2022, 840 interventions ont été réalisées sur plus de 500 biens culturels dans les ateliers ou *in situ* (66 % en atelier, 33 % sur place environ).

Les chantiers d'été

Les ateliers du Mobilier national mènent aussi des « chantiers d'été » qui contribuent à l'entretien régulier du palais de l'Élysée. En effet, entre le dernier Conseil des ministres de l'été et avant le premier Conseil de la rentrée, l'Opérateur du patrimoine et des projets immobiliers de la culture (OPPIC) assainit une partie du bâtiment et les ateliers du Mobilier national interviennent de façon coordonnée avec cet opérateur. Ils œuvrent à la dépose, l'entretien et la repose du mobilier, des luminaires et des décors des espaces concernés. En 2018 par exemple, la salle des fêtes du palais a été restaurée puis, chaque été depuis, les salons de réception du rez-de-chaussée l'ont été tour à tour. En 2022, l'installation des premiers voilages de la façade principale

249

250

a permis de concrétiser un projet avec l'artiste de renom Pierre Bonnefille pour une installation *Voiles- Assemblages* composée de sept œuvres textiles en résonance avec l'escalier Murat et dans les salons attenants, le palier des huissiers et l'antichambre *(voir fig. 242)*. Ces voiles de lin ont tous été intégrés aux embrasures des fenêtres par l'atelier de tapisserie-décor du Mobilier national qui a activement participé au projet en menant la recherche de matières, puis en ajoutant des bandes peintes sur les voilages pour créer un rendu unique. Cette installation est particulièrement représentative du travail de conception des équipes du Mobilier national et de leur contribution aux ameublements et aux décors du palais de l'Élysée tout comme de la philosophie du Mobilier national qui perpétue une certaine idée du *genius loci*.

252

253

251

fig. 249
Atelier de lustrerie-bronze
PARIS, MOBILIER NATIONAL

fig. 250
Atelier de tapisserie-décor
confection de la tenture
du salon des Fougères en cours
PARIS, MOBILIER NATIONAL

fig. 251
Atelier de restauration de tapisseries
PARIS, MOBILIER NATIONAL

fig. 252
Atelier de tapisserie d'ameublement
PARIS, MOBILIER NATIONAL

fig. 253
Atelier de restauration de tapis
PARIS, MOBILIER NATIONAL

LA RÉNOVATION DE LA SALLE DES FÊTES

VALÉRIE GLOMET

À l'ouest du palais de l'Élysée, trois pièces composent l'ensemble dédié aux cérémonies officielles de la présidence de la République : la salle à manger Napoléon III, le jardin d'hiver et la salle des fêtes. Cette dernière donne d'ailleurs son nom à l'ensemble, dans une acception large liée à l'usage des lieux.

Depuis 1889, aucune modification fondamentale de décor n'avait été réalisée. Les ameublements successifs conservaient leurs caractéristiques traditionnelles : tapisseries anciennes, textiles au ton cramoisi. Même l'importante rénovation de 1932 n'introduisit qu'un changement de ton avec le fond gris de la moquette et des tapisseries de sièges, commandées à Aubusson pour soutenir les ateliers. Les sollicitations d'artistes vivants se limitèrent aux interventions de Laurent Roustan et de Raoul Dufy[1].

Les grands chantiers de 1932, 1984 et 2010-2011 n'ont donné lieu à aucune commande à un créateur contemporain, bien que, sous le président Sarkozy, l'idée d'en confier le projet à un designer fut proposée. En 2018, l'état des décors, des textiles, de la moquette et l'urgence de restaurer les sept tapisseries anciennes installées, pour certaines, dans les boiseries depuis près d'un siècle, nécessitaient un nouveau chantier[2]. Le Mobilier national lança un appel à projets afin de repenser cet espace avec, pour la première fois, une vision contemporaine. Celle-ci n'impliquait pas le seul parti pris esthétique mais devait aussi tenir compte des fonctions multiples du lieu, de son décor historique, impliquant modularité et réversibilité, et d'une inscription dans une redécoration globale du palais de l'Élysée :

> « La mission confiée [...] comprend la conception de la mise en espace d'un ensemble comprenant les rideaux, les tentures murales sous parcloses, les surfaces dites "fonds de tapisseries" ainsi que la création du revêtement de sol de type moquette. [...] Dans un souci de cohérence d'ensemble, les candidats sont aussi libres de proposer le renouvellement d'éléments tels que les tringles et patères des rideaux. [...]
>
> Il ne s'agit pas de re-décorer complètement ni de modifier la vocation de cet espace mais d'ouvrir le palais de l'Élysée sur son temps et d'y valoriser une certaine excellence française. [...] À ce titre, la mission de l'architecte d'intérieur consiste à inventer un nouveau vocabulaire décoratif en résonance avec ce qu'est la République en 2018. [...]
>
> Dans un style résolument moderne, élégant et épuré, le projet proposé visera l'harmonie tout en faisant sentir subtilement la présence des trois espaces [...]. Le lauréat tiendra compte aussi des codes artistiques et symboliques de ce lieu chargé d'histoire, pour mieux les dépasser, sans créer de rupture esthétique. De même, il est demandé une lecture globale harmonieuse des salons empruntés par les visiteurs avant leur entrée dans la salle des fêtes, ainsi que la prise en considération de la perspective sur le jardin.
>
> Les multiples usages du lieu, de jour et de nuit, nécessitent d'anticiper l'incidence de la lumière (source naturelle et artificielle) sur le choix des couleurs et des matériaux[3]. »

Six architectes et designers ont été sollicités, cinq ont remis des propositions de très grande qualité : Mathieu Lehanneur, India Mahdavi, Isabelle Stanislas, Jean-Michel Wilmotte et Pierre Yovanovitch. L'audition a lieu le 12 avril 2018 ; Isabelle Stanislas, lauréate, avait su se démarquer par un projet inspiré de la haute couture, des métiers d'art, de la symbolique de la République.

En adéquation avec le cahier des charges, elle a conçu un décor gris clair et or qui reprend le ton XVIIIe des lambris et fait écho aux restaurations des boiseries des salons attenants, met en valeur le plafond de Guillaume Dubufe, fait redécouvrir les sculptures et boiseries dorées, jusque-là écrasées par la richesse du décor textile rouge, crée des panneaux en staff au ton mastic au chiffre RF qui dissimulent un ingénieux système d'accrochage, permettant éventuellement d'exposer des œuvres. Elle imagine, pour les baies et les portes-fenêtres, des panneaux-pentes en velours à motif de palme qui dissimulent les rideaux, repense la tringlerie, masquée par des coffrets d'un ton bronze médaille. Tout est étudié dans les moindres détails jusqu'au dessin des lests en bronze chiffrés RF des cordons de tirage.

Le lien entre les espaces s'établit subtilement par le discret camaïeu de gris et le fin quadrillage de la moquette qui présente également, dans les pourtours, le motif de palme des rideaux. Le tout forme un ensemble lumineux qui s'inscrit dans la continuité de la volonté affichée dès 1984 de faire pénétrer la lumière, lors du percement des portes-fenêtres sur le parc. Les volets des fenêtres demi-lune autour du plafond de la salle des fêtes ont été également retirés, laissant entrer la lumière zénithale. Pendant huit mois, elle conjugua les talents de 150 techniciens d'art du Mobilier national et d'artisans compagnons : « Tel un chef d'orchestre, elle mena un chantier impliquant de nombreux corps de métiers, qui fut achevé au jour dit[4]. » Isabelle Stanislas a relevé le défi de recomposer les 1 025 mètres carrés de ce décor, si souvent montré, en respectant son histoire, et en lui permettant de rester, au XXIe siècle, l'écrin des événements qui rythment la vie républicaine : « Je tenais à préserver toutes les traces de l'histoire en les modernisant pour faire réapparaître le savoir-faire français (une de nos plus belles richesses) et promouvoir le symbole de la réception à la française : un lieu pour tous, et à tous[5]. »

254

fig. 254
Vue du plafond de la salle des fêtes

double-page suivante
fig. 255
Vue de la salle des fêtes
en direction des croisées sud donnant sur le jardin
2023
(en situation)

Notes

Chronologie

Concordance des salles

État des sources

Bibliographie

Index

Notes

ABRÉVIATIONS

A.N. : Archives nationales
M.C. : Minutier central des notaires
M.N. : Mobilier national
chap. : chapitre
p. : page
pl. : planche
d. : dossier
t. : tome
vol. : volume
inv. : inventaire
ARC : Atelier de recherche et de création (Mobilier national)

pages 17-45

chapitre 1
De l'hôtel d'Évreux à l'hôtel de Bourbon

1 Coural 1994, constitue l'ouvrage de référence.
2 Ziskin 1999.
3 Voir Fernandes, 1994.
4 Pronteau et Dérens, 1998.
5 Voir encadré, *p. 36*.
6 Ménard 2017.
7 Actuel no 19, hôtel dit d'Évreux, puis Thiers. Siège du Crédit foncier de France entre 1862 et 2003 ; voir Boiron 2001.
8 Beylier 1981.
9 Voir sur ce point Bouchenot-Déchin 2013.
10 L'hôtel d'Humières a été rasé en 1905 ; le bâtiment neuf de la Banque royale a été achevé pour la Bibliothèque du roi et subsiste toujours (voir Gady 2017).
11 Coural 1994, p. 11.
12 A.N., M.C., CXVII, 294, 10 juillet 1718.
13 Neveu de Jules Hardouin-Mansart, mort en 1737, il a fait une carrière parisienne de faible relief dans les premières décennies du XVIIIe siècle ; voir Gallet 1995, p. 252.
14 A.N., M.C., CXVII, 296, 4 novembre 1718, et CXVII, 299, 8 février 1719 ; Coural 1994, p. 10.
15 Mariette 1727, t. I, pl. 23-25, et t. 2, p. 176-179 ; reprises dans Blondel 1754, t. III, pl. 439 à 441.
16 L'architecte a dû gérer l'inégalité des deux parties du jardin en mettant à l'est cinq rangées d'arbres, contre seulement deux à l'ouest. Voir Beylier 1981.
17 Deux statues de Mars et Minerve, par Massou, le décoraient, dans l'esprit du portail de Soubise (1708). Portail détruit en 1853 et remplacé par l'actuel, dû à l'architecte Lacroix.
18 Il était fermé sur la cour de portes de menuiserie, logiquement absentes des relevés gravés de 1727. Depuis 1946, des portes entièrement en verre sont en place.
19 Ce raccourci est usuel dans l'architecture française depuis Écouen, et se voit à l'église du dôme des Invalides.
20 Au milieu du XIXe siècle, l'architecte Lacroix comblera ce « vide » par l'installation de trois grandes lucarnes de maçonnerie, toujours en place.
21 Détruit au début du XIXe siècle pour Murat, cet escalier a été rétabli sous le Second Empire.
22 Cette porte a été condamnée lors des travaux de Nicolas Beaujon (voir ci-après).
23 Elles suivent un dispositif *in antis*, savant et rare, soit deux colonnes rondes entre deux colonnes carrées.
24 Actuel bureau du Président, dont le décor date du Second Empire.
25 A.N., Z^{1}J 639, 30 juin 1733 – 1er avril 1734, par les architectes jurés experts Quirot et Le Chauve.
26 Voir encadré, *p. 34*.
27 A.N., Q^{1} 1137, brevet du 5 mars 1721. Un plan joint indique que ce terrain de 740 toises avait appartenu à M. Panart (Coural 1994, p. 11 et 23).
28 A.N., M.C., LXVIII, 446, inventaire après décès du comte, 20 janvier 1753.
29 A.N., Z^{1}J 860, 9 août – 11 septembre 1753, par l'architecte juré expert Desmaisons.
30 Voir encadré, *p. 38*.
31 Blondel 1754, p. 157, note d.
32 Voir Cordey, 1939, p. 7-45. Humphrey Wine, dans Versailles, Munich, Londres 2002-2003, p. 124-127 ; le journal contient 41 articles entre mai 1753 et août 1758 ; voir aussi Gordon 2006.
33 D'après Blondel, une « grande allée de traverse » dans l'axe de l'hôtel avait même été imaginée pour dégager la vue plus au sud, à travers les alignements d'arbres des Champs-Elysées (Blondel 1754, t. III, p. 156).
34 Cordey, *op. cit.*, p. 47. Voir Tarbé 1859, p. 72-73. Signée et datée de 1758, l'œuvre est conservée au musée du Louvre, département des Sculptures (inv. RF 297), depuis 1879.
35 Voir Gady, 2021.
36 A.N., O^{1} 1579^{282}, plan daté de juillet 1767.
37 A.N., M.C., LIII, 500, 2 octobre 1773.
38 Voir encadré, *p. 40*.
39 A.N., Z^{1}J 1039, 5 août 1778, par les architectes jurés experts Desbœufs et De Besch.
40 Pérouse de Montclos 1994, cat. 29, p. 233-237.
41 Coll. part., reproduit en couleur par J. Coural (Coural 1994), p. 86-87, avec une datation « vers 1773 » impossible. Ce tableau ne semble pas avoir figuré au Salon (voir Versailles 2014).
42 Voir encadré, *p. 42*.
43 Pinon 1997, vol. 1, partie B, p. 682-692.
44 Besançon, bibliothèque municipale, fonds Pâris, carton F, no 52.
45 Ensemble détruit au début du XIXe siècle pour l'établissement de la grande salle des banquets des Murat.
46 Besançon, bibliothèque municipale, fonds Pâris, vol. 483, p. 156.
47 Voir encadré, *p. 44*.

pages 34-35

LES BOISERIES DE L'HÔTEL D'ÉVREUX

1 A.N., M.C., CXVII, 299, 8 février 1719 ; Forray-Carlier 2021, p. 46 ; Coural 1994, p. 10.
2 A.N., M.C., CXVII, 299, 8 février 1719 ; Coural 1994, p. 10.
3 Rambaud 1964-1971 ; Béchu et Taillard 2004, p. 455.
4 Béchu et Taillard 2004, p. 456 ; Guiffrey 1881-1901 ; Pons 1986.
5 Béchu et Taillard 2004, p. 457 ; Pons 1986 ; Pons 1996 ; Gallet 1976.
6 Mariette 1727, t. 2, pl. 177.
7 Coural 1994, p. 14-18.
8 Blondel 1771-1777, p. 5.
9 Versailles, Munich, Londres 2002-2003, p. 124 ; Coural 1994, p. 26.

pages 36-37

LOUIS HENRI DE LA TOUR D'AUVERGNE, COMTE D'ÉVREUX (1674-1753)

1 Selon les sources, la date de naissance du 2 avril 1679 est parfois avancée.
2 Saint-Simon 1856-1858, t. VI, chap. XVII, p. 346.
3 *Ibid.*, t. IV, chap. V, p. 103-104.
4 Kassel, Kunstsammlungen Gemälde Galerie, inv. GK 1148 et inv. No L 91.
5 Coural 1994, p. 8.
6 A.N., M.C., CXVII 381, inventaire après décès de la comtesse d'Évreux, 6 juillet 1731 : mention d'un contrat passé devant maître Ballin, le 30 juin 1718, par lequel le comte d'Évreux vendait à Jean Law le comté de Tancarville contre 650 000 livres et 6 000 livres de rente viagère.
7 Boiron 2001 ; Coural 1994, p. 23.
8 A.N., 273 AP 195, transaction du 27 juillet 1720.

pages 38–39

JEANNE ANTOINETTE POISSON, MARQUISE DE POMPADOUR (1721-1764)

1 Decker 2007 ; Coural 1994, p. 25.
2 Leroy 1949, p. 24 ; Versailles, Munich, Londres 2002-2003, p. 64-65.
3 Jullien 1874 ; Craveri 2007, p. 296.
4 Craveri 2007, p. 291 ; Versailles 2022-2023, p. 166-179 ; Pascal 2022.
5 Coural 1994, p. 25.
6 Voir notamment Versailles 2022-2023, p. 116-121 ; Versailles, Munich, Londres 2002-2003 ; Nolhac 1930, p. 47 ; Nicolle 1980, p. 77.
7 Versailles 2022-2023, p. 434-441.
8 A.N., M.C., CVII, 475, vente de l'hôtel d'Évreux par Godefroy Charles Henri de La Tour d'Auvergne, prince de Turenne, à Jeanne Antoinette Poisson, marquise de Pompadour, le 24 décembre 1753.
9 Cordey 1939.
10 Paris, musée du Louvre, inv. OA 10965, 11027, 11028 et OA 11950 ; Versailles, Munich, Londres 2002-2003, p. 443-445, cat. 181.
11 M.N., GOB 193/1 à 7 ; Vittet 2014, p. 296, fig. 211.

pages 40–41

NICOLAS BEAUJON (1718-1786)

1 Claeys 2008, p. 171-178.
2 Voir essai, p. 42.
3 Paris, musée du Louvre, inv. MI 926 ; *Catalogue de tableaux, marbres, bronzes, porcelaines, lustres, girandoles, feux, pendules et autres objets distingués après le décès de M. Beaujeon...*, vente du 25 avril 1787, bibliothèque de l'Institut national d'histoire de l'art, collections Jacques Doucet, VP RES 1787/4, p. 32, lot 76.
4 Gady 1994, p. 354-362.
5 Lauro 1994, p. 399-404.

pages 42–43

BATHILDE D'ORLÉANS, DUCHESSE DE BOURBON (1750-1822)

1 La séparation d'avec le prince de Condé date du 31 janvier 1781, confirmée judiciairement en 1792 : A.N., O^{3} 801, 9 thermidor an II.
2 Coural 1994, p. 43-48 ; Coural et Gastinel-Coural 1995, p. 48-49.

page 44

L'ÉLYSÉE PENDANT LA PÉRIODE RÉVOLUTIONNAIRE

1 Voir encadré, p. 42.
2 Coural et Nicot 1984, p. 12-13 ; Coural 1994, p. 46-48.
3 A.N., 300 AP I 76, 9 avril 1793 et O^{3} 801, 28 juin 1793.
4 A.N., 300 AP I 76, lettre de la duchesse de Bourbon, 19 octobre 1793.
5 A.N., 300 AP I 77, 19 juin 1797.
6 A.N., O^{3} 935.

pages 47–79

chapitre 2 De l'Élysée-Murat à l'Élysée-Napoléon

1 Coural 1994, p. 47 et encadré, p. 44.
2 A.N., O^{3} 935 (contient l'ensemble des actes de vente de 1798 à 1806).
3 Voir encadré, p. 68.
4 Masson 1917, p. 280.
5 Samoyault 2009, p. 152.
6 A.N., M.C., LXVIII, 713 ; A.N., O^{2} 1238 ; A.N., O^{3} 935 ; A.N., 31 AP 26 f°s 27 et 521.
7 L'Élysée compte en 1805 une mercière, un boucher, un débitant de tabac-épicier, une rôtisserie, un marchand de vin et quinze locataires dont les parents d'Alfred de Vigny qui y aurait passé quelques-unes de ses années d'enfance (bibliothèque Thiers, fonds Masson Ms 57, f°s 183, 200, 201 et 202).
8 Masson 1917, p. 270.
9 A.N., O^{2} 721, d. 2, f° 91, et O^{2} 305.
10 « Demandes soumises à l'approbation de Sa Majesté », juillet 1806, dans *Lettres et documents pour servir l'histoire de Joachim Murat (1767-1815), publiés par S. A. le prince Murat avec une introduction et des notes de Paul Le Brethon*, Paris, Librairie Plon, 1910, vol. IV, p. 268.
11 Pour ces chiffres, se référer aux documents établis postérieurement, en 1837, dans une démarche de demande de réparation par Caroline Murat et conservés aux Archives nationales (31 AP 26, d. 521, f° 33).
12 Bardey 1968, t. I, p. 1.
13 Coural 1994, p. 49.
14 Sur les travaux, voir Geoffroy et Guidoboni 2020[1] ; Geoffroy et Guidoboni 2020[2] ; voir encadré, p. 74.
15 Coural 1994, p. 60.
16 A.N., O^{2} 721, d. 2, p. 87 et 88.
17 Bibliothèque Thiers, fonds Masson, Ms 57, f° 204.
18 A.N., O^{2} 721, d. 2, pièce 1 *sqq*.
19 Au premier plan, Caroline Murat y serait représentée dans une voiture ; dépôt du musée du Louvre, inv. 4291.
20 Dépôt du musée du Louvre, inv. 4290.
21 Paris, musée du Louvre, inv. 4290 (non exposé).
22 Dépôt du musée du Louvre, inv. 4292.
23 Aujourd'hui perdue mais connue grâce à la copie réalisée à Naples en 1810 par Dunouy et conservée au musée de Capodimonte.
24 Seules quatre toiles de cet ensemble subsistent en place aujourd'hui.
25 A.N., VA, XII, 1 à 3.
26 A.N., VA, XII, 4 à 9. Se référer à l'analyse qui en est faite par Geoffroy et Guibodoni 2020[1], p. 135 à 140, et 2020[2], p. 14-20.
27 L'agencement et l'ameublement des lieux et la couleur des garnitures sont connus grâce aux inventaires établis au départ des Murat en 1808 et conservés dans la série O^{2} des Archives nationales (se référer essentiellement à O^{2} 721, d. 1). Les descriptions ci-après sont issues en grande partie de l'étude de ces inventaires.
28 Napoléon cité par Masson 1900, t. IV, p. 98.
29 Joseph Bonaparte et Marie Julie Clary, Louis Bonaparte et Hortense de Beauharnais, Pauline Bonaparte et Camille Borghèse, Élisa Bonaparte et le cardinal Fesch.
30 Voir Caron 2017.
31 Les nombreux meubles et pendules connus ne sont pas décrits ici. Ils sont pour la plupart conservés au Mobilier national, au château de Versailles ou au domaine de la Malmaison. On peut signaler que nombre d'entre eux portent encore des étiquettes apposées à l'époque par Jacob-Desmalter et signalant la pièce de destination. Se reporter entre autres à Coural 1994, p. 48 à 65 ; Ajaccio 2017 ; Arrizoli-Clémentel et Samoyault 2009.
32 Voir encadré, p. 72.
33 Voir note 27.
34 Aujourd'hui au château de Fontainebleau, inv. F534C.
35 A.N., O^{2} 721, d. 1, p. 1 et 2.
36 Bibliothèque Thiers, fonds Masson, Ms 57, f° 91.
37 A.N., O^{2} 721, d. 1, p. 2 ; Geoffroy et Guibodoni 2020[1], p. 130. On sait que Caroline aimait jouer elle-même sur scène (voir Tamisier-Vétois, s. d.[2]).
38 Du nom de la station thermale des Pyrénées déjà en vogue à l'époque. On ne sait si l'eau qui se trouvait dans cet espace du palais était une eau spécifique ni quelle était son origine.
39 Beylier 1980, p. 151-152.
40 A.N., O^{2} 721, d. 1, p. 6.
41 Pour une analyse plus complète, voir Scognamilio 2008, p. 23-90 ; Giannechini 2014.
42 Respectivement conservés, pour le premier, à la pinacothèque Brera à Milan et, pour les deux autres, au musée de l'Ermitage à Saint-Pétersbourg, inv. 46 et 41.
43 Tous deux en collection particulière.
44 Tableau aujourd'hui en collection particulière.
45 Musée des Beaux-Arts d'Ajaccio, palais Fesch, inv. MNA. 839.1.8.
46 Giannechini 2017, p. 135-141 ; Jehanne Lazaj, « Caroline Murat, du bon usage de l'antique pour l'ameublement », dans Dion-Tenenbaum et Gay-Mazuel 2020, p. 184-189.
47 Arrizzoli-Clémentel et Samoyault 2009, p. 120. La console est conservée au Grand Trianon, inv. T163c.
48 Voir encadré, p. 72, inv. GME 12322.
49 Masson 1900, p. 94.
50 *Lettres et documents..., op. cit.*, t. V, p. 127.
51 *Ibid.*, p. 130.
52 *Journal de Paris*, 22 septembre 1807.
53 Rey 2021, p. 37.
54 Baudus 2014, p. 137.
55 Waldemar Kamer, « Caroline Bonaparte et la musique : la mélodie de son frère », dans Ajaccio 2017, p. 255-257.
56 Dratwicki et Duflo 2004, p. 33 (mention d'une partition conservée à la BnF).
57 *Journal de l'Empire*, 8 février 1808.
58 Rey 2021, p. 38.
59 Ce traité est intégralement reproduit dans *Lettres et documents..., op. cit.*, t. VI, p 219-223.
60 A.N., O^{2} 767, d. 2, p. 3.
61 Jehanne Lazaj, « Du sommet de la gloire aux souvenirs : les résidences de la reine de Naples et de la comtesse de Lipona », dans Ajaccio 2017, p. 111-112.
62 Bibliothèque Thiers, fonds Masson, Ms 57, f° 90-94.
63 Fontaine 1987, t. I, p. 212. L'état des lieux est conservé aux Archives nationales sous la cote O^{3} 935.
64 A.N., O^{2} 721, d. 1 ; O^{2} 767, d. 2, p. 3 ; O^{2} 1238 ; O^{3} 935.
65 A.N., O^{2} 1238.
66 Coural 1994, p. 67.
67 Méneval 1893-1894, vol. 2, p. 53.
68 Percier et Fontaine 1833, p. 88.
69 En 1809, le 28 février, du 15 au 18 mars puis du 31 mars au 12 avril ; en 1812, du 15 février au 29 mars ; en 1813, du 28 mars au 6 avril, selon le *Journal des séjours de l'Empereur* tenu par le baron Fain (A.N., AF IV 437).
70 A.N., O^{2} 513, d. 6, p. 12.
71 Note du 3 avril 1809 (A.N., O^{2} 843).
72 A.N., O^{2} 307, d. 17.
73 Afin d'entrevoir toutes les transformations dans l'ameublement entre 1808 et 1814, consulter aux Archives nationales : O^{2} 509 d. 6, O^{2} 513, d. 6 ; O^{2} 515, d. 11, d. 14 ; O^{2} 525 d. 7 ; O^{2} 527, d. 3, O^{2} 559, d. 4 ; O^{2*} 632 ; O^{2*} 705 et 706 et O^{2*} 70 dont la quasi-totalité est analysée dans Bardey 1968, t. 1, avec mention du mobilier identifié ; ou encore Coural 1994, p. 67-75.
74 A.N., O^{2} 513, d. 6.
75 *Ibid.*
76 A.N. O^{2} 721, d. 1, p. 90.
77 A.N., O^{2} 843 et Pougetoux 2003, p. 317.
78 A.N., O^{2} 509, d. 6.
79 A.N., O^{2} 513, d. 6.
80 *Lettres et documents..., op. cit.*, t. VIII, lettre n° 4673, p. 128.
81 Bardey 1968, p. VII.
82 A.N., O^{2} 721, d. 1, p. 42 à 47.
83 A.N., O^{2} 1238 (extrait d'une lettre de Fontaine).
84 Branda 2021, p. 487-500.
85 *Ibid.*
86 Avrillion 1986, p. 395.
87 Bonaparte-Beauharnais 2021, p. 246-247.

88 A.N., O^2 1238.
89 Cité de la céramique de Sèvres et Limoges, archives, Vu1, f° 87, Vy19, f° 2 et Vzl, f° 272.
90 Avrillion 1986, p. 395.
91 *Ibid.*
92 *Ibid.*, p. 505.
93 A.N., O^2 1238. (Un autre billard sera livré par la suite).
94 *Ibid.*
95 *Ibid.*
96 A.N., O^2 1200, sur l'analyse plus poussée des travaux architecturaux entre 1812-1815, voir Geoffroy et Guibodoni 2020[1], p. 145-155.
97 M.N., inv. GME 7995.
98 Coural 1994, p. 203-205, et Coural 1980.
99 A.N., O^2 721, d. 1.
100 Percier et Fontaine 1833, p. 107.
101 A.N., O^2 1238.
102 A.N., O^3 1200.
103 Rasponi 1929, p. 8.
104 A.N., O^3 527, d. 3.
105 A.N., O^2 575, d. 3 ; M.N., inv. GMTC 498.
106 Coural 1994, p. 77.
107 A.N., O^3 935.
108 *Ibid.*
109 Vial 2019, p. 320.
110 Tamisier-Vétois 2015, p. 49.
111 Vial 2019, p. 320.
112 Vial 2021, p. 424.
113 *Ibid.*, p. 410-420.
114 Voir encadré, *p. 72*.
115 A.N., AE II, 2265.
116 Vial 2021, p. 420-428.
117 Tamisier-Vétois 2015, p. 52.

pages 70–71

LE MOBILIER DU GRAND SALON

1 L'inventaire de 1808 mentionne six fauteuils meublants et six fauteuils courants mais il semble qu'il s'agisse d'une erreur et que les douze fauteuils se répartissaient bien en quatre meublants et huit courants.
2 M.N., GML 10486.
3 Dix-neuf sièges sur trente-six sont localisés : un canapé sur les trois (GMT 16409), les quatre causeuses (GMT 16410/1 à 3 et GMT 16283), les quatre fauteuils meublants (GMT 16284/1 à 4), quatre des huit fauteuils courants (GMT 14522/1 à 4), six des douze chaises (GMT 14523/1 et 2, GMT 16285/1 à 4). La majorité de cet ensemble est déposée à l'ambassade de France près le Saint-Siège, à Rome.
4 Les causeuses sont étrangement absentes en 1813 mais reviennent dès 1817 ; les quatre fauteuils meublants disparaissent après 1817 ; les chaises ne sont plus que six à partir de 1855.
5 Châteaux de Versailles et de Trianon, VMB 13420. Rentrée au Garde-meuble en 1872, elle est envoyée à Versailles en 1882, dans une série de seize consoles et trois meubles, pour meubler le salon du Sacre et les salles des Gouaches.
6 Château de Fontainebleau, chambre de l'impératrice. Samoyault 2000. Un fauteuil de provenance inconnue et identique, à l'exception de la forme des pieds antérieurs, est conservé au M.N., GME 1674.
7 M.N., GMT 1306.
8 Châteaux de Versailles et de Trianon, T 429 C, aujourd'hui dans la chambre de la reine des Belges du Grand Trianon.

pages 72–73

LE MOBILIER DU BOUDOIR D'ARGENT

1 Coural 1994, p. 59 ; Coural et Gastinel-Coural 1995, p. 57 ; Ajaccio 2017, p. 94.
2 A.N., O^2 721.
3 Elle montre Caroline de retour dans cette pièce, lors du séjour parisien qu'elle fit lors du divorce de l'empereur. Coural 1994, p. 90-91 ; Paris 2013, p. 158-160 ; Ajaccio 2017, n° 39 p. 107-108.
4 M.N., GMT 18589/1 et 2 (méridiennes), GMT 18590/1 à 4 (fauteuils gondoles), GMT 18591/1 et 2 (chaises), GME 12320 (bureau), GME 12321 (consoles-jardinières), GME 12322 (table).
5 M.N., GML 7199 (pendule), GML 7200/1 et 2 (flambeaux), GML 7201/1 et 2 (chenets).
6 M.N., GML 3316.
7 Dumonthier s. d., pl. 39.
8 Ajaccio 2017, n° 40, p. 108-109.
9 Château de Malmaison, MM 40 47 92. Fontainebleau 2016-2017, p. 228-232.
10 New York, Metropolitan Museum of Art, inv. 63.535.
11 La Mésangère 1802-1815, t. II, 1803, pl. 87.
12 Ebeling et Leben 2016.

pages 74–75

L'ESCALIER D'HONNEUR

1 Coural et Gastinel-Coural 1995, p. 50 ; Coural 1994, p. 59-61.

pages 76–77

LES LITS DE CAROLINE MURAT

1 Dumonthier s. d., pl. 42.
2 Tamisier-Vétois s.d.[1]
3 Paris, musée du Louvre, OA 11344, vers 1799.
12 Ebeling et Leben 2016.

page 78

LA SECONDE ABDICATION DE NAPOLÉON

1 Vial 2021.
2 Montholon 1847, t. I, p. 379.
3 A.N., AE II, 2265.
4 Vial 2021, p. 424.

pages 81–101

chapitre 3 De l'Élysée-Bourbon à l'Élysée-National

1 Fontaine 1987, p. 522-523.
2 Chateaubriand 1820, p. 171, 176 et 182.
3 On retira également les portraits des membres de la famille impériale qui étaient insérés dans les boiseries du cabinet de l'empereur – devenu celui du duc de Berry – pour les remplacer par du papier peint.
4 Coural 1980, p. 225-229, cat. 67.
5 Voir encadré, *p. 76*.
6 Un piano avait été livré à dessein par le Garde-meuble en juin 1816.
7 Associé à la maison Denière et Matelin pour les bronzes du berceau.
8 On les retrouve généralement désignés comme berceau et bercelonnette du duc de Bordeaux au palais des Tuileries, ce qui fut effectivement le cas dans un second temps...
9 Modèle réalisé pour le boudoir turc de Marie-Antoinette au château de Fontainebleau.
10 Fontaine 1987, p. 523.
11 Coural 1980, p. 143-146, cat. 40.
12 Le duc d'Orléans était l'autre grand collectionneur de la famille royale, la duchesse d'Angoulême s'étant essayée à cette activité avec moins de talent.
13 Généralement par l'intermédiaire du chevalier Féréol Bonnemaison (1766-1826), conservateur de sa galerie.
14 Imbert de Saint-Amand 1893, p. 137.
15 Gontaut 1892, p. 209-210.
16 Imbert de Saint-Amand 1893, p. 190-191. Certains biographes ajoutent que Marie-Caroline se coupa les cheveux devant sa psyché pour les transmettre à sa fille en souvenir de cette nuit funeste ou, selon les versions, pour les faire placer dans le cercueil de son époux.
17 Actuel hôtel de Matignon.
18 Coural 1980, p. 180-183, cat. 52.
19 Voir encadré, *p. 100*.

pages 96–97

LE DUC ET LA DUCHESSE DE BERRY

1 Après un mariage par procuration qui avait eu lieu à Naples le 14 avril 1816.
2 Beaulaincourt Marles 1895-1897, t. I, 1804-1823, p. 458.
3 Elle était également la petite-nièce de Marie-Antoinette, reine de France, la nièce de Marie-Amélie, duchesse d'Orléans puis reine des Français, et la cousine de Marie-Louise, impératrice des Français.
4 Situé à l'emplacement de l'actuel square Louvois, le bâtiment – maudit – fut rasé sur ordre de Louis XVIII.
5 La petite Rosalie ne vivra que six mois.
6 Castelot 1972, p. 276.

pages 98–99

LE PREMIER DÎNER

1 Hugo 1913, p. 408-413.

page 100

LE COUP D'ÉTAT DU 2 DÉCEMBRE 1851

1 Lagoueyte 2016.
2 *Ibid.*, p. 59-63.
3 Le départ a dû se faire en deux temps. Le premier décret du prince-président daté des Tuileries est du 5 janvier 1852, le dernier décret daté de l'Élysée du 9 janvier (*Bulletin des lois de la République française*, 1852).

pages 103-135

chapitre 4
L'Élysée sous le Second Empire

1 Coural 1994, p. 93 et 97.
2 Rapport contenant le détail des dépenses relatives aux travaux commencés en 1852, du 23 mars 1861, A.N., F^{21} 1462. L'histoire et le détail des travaux du palais ont été étudiés par Jean Coural et Chantal Gastinel-Coural dans les publications de référence de 1994 (Coural 1994), p. 97-107, et de 1995 (Coural et Gastinel-Coural 1995), p. 19, 66-77. La correspondance du service des Bâtiments et les mémoires des divers entrepreneurs sont conservés aux Archives nationales, sous les cotes F^{21} 794-796, 1453-1462, 3120-3122 et O^{5} 1446-1673 ; les plans et élévations des nouvelles constructions se trouvent dans la série VA^{12}.
3 L'aile gauche, à l'ouest, donnant sur l'avenue Marigny et la rue du Faubourg-Saint-Honoré, est reconstruite entre 1852 et 1855, et l'aile droite, à l'est, à la suite sur la rue du Faubourg-Saint-Honoré et en retour sur la nouvelle rue, entre 1860 et 1864.
4 Décret du 8 juillet 1860, ordonnant l'ouverture de l'actuelle rue de l'Élysée, sur l'emplacement d'une partie des hôtels de Castellane et Sébastiani.
5 Il était le frère d'Hortense Cornu, filleule de la reine Hortense et sœur de lait de Louis-Napoléon Bonaparte. En charge de tous les travaux d'architecture et de décoration du palais jusqu'en 1870, il fut également l'architecte des nouvelles écuries impériales (actuel palais de l'Alma) et des tombeaux des membres de la famille impériale dans les églises de Rueil et de Saint-Leu. Coural 1994, p. 150.
6 Si les armes de l'Empire ont été remplacées par celles de la République, l'aigle impériale enserrant un foudre, sculptée à la voûte de l'entrée, accueille toujours les visiteurs du palais.
7 Les gros travaux se terminèrent en 1862.
8 Rapport du 8 avril 1861, A.N., F^{21} 794. Coural 1994, p. 99.
9 Coural 1994, p. 99. Des moulages des corniches, des frises et des rosaces des plafonds ont également été réalisés avant démolition.
10 Coural 1994, p. 99-101.
11 Actuel salon Murat.
12 Coural 1994, p. 100. Voir encadré, *p. 132*.
13 Coural 1994, p. 101.
14 *Ibid.*, p. 107.
15 Louis-Napoléon est né le 16 mars 1856 et mort le 1er juin 1879.
16 M.N., GME 5564 et 5563. Demestrescu 2021, p. 77-78 et 180-181.
17 M.N., GME 5502 et 5503.
18 M.N., GME 12369 et GMT 18434.
19 M.N., GML 1319/5.
20 M.N., GME 12373. Voir encadré, *p. 126*.
21 M.N., GME 6056. Denis 2019, p. 115. Deux autres bureaux identiques furent livrés pour Fontainebleau et Compiègne.
22 *La Danse*, M.N., GMTT 354.
23 Coural 1994, p. 37-38 et 106. Actuel « salon de la coupole ».
24 M.N., GME 15063.
25 M.N., GME 12277 et 12278. Samoyault 2009, p. 240, fig. 417. Une nouvelle garniture de cheminée en bronze doré et porcelaine de Sèvres fond bleu sera livrée en décembre 1870, trois mois après la chute du régime.
26 Coural 1994, p. 72.
27 Musée d'Orsay, RF 273. Granger 2005, p. 490-491.
28 Musée d'Orsay, RF 275. Granger 2005, p. 501-502.
29 Desservie par l'escalier construit à l'angle nord-est et accessible depuis la cour d'honneur. Un petit couloir permettait également de rejoindre les appartements de l'impératrice.
30 M.N., GME 12288 et 12289.
31 Comme à la chapelle impériale édifiée en 1865 à proximité de la villa de Biarritz, sous la direction de l'architecte Émile Boeswillwald (1815-1896).
32 Coural 1994, p. 103. Les tableaux de Cornu sont conservés au musée du Louvre, INV 20570-20582. Voir encadré, *p. 129*.
33 Il avait été envisagé au début du règne de réserver cet espace au Conseil des ministres, ce qui aurait obligé à concentrer les appartements impériaux dans l'aile est. La naissance du prince impérial amena entre autres à abandonner ce projet. Coural 1994, p. 99.
34 *Ibid.*, p. 102.
35 Aucun tapis ne fut spécifiquement tissé à la manufacture de la Savonnerie pour les appartements de l'Élysée sous le Second Empire.
36 Calmettes 1912, p. 127-128, et Le Drogoff-Okęki 2020, p. 187 et 417. M.N., GMTT 458-469.
37 Musée du Louvre, INV 2715. Vittet 2002, p. 369-370 et 382-384.
38 M.N., GOB 41 et GOB 40. Vittet 2002, p. 371-372 et 397-398.
39 Calmettes 1912, p. 130-132, et Le Drogoff-Okęki 2020, p. 187 et 417. M.N., GMTT 654. *Le But* et sa bordure ont été tissés entre 1861 et 1865, *La Musique* et *L'Astronomie* entre 1863 et 1866, les huit autres petits panneaux ornementaux à Beauvais entre 1863 et 1865.
40 Voir encadré, *p. 124*.
41 Calmettes 1912, p. 128-130. Tissée aux Gobelins avec sa bordure de 1862 à 1866. M.N., GMT 6980.
42 Calmettes 1912, p. 133-142, et Gastinel-Coural 1996, p. 54-56. Commencés en 1864, les tissages n'étaient pas terminés en 1870 à la déclaration de la guerre. Modèles et tapisseries ont été détruits dans l'incendie des Gobelins le 24 mai 1871, à l'exception du panneau du *Toucher*, M.N., GOB 230, du modèle correspondant GOB 84 et des deux cartons des dessus-de-porte GOB 85 et 86.
43 Chabanne 2013, p. 137, nos 2 et 3. Voir encadré, *p. 134*.
44 Le salon des Tapisseries.
45 Le salon Murat.
46 M.N., GMT 6304. Coural 2009, p. 122.
47 Le Drogoff-Okęki 2020, p. 192 et 416. M.N., GMT 14055-14058, GMT 18565-18566, GMT 21130, EN 2675.
48 Mobilier national et château de Compiègne.
49 Vittet 2000, p. 145-150, et 2002, p. 112, Rondot 2011, p. 93-95, et Gay-Mazuel 2022, p. 465. Il est curieux de voir rassemblés à l'Élysée, la résidence parisienne de Mme de Pompadour, deux éléments relatifs aux sièges du salon de Crécy : un des fauteuils originaux et une tapisserie intégrant l'un des sujets qui garnissait ce fauteuil au XVIIIe siècle.
50 Le Drogoff-Okęki 2020, p. 63, 192-193 et 413. M.N., GMT 13626-13630, GMT 14051-14054, GMT 15910, GMT 18562-18564, GME 4997, EN 2652.
51 Versailles, V 4522-4531 et OA 9367-9498. Denis 2016, p. 136-147.
52 M.N., GME 1583, GME 4999 et GMT 13445. Ils étaient alors couverts de tapisseries de Beauvais, à fond blanc, bordure vert d'eau, et bouquets de fleurs tissées d'après Chabal-Dussurgey. Le Drogoff-Okęki 2020, p. 414-415, et Vittet 2016, p. 32.
53 Musée du Louvre, OA 5161.
54 M.N., GME 12629. Badetz 2007, no 38, p. 78-79.
55 Archives du M.N., registre du magasin des meubles confectionnés, entrée du 23 mars 1857, par l'atelier des ébénistes et Souty doreur, no 11777. Château de Compiègne, GME 435.
56 M.N., GME 462/1 et GME 5948.
57 Compiègne, dépôt du M.N., GME 12309.
58 Aucun ensemble de nouveaux sièges n'est enregistré jusqu'en 1870 pour ces premières pièces de l'appartement, le grand salon compris.
59 M.N., GMLC 693. Dupuy-Baylet 2006, no 46, p. 108-109.
60 M.N., GML 9462. Dupuy-Baylet 2010, no 6, p. 38-39.
61 Musée du Louvre, MI 265 à 269.

pages 124-125

LE SALON DORÉ ET LA SALLE DE BAINS DE L'IMPÉRATRICE

1 Devis du 8 février 1861, A.N., F^{21} 795. Coural 1994, p. 102. Les deux panneaux de part et d'autre de la cheminée rappellent les toiles peintes et dorées avec des figures allégoriques du salon de réception de Joachim Murat.
2 Devis du 6 mars 1860, A.N., F^{21} 794. Coural 1994, *idem*.
3 On ignore comment était meublé le salon doré à la fin du Second Empire.
4 Rare exemple, dans l'ameublement des résidences impériales, de copie complète d'un décor ancien pour un nouvel aménagement.
5 Lettre de Lacroix au ministre du 30 octobre, A.N., F^{21} 794. Coural 1994, p. 103.
6 A.N., F^{21} 3121. Coural 1994, *idem*.
7 A.N., F^{21} 3122. Coural 1994, *idem*.

pages 126-128

LA BIBLIOTHÈQUE DE NAPOLÉON III

1 Coural et Nicot 1984, p. 9 ; Coural 1994, p. 44-45.
2 Coural et Gastinel-Coural 1995, p. 70.
3 A.N., F^{21} 3122 ; Coural 1994, p. 105.
4 M.N., GME 12373. En 2023, le meuble a été démonté et il a depuis rejoint les réserves du Mobilier national.
5 M.N., GME 6056.
6 Paris, musée de l'Armée, inv. 14 ; Dd 14.
7 M.N., AJ^{19} 90, no 30-31. L'étoffe seule est enregistrée sous le numéro GMMP 1256 ; un rideau de portière est toujours conservé (inv. GMT 204) ; Coural et Gastinel-Coural 1980, p. 332.
8 A.N., F^{21} 2316, 11 mai et 27 juin 1895 ; Braibant 1963.
9 A.M.N., M 24 et MM 1196.
10 Voir encadré, *p. 222*.

pages 129-131

LA CHAPELLE DU PALAIS DE L'ÉLYSÉE

1 *Journal du Gard*, 27 août 1817.
2 *Journal des débats politiques et littéraires*, 29 octobre 1818. Le duc de Berry était le parrain.
3 Granier de Cassagnac 1874.
4 *L'Écho du Midi*, 26 février 1852.
6 *Le Messager du Midi*, 31 mai 1852.
7 Bradier 1874.
8 *Le Courrier artistique*, 19 février 1865.
9 *Ibid.*
10 *La Semaine des familles*, 5 novembre 1881.
11 *Le Courrier artistique*, 19 février 1865.
12 *La Vedette*, 30 juin 1894.
13 *Le Courrier artistique*, 19 février 1865.
14 *Ibid.* ; *Gazette des beaux-arts*, janvier 1865. Ces œuvres sont conservées au musée du Louvre depuis 1950 : inv. 20570 à 20580 ; Compin et Roquebert 1986, p. 146.
15 Certains citent aussi le peintre Marius Lavergne pour les peintures murales de la chapelle de l'Élysée : Auvray et Bellier de La Chavignerie 1882-1885 ; *La France littéraire, artistique, scientifique*, 31 mars 1866 ; *Gazette des beaux-arts*, juillet 1865 ; « Sébastien Cornu », *Le Magasin pittoresque*, janvier 1874.
16 *La Liberté*, 18 avril 1874 ; *La Petite Presse*, 19 avril 1874 ; *La Semaine religieuse du diocèse de Rouen*, 7 avril 1877.
17 *Le Midi*, 24 octobre 1881 ; *La Semaine des familles*, 5 novembre 1881.
18 *L'Écho de la montagne*, 21 mars 1883 ; *Le Cri du peuple*, 27 juillet 1885.
19 *Le Messin*, 7 mai 1898.
20 *L'Écho de la montagne*, 16 février 1893.
21 *La Semaine religieuse du diocèse de Rouen*, 4 février 1893, 1er, 8 et 15 mai 1897 ; *Le Messin*, 13 juin 1889 ; 12 juin 1891, *La Dépêche du Midi*, 2 juillet 1894.
22 *Les Antilles, commerce*, 27 juin 1894 ; *L'Avenir socialiste*, 3 novembre 1901.

23 *La Vedette*, 30 juin 1894.
24 *Le Messin*, 3 juillet 1894 ; *Le Nouvelliste des Vosges*, 1er juillet 1894.
25 *L'Express du Nord et du Pas-de-Calais*, 19 février 1899.
26 *La Croix*, 18 février 1899.
27 *Courrier de Tarn-et-Garonne*, 17 février 1899.
28 *Le Réveil bônois*, 18 octobre 1900 ; à la Toussaint, *Le Conseiller des sourds-muets*, 1900.
29 *Le Sanctuaire*, 27 juillet 1913.
30 *La Lanterne*, 27 février 1906 ; *Pour la République*, 14 avril 1907.
31 *Le Sanctuaire*, 27 juillet 1913.
32 *Le Peuple*, Saint-Denis, 27 juillet 1931.
33 Rials 1981.
34 Conte 1985.
35 Jullian 1981.
36 Tronchot 2015.

pages 132-133

LA SALLE DE BAL

1 Coural 1994, p. 14.
2 *Ibid.*, p. 53-55, et voir essai, *p. 48 sqq.*
3 A.N., O^3 2019, 26 janvier 1820 ; voir essai, *p. 82 sqq.*
4 A.N., F^{21} 1453, 12 mars 1851, rapport du chef de division au ministre des Travaux publics concernant le projet d'établissement d'une salle de bal par Eugène Lacroix à l'Élysée ; Coural 1994, p. 98.
5 A.N., F^{21} 1457, devis des travaux de sculpture faits et à faire dans la salle de bal, signé par Eugène Lacroix, architecte, 11 janvier 1857.
6 A.N., F^{21} 1458, devis des travaux de menuiserie à exécuter pour l'établissement dans la salle de bal du palais, 14 février 1855.
7 A.N., F^{21} 1458, devis extrait du devis général de la miroiterie de la salle de bal, 28 février 1855.
8 Voir essai, *p. 32 sqq* ; Coural 1994, p. 109.
9 Voir essai, *p. 142 sqq.*

pages 134-135

LE SÉJOUR DES SOUVERAINS LORS DE L'EXPOSITION UNIVERSELLE DE 1867

1 Sur l'exposition, voir Badetz 2016, p. 249-263.
2 Granger 2008, p. 43.
3 A.N., AJ^{19} 94, entrée du 17 juillet, no 4840.
4 *Ibid.*, no 4853. Coural 1994, p. 105-107. Il est conservé au château d'Arenenberg.
5 Chabanne 2013, p. 137, note 19. Une série est conservée à la Bibliothèque nationale et une autre au Mobilier national ; *voir p. 114-119.*
6 A.N., AJ^{19} 556, nos 2454 et 2535.
7 M.N., GME 12633. Beauvais 2000, p. 118, no 87 (Samoyault).
8 Versailles, VMB 13229. Arizzoli-Clémentel et Samoyault 2009, p. 434-435, no 169.
9 La cérémonie eut lieu le 17 novembre, en présence de l'impératrice des Français et de l'empereur d'Autriche.

pages 137-181

chapitre 5 L'Élysée sous la IIIe République

1 A.N., F^{21} 796, 18 août 1871.
2 Arrêté de classement du 28 octobre 1916.
3 Coural 1994, p. 109.
4 A.N., F^{21} 796, 9 août 1871 et 27 décembre 1871.
5 A.N., F^{21} 796, 21 novembre 1874.
6 A.N., F^{21} 796, 26 juillet 1879.
7 A.N., F^{21} 796, 14 octobre 1879.
8 A.N., F^{21} 2315.
9 A.N., F^{21} 3128.
10 A.N., F^{21} 2315, 17 juillet 1890.
11 A.N., F^{21} 2315, 2 août 1890.
12 A.N., F^{21} 3131.
13 A.N., F^{21} 3130, exercice 1892, chap. 59, et F^{21} 6210, 29 décembre 1891.
14 A.N., F^{21} 3131 et 3132.
15 A.N., F^{21} 3134.
16 A.N., F^{21} 3740, 8 mai 1899.
17 A.N., F^{21} 6208, 20 avril 1904 et 13 janvier 1906.
18 A.N., F^{21} 6208, 5 février 1929.
19 A.N., 19810663/217, 10 juillet 1929.
20 A.N., F^{21} 3740 et 19810663/217.
21 A.N., F^{21} 796, 28 novembre 1876.
22 A.N., F^{21} 3123, 20 mai 1878.
23 A.N., F^{21} 3123, 20 août 1878.
24 A.N., F^{21} 796, 28 juillet 1879.
25 A.N., F^{21} 796, 23 mars 1880, 10 juillet 1880 et 18 août 1880.
26 A.N., F^{21} 2315, 26 août 1882 et 22 septembre 1882.
27 Voir encadré, *p. 164.*
28 M.N., dessins MM 6180 et MM 6182.
29 Voir encadré, *p. 162.*
30 Paris 2022-2023, p. 244-247 ; Planchon 2011, p. 252.
31 Paris, archives Tassinari & Chatel, commission 226931 du 15 avril 1927, patron 9850 ; pour les fauteuils : M.N., GMT 12158.
32 M.N., MM 1246 ; A.N., F^{21} 3740 (1935) ; Coural 1994, p. 121 ; Coural et Gastinel Coural 1995, p 82.
33 M.N., GMTT 311/2 et GMTT 25/5.
34 M.N., GMTT 162/3 et GMTT 161/1 notamment.
35 M.N., MM 1196, 5 juillet 1933 ; Coural et Gastinel Coural 1995, p 83 ; Paris 2022-2023, p. 247.
36 M.N., GML 4703, MM 2436.
37 A.N., 19810663/217, 12 juillet et 5 août 1932.
38 A.N., F^{21} 2317.
39 M.N., F^{21} 3133, chap. 38, 1896.
40 A.N., F^{21} 3127, d. 1888.
41 A.N., F^{21} 3133, chap. 45, 1896.
42 A.N., F^{21} 3128.
43 A.N., 19810663/218, 21 février 1930.
44 A.N., F^{21} 791, 16 janvier 1873.
45 A.N., F^{21} 3133, exercice 1895.
46 A.N., F^{21} 2315, 23 juin 1891 et A.N. F^{21} 2316, d. 10-1891.
47 A.N., F21 2317, d. 13-1896/11-1897.
48 A.N., F^{21} 791, 1er décembre 1877.
49 A.N., F^{21} 796, d. 8-1879.
50 Coural 1994, p. 109.
51 A.N., F^{21} 2317, d. 9-1897.
52 A.N., F^{21} 6028 et 6211, 4 mars et 7 juillet 1914.
53 A.N., 19810663/218, 9 août 1922 et A.N., F^{21} 6209, 6 mars 1924.
54 Champeaux 1898, p. 307.
55 M.N., GML 2522, aujourd'hui au château de Versailles ; Coural et Gastinel-Coural 1995, p. 79.
56 M.N., GML 6330 (EN 6533).
57 M.N., GML 6327 (EN 2753) ; Dupuy-Baylet 2010, p. 46, notice 11.
58 Coural et Gastinel-Coural 1995, p. 78 ; Coural 1994, p. 112 ; Bordeaux, Paris, Nice 1992-1993, p. 245 et 247 ; A.N., F^{21} 4213, 21 février 1907.
59 M.N., GMTB 1167 et Paris, musée Carnavalet, P 2747.
60 M.N., GMTT 648, 649 et 650 (EN 2716).
61 M.N., GMTT 647/1, GMTT 651 et 652.
62 M.N., GME 12308/1 et /2 (EN 2712).
63 Champeaux 1898, p. 310.
64 M.N., deux canapés GMT 18559 et 14059, dix fauteuils GMT 14060/1 à 6 et GMT 18560/1 à 4.
65 M.N., GME 12303 (EN 2729).
66 Coural et Gastinel-Coural 1995, p. 84-85.
67 M.N., GML 7160 (EN 2733) ; Dupuy-Baylet 2006, p. 170-171, notice 85.
68 M.N., GMT 18925 ; Aubusson 2021, p. 203.
69 Chaises EN 2743 ; consoles M.N., GME 4895/1 (EN 2744) et GME 12315 (EN 2745).
70 M.N., GME 12313/1 à 8 (EN 5918).
71 M.N., GMT 12154 ; Coural et Gastinel-Coural 1995, p. 81.
72 M.N., par exemple GML 7218 ; Dupuy-Baylet 2020, p. 304-305, no 153.
73 M.N., GMT 12453 ; Aubusson 2021, p. 193 ; Gastinel-Coural 2006, p. 293-296, fig. 38.
74 Champeaux 1898, p. 308 ; Coural 1994, p. 101.
75 A.N., F^{21} 4250, 13 février 1907.
76 M.N., GMT 18565, 14055/1 et 2, 21130, 14056, 14057/1, 18566, 14058/1 et 2, 5838/1 à 4.
77 M.N., GMTT 480 (EN 2650) ; Coural et Gastinel-Coural 1995, p. 86.
78 M.N., GMT 15611 (EN 2657).
79 M.N., causeuses GMT 18562 et 14052, fauteuils GMT 13926/1 à 3, 14053/1 à 3, 18563/1 à 3 et chaises GMT 13627/1 et 2, 14054/1 et 2 ; Le Drogoff-Okęki 2020, p. 191-193 et 413.
80 Coural et Gastinel-Coural 1995, p. 87.
81 M.N., GMTT 355.
82 M.N., GMT 15533.
83 M.N., canapé GMT 15421 (EN 2603), deux fauteuils GMT 15554/1 et 2.
84 Voir encadré, *p. 72.*
85 M.N., GMT 9240 ; Gastinel-Coural 2006, p. 298, fig. 40.
86 M.N., GME 12369.
87 M.N., GMT 18434.
88 M.N., GML 7256 (EN 2473), Dupuy-Baylet 2006, p. 125-126, notice 58, et GML 7259, Dupuy-Baylet 2010, p. 142, notice 74.
89 A.N., F^{21} 2316, 11 mai et 27 juin 1895 ; Coural 1994, p. 115 ; Braibant 1963.
90 Voir encadré, *p. 174.*
91 M.N., GME 12320 (EN 8171).
92 A.N., F^{21} 2317, 29 janvier 1897.
93 Champeaux 1898, p. 310.
94 Voir encadré, *p. 124.*
95 Voir encadré, *p. 170.*
96 A.N., F^{21} 3741, 29 juin et 28 septembre 1936.
97 Voir encadré, *p. 180.*

pages 162-163

LA « CAGE AUX SINGES » DE L'ÉLYSÉE

1 Voir encadré, *p. 164.*
2 Coural et Gastinel-Coural 1995, p. 78-79.
3 « Bal à l'Élysée », *La Vie moderne*, 14 février 1880.
4 *France-Illustration*, novembre 1947.
5 Coural et Gastinel-Coural 1995, p. 78.
6 M.N., GMT 34700 ; Paris 2022-2023, p. 273.
7 *Point de vue*, 17 août 1947. Voir photographies des gouvernements André Tardieu I (1929-1930), Théodore Steeg (1930-1931), Édouard Daladier III (1937-1938), etc.
8 *La France libre*, 16 octobre 1947.
9 *Liberté-Soir*, 19 août 1947.
10 *Combat*, 25 décembre 1947 (photo après démolition). *France-Illustration*, novembre 1947 ; voir essai, *p. 184.*
11 *France-Illustration*, novembre 1947.

pages 164-165

LA SALLE DES FÊTES

1 A.N., VA XII, no 44. Coural 1994, p. 110.
2 *La Chronique des arts et de la curiosité*, 11 mai 1889, p. 149-150, reprenant un article du *Temps*, du 9 mai 1889.
3 Ces portières, où les dieux de l'Olympe symbolisaient les saisons et les éléments, restèrent en place jusqu'à fin 1995.
4 Coural 1994, p. 110. Le carton, GOB 256, a été envoyé en 1892 à Roubaix.

5 Musée d'Orsay, RF 173, RF 816, RF 3985 et RF 734. Les deux premières sculptures ont d'abord été envisagées pour le jardin des Tuileries.
6 Lettre de l'architecte au ministre de l'Instruction publique et des Beaux-Arts, du 18 décembre 1896. A.N., F^{21} 2317.
7 Coural 1994, p. 110.
8 Gastinel-Coural 2020, p. 294-303, nº 35.
9 M.N., GMTT 348 et 349.
10 Six canapés, quatre causeuses, douze fauteuils, vingt-quatre chaises. M.N., GMT 12155-12159.
11 M.N., GMT 5780.
12 M.N., GMTT 25/3, 25/5, 311/2 et 315.
13 Voir encadré, *p. 132* et *p. 260*.

pages 166–167

LA MORT DE FÉLIX FAURE

1 Joly 2014.
2 Billard 1995.
3 Faure et Joly 2009.
4 Le Gall 1963.

pages 168–169

LA GRILLE DU COQ

1 Beylier 1981, p. 150 ; voir encadré, *p. 42*.
2 Lettre du 17 juin 1899 du ministre de l'Instruction publique et des Beaux-Arts à Adrien Chancel, architecte de l'Élysée, pour l'évaluation de la dépense « de l'ouverture du jardin sur l'avenue Gabriel pour l'établissement d'une grille », A.N., F^{21} 2318.
3 « ANNO » et « 1900 », en haut des deux pilastres principaux.
4 Sur Antoine Bernard, voir Blanc 2015, p. 81-87.
5 « Ferronnerie d'art, la grille de l'Élysée », *La Construction moderne*, 2e série, 6e année, 27 juillet 1901, p. 511, pl. 83.
6 L'origine de ce symbole est traditionnellement expliquée par la double signification du mot *gallus* en latin désignant à la fois le coq et le Gaulois.

pages 170–171

LE SALON DES POÈMES OU LE SALON DES MUSES

1 M.N., GMTC 466/1, 2, 3 et 4.
2 M.N., GMTC 464/1 et 5.
3 M.N., GMTC 464/3 et 4.
4 M.N., GMTC 464/2.
5 M.N., GMTC 466/5, 6, 7, 8, 9, 10 et 11.
6 M.N., GMTC 465/1 et 2 et GMTC 466/12.
7 Le musée des Arts décoratifs conserve une maquette de cet ensemble provenant d'un don de la famille de l'artiste : inv. 8536.
8 A.N., F^{21} 3123, dossier « 1876-1879 ». A.N., F^{21} 2315, dossier 2-1887.
9 Calmettes 1912, p. 143-151.
10 Les tapisseries appartiennent aux collections du M.N. (GOB 190-187-179-177 ; GOB 259-299 ; GOB 249-296 ; GOB 189 ; GOB 169-170-159-270-143-144-254 ; GOB 129-134 et GOB 253).
11 Calmettes 1889.
12 A.N., F^{21} 2318 ; Coural et Gastinel-Coural 1995, p. 96-97.

pages 172–175

LE BUREAU DES PRÉSIDENTS

1 Voir encadré, *p. 126*.
2 M.N., GME 12373.
3 M.N., GME 12369.
4 Guérinet 1900, pl. 10.
5 Coural 1995, p. 91.
6 Bluysen 1898.
7 Coural 1995, p. 90.
8 Voir encadré, *p. 166* ; Braibant 1963.
9 M.N., GME 12372.
10 Coural 1995, p. 90.
11 Guérinet 1900, pl. 9.
12 Guérinet 1900, pl. 32.
13 Coural 1995, p. 68.
14 Collection du M.N. ; Coural 1994, p. 118.
15 Coural 1995, p. 92 ; *Album Contet*.
16 Coural 1994, p. 118.
17 *Ibid.*, p. 125.
18 *La France libre*, 13 novembre 1946.
19 M.N., GME 15063 (EN 2504, TU 2738) ; Coural 1995, p. 71.
20 Coural 1995, p. 99.
21 *Ibid.*, p. 106-107.
22 *Le Monde*, 8 juillet 1981.

pages 176–177

UN GRAND PROJET POUR JEAN LURÇAT

1 M.N., MM 144, lettre de Guillaume Janneau à Jean Lurçat, 14 octobre 1938.
2 Lettre de Jean Lurçat à Guillaume Janneau, automne 1938, archives de la Fondation Lurçat, dossier Mobilier national.
3 *Ibid.*
4 Lettre de Guillaume Janneau à Jean Lurçat, 28 novembre 1938, archives de la Fondation Lurçat, dossier Mobilier national.

pages 180–181

L'ÉLYSÉE SOUS L'OCCUPATION

1 Orcival 2017, *passim*.
2 De Gaulle 1954-1959, t. III, p. 127-128.

pages 183–201

chapitre 6 Le palais de l'Élysée sous la IVe République

1 Guilleminault 1968, déclaration du 16 janvier 1947, p. 52.
2 Paris 2022-2023, p. 49-69.
3 A.N., 552 AP 49.
4 Bogousslaavsky 2015, p. 77.
5 A.N., 552 AP 49.
6 A.N., 552 AP 49, note du 18 mai 1947.
7 M.N., MM 409, projets de fabrication de mobilier, note manuscrite, s.d.
8 Voir encadré, *p. 162*.
9 A.N., 552 AP 50, rapport présenté par l'architecte en chef du palais de l'Élysée, 14 mars 1947.
10 A.N., 552 AP 50, note manuscrite, s. d.
11 A.N., 552 AP 50, proposition M. Demaret, septembre 1947.
12 Rouillier 2018, § 10.
13 A.N., 552 AP 50, lettre de Fernand Javal, président de la parfumerie Houbigant à Michelle Auriol, 29 octobre 1947.
14 M.N., livre des dépôts, arrêtés de 1947 à 1950, nº 96, p. 67.
15 M.N., table GME 10703, chaises GMT 15818/1 à 24, buffets GME 10700, GME 10701, GME 10702.
16 M.N., tapis GMT 15857.
17 M.N., lustre GML 6057.
18 « Une heure avec Leleu », *Mobilier et décoration*, nº 5, novembre 1948.
19 Paris, Centre national des arts plastiques, Fnac 7036.
20 A.N., 552 AP 50, note de Bizette-Lindet concernant le décor de la salle à manger.
21 M.N., Meuble d'entre-deux GME 10758, meuble d'appui GME 10757.

pages 194–195

TRADITION, FAMILLE, *CAFÉ SOCIETY* : RECEVOIR AU PALAIS SOUS LA IVe RÉPUBLIQUE

1 A.N., 552 AP 89, discours de Vincent Auriol, déjeuner du Syndicat national des agences de presse, 26 janvier 1950.
2 A.N., AG//SPH/1, nº 185.
3 A.N., AG//SPH/4, nº 271.
4 A.N., 4AG/445, nº 79.
5 A.N., 4AG/445, nº 106.
6 A.N., 4AG/445, nº 51.
7 A.N., AG//SPH/5, nº 403.
8 A.N., 4AG/445, nº 120 bis ; M.N., GME 11781.

pages 196–197

LA CHAMBRE DU ROI

1 A.N., 552 AP 89, dossier IV, présidence de la République, maître d'hôtel, note de service, s. d.
2 Gleizes 1983, p. 58.
3 A.N., 552 AP 89, dossier IV.
4 M.N., MM 1135, réception souverains étrangers ; Paris 2022-2023, p. 84-85.
5 A.N., 552 AP 89, dossier IV.
6 *Ibid.* ; Paris, M.N., GOB 907 ; Paris, Musée d'art moderne, inv. AM 2334 P ; Paris, musée d'Orsay, inv. RF 1989.
7 *Ibid.*

pages 198–201

COLETTE GUEDEN, UNE DÉCORATRICE AU SERVICE DE LA PRÉSIDENCE

1 M.N., MM 723/2, lettre de Colette Gueden à Georges Fontaine, 19 juin 1946.
2 M.N., coiffeuse GME 10316, porte-serviette GME 10319/1, chaise GMT 15104/1 et 2.
3 M.N., MM 6178, dossier 3, Élysée chambre du Président, 1947.
4 M.N., MM 6159, palais de l'Élysée, chambre d'enfants.
5 M.N., MM 6178, dossier 2, palais de l'Élysée.
6 *Ibid.*, palais de l'Élysée, façade sur cour d'honneur.
7 M.N., MM 987 bis, palais de l'Élysée, dais démontable.

pages 203–231

chapitre 7
L'Élysée sous la Ve République

1 Cité par Lacouture 1986, t. III, p. 614. Voir aussi le texte intégral de l'intervention dans De Gaulle 1970-1993, t. IV, p. 162-182.
2 Les travaux essentiels sont Coural 1994, p. 128-143, et Coural et Gastinel-Coural 1995, p. 126-129 : à la fois études précises et témoignages directs d'acteurs importants sous quatre présidents.
3 Dulong 1974, p. 10.
4 Sarmant 2018, p. 321-334.
5 Versailles 2016 ; Oppermann 2019, p. 35-56.
6 De Gaulle 1970, p. 308.
7 M.N., GME 12372.
8 M.N., GMT 18550 (fauteuils) et GMT 18551 (chaises).
9 M.N., GME 1217 (table) et GME 1229/1 et /2 (meubles d'appui).
10 M.N., GMTT 203/12.
11 De Gaulle 1970, p. 310. Sur ces réceptions, Dulong 1974, p. 195-221.
12 Lacouture 1986, p. 726-748.
13 Archives du M.N., MM 2129 : Élysée, dossiers « Aménagements appartements privés (Dennery, Alpha International, SADEM) et « Projet Pierre Paulin 1970-1974 ». Bayard et Flamand 2016, p. 144-147.
14 Voir encadré, *p. 222*.
15 « Louis XV. Un moment de perfection de l'art français », Paris, hôtel de la Monnaie, 1974.
16 Sculpture aujourd'hui conservée au musée du Louvre, inv. 2716.
17 Le Barbé 2011.
18 Voir encadré, *p. 226*.
19 Voir encadré, *p. 260*. Ce chantier a donné lieu à un concours organisé par le Mobilier national et remporté par Isabelle Stanislas.
20 Voir encadré, *p. 234 sqq.*

page 218

L'INVESTITURE DE CHARLES DE GAULLE

1 Évocations dans *Le Monde*, 9 janvier 1959 (reproduit l'allocution de René Coty et donne le récit de la journée) ; De Gaulle 1970, p. 39 ; Dulong 1974, p. 12-13 ; Lacouture 1984-1986, t. II, p. 683-688. Pour une mise en contexte, voir Jungen 2004.
2 Reproduit dans De Gaulle, 1970-1993, t. III, p. 71-73.
3 *Le Monde*, 16 janvier 1954.

pages 219–221

LE SALON DORÉ SOUS LES PRÉSIDENTS DE LA Ve RÉPUBLIQUE

1 Voir encadré, *p. 124*.
2 *Le Jardin des arts*, no 39, janvier 1958.
3 Gleizes 1983, p. 77.
4 M.N., GME 12372.
5 M.N., GML 1319.
6 M.N., GME 12167.
7 M.N., GME 12629/1 et 2.
8 M.N., GMTT 203/12.
9 M.N., GML 624 ; demeurée en place jusqu'en 2019.
10 M.N., GME 9812/1 et 2.
11 M.N., GME 11201.
12 Coural 1994, p. 137-139.
13 M.N., GME 17224.
14 M.N., GME 18601.

pages 222–223

LES APPARTEMENTS DES POMPIDOU

1 M.N., MM 2129.
2 Jacques Michel, *Le Monde*, 25 avril 1979. Le salon Agam est conservé au Musée national d'art moderne sous le numéro d'inventaire AM 2000-3, le tapis de Savonnerie est le GOB 1527 du Mobilier national.
3 Coural 1994, p. 134.
4 Vedrenne et Fèvre 2001, p. 75.
5 Chapoutot 1992, p. 92.

pages 224–225

LE BUREAU PARTICULIER DE VALÉRY GISCARD D'ESTAING

1 Coural et Gastinel-Coural 1995, p. 120 ; Coural 1994, p. 137.
2 M.N., GME 17280. « Un bureau signé J. H. Riesener, celui du ministre », *ABC décor*, no 71, septembre 1970.
3 M.N., GML 9272.
4 M.N., GME 1580 ; Coural 1994, p. 137.
5 M.N., GMTT 212.
6 M.N., GMTT 220/5.
7 Paris, musée du Louvre. Jean-Pierre Houël : *La Halle des voyageurs* (MI 265) et *Paysage d'Italie* (MI 268) ; Hubert Robert, *Ruines d'un temple* (INV 7657) et *Portique et ruines* (INV 7642).
8 M.N., GME 11201.
9 M.N., GML 1319.
10 Vente Beaussant-Lefèvre, « Mobilier et objets d'art provenant des collections Anne-Aymone et Valéry Giscard d'Estaing », Paris, hôtel Drouot, mardi 13 décembre 2022.

pages 226–227

LES APPARTEMENTS DES MITTERRAND

1 Archives de Paris, 1490W, 2190, palais de l'Élysée (réfection des appartements privés), et M.N., MM 2130.
2 Note du 1er février 1983 de Jack Lang, ministre de la Culture, à Claude Mollard, délégué aux arts plastiques, M.N., MM 2131.
3 Barré et Dupavillon 1983.
4 Annie Tribel, dans Paris 1984, p. 66.
5 Philippe Starck, dans Paris 1984, p. 66.
6 Ronald Cecil Sportes, dans Paris 1984, p. 65.
7 Coural et Gastinel-Coural 1995, p. 126-127.
8 Jean-Michel Wilmotte, dans Paris 1984, p. 68.

pages 228–231

LA *GARDEN-PARTY* DU 14 JUILLET À L'ÉLYSÉE

1 *The Illustrated London News*, 1854.
2 Archives INA (www.ina.fr).
3 Voir les parutions de la presse illustrée chaque année après le 14 Juillet.
4 INA, 14 juillet 1994 (www.ina.fr).
5 Rapport de la Cour des comptes portant sur les années 2008 et 2009, 2010. *Le Monde*, 9 juillet 2009 ; *Libération*, 4 juin 2010 ; *Rue89*, 15 juillet 2010 ; *Les Échos*, 16 juillet 2010 ; *Le Point* et *Le Figaro*, 25 juillet 2011.
6 « L'intendant raconte les coulisses », 2009 (www.elysee.fr).

pages 233–261

chapitre 8
Une vitrine des métiers d'art et des arts décoratifs français

1 Coural 1994, p. 125-127 ; Coural et Gastinel-Coural 1995, p. 98-104. Voir essai, *p. 184 sqq.*
2 Coural et Gastinel-Coural 1995, p. 112-113.
3 Voir encadré, *p. 212*.
4 M.N., GME 18140 et 18141, GML 11225 et 11226, GMT 33069 et 33070.
5 M.N., GMT 31233.
6 M.N., GMT 31025, 31838, 31839/1 et 2.
7 M.N., GMTT 648 à 650.
8 Vidéo de l'interview du président Chirac, 14 juillet 2001 [publication électronique] Interview du Président de la République Monsieur Jacques Chirac / INA.
9 M.N., GMC 512.
10 M.N., GMTL 683.
11 Voir encadré, *p. 214*.
12 M.N., GMC 501 à 503.
13 Beauvais 2001, p. 126, et encadré, *p. 254*.
14 Édith Dauxerre, « Le Mobilier national », dans Collectif 2009, p. 54-59.
15 M.N., GMC 139/1.
16 M.N., GMC 289.
17 M.N., BV 410.
18 M.N., GMT 31847/1.
19 Voir encadré, *p. 164*.
20 M.N., GMTT 203/2 et 4.
21 Édith Dauxerre, « Histoire des tapis de Lodève dans l'ameublement des palais de la République », dans Bayard et Papin-Drastik 2014, p. 86.
22 M.N., GMT 7759, 7760 et 7761.
23 M.N., GMT 28554, C 698 et 699.
24 M.N., GOB 539.
25 Édith Dauxerre, « Histoire des tapis de Lodève dans l'ameublement des palais de la République », dans Bayard et Papin-Drastik 2014, p. 84.
26 M.N., GMTL 687.
27 M.N., GMT 32546 à 32549.
28 M.N., GME 17333.
29 M.N., GMC 591.
30 M.N., GMT 32536, 32537 et 32538.
31 M.N., GME 17681/1 et 2.
32 M.N., GML 10856, GME 17800 et 17801.
33 M.N., GMT 24442.
34 M.N., GMC 603, 605 à 609, 619.
35 M.N., GOB 1599.
36 Ghislaine Ottenheimer, « Mobilier national, révolution de palais », *Challenges*, no 552, février 2018, p. 76-78.
37 M.N., GME 18507.
38 M.N., GOB 1590.
39 M.N., GME 17829.
40 M.N., GMT 32012, 32014, 32015, 32017.
41 M.N., M.N.T 2016/199.
42 M.N., BV 447.
43 M.N., BV 364.
44 M.N., GMT 31588, GMT 31587/1 et 2.
45 M.N., GME 17803 et 17804.
46 M.N., GMC 595, 596 et 598 à 601.
47 M.N., GME 15031/1 et 2.
48 M.N., M.N.E 2017/86.
49 M.N., GBA 310.
50 M.N., GOBT 1378.
51 M.N., GMTT 158/5.
52 M.N., GMT 34202, 34292, 34279 et 34280.
53 M.N., GOB 1406.
54 Alcouffe *et al.* 2022, p. 276-277.
55 M.N., GME 16101.
56 M.N., GMTL 613.
57 M.N., GMT 31764.
58 M.N., GOB 69.
59 M.N., GOB 1100.
60 M.N., GMT 24440, 24441/1 à 11.
61 Collectif 2018, p. 37.
62 M.N., GOB 1501.

63 M.N., GOB 1595.
64 M.N., GMT 29201/2, 30053/1 et 2.
65 M.N., GME 17818.
66 M.N., GME 16098/3.
67 M.N., GMT 2036.
68 M.N., GMTL 720.
69 M.N., M.N.E 2017/139, 137, 138.
70 M.N., GME 13155.
71 M.N., GME 12375.
72 M.N., GOB 1585.
73 M.N., GMTL 724.
74 M.N., GME 3339, 4784.
75 M.N., GME 18665 et 18666.
76 Anne-Laure Le Gall, « Visite exclusive : dans les coulisses du relooking de l'Elysée », *Paris Match* [publication électronique] Visite exclusive : dans les coulisses du relooking de l'Elysée (parismatch.com) (17 février 2022).
77 M.N., GOBT 1362.
78 M.N., BV 501.
79 M.N., GMT 32760, 32761, 32762, 32763.
80 M.N., GME 18276, 18359.
81 M.N., GMC 506, 504.
82 M.N., GMTL 697.
83 M.N., M.N.E 2017/40.
84 M.N., GML 11363 et 11364.
85 M.N., GML 11690 et 11691.
86 M.N., BV 222, 226.
87 Coural et Gastinel-Coural 1995, p. 98.
88 M.N., GMT 7893, 78994/1.
89 M.N., GMTL 638.
90 Bersani et Sarmant 2020, p. 21.
91 M.N., GMT 34387, 34388, 34389, 34393, 34394, 34457, 34458.
92 M.N., GME 18623, 18624, 18625, 18626, 18606, 18607.
93 M.N., GOB 1541.
94 M.N., GME 18603 et 18604.
95 M.N., GML 11836 et 11837.
96 M.N., GOB 1565.
97 M.N., GMT 34390/1 à 3 et 34391.
98 M.N., GME 18618.
99 M.N., GOBT 1322.
100 M.N., GME 18704 à 18707.
101 M.N., GME 18664.
102 M.N., GMC 445, 446/1 et 2, 448.
103 Collectif 2018, p. 42.
104 M.N., GMT 34392/1 et 2, GMT 34736/1 et 2.
105 M.N., GMT 34395 et 34396.
106 M.N., GME 18605.
107 M.N., GME 18602.
108 M.N., GML 11926.
109 M.N., GMTL 676.
110 M.N., GME 18154.
111 M.N., GMT 31409/1 à 8.
112 M.N., GML 11575 et 11674.
113 M.N., GMC 622 et 623.
114 M.N., GME 18173.
115 M.N., GMTL 705.
116 M.N., GMTB 805/1 à 3.
117 M.N., GMC 51/2.
118 M.N., BV 413.
119 M.N., GOB 1576.
120 M.N., GBA 65/1.
121 M.N., GME 13703.
122 M.N., GMC 476/2 et 3.
123 M.N., GOB 1575.
124 M.N., GMC 633.
125 M.N., GMC 461.
126 M.N., GMT 30827/1.
127 M.N., GMC 416/1 à 4.
128 M.N., GME 18644.
129 M.N., GML 9456.
130 M.N., GME 18601.
131 M.N., GME 18615 et 18616.
132 M.N., M.N.T 2019/107.
133 M.N., GMT 34370.
134 M.N., GML 11280 et 11319.
135 M.N., GML 11088.
136 M.N., GMTB 824.
137 M.N., GOB 1516 et 1525.
138 M.N., GOBT 1380 et 1384.
139 M.N., GOB 1201 et 1202.
140 M.N., GME 17845.
141 M.N., GMTL 288.
142 M.N., GME 15536.
143 Voir encadré, *p. 226*.
144 M.N., GME 18593 et 18594.
145 M.N., GME 18627.
146 M.N., GME 16219/1 à 9, GME 16220/1.
147 M.N., GME 13418/1.
148 M.N., BV 481.
149 M.N., GMT 34655 et 34656.
150 M.N., GMT 29059/7, 16, 17, 25, 29 et 30.
151 M.N., GMT 32445, 32448, 32453.
152 M.N., GML 8895.
153 M.N., GML 7253.
154 M.N., GME 15111.
155 Voir encadré, *p. 260*.
156 Collectif, *Mobilier national*, « Nuancier », [publication électronique], Atelier de teinture et nuancier | Mobilier national (culture.gouv.fr).
157 M.N., GMT 34661/1 à 4.
158 Nathalie Junod-Ponsard, *Odyssée*, dossier de presse du Mobilier national et [publication électronique], Odyssée – Nathalie Junod Ponsard (nathalie-junodponsard.art) et Guillaume Morel, « Coup de jeune à l'Élysée », *Connaissances des arts*, 18 décembre 2021.
159 M.N., GME 17744.
160 M.N., GME 18642.
161 M.N., GMT 34562.
162 M.N., GMT 34646, 34650 et 34651.
163 M.N., GME 12373 ; voir encadré, *p. 126*.
164 M.N., GMTB 1261/1 à 14.
165 M.N., M.N.E 2020/266, GMT 34866.
166 M.N., GME 18620.
167 M.N., GME 18648.
168 M.N., GML 11933 et 11934.

pages 254-255

L'ARC AU XXIe SIÈCLE

1 M.N., GMC 501, 502 et 503.
2 M.N., GMC 504 à 510.
3 M.N., GMC 496, 498, 499, 548, 591.
4 M.N., GMC 469, 518 et 519.
5 M.N., GMC 371/2.
6 M.N., GMC 461.
7 M.N., GMC 595, 596 et 598 à 601.
8 M.N., GMC 670 à 719 et GMC 721 à 740.
9 Paris 1984, p. 31.

pages 260-261

LA RÉNOVATION DE LA SALLE DES FÊTES

1 Coural 1995, p. 81-84 ; voir encadré, *p. 164* et *p. 146-147*.
2 « Salle des fêtes de l'Élysée, un patrimoine à protéger » [publication électronique] : Salle des fêtes de l'Élysée, un patrimoine à protéger | Élysée (elysee.fr) (1er février 2019).
3 « Appel à projet, Assistance à la maîtrise d'œuvre pour le réaménagement du décor textile et du revêtement de sol de la Salle des fêtes du Palais de l'Élysée », archives du Mobilier national, Mission ameublement 2018-2019.
4 Hervé Lemoine, dans Stanislas et Salvaing 2021, p. 5.
5 Isabelle Stanislas, dans Collectif 2022, p. 32.

Chronologie

1619 *9 janvier*
Achat par Jean Le Nôtre et Jean Le Bouteux au comte et à la comtesse de Saignes d'une petite maison et de trois arpents de terre au lieu-dit les Gourdes, terroir de la Ville-l'Évêque.

1655 *décembre*
André Le Nôtre hérite de la moitié du terrain à la mort de son père.

1656 *27 février*
Achat par André Le Nôtre aux héritiers de Marie Le Picard d'une petite maison et d'une pièce de terre porte Saint-Honoré.

1674 *17 décembre*
Achat par André Le Nôtre de l'autre moitié de la parcelle acquise par son père et Jean Le Bouteux aux héritiers du second.

1707 *31 octobre*
Partage de la succession d'André Le Nôtre ; le terrain de la grande rue du Faubourg Saint-Honoré est partagé entre François Desgots et Armand-Claude Mollet.

1714 *24 mai*
Achat par Armand-Claude Mollet à François Desgots de sa parcelle.

1718–1722
Édification de l'hôtel d'Évreux.

1718 *26 juin*
Vente du terrain provenant de la succession d'André Le Nôtre par Armand-Claude Mollet à John Law agissant pour le compte du comte d'Évreux.

1718 *10 juillet*
Marché de construction de l'hôtel de la grande rue du Faubourg Saint-Honoré entre le comte d'Évreux et Pierre Grandhomme, entrepreneur des bâtiments, sur les dessins d'Armand-Claude Mollet.

1718 *4 novembre*
Marché de serrurerie passé entre le comte d'Évreux et Guillaume Cressart, maître serrurier à Paris, sur les dessins d'Armand-Claude Mollet.

1719 *8 février*
Marché de menuiserie passé entre le comte d'Évreux et Jacques Gaultier et François Delahaye, maîtres menuisiers, sur les dessins d'Armand-Claude Mollet.

1720 *14 décembre*
Don par le roi au comte d'Évreux d'un terrain de 740 toises du côté des Champs-Élysées.

1724
Arrêt du Conseil d'État restreignant les initiatives privées et obligeant les propriétaires voisins de l'hôtel d'Évreux à construire selon un même plan, entre cour et jardin.

1753 *20 janvier*
Mort du comte d'Évreux dans son hôtel.

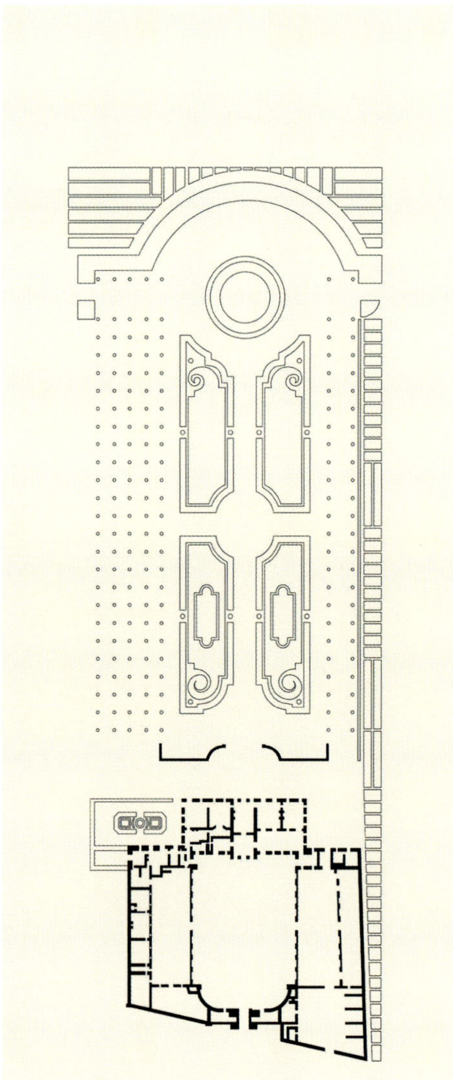

fig. 256
1710-1753
Hôtel d'Évreux
état du temps du comte d'Évreux
ARCHITECTES
Claude Armand Mollet,
Jules-Michel Alexandre Hardouin

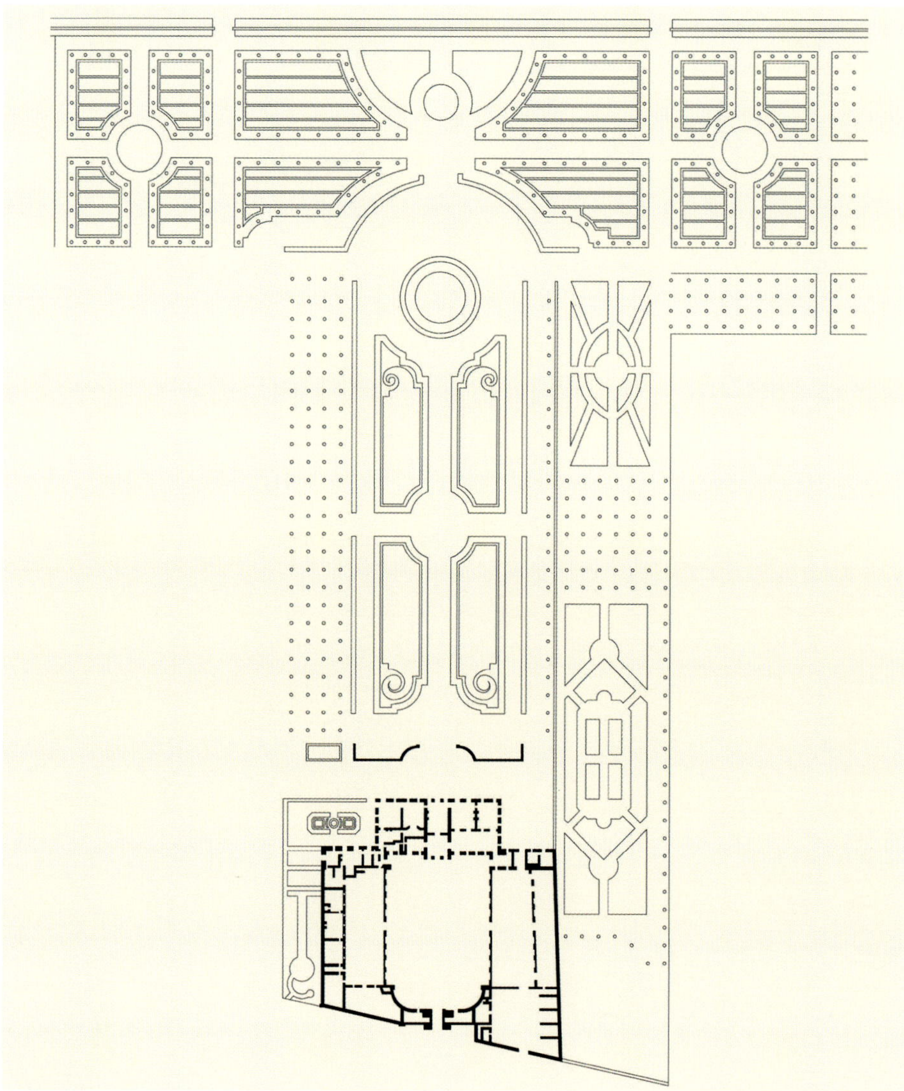

fig. 257
1753-1773
Hôtel d'Évreux
état du temps de la marquise de Pompadour
puis des ambassadeurs extraordinaires
ARCHITECTES
Jean Cailleteau dit Lassurance,
Jacques Germain Soufflot

1753 ***1er juillet***
Bail de l'hôtel d'Évreux à Jeanne-Antoinette Le Normant d'Étiolles, marquise de Pompadour.

1753 ***24 décembre***
Vente de l'hôtel d'Évreux par Godefroy-Charles-Henri de La Tour d'Auvergne, prince de Turenne à la marquise de Pompadour.

1764 ***15 avril***
Mort de Mme de Pompadour à Versailles.

1765
Approbation du projet soumis par le marquis de Marigny d'ouvrir sur des terrains longeant l'hôtel d'Évreux une « rue en forme de boulevard aboutissant aux Champs-Elysées » (actuelle avenue de Marigny).

1765 ***14 août***
Décision royale consacrant la présentation des tableaux des Ports de France commandés par Louis XV à Joseph Vernet dans l'hôtel « aux personnes curieuses et amateurs de beaux-arts ».

1765 ***18 septembre***
Arrêt du Conseil acceptant le legs au roi de l'hôtel d'Évreux, qui devient hôtel des ambassadeurs extraordinaires.

1767
Installation de la première pompe à eau à l'angle de la rue Marigny à l'usage exclusif de l'hôtel des ambassadeurs extraordinaires.

1768–1774
Installation provisoire du Garde-meuble de la Couronne dans l'hôtel, dans l'attente de la construction par Ange-Jacques Gabriel du bâtiment de la place Louis XV (actuelle place de la Concorde).

1773 ***2 octobre***
Vente de l'hôtel à Nicolas Beaujon.

1774 ***30 septembre***
Prise de possession de l'hôtel par Nicolas Beaujon.

1786 ***12 août***
Vente de l'hôtel par Nicolas Beaujon au roi sous réserve d'usufruit.

1786 ***20 décembre***
Mort de Nicolas Beaujon dans son hôtel. Le roi décide à nouveau de mettre l'hôtel à disposition des ambassadeurs extraordinaires ou des princes et princesses étrangers en voyage en France.

1787 ***18 juillet***
Vente de l'hôtel par le roi à sa cousine Bathilde d'Orléans, duchesse de Bourbon.

1793 ***7 avril***
Arrestation de la duchesse de Bourbon et mise sous séquestre de ses biens.

1793 ***novembre***
Don de l'hôtel par la duchesse de Bourbon à la République.

1794 ***mars***
L'hôtel est mis à la disposition de la commission de l'Envoi des lois et de l'Imprimerie du Bulletin des lois par le Comité de Salut public.

1797 ***janvier***
Usufruit de l'hôtel accordé à la duchesse de Bourbon par le Directoire.

1797 ***avril***
Location du rez-de-chaussée au négociant Augustin-Benoît Hovyn.

1798 ***19 mars***
Vente de l'hôtel par l'État à l'architecte Jean Rougevin agissant pour les citoyens Hovyn, Bonafide, Laroche et Mengin.

1805 ***6 août***
Vente de l'hôtel par la fille d'Hovyn à Joachim Murat.

1808 ***15 juillet***
Traité conclu à Bayonne consacrant la cession par Murat à Napoléon Ier de ses possessions meubles et immeubles en France.

1808 ***10 septembre***
Le palais entre dans le domaine extraordinaire de la Couronne.

1808 ***novembre***
Séjour de l'impératrice Joséphine et de sa fille la reine Hortense à l'Élysée.

1809 ***27 février – 13 avril***
Séjour de l'empereur Napoléon Ier à l'Élysée.

fig. 258
1773-1793
Hôtel de Beaujon puis Élysée-Bourbon
état du temps de Nicolas Beaujon puis de la duchesse de Bourbon
ARCHITECTES
Étienne Louis Boullée, Pierre Adrien Pâris

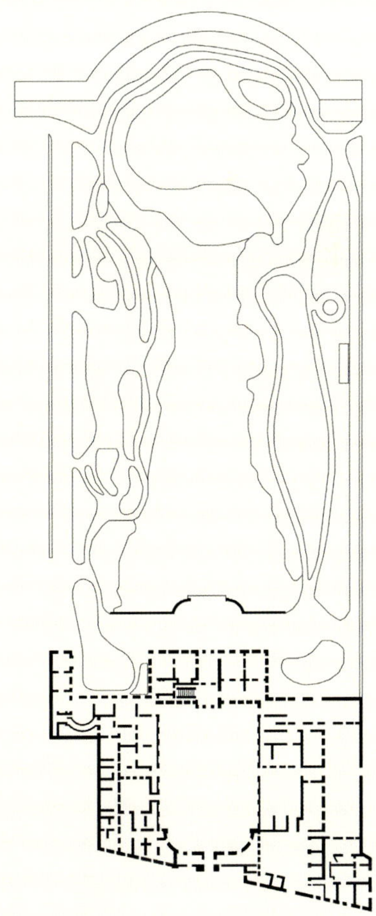

fig. 259
1805-1820
Palais de l'Élysée, Élysée-Napoléon puis Élysée-Bourbon
état du temps de Caroline et Joachim Murat, Napoléon Ier, de la duchesse et du duc de Berry
ARCHITECTES
Barthélémy Vignon, Jean-Thomas Thibaut, Charles Percier, Pierre-François Léonard Fontaine

1810 ***19 septembre***
Remise de l'Élysée à l'impératrice Joséphine en usufruit.

1812 ***10 février***
Échange de l'Élysée avec Joséphine contre le palais de Laeken, Bruxelles.

1812 ***15 février – 30 mars***
Séjour de l'empereur, de l'impératrice Marie-Louise et du roi de Rome à l'Élysée.

1813 ***28 mars – 7 avril***
Séjour de l'empereur à l'Élysée.

1814 ***12 avril – 2 juin***
Séjour d'Alexandre Ier de Russie à l'Élysée.

1814 ***3 juin***
Restitution de l'Élysée à la duchesse de Bourbon.

1815 ***17 avril – 12 juin***
Séjour de l'empereur à l'Élysée.

1815 ***21 – 25 juin***
Séjour de l'empereur à l'Élysée.

1815 ***22 juin***
Seconde abdication de Napoléon Ier à l'Élysée.

1815
Séjour d'Alexandre Ier de Russie à l'Élysée.

1815 ***novembre – 1816 février***
Séjour du duc de Wellington à l'Élysée.

1815 ***15 septembre***
Cession de l'Élysée au roi par la duchesse de Bourbon en échange de l'hôtel de Valentinois.

1816
L'Élysée est attribué au duc de Berry, neveu du roi.

1820 ***14 février***
Assassinat du duc de Berry.

1830–1848
Le palais est affecté en douaire à la reine des Français Marie-Amélie. Le roi Louis-Philippe affecte le palais à la réception des princes et souverains étrangers en visite à Paris.

1830
Séjour du roi et de la reine de Naples.

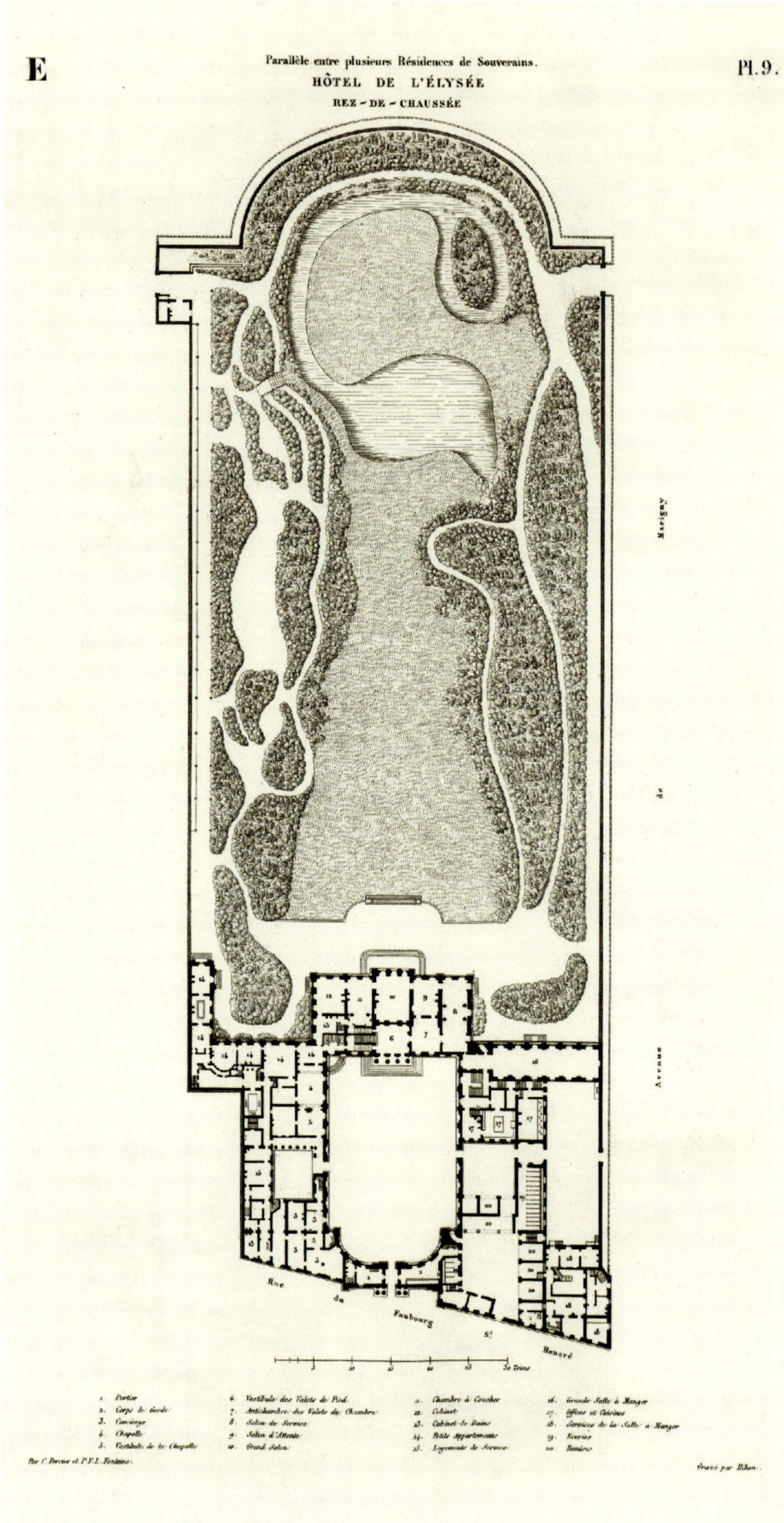

fig. 260
1833
PIERRE FRANÇOIS LÉONARD FONTAINE ET CHARLES PERCIER, AUGUSTE HIBON (graveur)
Plan du rez-de-chaussée du palais de l'Élysée,
in *Plans de plusieurs châteaux, palais et résidences de souverains de France, d'Italie, d'Espagne et de Russie,* 1833, pl. 9, Paris
BIBLIOTHÈQUE DE L'INSTITUT NATIONAL D'HISTOIRE DE L'ART, COLLECTIONS JACQUES DOUCET, NUM FOL GT 33

1848
Le palais est renommé « Élysée-National ». Il accueille le Comité de l'Émigration polonaise ainsi que la Commission pour « recevoir les dons volontaires et patriotiques offerts à la nation ».

1848 *12 décembre*
Décret affectant l'Élysée au président de la République.

1848 *20 décembre*
Installation de Louis-Napoléon Bonaparte.

1851 *2 décembre*
Coup d'État de Louis-Napoléon Bonaparte.

1852 *1er janvier*
Départ de Louis-Napoléon Bonaparte pour les Tuileries.

1853 *janvier*
L'Élysée-Napoléon accueille Eugénie de Montijo pendant ses fiançailles avec Napoléon III.

1853
Destruction de la salle des Stucs, ancienne Orangerie de la duchesse de Berry. Construction de la salle de bal, future salle à manger Napoléon III (actuel salon Napoléon III) par Eugène Lacroix.

1855 *août*
Séjour de la reine Victoria, venue visiter l'Exposition universelle.

1860
Réaménagement du premier étage.

1860
Ouverture de la rue de l'Élysée à l'emplacement des anciens hôtels Castellane et Sebastiani, qui dataient du XVIIIe siècle.

1863–1867
Réaménagement des petits appartements.

1864
Chapelle de style néo-byzantin.

1867
Réceptions données par l'empereur et l'impératrice à l'occasion de l'Exposition universelle.

1869 *juin*
Réception du vice-roi d'Égypte, Ismaïl Pacha, dernier hôte de l'Élysée-Napoléon.

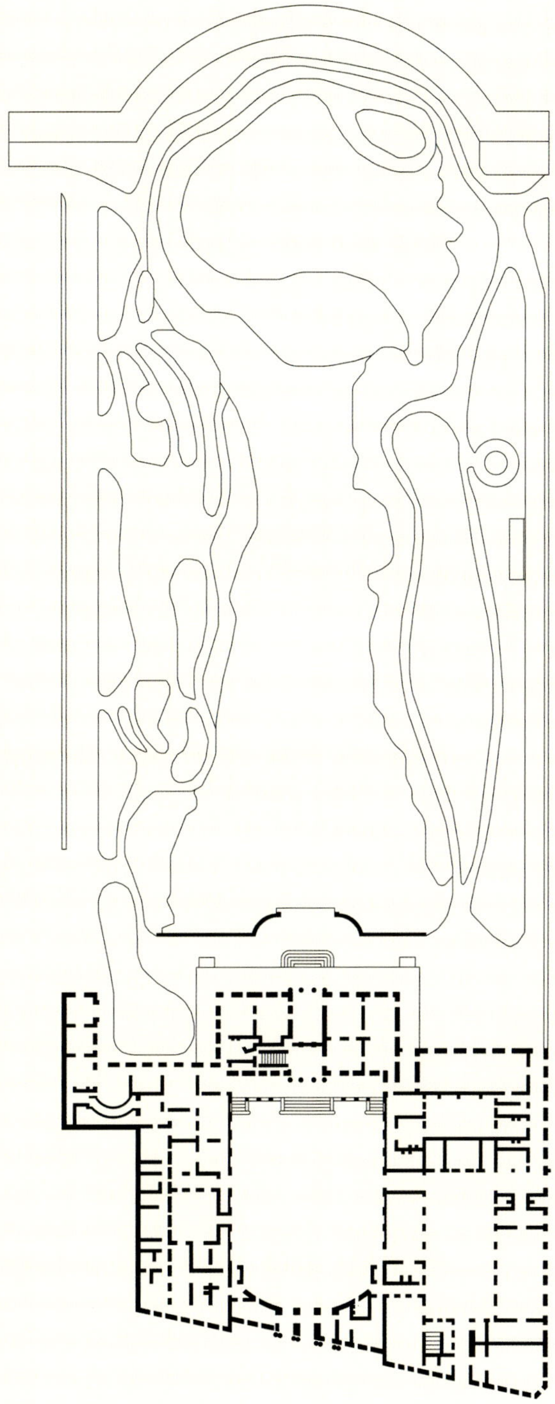

fig. 261
1848-1870
Élysée-Napoléon
état du temps de la Seconde République puis de Napoléon III
ARCHITECTES
Meunier, Joseph Eugène Lacroix

1872 *19 septembre – 19 octobre*
Séjour d'Adolphe Thiers.

1873 *15 juillet*
Réception du chah de Perse Nasser-ed-Din à l'Élysée.

1874 *septembre*
Installation du maréchal de Mac-Mahon à l'Élysée.

1879 *30 janvier*
Élection de Jules Grévy.

1879
Construction du jardin d'hiver pour le président Grévy par l'architecte Debressenne.

1887 *3 décembre*
Élection de Sadi Carnot.

1889 *3 janvier*
Plan de la salle des fêtes dressé par Debressenne.

1889 *10 mai*
Inauguration de la salle des fêtes.

1889–1890
Construction de la verrière servant de vestiaire sur la cour d'honneur. Construction d'une marquise sur le jardin.

1894 *27 juin*
Élection de Jean Casimir-Perier.

1895 *17 janvier*
Élection de Félix Faure.

1899 *16 février*
Décès de Félix Faure à l'Élysée. La salle des fêtes est transformée en chapelle ardente.

1899 *18 février*
Élection d'Émile Loubet.

1899 *juillet*
Installation de la tenture des Poèmes dans le salon du billard qui prend le nom de salon des Muses.

1900
Achèvement du décor de la salle des fêtes pour l'Exposition universelle.

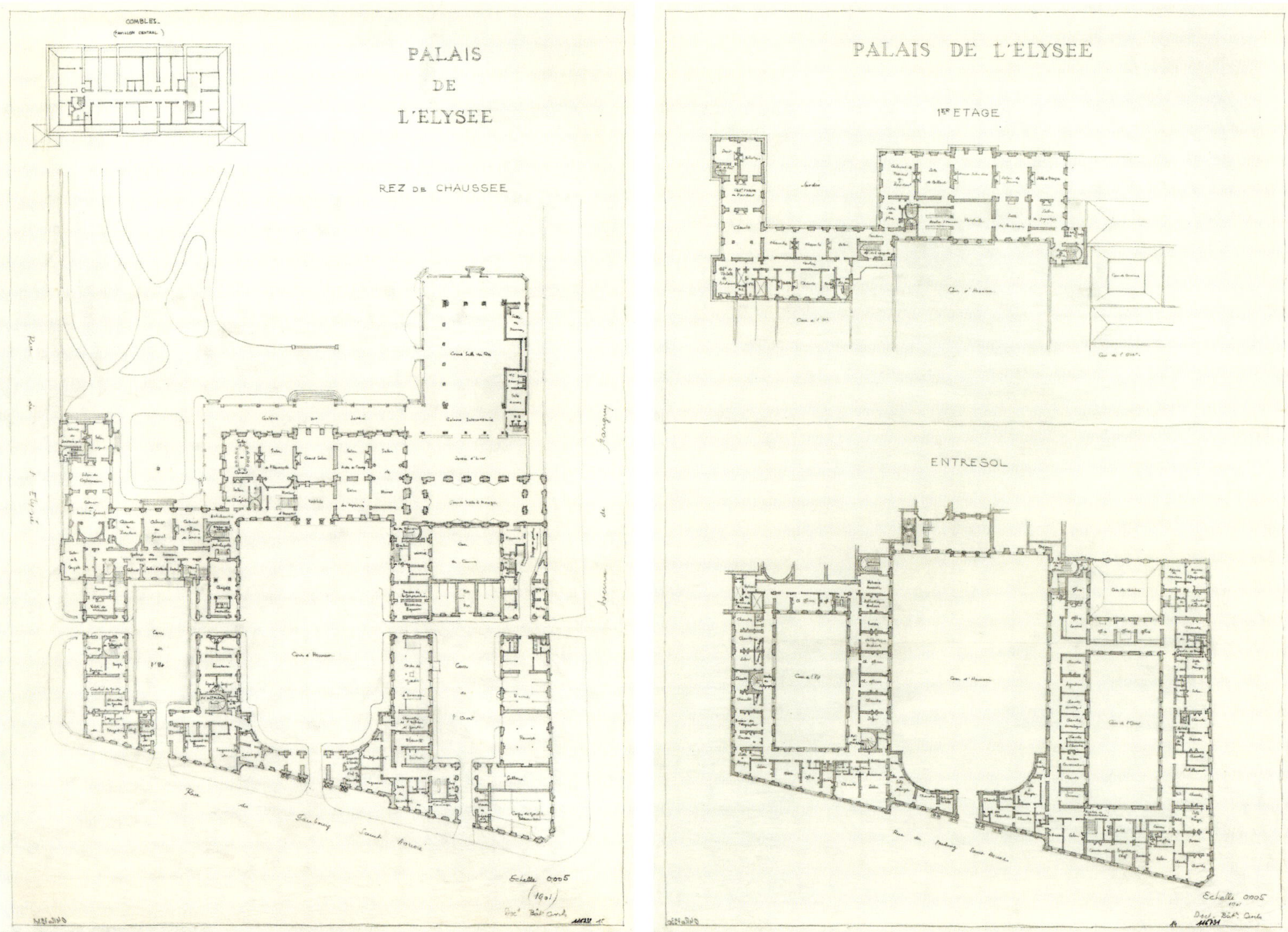

fig. 262
1901
EUGÈNE DEBRESSENNE (1813-1894)
Plan du rez-de-chaussée, de l'entresol et du premier étage du palais de l'Élysée
1901
crayon graphite sur papier
CHARENTON, MÉDIATHÈQUE DU PATRIMOINE ET DE LA PHOTOGRAPHIE, 0407931

1900
Édification de la grille du coq par l'architecte Chancel, sur l'Avenue Gabriel.

1906 *18 février*
Élection d'Armand Fallières.

1913 *18 février*
Élection de Raymond Poincaré.

1920 *18 février*
Élection de Paul Deschanel.

1920 *23 septembre*
Élection d'Alexandre Millerand.

1923
Suppression de la marquise sur le jardin.

1924 *13 juin*
Élection de Gaston Doumergue.

1931 *13 juin*
Élection de Paul Doumer.

1932 *10 mai*
Élection d'Albert Lebrun.

1932
Rénovation de la salle des fêtes.

1939
Le Mobilier national commence à évacuer vers Aubusson meubles, objets d'art, tapis et tapisseries.

1940 *10 juin*
Dernier Conseil des ministres de la IIIe République à l'Élysée.

1942 *avril*
Installation de l'amiral Darlan à l'Élysée.

1942 *avril – novembre*
Séjour de l'amiral Darlan.

1947 *16 janvier*
Élection de Vincent Auriol.

1947
Suppression de la verrière de la cour d'honneur.

1950
Aménagement de l'appartement au premier étage du corps central pour accueillir les souverains et chefs d'État étrangers.

1954 *16 janvier*
Élection de René Coty.

1957 *juin*
Visite d'État de la reine Elisabeth II et du prince Philip.

1958 *21 décembre*
Élection de Charles de Gaulle.

1959 *8 janvier*
Cérémonie d'investiture de Charles de Gaulle à l'Élysée.

1969 *15 juin*
Élection de Georges Pompidou.

1971–1972
Installation de grands décors contemporains au rez-de-chaussée de l'aile est.

1974 *19 mai*
Élection de Valéry Giscard d'Estaing.

1976
Restauration du jardin d'hiver.

1981 *10 mai*
Élection de François Mitterrand.

1982–1983
Rénovation des appartements privés.

1983
Rénovation de la salle des fêtes.

1984
Installation de la sculpture d'Arman, *Hommage à la Révolution de 1789*, dans le vestibule d'honneur.

1984
Restitution de la verrière transparente du jardin d'hiver.

1983–1985
Rénovation de la salle des fêtes, percée de dix portes-fenêtres sur le jardin.

1988
Mise en place du mobilier créé par Pierre Paulin pour François Mitterrand dans le salon doré.

1992
Remaniement complet du jardin.

1995 *7 mai*
Élection de Jacques Chirac.

2007 *6 mai*
Élection de Nicolas Sarkozy.

2012 *15 mai*
Élection de François Hollande.

2017 *14 mai*
Élection d'Emmanuel Macron.

2018
Nouvelle rénovation de la salle des fêtes, issue de la collaboration entre le Mobilier national et l'architecte Isabelle Stanislas.

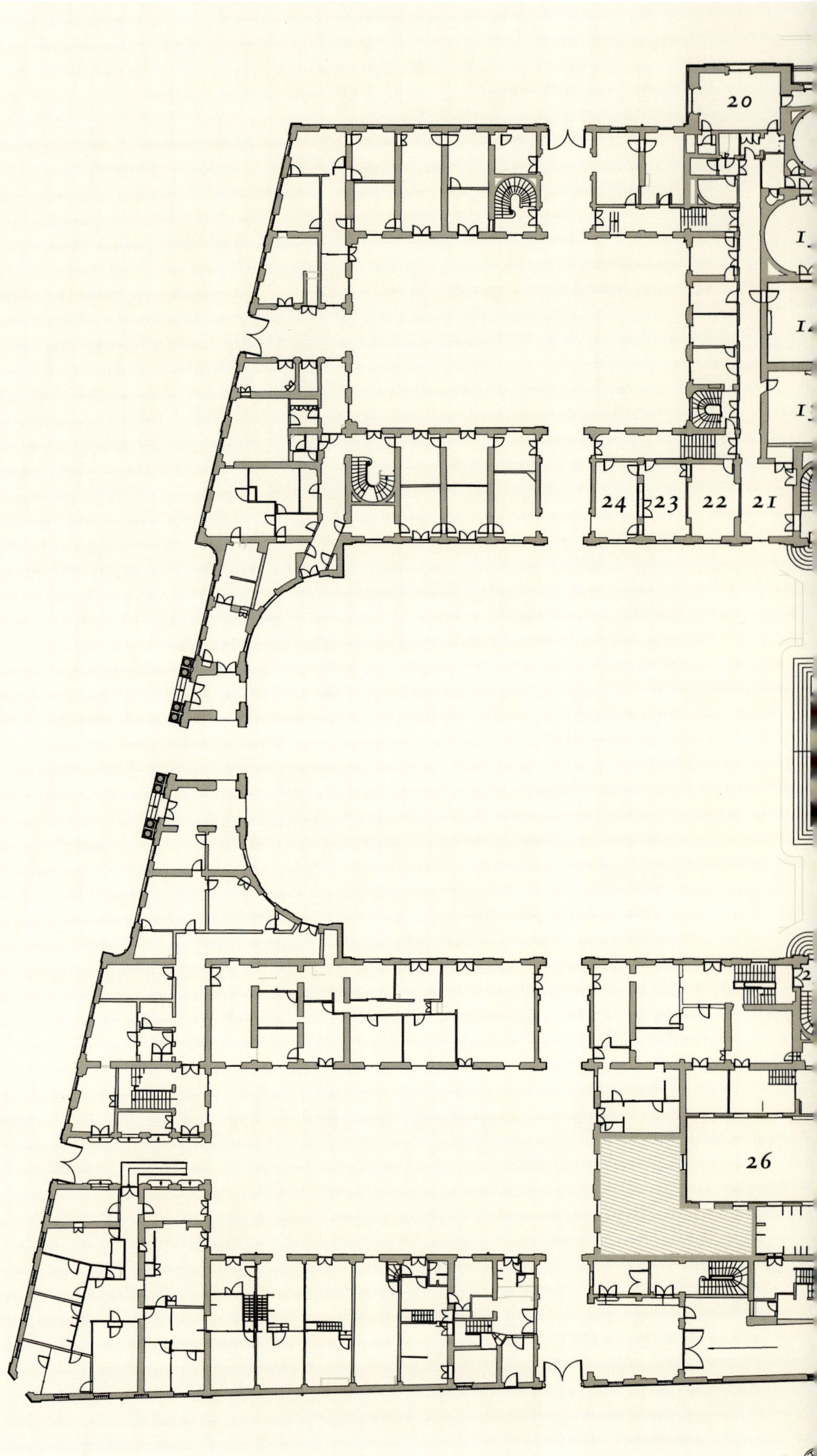

fig. 263
Rez-de-chaussée du palais de l'Élysée
plan dressé en 2023

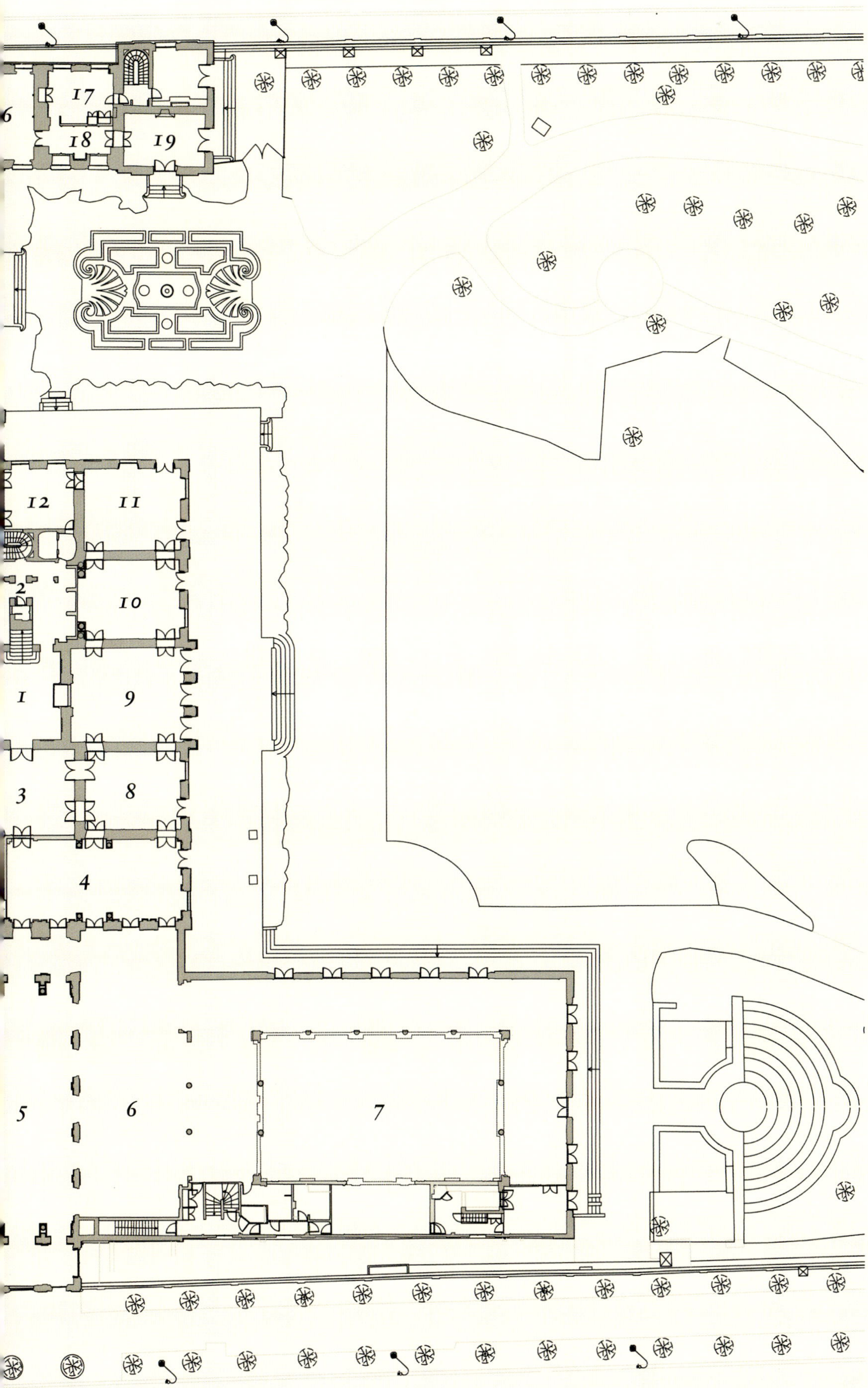
17
18
19
6
12
11
2
10
1
9
3
8
4
5
6
7

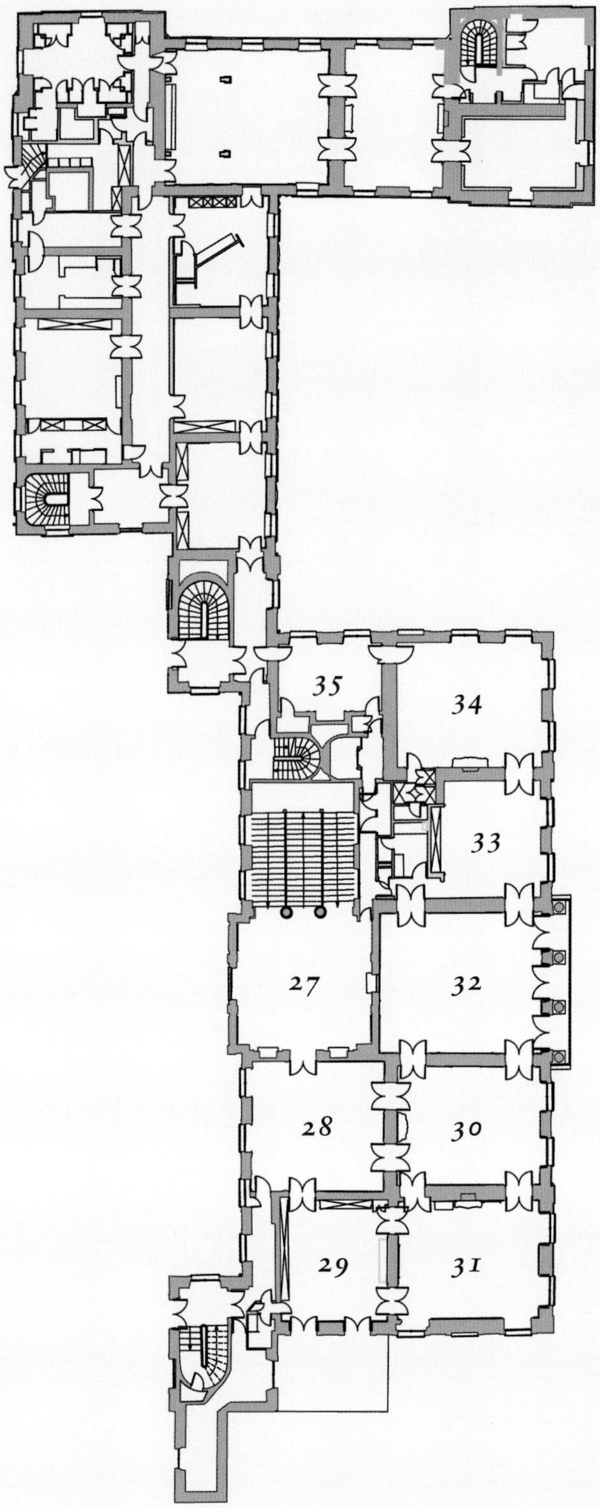

fig. 264
Premier étage du palais de l'Élysée
plan dressé en 2023

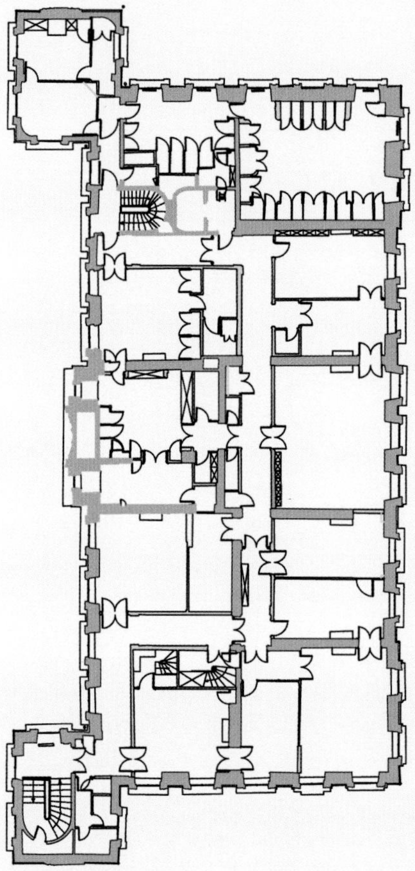

fig. 265
Deuxième étage du palais de l'Élysée
plan dressé en 2023

fig. 266
CAMILLE LEFÈVRE ET ÉDOUARD PÉPIN
Détail d'un atlante et d'une caryatide de la salle des fêtes
1890-1896
stuc
2023
(en situation)

Concordance des salles

REZ-DE-CHAUSSÉE

Désignation 2023		1718–1753 Hôtel d'Évreux	1753–1773 Pompadour et ambassadeurs extra	1773–1786 Hôtel de Nicolas Beaujon	1786–1805 Élysée-Bourbon	1805–1808 Murat
PAVILLON CENTRAL						
1	vestibule d'honneur	vestibule (ouvert)	grand vestibule (ouvert)	grand vestibule	grand vestibule	vestibule
2	escalier Murat					grand escalier d'honneur
3	salon des Tapisseries	grande salle	antichambre	salle de billard	salle de billard	premier salon
4	sallon Murat	grande salle + antichambre	antichambre + seconde antichambre / salle du dais	salle du buffet en retour / salle de la statue de Flore + salle à manger	salle du buffet en retour / salle de la statue de Flore + salle à manger	galerie de tableaux
5	salon Napoléon III					
6	jardin d'hiver					
7	salle des fêtes					
8	salon des Aides de camp	seconde antichambre	salle de bains / salle de compagnie	salon / grand cabinet	salon / grand cabinet	second salon
9	salon des Ambassadeurs	salon	grand salon d'honneur	grand salon d'honneur sur le jardin servant d'antichambre	grand salon d'honneur sur le jardin servant d'antichambre	grand salon de réception
10	salon Pompadour	chambre de parade	chambre à coucher de parade	chambre à coucher / pièce d'alcôve	chambre à coucher / pièce d'alcôve	chambre à coucher de parade
11	salon des Portraits	grand cabinet	grand cabinet des Muses	salon des Muses / salon de musique	salon des Muses / salon de musique	salon de famille
12	salon Cléopâtre	cabinet de toilette	antichambre / chapelle / cabinet de toilette	chambre à coucher ayant vue sur la volière du jardin	chambre à coucher ayant vue sur la volière du jardin	salle des huissiers des petits appartements
		garde-robe				
		antichambre				
AILE EST						
	passage et escalier	antichambre	antichambre du valet de chambre	antichambre du valet de chambre	antichambre du valet de chambre	salon d'attente
13	salon de la Cartographie	chambre à coucher	chambre à coucher	premier salon / grand cabinet de Beaujon	premier salon	salon des dames d'honneur
14	salon des Fougères	cabinet de toilette	cabinet	cabinet	cabinet	cabinet
15	salon-bibliothèque			salon vert	salon vert	chambre à coucher de Caroline Murat
	sanitaires					garde-robe
16	salon Paulin			chambre à coucher de Beaujon		cabinet de toilette
17	office privé			cabinet de toilette	chambre à coucher	bibliothèque
18	couloir Paulin			cabinet de toilette	chambre à coucher	bibliothèque
19	boudoir d'argent			boudoir	cabinet de toilette	boudoir argenté
20	bureau conseiller			galerie de tableaux		
21	poste de garde		salle à manger	seconde antichambre	grande salle à manger	salle à manger
22	bureau conseiller		salle à manger	seconde antichambre	grande salle à manger	salle à manger
23	bureau conseiller		cabinet de toilette	première antichambre	grande salle à manger	antichambre des valets de pied
24	bureau conseiller		cabinet de toilette	première antichambre	grande salle à manger	antichambre des valets de pied
			garde-robe			
			pièces			
AILE OUEST						
25	escalier intendance	escalier d'honneur	grand escalier	grand escalier d'honneur	grand escalier d'honneur	vestibule de la salle des banquets
26	cour des cuisines	passage	antichambre des bains	antichambre	petite antichambre du matin précédant la salle des bains	salle des banquets
		salle de bains	seconde antichambre des bains			salle des banquets
	intendance	salle de bains	chambre des bains	vestibule de la chapelle	antichambre	salle des banquets
	intendance	chambre à coucher des bains	chambre à coucher des bains	chapelle	vestibule de la chapelle / chambre	salle des banquets
					escalier de service	salle des banquets
					chapelle	salle des banquets
					laboratoire du café (hameau d'hiver)	salle des banquets

1808–1814 / 15 NAPOLÉON Ier	1815–1848 DUCHESSE DE BOURBON, DUC ET DUCHESSE DE BERRY, REINE MARIE-AMÉLIE	DÉSIGNATION IInd EMPIRE	DÉSIGNATION IIIe RÉPUBLIQUE	DÉSIGNATION IVe RÉPUBLIQUE
vestibule	antichambre des valets de pied	grand vestibule	grand vestibule	grand vestibule
		grand escalier	escalier d'honneur	escalier d'honneur
première antichambre	salle des huissiers	salon des huissiers	salon des Tapisseries	salon des Tapisseries
salon des officiers	salle de bal	salon Murat	salon de Murat	salon de Murat
			grande salle à manger	salle à manger Napoléon III
			jardin d'hiver	jardin d'hiver
			grande salle des fêtes	salle des fêtes
salle d'attente	salle à manger dorée	salon des Aides de camp	salon des Aides de camp	salon des Aides de camp
grand salon	grand salon doré	grand salon	grand salon	grand salon
chambre à coucher de parade	chambre à coucher de parade	salon bleu	salon de l'Hémicycle	salle de conseil de la Présidence
salon de famille	cabinet	salon du Conseil / salon des Portraits	salle du Conseil	cabinet de travail des officiers
salle des huissiers des petits appartements	cabinet des bains		salon de Cléopâtre	bureau (général Campana) / bureaux des collaborateurs du Président
premier salon	premier salon		antichambre	
second salon	second salon	antichambre	cabinet des officiers de service	
petit salon de réception	petit salon de réception	salon	cabinet du Général	
chambre à coucher de l'empereur		bibliothèque	cabinet du Président	bureau du SG de la Présidence
garde-robe	garde-robe	chambre à coucher		
boudoir	boudoir		cabinet du Secrétaire	bureau du directeur de cabinet du Président
bibliothèque	cabinet de lecture	salon de Capharnaüm	cabinet du Capharnaüm	bureau du Président
bibliothèque	cabinet de lecture	salon de Capharnaüm	cabinet du Capharnaüm	bureau du Président
	pièce dorée or mat	boudoir d'argent	salon d'argent	annexe bureau du Président (à l'arrière de son secrétariat)
		salle de bains / salon de la coupole	salon de la coupole (en partie)	bureau directeur du secrétariat particulier
cabinet topographique	chapelle	chapelle	chapelle	bureaux collaborateurs du Président
cabinet topographique	chapelle	chapelle	chapelle	bureaux collaborateurs du Président
antichambre des valets de pied	vestibule de la chapelle	chapelle	chapelle	bureaux collaborateurs du Président
antichambre des valets de pied	vestibule de la chapelle	chapelle	chapelle	bureaux collaborateurs du Président
vestibule de la salle des banquets	vestibule de la salle des banquets		escalier secondaire	escalier secondaire
salle des banquets	salle des banquets		cour des cuisines	cour des cuisines
salle des banquets	salle des banquets			
salle des banquets	salle des banquets			
salle des banquets	salle des banquets			
salle des banquets	salle des banquets			
salle des banquets	salle des banquets			
salle des banquets	salle des banquets			

P R E M I E R   É T A G E

DÉSIGNATION 2023		1718-1753 HÔTEL D'ÉVREUX	1753-1773 POMPADOUR ET AMBASSADEURS EXTRA	1773-1786 HÔTEL DE NICOLAS BEAUJON	1786-1805 ÉLYSÉE-BOURBON	1805-1808 MURAT
PAVILLON CENTRAL						
27	palier des huissiers		chambre à coucher			vestibule
28	salon d'attente (antichambre)		salle à manger			premier salon des huissiers
29	secrétariat du secrétariat général		antichambre			second salon d'attente
30	salon vert		chambre			quatrième salon
31	bureau du secrétariat général		chambre			troisième salon des officiers ou des aides de camp
32	salon doré		chambre			grand cabinet
33	secrétariat du Président		chambre			salon du matin
34	bureau d'angle		chambre			chambre à coucher de Joachim Murat
35	salle de bains de l'impératrice		chambre de service			cabinet
AILE EST (APPARTEMENT PRIVÉ)						
	escalier					
	couloir					
	salle de bains					
	escalier privé					
	sanitaires					
	salle à manger					
	escalier du service privé					

1808–1814 / 15 NAPOLÉON Ier	1815–1848 DUCHESSE DE BOURBON, DUC ET DUCHESSE DE BERRY, REINE MARIE-AMÉLIE	DÉSIGNATION IInd EMPIRE	DÉSIGNATION IIIe RÉPUBLIQUE	DÉSIGNATION IVe RÉPUBLIQUE
vestibule	antichambre	vestibule	vestibule	vestibule
antichambre	antichambre	salon des huissiers	salle des huissiers	
second salon d'attente	second salon d'attente	salon des chambellans	salon des Paysages	salon des Paysages / fumoir
grand cabinet	salle de billard	chambre à coucher des dames d'honneur	salon des dames	salon des dames
troisième salon des officiers ou des aides de camp	troisième salon des officiers ou des aides de camp	salon des dames d'honneur	salle à manger	salle à manger
salon de réception	salon doré	grand salon doré	grand salon doré	salon doré
bibliothèque	bibliothèque	cabinet de travail de l'impératrice	salon des Cinq Sens / billard / salon des Muses	chambre du roi et couloir
chambre à coucher de l'impératrice		chambre à coucher de l'impératrice	salon vert / cabinet de travail du Président	chambre de la reine
salle de bains		salle des bains de l'impératrice	salon des Glaces	salle de bains de l'impératrice (modernisée)
		escalier secondaire	escalier secondaire	escalier secondaire
		entrée		
		salon d'attente	salon	
		salle à manger	chambre	
		salon	chambre	
			escalier privé	
			toilette de Madame	
		chambre du prince impérial	chambre	
		salle d'étude	toilette de M. le Président	
		salon	bibliothèque	chambre
			escalier privé	escalier d'accès direct au bureau du Président

État des sources

ARCHIVES NATIONALES

MINUTIER CENTRAL

Étude XX

581 Inventaire après le décès de François Delahaye, maître menuisier, 15 juin 1743.

Étude XLV

26 Vente de trois arpents de terres labourables au marais aux Gourdes par François de Chabannes, comte de Saignes, et Hélène de Daillon, son épouse, à Jean Le Nôtre, jardinier du roi en son jardin des Tuileries, et Jean Le Bouteux, en échange d'une petite maison sise à la Ville-l'Évêque, 9 janvier 1616.

199 Vente d'une pièce de terre en marais « sise hors de la porte Saint-Honoré, en cette ville de Paris, sur la chaussée qui conduit au Roule, contenant sept quartiers ou environ avec une petite maison et édifice bâti sur ladite pièce » et joignant sa propriété, par les héritiers de Marie Le Picard, à André Le Nôtre, dessinateur des jardins du roi, 27 février 1656.

337 Confirmation de la vente du 24 mai 1714 de sa partie de terrains par François Desgots à Claude Armand Mollet, 19 mai 1718.

Étude XLVIII

Cité dans le répertoire du notaire (acte en déficit) : vente de terrains réunis par Claude Armand Mollet, contrôleur des Bâtiments du roi, Arts et Manufactures de France, à John Law, directeur de la Banque générale, par-devant Mes Chèvre et Ballin, notaires, 26 juin 1718.

Étude LIII

500 Dépôt du testament de Louis de La Tour d'Auvergne, comte d'Évreux et de Tancarville, par-devant Me Hachette, notaire à Paris, 26 octobre 1745. Vente de l'hôtel des Ambassadeurs extraordinaires par Joseph Marie Terray, conseiller ordinaire au Conseil royal, contrôleur général des finances, commandeur des ordres du roi, directeur général et ordonnateur de ses bâtiments, jardins, arts et manufactures, et abbé commendataire de [blanc], demeurant à Paris rue Neuve des Petits-Champs, au nom du roi, à Nicolas Beaujon, conseiller d'État, demeurant à Paris rue du Dauphin, par-devant Me Le Pot-d'Auteuil, notaire à Paris, 2 octobre 1773.

Étude XV

76 Inventaire après décès de Nicolas Beaujon, conseiller d'État, trésorier honoraire et commandeur de l'ordre de Saint-Louis, secrétaire du roi, maison et couronne de France et de ses finances, receveur général des finances de la généralité de Rouen, par-devant Me Maigret, notaire à Paris, 29 janvier 1787.

297 Inventaire après décès de Son Altesse Royale Monseigneur le duc de Berry, par-devant Me Maigret, notaire à Paris, 4 juillet 1820.

Étude LVI

113 Inventaire des biens de Mme de Pompadour rédigé après son décès, par-devant Me Antoine Dutarte, notaire à Paris, 27 juin 1764.

Étude LXXV

910 Déménagement de la duchesse de Bourbon de l'Élysée à l'hôtel Kinsky, rue de Grenelle, 21-23 août 1797.

Étude LXXXI

12 Baux de la propriété par Jean Le Nôtre à Jean Le Bouteux et Françoise Dubois, sa veuve, et Françoise Le Bouteux, sa fille, 23 octobre 1636.

Étude LXXXII

982 Inventaire après décès de Barthélemy Vignon, par-devant Me Jean Alexis Huet, notaire à Paris, 17 septembre 1846.

Étude LXVIII

446 Inventaire après décès de Louis de La Tour d'Auvergne, comte d'Évreux et de Tancarville, par-devant Me de Bouguainville, notaire à Paris, 29 janvier 1753.

Étude LXXIII

1086 Vente de l'hôtel par Louis XVI à sa cousine, Louise Thérèse Bathilde d'Orléans, duchesse de Bourbon, à titre de remploi de dot, par-devant Me Bro, notaire à Paris, 18 juillet 1787.

Étude XCI

1013 Dépôt du testament de Jeanne Antoinette Poisson, marquise de Pompadour, épouse de Charles Guillaume Le Normand, par-devant Me Baron, notaire à Paris, 13 avril 1764.

Étude XCVII

743 Inventaire après décès de Louis Martin Berthault, architecte du roi, de la direction générale de l'Enregistrement et des Domaines, chevalier de l'ordre royal de la Légion d'honneur, demeurant à Paris, rue Neuve des Mathurins, no 21, à la requête d'Élisabeth Julie Monet, sa veuve, comme usufruitière de l'universalité de tous ses biens et comme tutrice naturelle et légale de Jeanne Céline Berthault et Louis Jean-Baptiste Émile Berthault, ses enfants, par-devant Me Agasse, notaire à Paris, 4 septembre 1823.

Étude CXIII

227 Partage de la succession commune d'André Le Nôtre et Françoise Langlois, 31 octobre 1707.

Étude CXVI

132 Inventaire après décès d'André Le Nôtre, dessinateur des jardins du roi, 24 septembre 1700.

Étude CXVII

92 Vente d'une pièce de terre, joignant sa propriété, par Françoise Le Bouteux et Jacques Lambert, son époux, maître jardinier, à André Le Nôtre, dessinateur des jardins du roi, 17 décembre 1674.

294 « Devis des ouvrages de maçonnerie pour la construction d'un bâtiment que monseigneur le comte d'Évreux désire faire bâtir sur une place à lui appartenant sise à Paris grande rue du faubourg Saint-Honoré, suivant les dessins qu'il en a réglé, faits par Monsieur Mollet, architecte et contrôleur général des bâtiments de sa Majesté », par Pierre Grandhomme, maître maçon et entrepreneur de bâtiments à Paris, 10 juillet 1718.

295 Convention pour alignement et clôture de murs entre le comte d'Évreux et Geneviève Bossuet, dont le terrain contigu faisait une enclave sur son propre terrain, 3 septembre 1718.

296 Devis des ouvrages de gros fers et serrureries par Guillaume Cressart, maître serrurier à Paris, 4 novembre 1718.

299 Marché passé entre le comte d'Évreux, Jacques Gaultier et François Delahaye, maîtres menuisiers à Paris pour l'exécution des travaux décrits au devis « suivant les desseins qu'il en a été faits par Monsieur Mollet », 8 février 1719.

324 Compromis entre le comte d'Évreux et Pierre Grandhomme, entrepreneur de maçonnerie, consécutif au contentieux pour paiement des travaux effectués. Demande d'arbitrage de Robert de Cotte, 13 février 1722.

325 Quittance du prix de 50 231 livres 7 sols en règlement des travaux effectués par Cressart, 20 avril 1722.

328 Quittance à Pierre Grandhomme de 277 030 livres 18 sols 10 deniers en louis d'argent « pour le prix de tous les ouvrages de maçonneries et matériaux [...] » qu'il avait faits et fournis, 25 octobre 1722.

381 Inventaire après décès de Marie-Anne Crozat, épouse de Louis de La Tour d'Auvergne, comte d'Évreux et de Tancarville, fille d'Antoine Crozat, seigneur du marquisat de Moux, baron de la Fauche et autres lieux, commandeur des ordres du roi, et de Marguerite Le Gendre, son épouse, par-devant Me Bapteste, notaire à Paris, 6 juillet 1731.

Étude CVII

475 Vente de l'hôtel d'Évreux par Godefroy Charles Henry de La Tour d'Auvergne, prince de Turenne, colonel général de la cavalerie française et étrangère, grand chambellan de France en survivance, maréchal des camps et armes du roi, demeurant à Paris quai Malaquais, légataire universel grevé de substitution, de Louis de La Tour d'Auvergne, comte d'Évreux, colonel général de la cavalerie française et étrangère, et Charles Minier, avocat au Parlement, intendant du duc de Bouillon, un de ses présomptifs héritiers, à Jeanne Antoinette Poisson, marquise de Pompadour, dame de Bret, Saint-Cyr, La Roche, La Rivière, Crécy, Saint-Rémy et autres lieux, épouse séparée de Charles Guillaume Lenormant, demeurant au château de Versailles, par-devant Me Melin, notaire à Paris, 24 décembre 1753.

SÉRIE O

O1 MAISON DU ROI – ANCIEN RÉGIME

1094 Ordres du directeur général, 1762-1767.

1579 Hôtel des Ambassadeurs extraordinaires, 1648-1788.

1592 Correspondance ; devis et soumissions ; paiements, 1765-1787.

2072 Magasins royaux et carrières : travaux, achats, ordres, comptes divers, états de magasins, correspondance générale, 1754.

2073 Magasins royaux et carrières : travaux, achats, ordres, comptes divers, états de magasins, correspondance générale, 1755.

2074 Magasins royaux et carrières : travaux, achats, ordres, comptes divers, états de magasins, correspondance générale, 1756.

O² MAISON DE L'EMPEREUR

155 Dépenses soumises à l'approbation de l'empereur, 1809.
157 Services de la Cour, 1811-1813.
225 Correspondance générale, an XIII-1814.
232 Minutes de lettres de l'intendant des Bâtiments, principalement aux architectes, 1812.
233 Minutes de lettres de l'intendant des Bâtiments, principalement aux architectes, 1812.
234 Minutes de lettres de l'intendant des Bâtiments, principalement aux architectes, 1812.
239 Minutes de lettres de l'intendant des Bâtiments adressées principalement aux architectes et circulaires, 1813-1814.
242 Minutes de lettres de l'intendant des Bâtiments, principalement aux architectes, avril et juin 1812.
254 Rapports à l'intendant, en particulier au sujet des visites faites dans les palais, 1810-1815.
261 Budget du service des Bâtiments, 1813.
311 Mémoires de travaux au palais des Tuileries, au Louvre, à l'hôtel d'Elbeuf et à l'hôtel Crussol, à l'église Saint-Napoléon, à l'Élysée-Napoléon, au palais du roi de Rome, à la manufacture des Gobelins, 1808-1814.
313 Tuileries, Louvre, hôtel Valentinois, Élysée-Bourbon, hôtel de Monaco. Comptabilité : correspondance, propositions de paiement, an XII-1815.
314 Travaux aux palais de Paris, 1809.
315 Correspondance de l'intendant des Bâtiments et de l'intendant général de la Maison de l'empereur, principalement avec l'architecte Fontaine, an XIII-1812.
316 Affaires diverses, 1810-1814.
318 Projets de budget pour le service des Bâtiments, 1804-1815.
527 Ameublement pour les enfants de France et pour les palais suivants : les Trianons, l'Élysée, Meudon et Saint-Cloud, 1812-1814.
564 Comptabilité, 1814.
565 Comptabilité, 1812.
721 Élysée : inventaires de meubles, mémoires et devis approuvés, 1808-1813.
796 Remise de l'Élysée-Bourbon à l'impératrice Joséphine, 1810.
1238 Correspondance, 1813-1818, notamment procès-verbal de remise en état du palais pour Joséphine, 9 janvier 1810.

O³ MAISON DU ROI – RESTAURATION

127 Pièces générales, 1814-1816.
137 Résidences royales, personnel, 1815-1830.
801 Demandes renvoyées au ministre de la Maison du roi, 1789-1830.
935 Hôtel Valentinois appartenant à la Couronne contre l'Élysée-Bourbon appartenant à la famille d'Orléans, échange, 1824-1825, et état des lieux lié à la vente de l'Élysée à Murat du 5 août 1805 (17 thermidor an XIII).
1200 Lettres de M. Fontaine, architecte de Paris, devis, états des lieux de divers hôtels, 1810-1817.
1202 Paris – travaux, 1816-1830.
1241 Pépinières de Versailles, inventaire général, distribution d'arbres, 1819-1827.
2018 Élysée-Bourbon – envois du Garde-meuble, devis d'ameublement, entretien, éclairage, 1815-1818.
2019 Élysée-Bourbon, 1819-1822.
2020 Élysée-Bourbon – envois du Garde-meuble, devis d'ameublement, entretien, éclairage, 1823-1830.
2024 Élysée-Bourbon, inventaire détaillé pièce par pièce, 1817.
2025 Élysée-Bourbon, inventaire détaillé pièce par pièce, 1817.
2026 Élysée-Bourbon, état des meubles entrés depuis le précédent inventaire, 1819-1822.
2095 Château de l'Élysée-Bourbon, entretien, 1818.
2224 Archives, correspondance, 1814-1825.

O⁴ MAISON DU ROI – MONARCHIE DE JUILLET

12 Élysée-Bourbon et écuries de Montaigne, 1831-1842.
1332 Travaux au nouveau corps de garde du palais de l'Élysée, 1830-1848.
1889 Mise en état des appartements de l'Élysée-Bourbon, 1830-1848.
2019 Aménagement des appartements de G. de Wailly, de Maréchal au petit hôtel de l'Élysée-Bourbon, 1830-1848.
2285 Travaux divers, 1830-1848.

O⁵ MAISON DE L'EMPEREUR – SECOND EMPIRE

1446 à 1673
(voir inventaire détaillé établi).

Q¹ DOMAINES

1137 Brevet par le roi, sur proposition du Régent, au comte d'Évreux, d'un terrain de 740 toises, situé à l'extrémité de son jardin du côté des Champs-Élysées, 5 mars 1721.

Z¹J CHAMBRE ET GREFFIER DES BÂTIMENTS

568 Estimation des ouvrages de sculpture exécutés à l'hôtel d'Évreux, faubourg Saint-Honoré, par Michel Lange, sculpteur ordinaire du duc d'Orléans, pour Louis de La Tour d'Auvergne, comte d'Évreux et de Tancarville, effectuée par les experts Jacques Pirouety et Claude Nicolas Lepas Dubuisson, architectes jurés du roi, 11 septembre 1724.
607 Toisé et estimation de peinture et dorure à l'hôtel d'Évreux entre M. le comte d'Évreux et la veuve Turpin, 22 août 1729.
639 « Visite, prisée et estimation de l'hôtel d'Évreux, Grand rue du Faubourg Saint-Honoré [...], [faite par] Pierre Quirot et Brice Le Chauve, architectes du Roy, experts bourgeois de Paris, [...] à la requête de très haut et très puissant Prince Monseigneur Louis de la Tour d'Auvergne, comte d'Évreux », 30 juin 1733.
810 « Visite, prisée et estimation pour la vente de l'hôtel d'Évreux, Faubourg Saint-Honoré, à la requête de M. Godefroy Charles Henry de la Tour d'Auvergne, Prince de Turenne, légataire universel de feu Monseigneur Louis de la Tour d'Auvergne, comte d'Évreux, mort le 20 janvier 1753, faite par Pierre Desmaisons architecte expert bourgeois avec Jean Guillaume Berville greffier des Bâtiments et M. Clavarat dessinateur et aide », 9 août – 11 septembre 1753.
1039 Visite et estimation des travaux effectués à l'hôtel d'Évreux par Étienne Louis Boullée, architecte, membre de l'Académie royale d'architecture, pour Nicolas Beaujon, conseiller d'État, par Henri Quentin Desbœufs et Claude Guilaume Debesse, architectes jurés experts, 5 août – 10 décembre 1778.

VERSEMENTS DES MINISTÈRES

F²¹ BEAUX-ARTS

794 Travaux palais de l'Élysée, 1861-1865.
795 Travaux palais de l'Élysée, 1866-1869.
796 Travaux palais de l'Élysée, 1870-1880.
1453 Travaux palais de l'Élysée, 1848-1850.
1454 Travaux palais de l'Élysée, 1851-1852.
1455 Travaux palais de l'Élysée, 1853.
1456 Travaux palais de l'Élysée, 1854.
1457 Travaux palais de l'Élysée, 1854-1855.
1458 Travaux palais de l'Élysée, 1855.
1459 Travaux palais de l'Élysée, 1856-1857.
1460 Travaux palais de l'Élysée, 1858-1859.
1461 Travaux palais de l'Élysée, 1859-1860.
1462 Travaux palais de l'Élysée, 1861-1872.
2315 Travaux palais de l'Élysée, 1879-1890.
2316 Travaux palais de l'Élysée, 1890-1895.
2317 Travaux palais de l'Élysée, 1895-1903.
2318 Travaux palais de l'Élysée, 1899-1905.
3120 Palais de l'Élysée, travaux de construction, 1854.
3121 Palais de l'Élysée, construction aile droite, 1861.
3122 Palais de l'Élysée, grosses réparations, 1862-1875.
3123 Palais de l'Élysée, grosses réparations, 1876-1879.
3124 Palais de l'Élysée, installation des salons, 1879.
3125 Palais de l'Élysée, réfection, 1880-1882.
3126 Palais de l'Élysée, construction salle des fêtes, 1883-1885.
3127 Palais de l'Élysée, grosses réparations, 1886-1888.
3128 Palais de l'Élysée, construction salle des fêtes, 1889.
3129 Palais de l'Élysée, restauration des façades, 1890-1891.
3130 Palais de l'Élysée, restauration des façades, 1892.
3131 Palais de l'Élysée, restauration des façades, 1893.
3132 à 3135
Palais de l'Élysée, réfection, 1894-1899.
3740 Palais de l'Élysée, grands travaux de restauration, installation d'un ascenseur électrique, 1935.
3741 Palais de l'Élysée, grands travaux de réparation et construction d'un abri définitif pour bombes de 500 kilos, 1936.
3742 Palais de l'Élysée, grands travaux de grosses réparations, 1937.
6208 Crédits d'entretien et grosses réparations, 1906-1934.
6209 Crédits de réfection et de restauration, travaux exécutés dans les appartements du palais de l'Élysée, 1908-1935.
6210 Demande de crédits divers, 1886-1908.
6211 Demande de crédits divers, 1909-1918.

F³¹ (Contributions directes)

7402 Cadastre de Paris par îlot : « Quartier des Champs-Élysées, îlot nº 2 », s. d. [premier tiers du XIXᵉ siècle].

VERSEMENTS CONTEMPORAINS

19760340

DIRECTION DE L'ARCHITECTURE

620 dossier 6063
Déplacement d'un poste d'incendie et percement d'une porte dans la salle des fêtes, 1961.
639 dossier 6314
Travaux divers à l'Élysée, 1960.
924 dossier 8463
Aménagement de diverses pièces et travaux sur le chauffage, 1950.
959 dossiers 8825 à 8839
Travaux divers à l'Élysée, 1951.
992 dossiers 8993 et 8993 bis
Travaux divers à l'Élysée, 1952.
1110 dossier 9541
Travaux divers à l'Élysée, 1943.
1128 dossier 9655
Travaux d'entretien divers à l'Élysée, 1944.
1138 dossier 9674
Travaux divers à l'Élysée, 1945.
1316 dossiers 10684 à 10687
Travaux divers à l'Élysée, 1945.
1330 dossiers 10776 à 10780
Travaux divers à l'Élysée d'entretien et de réparation, 1940.
1378 dossiers 11134 à 11136
Travaux divers à l'Élysée, 1939.
1405 dossiers 11261-11262
Travaux divers à l'Élysée, 1939.
1439 dossier 11441
Réfection des couvertures des bas édifices est, 1940.
1443 dossier 11466
Travaux divers à l'Élysée, 1939.
1489 dossier 11755
Travaux divers à l'Élysée, 1947.
1542 dossiers 12173 à 12175
Travaux divers à l'Élysée, 1939.

1704 dossiers 13453 à 13463
Divers travaux, 1949.
1780 dossier 13935
Installation chauffage central, 1947.
dossier 13936
Installation des maisons civile et militaire de la présidence, 1947.
dossier 13937
Installation stores et monte-plats dans la salle des fêtes, 1947.
dossier 13938
Aménagement du salon des Paysages en fumoir, 1947.
dossier 13939
Déplacement de la chapelle + divers travaux, 1947.
dossier 13940
Mazout, 1947.
1864 dossier 14561
Ravalement courette ; installation d'un chauffage électrique d'appoint, 1942.
1886 dossier 14682
Travaux divers à l'Élysée, 1941.
2436 dossier 18406
Installation chauffage central, 1947.
dossier 18407
Suppression de la verrière de la cour d'honneur, aménagement des cuisines, installation d'appareils transporteurs de vêtements et aménagement des vestiaires, 1947.
dossier 18408
Installation des maisons civile et militaire de la présidence, 1947.
2471 dossier 18683
Travaux divers à l'Élysée, 1945.

19760340 bis
186 dossier 20112
Ravalement des façades, 1926-1929.
dossier 20113
Travaux divers à l'Élysée, 1945-1952.
dossier 20114
Travaux divers à l'Élysée, 1947-1949.
dossier 20115
Restauration des pavillons Marigny et Gabriel, 1929.
dossier 20116
Travaux de décoration, 1942-1949.
dossier 20117
Électricité, 1926-1929.

19760342
92 dossier 30092
Travaux divers à l'Élysée, 1962-1963.
175 dossier 30175
Travaux divers à l'Élysée, 1966-1967.
176 dossier 30176
Travaux divers à l'Élysée, 1967.
1004 dossier 31004
Travaux divers à l'Élysée, aménagement de l'aile des appartements privés, 1962.
dossier 30175
Travaux divers à l'Élysée, 1967.
dossier 30176
Travaux divers à l'Élysée, 1967.
dossier 31003/5
Travaux divers à l'Élysée, 1960-1962.

19810663
217 Travaux dans divers appartements, 1923-1945.
218 Divers travaux, 1930-1946.
476 Palais de l'Élysée, salle des fêtes et jardin d'hiver, 1959.
517 Divers travaux, 1942-1959.

19900057
3 Travaux divers à l'Élysée, 1960.
4 Palais de l'Élysée, salle des fêtes, 1977.

CARTES ET PLANS

N III SEINE
1296 Anonyme, « Plan du palais de l'Élysée-Bourbon », s. d. [vers 1815].

VA XII VERSEMENT DE L'ARCHITECTURE
1 Anonyme, plan des caves du palais de l'Élysée, s. d. [vers 1805-1808].
2 Vignon, Barthélemy (?), plan du rez-de-chaussée du palais de l'Élysée, s. d. [vers 1805].
3 Anonyme, projet d'installation du grand escalier au rez-de-chaussée et premier étage, s. d. [vers 1805].
4 Anonyme, projet de surélévation des ailes, plan du premier étage, s. d. [vers 1806-1808].
5 Anonyme, projet de création d'une chapelle à rez-de-chaussée, s. d. [vers 1806-1808].
6 Anonyme, « Élévation géométrale du palais du grand-duc de Berg à Paris, côté du jardin », s. d. [vers 1806-1808].
7 Anonyme, élévation de la façade côté cour, s. d. [vers 1806-1808].
8 Anonyme, plan de réfection de l'aile ouest, s. d. [vers 1806-1808].
9 Anonyme, plan de réfection de l'aile est, s. d. [vers 1806-1808].
10 Anonyme, plan du château de l'Élysée-Bourbon, 10 février 1814.
11 Anonyme, plan masse de l'Élysée-Bourbon, s. d. [vers 1815].
12 Anonyme, projet d'élévation de la façade sur jardin, s. d. [entre 1852 et 1870].
13 Anonyme, projet de salle des fêtes (?), couple longitudinale, s. d. [entre 1852 et 1870].
14 Anonyme, projet de salle des fêtes (?), coupe transversale, s. d. [entre 1852 et 1870].
18 D'après Percier, Charles, et Fontaine, Pierre, « Élisée Napoléon, plan du rez-de-chaussée et des jardins », s. d. [vers 1808].
19 Anonyme, plan du rez-de-chaussée avec les aménagements demandés par Napoléon, s. d. [vers 1808-1810].
20 Anonyme, palais de l'Élysée, plan général et plans de détail, s. d.
21 Lacroix, Eugène, plan des caves, reconstruction des dépendances, 31 mars 1853.
22 Lacroix, Eugène, plan du rez-de-chaussée, reconstruction des dépendances, 31 mars 1853.
23 Lacroix, Eugène, plan du premier étage, reconstruction des dépendances, 31 mars 1853.
24 Lacroix, Eugène, coupe transversale, reconstruction des dépendances, 31 mars 1853.
25 Lacroix, Eugène, plan des couvertures, reconstruction des dépendances, 31 mars 1853.
27 Lacroix, Eugène, palais de l'Élysée, coupes, 1858.
28 Lacroix, Eugène, palais de l'Élysée, façade sur la rue du Faubourg-Saint-Honoré, 1858.
38 Lacroix, Eugène, plan des caves, 27 novembre 1862.
40 Anonyme, plan de masse ancien et nouveau, s. d. [Second Empire].
42 Debressenne, Eugène, projet d'agrandissement de la salle des fêtes avec ou sans galerie vitrée, 12 mai 1877.
43 Debressenne, Eugène, projet d'agrandissement de la salle des fêtes, façade sur l'avenue Marigny, 12 mai 1877.
46 Debressenne, Eugène, palais de l'Élysée, cour d'honneur, projet de vestiaire permanent, 12 novembre 1889.
47 Debressenne, Eugène, palais de l'Élysée, cour d'honneur, projet de vestiaire permanent, élévation, 12 novembre 1889.
50 Chancel, Adrien, palais de l'Élysée, plan du rez-de-chaussée, 1er janvier 1891.
52 Chancel, Adrien, palais de l'Élysée, plan de l'entresol, 1er janvier 1891.
53 Chancel, Adrien, palais de l'Élysée, plan du premier étage, 1er janvier 1891.
81 Lacroix, Eugène, plan de percement de la rue de l'Élysée, 28 février 1860.

XIV
92 Fontaine, Pierre François Léonard, palais de l'Élysée, 1er avril 1836.

LVIII
25 plan cadastral de la rue du Faubourg-Saint-Honoré, s. d. [vers 1718-1753].
26 Vignon, Barthélemy (?), plan du rez-de-chaussée du palais de l'Élysée, s. d. [vers 1805].

ARCHIVES PERSONNELLES ET FAMILIALES

31 AP PAPIERS MURAT
26/521
Livre de comptes de Barthélemy Vignon, 14 janvier 1837.

300 AP ARCHIVES DE LA MAISON DE FRANCE – BRANCHE D'ORLÉANS
I/77 Biens de la duchesse de Bourbon, estimation de l'hôtel d'Évreux, évaluation des biens, seconde moitié du XVIIIe siècle.

552 AP FONDS VINCENT AURIOL
50 Président Vincent Auriol. Travaux et mobilier du palais de l'Élysée (1947-1952).
58 Organisation du palais de l'Élysée et de la présidence de la République (1939-1947).
205-208
Photographies de famille du président Vincent Auriol (1947-1953).
215 Président Vincent Auriol. Organisation du palais de l'Élysée et de la présidence de la République (1953).
217-231
Audiences et réceptions au palais de l'Élysée (1947-1954).

AG PAPIERS DES CHEFS DE L'ÉTAT
1 AG IIIe RÉPUBLIQUE (1870-1940) – SERVICE DE L'ARCHITECTURE
92-93, 95-103 passim, 119-122, 128, 139-144
Mobilier et objets mobiliers de l'Élysée (1894-1955).
128, 146-150
Palais de l'Élysée, création d'un abri contre les bombardements (1934-1939) ; travaux (1936-1947) ; jardins, jardiniers (1893-1907).

ARCHIVES DE PARIS

ARCHIVES FISCALES – INSINUATIONS ET DOMAINES

DC6 INSINUATIONS DE PARIS, BUREAUX DES DOMAINES DE BANLIEUE, 1704-1792

99 Déclaration faite par John Law ayant fait cette acquisition « pour et au profit de très haut et très puissant prince Monseigneur Louis de La Tour d'Auvergne, comte d'Évreux et de Tancarville », 26 juin 1718.

DOMAINES

DQ10 BIENS ECCLÉSIASTIQUES, BIENS DES ÉMIGRÉS, BIENS DES CONDAMNÉS

307 Affaire Hovyn, Élysée-Bourbon, 1794-1804.

666 « Femme Bourbon, ci-devant princesse, Ier arrondissement, section des Champs-Élysées », dossier de séquestre des biens de la duchesse de Bourbon, 1794-1797.

ARCHIVES FISCALES, DOMAINES

1864W DOMAINES DE LA SEINE

80 (1) Estimation des hôtels de l'Élysée et de Valentinois, 1814.

JUSTICE DE PAIX DE PARIS

D1U1 JUSTICE DE PAIX DU Ier ARRONDISSEMENT ANCIEN

6 Champs-Élysées, scellés et notes de notoriété, 1796.

ARCHIVES PRIVÉES ET PAPIERS DE FAMILLE

D1Z COLLECTION LAZARE TOPOGRAPHIE PARISIENNE

42 Élysée (palais) – Estrapade (rue de l'), XIXe siècle.

D2Z COLLECTION BLONDEL TOPOGRAPHIE DE PARIS ET DE LA BANLIEUE

3 Danton – Gymnase (théâtre de la Gaîté), XIXe siècle.

D27Z COLLECTION PROST TRAVAUX À PARIS ET ÉVÉNEMENTS DIVERS

1 palais de l'Élysée, 1811-1914.

SERVICE NATIONAL DES TRAVAUX (SNT)

1490W

1222 Palais de l'Alma et palais de l'Élysée, 1972-1973.
1223 Palais de l'Élysée, 1974.
1228 Palais de l'Élysée, 1969-1970.
1229 Palais de l'Élysée, 1971-1973.
1230 Palais de l'Élysée (salle des fêtes), 1971-1974.
1231 Palais de l'Élysée (aménagement intérieur), 1974.
1232 Palais de l'Élysée (grosses réparations), 1974-1976.
1233 Palais de l'Élysée, 1973.
1234 Palais de l'Élysée (aménagements extérieurs), 1974.
1235 à 1242 Palais de l'Élysée, 1975-1977.
1243 Palais de l'Élysée (salle à manger, 1978-1979).
1244 Palais de l'Élysée (treillage, balustrades, électricité, grosses réparations), 1977-1983.
1245-1246 Palais de l'Élysée, 1978-1980.
1247 Palais de l'Élysée (travaux exceptionnels), 1979-1980.
1248 Palais de l'Élysée (grosses réparations et équipement), 1980.
1249 Palais de l'Élysée (appartements, bureaux), 1981.
1250 Palais de l'Élysée (appartements privés, divers et électricité), 1981-1982.
1251 Palais de l'Élysée (local enterré télécom, cuisine, divers), 1982.
1252 Palais de l'Élysée (grosses réparations), 1982.
1253 Palais de l'Élysée (1er étage cour de l'est), 1983.
1254 Palais de l'Élysée (divers, couverture façades, croisées), 1977.
1255 Palais de l'Élysée (électricité, salons du rez-de-chaussée), 1977-1979.
1256 Palais de l'Élysée (bibliothèque), 1978.
1257 Palais de l'Élysée (locaux électriques, divers, restaurant, salle à manger), 1979-1981.
1258 Palais de l'Élysée (travaux exceptionnels), 1979.
1779 Palais de l'Élysée et de l'Alma et résidences présidentielles, 1982-1984.
1904-1905 Palais de l'Élysée (grosses réparations), 1968-1969.
1906 Palais de l'Élysée (contrats d'études, salons et grosses réparations), 1970-1973.
1907 Palais de l'Élysée (grosses réparations), 1970.
1996 Palais de l'Élysée (chauffage), 1970-1983.
2190 Palais de l'Élysée (réfection des appartements privés, DCE, plans, travaux complémentaires et marchés de la réfection des appartements, remplacement de la verrière du jardin d'hiver), 1983.
2191 Palais de l'Élysée (rénovation de la salle des fêtes, chauffage et ventilation, façades et locaux enterrés, installations techniques, plans états actuel et projeté), 1983.

SOUS-DIRECTION DES TRAVAUX NEUFS ET DES MARCHÉS

1543W

319 à 333 Grand Palais, C.N.S.M., hôtels, palais de l'Élysée, résidence Marigny, Opéra, palais de Chaillot, 1972-1974.
334 à 343 ministère, palais de l'Élysée, résidence Marigny, théâtres, musées, 1973-1974.
359 à 370 ministère de l'Intérieur, palais de l'Élysée, Théâtre national de l'Opéra, C.N.A.D., secrétariat à la Jeunesse et aux Sports, manufacture des Gobelins, Paris 16e, 1973-1976.
371 à 375 Fondation Rothschild, ministères de l'Intérieur, de la Marine, palais de l'Élysée, musée Nissim de Camondo, CNAD, Théâtre national de l'Opéra, Musée national d'art moderne, 1975-1977.
400 à 406 Grand Palais et palais de l'Élysée, 1978-1979.
413 à 428 Fondation Rothschild, Grand Palais, palais de l'Élysée, Théâtre national de l'Opéra, palais de Tokyo, musée Guimet, palais de Chaillot, 1977-1980.
429 à 440 CNSM, Grand Palais, palais de l'Élysée, résidence Marigny, Opéra, 1976-1981.
454 à 462 Opéra, TEP, Grand Palais, palais de l'Élysée, 1981-1982.
359 Palais de l'Élysée, divers travaux d'aménagement extérieur, extension de la salle des fêtes (électricité), ravalement des cours est et ouest, 1974-1975.
360 Palais de l'Élysée, réfection du chauffage du bâtiment central et grosses réparations, 1975-1977.
419 Palais de l'Élysée, travaux exceptionnels de 1978 et 1980, remise en état des circulations et des bureaux, 1978-1980.
420 Palais de l'Élysée, locaux électriques de la cour ouest, réfection du portail ouest, travaux dans le jardin, restauration des grilles sur l'avenue Marigny, 1979-1980.

ARCHIVES DÉPARTEMENTALES DES YVELINES

ACTES DU POUVOIR SOUVERAIN

A 579

1 Laseigne (M. de), arpenteur et géographe du roi, « Plan d'arpentage en forme de terrier de tous les terrains qui composent le Cours la Reine et les Champs-Elizées, entre les fossés de la place de Louis XV et les grilles de clôture à côté de la barrière au pied de la butte de l'Etoile [...], Versailles », 30 juillet 1768.

2 Laseigne (M. de), arpenteur et géographe du roi, « Plan d'arpentage en forme de terrier de tous les terrains qui composent le Cours la Reine et les Champs-Elizées, entre les fossés de la place de Louis XV et les grilles de clôture à côté de la barrière au pied de la butte de l'Etoile [...], détail de l'hôtel des Ambassadeurs extraordinaires, Versailles », 30 juillet 1768.
Laseigne (M. de), arpenteur et géographe du roi, brouillon d'un buste en terme (pour l'hôtel des Ambassadeurs extraordinaires ?), Versailles, 30 juillet 1768.

3 Laseigne (M. de), arpenteur et géographe du roi, plan d'une partie des Champs-Élysées, levé par Laseigne le 25 juin 1767. L'avenue des Tuileries depuis la place Louis-XV et l'hôtel des ambassadeurs sur la rue du Faubourg-Saint-Honoré, 1767.

BIBLIOTHÈQUE NATIONALE DE FRANCE

DÉPARTEMENT DES ESTAMPES ET DE LA PHOTOGRAPHIE

Va RECUEIL. TOPOGRAPHIE DE PARIS

281a VIIIe arrondissement, rue du Faubourg-Saint-Honoré, palais de l'Élysée.
444 (grand format) Convers (P.), plan du rez-de-chaussée de l'hôtel d'Évreux, 1726.

COLLECTION DE VINCK RESERVE QB-370

68 Aubert fils d'après Courvoisier, « Vue de l'Élysée Bourbon prise de l'intérieur du jardin où l'empereur Alexandre se promène », estampe, 1814.
125 Anonyme, « Palais de l'Élysée », s. d., [après 1871].
147 Maze (C.), « Résidence impériale, jardin de l'Élysée vu de la terrasse du palais », s. d. [vers 1852-1871].
158 Maze (C.), « Résidence impériale, palais et jardin de l'Élysée », s. d. [vers 1852-1871].

MÉDIATHÈQUE DU PATRIMOINE ET DE LA PHOTOGRAPHIE

ARCHIVES DES MONUMENTS HISTORIQUES

INSPECTION DES MONUMENTS HISTORIQUES

C/1991/25/3
Projet de construction d'un hôtel particulier. 1972.

C/1997/18/30-56
Aménagement des guérites au pourtour du palais, restauration du vestibule d'entrée et de la salle à manger, nomination des ABF des palais de l'Alma et de l'Élysée. 1979-1996.

DOSSIERS DE PROTECTION

D/1/75/157-7
Dossier de protection du Palais au titre des Monuments historiques (PA00088876).

DOSSIERS DE TRAVAUX

E/81/7508/32-89(2)
Travaux au palais de l'Élysée, dont restauration des façades de la cour ouest, modification des guérites existantes et création de nouvelles guérites, entretien, jardin. 1983-1996.

E/1997/22/1-2
Restauration des trophées et ravalement des façades sur la rue du Faubourg-Saint-Honoré. 1997.

E/1997/22/5-73
Restauration des espaces intérieurs. 1997.

E/1997/23/1-4
Travaux de rafraîchissement d'air des pièces orientées au sud. 1997.

E/1998/1/4-35
Restauration de la façade sur le parc ; réfection du perron et des trottoirs de la cour d'honneur. 1998.

E/1998/1/34-195
Réfection des perrons et emmarchements sur le jardin ; étanchéité du chemin de ronde de l'aile est. 1998.

E/1998/1/5
Réaménagement des services de l'office et amélioration de la cuisine principale. 1998.

E/1998/2/27-121
Restauration des couvertures de l'aile est. 1998.

E/1999/1/8-14
Diagnostic sanitaire et technique de l'ensemble des façades et des toitures. 1999.

E/1999/1/35-194
Restauration générale de la salle des fêtes, du salon Napoléon III et du jardin d'hiver. 1999.

E/1999/2/16-76
Restauration de la façade sur le parc. 1999.

E/1999/2/45-247
Restauration de la grille du Coq. 2000-2001.

E/2000/2/46-250
Restauration des casernements situés dans les pavillons Gabriel et Marigny. 2002-2001.

E/2001/2/30-176
Restauration des éléments en superstructure et des toitures des ailes latérales de la cour d'honneur. 2001.

E/2002/15-105
Restauration des façades de l'hôtel d'Évreux et des ailes latérales. 2002.

E/2002/23-153
Installation d'un système de rafraîchissement à l'entresol et à l'ouest. 2001.

E/2002/35-265
Restauration des couvertures et des souches de cheminée. 2002.

E/2004/1/23
Climatisation de la salle des fêtes. 2004.

E/2005/1/8-46
Consolidation et restauration de la terrasse côté parc. 2005.

E/2005/1/10-59
Restauration des toitures et souches de cheminée (rue de l'Élysée). 2003.

E/2005/1/15-89
Restauration du vestibule d'honneur. 2003.

E/2005/2/6-20
Restauration des façades nord et est de la cour de l'ouest. 2005.

E/2005/2/25-105
Restauration de la grille du Coq. 2007.

E/2007/7/45-286
Réfection du mât des couleurs. 2007.

FONDS D'ARCHITECTES

F/2001/21/1-4
Aménagement des façades de la cour ouest. 1995-1998.

F/2001/21/2-6
Aménagement du rez-de-chaussée de l'aile ouest, cour ouest, liaison verticale avec le sous-sol. 1998-1999.

F/2001/21/3-7
Restauration des trophées et ravalement de la façade rue du Faubourg-Saint-Honoré. 1997-1998.

F/2001/21/4-10
Restauration des espaces intérieurs. 1996-1997.

F/2001/21/5-13
Ravalement des façades.

BIBLIOTHÈQUE DES ARTS DÉCORATIFS

FONDS MACIET

VOL. 12 (JARDINS DU XVIIIe SIÈCLE)
Anonyme, vue d'une fontaine avec rochers et cascades (jardin de l'Élysée ?).

Anonyme, le Hameau de Chantilly, vue de la salle du bal au fond du jardin dans la partie en hémicycle vers les Champs-Élysées, s. d. [vers 1804].

Berthault, Louis Martin, premier projet de temple égyptien pour le jardin de l'impératrice Joséphine (pour l'Élysée ?), s. d. [vers 1808-1810].

Berthault, Louis-Martin, projet de pavillon chinois pour le jardin de l'impératrice Joséphine (pour l'Élysée ?), s. d. [vers 1808-1810].

Anonyme, vues du jardin de l'Élysée, photographies, s. d. [début XXe siècle].

BIBLIOTHÈQUE THIERS

FONDS MASSON

57, pièces 181-211
Pièces concernant Murat et la reine Caroline, Élysée, 1805-1808.

108 Palais des Tuileries et dépendances, 1813.

BIBLIOTHÈQUE MUNICIPALE DE BESANÇON

COLLECTION PIERRE ADRIEN PÂRIS

Ms 7 journal et livre de comptes, 1773-1789.

vol. 476 (recueil de dessins et contre-épreuves de différents maîtres)
Pâris, Pierre Adrien, dessin d'un des deux lions égyptiens de basalte au pied du Capitole à Rome, plume et aquarelle, 13,2 × 28,2 cm, s. d., [XVIIIe siècle].

vol. 483, n° 56
Pâris, Pierre Adrien, fontaine rocheuse exécutée dans le jardin de l'hôtel de Bourbon, aux Champs-Élysées à Paris, plume et graphite, s. d. [vers 1786].

MUSÉE DES BEAUX-ARTS ET D'ARCHÉOLOGIE DE BESANÇON

LEGS DE PIERRE ADRIEN PÂRIS À BESANÇON

D.863.3.19
Delaistre, François, *Lion égyptien du Capitole*, copie réduite de l'un des deux lions égyptiens en basalte situés au pied de l'escalier du Capitole de Rome, terre cuite (modèle), s. d. [vers 1778].

D.863.3.20
Delaistre, François, *Lion égyptien du Capitole*, copie réduite de l'un des deux lions égyptiens en basalte situés au pied de l'escalier du Capitole de Rome, terre cuite (modèle), s. d. [vers 1778].

INSTITUT FRANÇAIS D'ARCHITECTURE

035 IFA

FONDS LOUIS BONNIER

152/1 Main courante du grand escalier, s. d., et plan de masse retraçant les différentes phases de construction signé Adrien Chancel, s. d.

310/1 Dépenses d'entretien, 1892-1926.

400/14 Photographies de la façade sur jardin, de différents salons et de l'ossature métallique de la salle des fêtes, 1889-1892.

506/3 Photographies de la façade sur jardin et du cabinet du président Loubet, 1905.

073 IFA

FONDS JOSEPH BELMONT

118 Palais de l'Élysée, aménagements, 1961-1974.

133 IFA

FONDS DOSSIERS D'ŒUVRES DE LA DIRECTION DE L'ARCHITECTURE ET DE L'URBANISME

1/7 Appartements privés de l'Élysée, aménagement, 1972.

153 IFA

FONDS PIERRE BARBE

146 Palais de l'Élysée, transformation du jardin d'hiver par Guillaume Tronchet, 1934-1935.

MOBILIER NATIONAL

MM 411 Château – résidences présidentielles et manufactures nationales d'Alsace-Lorraine, 1947.

MM 572

MM 987 Plans.

MM 987 bis

MM 988 Résidences présidentielles, 1926-1975.

MM 999 Demande de travaux de restauration d'objets mobiliers pour l'Élysée.

MM 1000 Travaux dans les résidences présidentielles, 1979-1981.

MM 1001 Travaux dans les résidences présidentielles, 1982.

MM 1057 Aménagements résidences officielles et présidentielles, 1956-1960.

MM 622 Demandes d'équipement des résidences présidentielles, 1945-1946.

MM 998 Notes de travail, 1962-1971 / Élysée – réceptions – arbre de Noël.

MM 1123 Élysée – architecture – réunions + crédits travaux, 1978-1983.

MM 1124 Résidences présidentielles – travaux d'architecture + crédits, 1981-1984.
MM 1196 Palais de l'Élysée – demandes spéciales 1925-1934 / correspondances 1920-1936 / divers, 1959-1978 / tapis Élysée.
MM 1197 Palais de l'Élysée – laissez-passer 1927-1937 / Élysée grand lustre / Élysée 1958, aménagements, plans ; salle à manger, projet Subes.
MM 2115 Élysée : divers inventaires, 1940-1975.
MM 2129 Élysée : aménagements appartements privés (Dennery, Alpha International, SADEM).
Projet Pierre Paulin 1970-1974, Georges Pompidou, 1975.
Dais de l'Élysée : stockage Pierrefonds puis Versailles, juillet 1980.
MM 2130 Élysée : aménagements appartements privés (Held, Starck, Wilmotte, A. Tribel, Garouste, Rivieu), 1981-1985, F. Mitterrand.
MM 2131 Élysée : aménagements, équipements, 1983-1984 :
Petit salon (Ronald Cécil Sportes, Segain, Ehad, Rocamat, Saalburg, Verre Lumière).
Grand salon, projet Marc Held (Wojdak, Alessandri, Bessières, Arlus, Tieca, Touroul / Chevalerie, Blot / Desombre).
Transfert du salon Agam de l'Élysée au Centre national d'art et de culture Georges Pompidou.
MM 2149 Élysée (divers) :
Équipement et divers travaux Élysée (rez-de-chaussée) et dans les résidences présidentielles, 1980.
Coût des travaux Élysée pour 1980.
Divers Élysée, 1975-1980, coupures de presse.
Hippodrome d'Auteuil : prix du Président de la République 30 mars 1980.
Argentier et lingères du palais de l'Élysée.
AGAM : édition d'une lithographie exécutée d'après le tapis AGAM tissé pour l'Élysée 1975-1976.
Tissu AAGE : présentation 6 août 1975.
MM 2151 Divers dépôts à l'Élysée et dans les résidences présidentielles, 1979-1988 et 1989.
MM 2137 Élysée demandes, ordres de travail, 1986-1990.
MM 2173 Élysée : 1980-1991 : annexes coupures de presse, correspondance diverse.
MM 2174 Élysée 1983-1991 : travaux entretien, aménagements, ARC, crèche, presse, studio, appartements.
MM 2175 Élysée : aménagement du bureau de Mme Mitterrand par Isabelle Hebey.
MM 2249 Travaux dans les résidences présidentielles, 1981-1984.
MM 2254 Élysée et résidences présidentielles : réunions d'architecture, déc. 1984 – déc. 1986.
MM 2286 Élysée et résidences présidentielles : réunions d'architecture, 1986-1989, et crédit exceptionnel, 1979.
MM 2309 Monuments historiques : travaux dans les résidences présidentielles (+ Élysée).
MM 2313 Élysée et résidences présidentielles : aménagements divers, bilans aménagements Élysée et résidences présidentielles, 1984-1986 ; divers Élysée, 1986-1991.
MM 2318 Demandes Élysée et résidences présidentielles (bons), 1984-1986
MM 2360 Feuilles de dépôt Élysée et rapports, 1955.
MM 2363 Élysée : aménagements bureau Jean-Christophe Mitterrand, bureau Attali ; réunions architecture, 1984-1990 ; pose moquette escaliers et grandes circulations, 1990-1991.
MM 2436 Élysée : reçus de 1912 à 1957.
MM 2535 Salon Agam, 1974-1985.
MM 2566 Demandes Élysée.
MM 2567 Demandes Élysée.
MM 2568 Demandes Élysée.

PAPIERS COURAL

5J/11 Documentation Élysée XVIIIe siècle, comte et comtesse d'Évreux, 1719-1733 notamment : copies de documents d'archives conservés aux Archives nationales (Z^1J 639 ; CXVII, 303). Photocopie de l'inventaire après décès du comte d'Évreux ; documentation sur le comte d'Évreux et son entourage.
5J/19 Élysée XXe siècle : photocopie de l'inventaire de l'Élysée de 1908.
5J/20 Documentation iconographique dont une partie a été utilisée pour son cours à l'École du Louvre : vues extérieures (gravures, plans), objets « élyséens » dont photocopies, documents sur la construction de la salle des fêtes.
5J/21 Élysée topographique : appartements. Dépouillement d'archives conservées aux Archives nationales par pièces (AJ^{19}, O^2, O^3, F^{21}), références à des inventaires, indications manuscrites sur les photocopies, si tapis de la Savonnerie. Élysée peintures.

SOURCES TAPUSCRITES

« Palais de l'Élysée : le salon doré (55 rue du Faubourg-Saint-Honoré, Paris 8e). Étude historique et documentaire », rapport sous la direction de Michel Borjon, responsable d'étude Dominique Vin : recherche et documentation : Léonore Losserand et Jean-Baptiste Lallau, Agence d'architecture Goutal (Paris), OPPIC, GRAHAL, novembre 2014 (dossier 2012054).

« Le palais de l'Élysée (Paris 8e) / Le clos et le couvert », rapport sous la direction de Michel Borjon, responsable d'étude : Dominique Vin, chargés d'étude : Pierre Geoffroy et Francesco Guidoboni, Agence d'architecture Goutal (Paris), OPPIC, GRAHAL, mars 2018 (dossier 2016062).

Bibliographie

OUVRAGES ET ARTICLES

Alcouffe *et al.* 2022
Alcouffe (Daniel), Grall (Élisabeth) et Perfettini (Jean), *Antoine Robert Gaudreaus, ébéniste de Louis XV*, Dijon, Faton / [Paris], Mobilier national, 2022.

Arizzoli-Clémentel et Samoyault 2009
Arizzoli-Clémentel (Pierre) et Samoyault (Jean-Pierre), *Le Mobilier de Versailles. Chefs-d'œuvre du XIXe siècle*, Dijon, Faton, 2009.

Auvray et Bellier de La Chavignerie 1882-1885
Auvray (Louis) et Bellier de La Chavignerie (Émile), *Dictionnaire général des artistes de l'École française depuis l'origine des arts du dessin jusqu'à nos jours : architectes, peintres, sculpteurs, graveurs et lithographes*, Paris, Librairie Renouard, 1882-1885.

Avrillion 1986
Avrillion (Marie Jeanne Pierrette), *Mémoires de Mademoiselle Avrillion, première femme de chambre de l'impératrice, sur la vie privée de Joséphine, sa famille et sa cour*, Paris, Ladvocat, 1833 ; rééd. Paris, Mercure de France, édition annotée par Maurice Dernelle, 1986.

Badetz 2016
Badetz (Yves), « L'Exposition de 1867, ou le triomphe de l'Empire », dans G. Cocheval, Y. Badetz, P. Perrin et M.-P. Vial (dir.), *Spectaculaire Second Empire*, Paris, Musée d'Orsay / Skira, 2016, p. 249-263.

Bardey 1968
Bardey (Madeleine), « Le mobilier des Murat et de Napoléon Ier au palais de l'Elysée », mémoire de recherches approfondies, sous la dir. de Pierre Verlet, École du Louvre, 3 t., 1968.

Barré et Dupavillon 1983
Barré (François) et Dupavillon (Christian), *Habiter, c'est vivre*, Paris, Éditions Alternatives, 1983.

Baudus 2014
Baudus (Florence de), *Caroline Bonaparte, sœur d'empereur, reine de Naples*, Paris, Perrin, 2014.

Bayard et Flamand 2016
Bayard (Marc) et Flamand (Brigitte), *Le Design du pouvoir. L'Atelier de recherche et de création du Mobilier national*, Paris, Mobilier national / Mare et Martin, 2016.

Bayard et Papin-Drastik 2014
Bayard (Marc) et Papin-Drastik (Ivonne), dir., *Lodève et la manufacture de la Savonnerie. Une histoire à partager*, Paris, Mare et Martin, 2014.

Beaulaincourt Marles 1895-1897
Beaulaincourt Marles (Sophie, née de Castellane), *Journal du maréchal de Castellane, 1804-1862*, Paris, Plon, Nourrit et Cie, 1895-1897, 5 vol.

Béchu et Taillard 2004
Béchu (Philippe) et Taillard (Christian), *Les Hôtels de Soubise et de Rohan-Strasbourg. Marchés de construction et de décor*, Paris, Centre historique des archives nationales / Somogy éditions d'art, 2004.

Belhoste 2016
Belhoste (Jean-François), « Le boudoir de Joséphine au château de Saint-Cloud », dans J.-Ph. Garric (dir.), *Charles Percier (1764-1838), architecture et design*, cat. exp. (New York, The Bard Graduate Center, 18 novembre 2016 – 5 février 2017 ; Fontainebleau, musée national du château de Fontainebleau, 18 mars – 19 juin 2017), Paris, RMN-Grand Palais, 2016, p. 228-232.

Bersani et Sarmant 2020
Bersani (Marie-Hélène) et Sarmant (Thierry), *Les Métiers du Mobilier national*, Paris, Gallimard / Mobilier national, 2020.

Beylier 1981
Beylier (Hubert), « Le jardin du palais de l'Élysée aux XVIIIe et XIXe siècles », *Bulletin de la Société de l'histoire de Paris et de l'Île-de-France*, 1980 (1981), p. 135-158.

Billard 1995
Billard (Thierry), *Félix Faure*, Paris, Julliard, 1995.

Blanc 2015
Blanc (Karin), *Ferronnerie en Europe au XXe siècle*, Saint-Rémy-en-l'Eau, Éditions d'art Monelle Hayot, 2015.

Blondel 1754
Blondel (Jacques François), *Architecture françoise [...]*, Paris, Charles Antoine Jombert, 1754.

Blondel 1771-1777
Blondel (Jacques François), *Cours d'architecture, ou Traité de la décoration, distribution et construction des bâtiments*, Paris, Vve Desaint, 1771-1777, 6 vol.

Bluysen 1898
Bluysen (Paul), *Félix Faure intime*, Paris, F. Juven, 1898.

Bogousslaavsky 2015
Bogousslaavsky (Julien), *Le Bibliophile*, Paris, Imago, 2015.

Boiron 2001
Boiron (Stéphane), « L'hôtel d'Évreux », dans L. Gaume et Th. Sarmant (dir.), *La Place Vendôme. Art, pouvoir et fortune*, Paris, Action artistique à la Ville de Paris, 2002, p. 145-153.

Bonaparte-Beauharnais 2021
Bonaparte (Napoléon) et Beauharnais (Joséphine de), *Vivre par Joséphine, voilà l'histoire de ma vie. Correspondance* ; rééd. Paris, Le Passeur, 2021.

Bouchenot-Déchin 2013
Bouchenot-Déchin (Patricia), *André Le Nôtre*, Paris, Le Grand Livre du mois, 2013.

Bradier 1874
Bradier (Alexandre), *Les Bienfaits de l'Empire*, Paris, Lachaud et Burdin, 1874.

Braibant 1963
Braibant (Charles), *Félix Faure à l'Élysée. Souvenirs de Louis Le Gall, directeur du cabinet du président de la République*, Paris, Hachette, 1963.

Branda 2021
Branda (Pierre), *Joséphine. Le paradoxe du cygne*, Paris, Perrin, 2020.

Bulletin des lois de la République française. Premier semestre de 1852, Paris, Imprimerie nationale, août 1852.

Calmettes 1889
Calmettes (Fernand), « La manufacture des Gobelins », *Revue de l'Exposition universelle de 1889*, no 2, mai 1889.

Calmettes 1912
Calmettes (Fernand), *État général des tapisseries de la manufacture des Gobelins depuis son origine jusqu'à nos jours, publié par Maurice Fenaille*, t. V : 1794-1900, Paris, Hachette, 1912.

Caracciolo 2013
Caracciolo (Maria Teresa), *Les Sœurs de Napoléon. Trois destins italiens*, Paris, Hazan / Musée Marmottan, 2013.

Caron s. d.
Caron (Mathieu), « L'étiquette dans les palais du Premier Empire : enjeux mobiliers et représentation(s) », *Bulletin du Centre de recherche du château de Versailles*, [publication électronique] http://journals.openedition.org/crcv/14264, s. d.

Castelot 1972
Castelot (André), *La Trépidante duchesse de Berry*, Paris, Presses Pocket, 1972.

Chabanne 2013
Chabanne (Laure), « Le lit à colonnes des appartements de l'impératrice Eugénie au palais de l'Élysée », dans E. Starcky et I. Dubois-Brinkmann (dir.), *Folie textile. Mode et décoration sous le Second Empire*, Paris, Réunion des musées nationaux, 2013, p. 78-81.

Champeaux 1898
Champeaux (Alfred de), *L'Art décoratif dans le Vieux Paris*, Paris, Charles Schmid, 1898.

Chapoutot 1992
Chapoutot (Anne), *Pierre Paulin. Un univers de formes*, Paris, Éditions du May, 1992.

Chateaubriand 1820
Chateaubriand (François René de), *Mémoires, lettres et pièces authentiques touchant la vie et la mort de S.A.R Monseigneur Charles-Ferdinand d'Artois, fils de France, duc de Berry*, Paris, Le Normant, 1820.

Chaudonneret et Macé de Lépinay 2007
Chaudonneret (Marie-Claude) et Macé de Lépinay (François), « La galerie de tableaux modernes de la duchesse de Berry », dans *Entre cour et jardin. Marie-Caroline, duchesse de Berry*, Sceaux, Musée de l'Île-de-France, 2007, p. 76-85.

Chevallier 1989
Chevallier (Bernard), *Malmaison. Château et domaine des origines à 1904*, Paris, Réunion des musées nationaux, 1989.

Claeys 2008
Claeys (Thierry), *Dictionnaire biographique des financiers en France au XVIIIe siècle*, Paris, SPM, 2008.

Collectif 2009
Collectif, *L'Organisation des cérémonies nationales du 14 Juillet*, Paris, Ministère de la Culture, Direction de l'architecture et du patrimoine, Service national des travaux, coll. « Un chantier », 2009.

Collectif 2018
Collectif, Élysée. *Le palais des Français*, Paris, Présidence de la République, 2018.

Collectif 2022
Collectif d'auteurs, *Élysée. Le palais des Français*, Paris, Présidence de la République, 2022.

Conte 1985
Conte (Arthur), *Les Présidents de la Cinquième République*, Paris, Le Pré aux clercs, 1985.

Cordey 1939
Cordey (Jean), *Inventaire des biens de madame de Pompadour rédigé après son décès*, Paris, Francisque Lefrançois pour la Société des bibliophiles français, 1939.

Coural 1980
Coural (Jean), *Paris, Mobilier national. Soieries Empire. Inventaire des collections publiques*, Paris, Réunion des musées nationaux, 1980.

Coural 1994
Coural (Jean), *Le Palais de l'Élysée. Histoire et décor*, Paris, Délégation à l'Action artistique de la Ville de Paris, coll. « Paris et son patrimoine », 1994.

Coural et Gastinel-Coural 1995
Coural (Jean) et Gastinel-Coural (Chantal), « L'Élysée, histoire et décors depuis 1720 », *Dossier de l'art*, n° 23, avril-mai 1995.

Coural et Nicot 1984
Coural (Jean) et Nicot (Guy), *Le Palais de l'Élysée*, extrait du n° 132 de la revue *Monuments historiques*, Paris, Caisse nationale des monuments historiques et des sites, 1984.

Craveri 2007
Craveri (Benedetta), *Reines et favorites. Le pouvoir des femmes*, Paris, Gallimard, 2007.

Decker 2007
Decker (Michel de), *La Marquise des plaisirs. Madame de Pompadour*, Paris, Pygmalion, 2007.

De Gaulle 1954-1959
De Gaulle (Charles), *Mémoires de guerre*, Paris, Plon, 1954-1959.

De Gaulle 1970
De Gaulle (Charles), *Mémoires d'espoir. Le renouveau, 1958-1962*, Paris, Plon, 1970.

De Gaulle 1970-1993
De Gaulle (Charles), *Discours et messages*, Paris, Plon, 1970-1993.

Delbare 1820
Delbare (François Thomas), *Vie de son Altesse Royale Monseigneur le duc de Berry*, Paris, Gide fils, 1820.

Démaret 1958
Démaret (J.), « Le palais de l'Elysée », *Le Jardin des arts*, n° 39, janvier 1958.

Demestrescu 2021
Demestrescu (Calin), *Les Ébénistes de la Couronne sous le règne de Louis XIV*, Paris, La Bibliothèque des arts, 2021.

Denis 2016
Denis (Arnaud), « Les résidences impériales, ameublement et décor », dans G. Cocheval, Y. Badetz, P. Perrin et M.-P. Vial (dir.), *Spectaculaire Second Empire*, Paris, Musée d'Orsay / Skira, 2016, p. 137-147.

Denis 2019
Denis (Arnaud), « Bureau ministre », dans E. Le Bail, B. Chevallier et A. Denis (dir.), *Les Derniers Feux du palais de Saint-Cloud*, Saint-Cloud, Musée des Avelines – Musée d'Art et d'Histoire de Saint-Cloud, 2019, p. 115.

Dérens et Pronteau 1998
Dérens (Isabelle) et Pronteau (Jeanne), *Histoire générale de Paris. Introduction générale au « Travail des limites de la ville et des faubourgs de Paris » (1724-1729)*, Paris, Paris Musées, 1998.

Dratwicki et Duflo 2004
Dratwicki (Alexandre) et Duflo (Cécile), « Divertissements et quadrilles sous l'Empire et la Restauration », *Revue de musicologie*, t. 90, n° 1, Paris, Société française de musicologie, 2004, p. 33.

Dulong 1974
Dulong (Claude), *La Vie quotidienne à l'Élysée au temps de Charles de Gaulle*, Paris, Hachette, 1974.

Dumonthier 1911
Dumonthier (Ernest), *Les Bronzes du Mobilier national. Pendules et cartels*, Paris, Massin, 1911.

Dumonthier s. d.
Dumonthier (Ernest), *Les Plus Beaux Meubles des ministères et administrations publiques. Lits et lits de repos*, Paris, Albert Morancé, s. d.

Dupuy-Baylet 2006
Dupuy-Baylet (Marie-France), *Pendules du Mobilier national, 1800-1870*, Dijon, Faton, 2006.

Dupuy-Baylet 2010
Dupuy-Baylet (Marie-France), *L'Heure, le Feu, la Lumière. Les bronzes du Mobilier national, 1800-1870*, Dijon, Faton, 2010.

Dupuy-Baylet 2020
Dupuy-Baylet (Marie-France), *De bronze et de cristal. Objets d'ameublement XVIIIe – XIXe siècles du Mobilier national*, Dijon, Faton, 2020.

Ebeling et Leben 2016
Ebeling (Jorg) et Leben (Ulrich), *Ein Meisterwerk des Empire. Das Palais Beauharnais in Paris, Residenz des deutschen Botschafters*, Tübingen, Wasmuth, 2016.

Faure et Joly 2009
Faure (Félix), *Journal à l'Élysée (1895-1899)*, édité et présenté par B. Joly, Sainte-Marguerite-sur-Mer, Éditions des Équateurs, 2009.

Fernandes 1994
Fernandes (Dominique) (dir.), *La Rue du faubourg Saint-Honoré*, Paris, Délégation artistique à la Ville de Paris, 1994.

Fontaine 1987
Fontaine (Pierre François Leonard), *Journal 1799-1853*, t. 1, Paris, École nationale supérieure des beaux-arts / Institut français d'architecture / Société de l'histoire de l'art français, 1987.

Forray-Carlier 2021
Forray-Carlier (Anne), « Le développement des boiseries au XVIIIe siècle : de l'usage de la boiserie dans l'hôtel particulier parisien », dans S. Castelluccio (dir.), *Vivre noblement en son hôtel. Résidences aristocratiques et vie sociale dans les capitales européennes au XVIIIe siècle*, Paris, CNRS éditions, 2022, p. 41-66.

Gady 1994
Gady (Alexandre), « Folie Beaujon et chapelle Saint-Nicolas », dans B. de Andia et D. Fernandes (dir.), *La rue du Faubourg-Saint-Honoré*, Paris, Délégation à l'action artistique de la Ville de Paris, 1994, p. 354-362.

Gady 2017
Gady (Alexandre), « Formation et déformation d'un monument parisien », dans A. Conraux, A.-S. Haquin, et Chr. Mengin (dir.), *Richelieu. Quatre siècles d'histoire architecturale au cœur de Paris*, Paris, Bibliothèque nationale de France / Institut national d'histoire de l'art, 2017, p. 22-47.

Gady 2021
Gady (Alexandre), *L'Hôtel de la Marine*, Paris, Éditions du patrimoine – Centre des monuments nationaux, 2021.

Gallet 1976
Gallet (Michel), « Trois décorateurs parisiens du XVIIIe siècle : Michel II Lange, J.-B. Boiston, Joseph Métivier », *Bulletin de la Société de l'histoire de Paris et de l'Île-de-France*, 1976 (1977), p. 75-87.

Gallet 1995
Gallet (Michel), *Les Architectes parisiens du XVIIIe siècle. Dictionnaire biographique et critique*, Paris, Mengès, 1995.

Gastinel-Coural 1996
Gastinel-Coural (Chantal), *La Manufacture des Gobelins au XIXe siècle. Tapisseries, cartons, maquettes*, Paris, Mobilier national, 1996.

Gastinel-Coural 2006
Gastinel-Coural (Chantal), « Tapis à histoire. Des Savonneries qui n'en sont pas. Quelques identifications de tapis impériaux et royaux », *Bulletin de la Société de l'histoire de l'art français*, Paris, SHAF, 2006.

Gastinel-Coural 2020
Gastinel-Coural (Chantal), *Les Tapis du pouvoir. La manufacture de la Savonnerie dans la première moitié du XIXe siècle*, Dijon, Faton, 2020.

Gauthier 1948
Gauthier (Maximilien), « Une heure avec Leleu », *Mobilier et décoration*, 28e année, n° 12, 1948, p. 3-38.

Gay-Mazuel 2022
Gay-Mazuel (Audrey), « "Qui nous délivrera de Louis XV et de son perpétuel recommencement ?" Le retour des lignes rocaille dans les arts décoratifs français du XIXe siècle », dans Y. Carlier et H. Delalex (dir.), *Louis XV (1710-1774). Passions d'un roi*, Versailles, Musée national des châteaux de Versailles et de Trianon / Paris, In Fine éditions d'art, 2022, p. 462-469.

Geoffroy et Guidoboni 2020[1]
Geoffroy (Pierre) et Guidoboni (Francesco), « Au fil des résidences de Napoléon, de la "petite maison" au palais de l'Élysée », *ArcHistoR*, anno VII (2020), n° 13, p. 120-121.

Geoffroy et Guidoboni 2020[2]
Geoffroy (Pierre) et Guibodoni (Francesco), « L'Élysée Murat, du siège du gouverneur de Paris au palais du grand-duc de Berg », *Cavalier et roi. Revue des Amis du musée Murat*, t. 51, 2020, p. 6-20.

Giannechini 2014
Giannechini (Laëtitia), « Caroline Bonaparte et Joachim Murat, collectionneurs aux châteaux de Neuilly et Villiers et au palais de l'Élysée », mémoire de Master II sous la dir. de Dominique Poulot, Paris I – Panthéon-Sorbonne, 2014, 2 vol.

Giannechini 2017
Giannechini (Laëtitia), « Avant le musée de la Reine : la première collection d'antiques de Caroline Murat en France », dans M. T. Caracciolo et J. Lazaj (dir.), *Caroline sœur de Napoléon. Reine des arts*, Milan, Silvana Editoriale / Ajaccio, Palais Fesch-Musée des Beaux-Arts, 2017, p. 135-141.

Gleizes 1983
Gleizes (Henri), *Dans les coulisses du Mobilier national. Mobilier national et manufactures nationales de tapisserie et de tapis (Gobelins, Beauvais, Savonnerie)*, Paris, Olivier Orban, 1983.

Goetz 2021
Goetz (Adrien), *Résidences présidentielles*, Paris, Flammarion, 2021.

Gontaut 1892
Gontaut (Marie Joséphine Louise), *Mémoires de Madame la duchesse de Gontaut, gouvernante des enfants de France pendant la Restauration, 1773-1836*, Paris, Plon, 1892.

Gordon 2006
Gordon (Alden R.), « The Dispersal of the Estate of Madame de Pompadour: New Documentary Evidence », *The Burlington Magazine*, vol. 148, n° 1238, mai 2006, p. 312-324.

Granger 2005
Granger (Catherine), *L'Empereur et les Arts. La liste civile de Napoléon III*, Paris, École des chartes, 2005.

Granger 2008
Granger (Catherine), « Napoléon III et Victoria, visites croisées », dans E. Starcky et L. Chabanne (dir.), *Napoléon III et la reine Victoria. Une visite à l'Exposition universelle de 1855*, cat. exp. (Compiègne, musée national du château de Compiègne, 4 octobre 2008 – 19 janvier 2009), Paris, Réunion des musées nationaux, 2008, p. 36-58.

Granier de Cassagnac 1874
Granier de Cassagnac (Adolphe et Paul), *Histoire populaire illustrée de l'Empereur Napoléon III*, Paris, Lachaud et Burdin, 1874.

Guibal 2022
Guibal (Patrick), « La duchesse de Berry, mère du nouvel Henri », dans B. Courtin et Ph. Montillet (dir.), *Le Comte de Chambord et sa mission*, Versailles, Via Romana, 2022.

Guiffrey 1881-1901
Guiffrey (Jules), *Comptes des Bâtiments du roi sous le règne de Louis XIV publiés [...] 1681-1715*, Paris, Imprimerie nationale, Collection de documents inédits sur l'histoire de France [...], 3e série, Archéologie, 1881-1901.

Guilleminault 1968
Guilleminault (Gilbert), *La France de Vincent Auriol, 1947-1953. Le romain vrai de la IVe République*, Paris, Denoël, 1968.

Hillerin 2016
Hillerin (Laure), *La Duchesse de Berry. L'oiseau rebelle des Bourbons*, Paris, Flammarion, 2016.

Hugo 1913
Hugo (Victor), *Œuvres inédites de Victor Hugo. Choses vues*, Paris, G. Charpentier et Cie, 1838 ; rééd. Paris, Librairie Ollendorff, 1913.

Imbert de Saint-Amand 1893
Imbert de Saint-Amand (Arthur Léon), *La Duchesse de Berry et la cour de Louis XVIII*, Paris, E. Dentu, 1893.

Joly 2014
Joly (Bertrand), *Histoire politique de l'affaire Dreyfus*, Paris, Fayard, 2014.

Jullian 1981
Jullian (Marcel), *Madame de Gaulle*, Paris, Stock, 1981.

Jullien 1874
Jullien (Adolphe), *Histoire du théâtre de madame de Pompadour dit théâtre des Petits Cabinets*, Paris, J. Baur éditeur, 1874.

Jungen 2004
Jungen (Christine), « Le temps d'un président. Étude ethnographique d'une cérémonie républicaine », *Ateliers*, 28, 2004, p. 39-59.

Kamer 2017
Kamer (Waldemar), « Caroline Bonaparte et la musique : la mélodie de son frère », dans M. T. Caracciolo et J. Lazaj (dir.), *Caroline sœur de Napoléon. Reine des arts*, Milan, Silvana Editoriale / Ajaccio, Palais Fesch–Musée des Beaux-Arts, 2017, p. 255-257.

Lacouture 1984-1986
Lacouture (Jean), *De Gaulle*, Paris, Seuil, 1984-1986.

Lagoueyte 2016
Lagoueyte (Patrice), *Le Coup d'État du 2 décembre 1851*, Paris, CNRS éditions, 2016.

La Mésangère 1802-1815
La Mésangère (Pierre de), *Collection de meubles et objets de goût*, 8 vol., Paris, Au bureau du Journal des dames, 1802-1815.

Landon 1819
Landon (Charles Paul), *Annales du musée et de l'école moderne des Beaux-Arts. Salon de 1819*, t. II, p. 7.

Lauro 1994
Lauro (Marc), « Hospice Beaujon », dans B. de Andia et D. Fernandès (dir.), *Rue du Faubourg-Saint-Honoré*, Paris, Délégation à l'action artistique de la Ville de Paris, 1994, p. 399-404.

Lazaj 2017
Lazaj (Jehanne), « Du sommet de la gloire aux souvenirs ; les résidences de la reine de Naples et de la comtesse de Lipona », dans M. T. Caracciolo et J. Lazaj (dir.), *Caroline sœur de Napoléon. Reine des arts*, Milan, Silvana Editoriale / Ajaccio, Palais Fesch–Musée des Beaux-Arts, 2017, p. 111-112.

Lazaj 2020
Lazaj (Jehanne), « Caroline Murat, du bon usage de l'antique pour l'ameublement », dans A. Dion-Tenenbaum et A. Gay-Mazuel (dir.), *Revivals. L'historicisme dans les arts décoratifs français au XIXe siècle*, Paris, Musée des Arts décoratifs / Louvre éditions, 2020, p. 184-189.

Le Barbé 2011
Le Barbé (Annabelle), « François Mitterrand à l'Élysée. La rénovation de la salle des fêtes », *Lettre de l'Institut François-Mitterrand*, n° 35, 12 avril 2011.

Le Drogoff-Okęki 2020
Le Drogoff-Okęki (Agathe), *La Manufacture de Beauvais et ses peintres, 1848-1914*, Paris, Mare & Martin, 2020.

Ledoux-Lebard 1984
Ledoux-Lebard (Denise), *Les Ébénistes du XIXe siècle. Leurs œuvres et leurs marques*, Paris, Les Éditions de l'Amateur, 1984, p. 338.

Ledoux-Lebard 1989
Ledoux-Lebard (Denise), *Le Mobilier français du XIXe siècle. Dictionnaire des ébénistes et menuisiers*, Paris, Les Éditions de l'Amateur, 1989.

Lefuel 1925
Lefuel (Hector), *François-Honoré-Georges Jacob-Desmalter, ébéniste de Napoléon Ier et de Louis XVIII*, Paris, Albert Morancé, 1925.

Leroy 1949
Leroy (Alfred), *Madame de Pompadour et son temps*, Paris, Albin Michel, 1949.

Mariette 1727
Mariette (Pierre Jean), *L'Architecture française, ou Recueil des plans, élévations, coupes et profils des églises, palais, hôtels et maisons particulières de Paris & châteaux [...]*, Paris, Jean Mariette, 1727.

Masson 1900
Masson (Frédéric), *Napoléon et sa famille, 1807-1809*, Paris, Librairie Paul Ollendorff, t. IV, 1900.

Masson 1917
Masson (Frédéric), « Du Consulat à l'Empire, lettre d'une mère à sa fille près de la princesse Caroline », *Revue des Deux Mondes*, 6e pér., t. 42, 1917.

Ménard 2017
Ménard (Pierre), *Le Français qui possédait l'Amérique. La vie extraordinaire d'Antoine Crozat, escroc millionnaire sous Louis XIV*, Paris, Le Cherche Midi, 2017.

Méneval 1893-1894
Méneval (Claude François de), *Mémoires pour servir à l'histoire de Napoléon Ier depuis 1800 jusqu'en 1815*, Paris, Édouard Dentu, 1893-1894, vol. 2.

Montholon 1847
Montholon (Charles Jean François Tristan, comte de), *Récits de la captivité de l'empereur Napoléon à Sainte-Hélène*, Paris, Paulin, 1847.

Murat et Le Brethon 1908-1914
Murat (Joachim Napoléon Michel, prince) et Le Brethon (Paul), *Lettres et documents pour servir l'histoire de Joachim Murat (1767-1815), publiés par S.A. le prince Murat avec une introduction et des notes de Paul Le Brethon*, Paris, Plon, 1908-1914, vol. 4.

Nicolle 1980
Nicolle (Jean), *Madame de Pompadour et la société de son temps*, Paris, Albatros, 1980.

Nolhac 1930
Nolhac (Pierre de), *Versailles et la cour de France. Madame de Pompadour et la politique*, Paris, L. Conard, coll. « Versailles et la cour de France » (n° 7), 1930.

Oppermann 2019
Oppermann (Fabien), *Dans les châteaux de la République. Le pouvoir à l'abri des regards*, Paris, Tallandier, 2019.

Orcival 2017
Orcival (François d'), *L'Élysée sous l'Occupation. Le palais fantôme*, Paris, Perrin, 2017.

Pascal 2022
Pascal (Camille), *Le Goût du roi. Louis XV et le secret du Parc aux Cerfs*, Paris, Perrin, 2022.

Percier et Fontaine 1833
Percier (Charles), Fontaine (Pierre Léonard), *Recueil des souverains. Parallèle entre résidences des souverains de France, d'Allemagne, de Suède, de Russie, d'Espagne et d'Italie*, Paris, Chez les auteurs, 1833.

Pérouse de Montclos 1994
Pérouse de Montclos (Jean-Marie), *Étienne-Louis Boullée*, Paris, Flammarion, 1994.

Pinon 1997
Pinon (Pierre), « Pierre-Adrien Pâris, architecte (1745-1819), ou l'archéologie malgré soi », thèse de doctorat d'État sous la dir. de Bruno Foucart, Paris-IV Sorbonne, 1997.

Planchon 2006
Planchon (Jean-Pierre), *Marcion, ébéniste de Napoléon*, Saint-Rémy-en-l'Eau, Monelle Hayot, 2006.

Planchon 2011
Planchon (Jean-Pierre), *Tassinari & Chatel. La soie au fil du temps*, Saint-Rémy-en-L'Eau, Monelle Hayot, 2011.

Poisson 1997
Poisson (Georges), *L'Histoire de l'Élysée de Madame de Pompadour à Jacques Chirac*, Paris, Perrin, 1997.

Pons 1986
Pons (Bruno), *De Paris à Versailles 1699-1736. Les sculpteurs ornemanistes parisiens et l'art décoratif des Bâtiments du roi*, Strasbourg, Association des publications près les universités de Strasbourg, 1986.

Pons 1996
Pons (Bruno), *Architecture and Panelling: The James A. de Rothschild Collection at Waddesdon Manor*, Londres, Philip Wilson for the Waddesdon Trust, 1996.

Pronteau et Dérens 1998
Pronteau (Jeanne) et Dérens (Isabelle), *Introduction générale au « Travail des limites de la ville et faubourg de Paris » (1724-1729)*, Paris, Commission des travaux historiques de la Ville de Paris, 1998.

Pougetoux 2003
Pougetoux (Alain), *La Collection de peintures de l'impératrice Joséphine*, Paris, Réunion des musées nationaux, coll. « Notes et documents des musées de France », 2003.

Rambaud 1964-1971
Rambaud (Mireille), *Document du Minutier central concernant l'histoire de l'art*, Paris, S.E.V.P.E.N., 1964-1971, 2 vol.

Rey 2021
Rey (Marie-Pierre), *Le Premier des chefs. L'exceptionnel destin d'Antonin Carême*, Paris, Flammarion, 2021.

Rials 1981
Rials (Stéphane), *La Présidence de la République*, Paris, Presses universitaires de France, 1981.

Rondot 2011
Rondot (Bertrand), « Fauteuil du salon du château de Crécy », dans J.-J. Gautier et B. Rondot (dir.), *Le château de Versailles raconte le Mobilier national*, Versailles, Musée national des châteaux de Versailles et de Trianon / Paris, Flammarion, 2011, p. 93-95.

Rouillier 2018
Roullier (Clothilde), « Les décors dans les administrations depuis 1945 : sources et acteurs », *In Situ* [publication électronique], https://doi.org/10.4000/insitu.15854, 2018.

S. a. 2019
« Salle des fêtes de l'Élysée, un patrimoine à protéger », *Elysée.fr* [publication électronique], https://www.elysee.fr/emmanuel-macron/2019/02/01/salle-des-fetes-palais-de-l-elysee-un-patrimoine-a-proteger, 1er février 2019.

Saint-Simon 1856-1858
Saint-Simon (Louis de Rouvroy, duc de), *Mémoires complets et authentiques du duc de Saint-Simon sur le siècle de Louis XIV et la Régence, collationnés sur le ms. original par M. Chéruel*, Paris, Hachette, 1856-1858.

Samoyault 2000
Samoyault (Jean-Pierre), « L'appartement de la générale Bonaparte, puis de l'impératrice Joséphine aux Tuileries (1800-1807) », *Bulletin de la Société de l'histoire de l'art français*, 1999 (2000), p. 215-244.

Samoyault 2009
Samoyault (Jean-Pierre), *Mobilier français Consulat et Empire*, Montreuil, Gourcuff Gradenigo, 2009.

Scognamilio 2008
Scognamilio (Ornella), *I dipinti di Gioacchino e Carolina Murat, storia di una collezione*, Naples, Edizioni scientifiche italiane, 2008.

Spaletti 1929
Spaletti (Jean-Baptiste), *Souvenirs d'enfance de la comtesse Rasponi*, Paris, Perrin, 1929.

Stanislas et Salvaing 2021
Stanislas (Isabelle) et Salvaing (Matthieu), *Dessiner l'espace, créer l'émotion*, New York, Rizzoli, 2021.

Tamisier-Vétois 2015
Tamisier-Vétois (Isabelle), « En route pour l'exil », dans *Cap sur l'Amérique. La dernière utopie de Napoléon*, cat. exp. (Rueil-Malmaison, musée national des châteaux de Malmaison et de Bois-Préau, 22 avril – 20 juillet 2015), Paris, Artlys / Rueil-Malmaison, Musée national des châteaux de Malmaison et Bois-Préau, 2015, p. 45-70.

Tamisier-Vétois 2018
Tamisier-Vétois (Isabelle), *Meubles à secrets. Secrets de meubles*, Dijon, Faton, 2018.

Tamisier-Vétois s. d.[1]
Tamisier-Vétois (Isabelle), « Napoléon III et la chambre de Joséphine, la fidélité à la mémoire (1861-1870) », [publication électronique], https://musees-nationaux-malmaison.fr/chateau-malmaison/actualite/napoleon-iii-et-la-chambre-de-josephine-la-fidelite-la-memoire-1861-1870, s. d.

Tamisier-Vétois s. d.[2]
Tamisier-Vétois (Isabelle), « Fêtes et théâtres à la Malmaison », [publication électronique], https://musees-nationaux-malmaison.fr/chateau-malmaison/actualite/fetes-et-theatre-malmaison, s. d.

Tarbé 1859
Tarbé (Prosper), *La Vie et les œuvres de Jean-Baptiste Pigalle, sculpteur*, Paris, Vve J. Renouard / Reims, P. Regnier, 1859.

Tronchot 2015
Tronchot (Marc), *Les Présidents face à Dieu*, Paris, Calmann-Lévy, 2015.

Vedrenne et Fèvre 2001
Vedrenne (Élisabeth) et Fèvre (Anne-Marie), *Pierre Paulin*, Paris, Dis Voir, 2001.

Vial 2019
Vial (Charles-Éloi), *Les Derniers Feux de la monarchie. La cour au siècle des révolutions, 1789-1870*, Paris, Perrin, 2019.

Vial 2021
Vial (Charles-Éloi), *Histoire des Cent-Jours. Mars-novembre 1815*, Paris, Perrin, 2021.

Vittet 2000
Vittet (Jean), « Le décor du château de Crécy au temps de la marquise de Pompadour et du duc de Penthièvre. Essai d'identifications nouvelles », *Bulletin de la Société de l'histoire de l'art français*, 2000, p. 134-155.

Vittet 2002[1]
Vittet (Jean), « Le château de Crécy », dans X. Salmon (dir.), *Madame de Pompadour et les arts*, Paris, Réunion des musées nationaux, 2002, p. 110-112 et 113-116 (notices).

Vittet 2002[2]
Vittet (Jean), « Commandes et achats de madame de Pompadour aux Gobelins et à la Savonnerie », dans X. Salmon (dir.), *Madame de Pompadour et les arts*, Paris, Réunion des musées nationaux, 2002, p. 367-379 et 380-405 (notices).

Vittet 2014
Vittet (Jean), *Les Gobelins au Siècle des lumières. Un âge d'or de la manufacture royale*, Paris, Swan éditeur, 2014.

Vittet 2016
Vittet (Jean), *Dans les rêves de Napoléon. La première chambre de l'Empereur à Fontainebleau*, Fontainebleau, Musée national du château de Fontainebleau / Dijon, Faton, 2016.

Ziskin 1999
Ziskin (Rochell), *The Place Vendôme: Architecture and Social Mobility in the Eighteenth-Century Paris*, Cambridge, Cambridge University Press, 1999.

EXPOSITIONS

Ajaccio 2017
Caroline sœur de Napoléon. Reine des arts, sous la dir. de M. T. Caracciolo et J. Lazaj, Ajaccio, palais Fesch–musée des Beaux-Arts, 30 juin – 2 octobre 2017, Milan, Silvana Editoriale / Ajaccio, Palais Fesch–Musée des Beaux-Arts, 2017.

Aubusson 2021
Sallandrouze de Lamornaix. 1801-1811. Histoire d'une manufacture d'exception, sous la dir. de J.-Fr. Luneau, Aubusson, Cité internationale de la tapisserie et de l'art tissé, 3 juillet – 19 septembre 2021, Milan, Silvana Editoriale, 2021.

Beauvais 1996
La Manufacture des Gobelins au XIXe siècle. Tapisseries, cartons, maquettes, sous la dir. de Ch. Gastinel-Coural, Beauvais, Galerie nationale de la tapisserie, 1996, Paris, Mobilier national, 1996.

Beauvais 2000
À travers les collections du Mobilier national (XVIe–XXe siècles), sous la dir. de J.-P. Samoyault, Beauvais, Galerie nationale de la tapisserie, 20 avril – 29 octobre 2000, Paris, Mobilier national, 2000.

Beauvais 2001
Plaidoyer pour le mobilier contemporain. L'Atelier de recherche et de création du Mobilier national, sous la dir. de J.-P. Samoyault, Beauvais, Galerie nationale de Beauvais, 15 mars – 15 septembre 2001, Paris, Mobilier national, 2001.

Bordeaux, Paris, Nice 1992-1993
Henri Gervex (1852-1929), sous la dir. de J.-Chr. Gourvennec, Bordeaux, galerie des Beaux-Arts, 11 mai – 30 août 1992 ; Paris, musée Carnavalet, 1er février – 2 mai 1993 ; Nice, musée des Beaux-Arts, 27 mai – 29 août 1993), Paris, Paris Musées, 1992.

Compiègne 2013
Folie textile. Mode et décoration sous le Second Empire, sous la dir. de E. Starcky et I. Dubois-Brinkmann, Compiègne, musées nationaux du palais de Compiègne, 7 juin – 14 octobre 2013, Paris, Réunion des musées nationaux, 2013.

Fontainebleau 2016-2017
Dans les rêves de Napoléon. La première chambre de l'Empereur à Fontainebleau, sous la dir. de J. Vittet, Fontainebleau, musée national du château de Fontainebleau, 15 octobre 2016 – 23 janvier 2017, Dijon, Faton, 2016.

Macau 2013
Dupuy-Baylet (Marie-France), *Napoleon and the Decorative Arts: Treasures of the Imperial Palaces*, sous la dir. de M.-Fr. Dupuy-Baylet; Macao, 2013), Macao, Macao Museum of Arts, avril – juillet 2013, Macau, Museu de Arte de Macau, 2013.

Paris 1984
Mobilier national, 20 ans de création, sous la dir. de Fr. Jollant-Kneebone et C. Mihailovic, Paris, galerie du Centre de création industrielle, 29 mai – 24 septembre 1984, Paris, Centre Georges Pompidou, 1984.

Paris 2007
Collections du Mobilier national. XVIIIe – XIXe siècles. Fastes du pouvoir. Objets d'exception, sous la dir. de B. Schotter, Paris, galerie des Gobelins, 12 mai – 30 septembre 2007, Paris, Mobilier national, Réunion des musées nationaux, 2007.

Paris 2015
L'Esprit et la Main. Héritage et savoir-faire des ateliers de restauration du Mobilier national, sous la dir. de Chr. Naffah-Bayle et J. Lazaj, Paris, galerie des Gobelins, 27 mars – 13 décembre 2015, Montreuil, Gourcuff Gradenigo, 2015.

Paris 2015-2016
Élisabeth Louise Vigée Le Brun, sous la dir. de J. Baillio et X. Salmon, Paris, Grand Palais, 23 septembre 2015 – 11 janvier 2016, RMN – Grand Palais, 2015.

Paris 2016-2017
Spectaculaire Second Empire, sous la dir. de G. Cocheval, Y. Badetz, P. Perrin et M.-P. Vial, Paris, musée d'Orsay, 27 septembre 2016 – 16 janvier 2017, Paris, Musée d'Orsay / Skira, 2016.

Paris 2021
Napoléon, sous la dir. de B. Chevallier et A. Chevallier, Paris, Grande Halle de la Villette, 14 avril – 19 septembre 2021, Paris, RMN – Grand Palais, 2021.

Paris 2022-2023
Le Chic ! Arts décoratifs et mobilier français de 1930 à 1960, sous la dir. de H. Lemoine, Paris, galerie des Gobelins, 12 octobre 2022 – 29 janvier 2023, Gand, Snoeck, 2022.

Saint-Cloud 2019-2020
Les Derniers Feux du palais de Saint-Cloud, sous la dir. de E. Le Bail, B. Chevallier et A. Denis, Saint-Cloud, musée des Avelines, 10 octobre 2019 – 23 février 2020, Saint-Cloud, Musée des Avelines-Musée d'Art et d'Histoire de Saint-Cloud, 2019.

Versailles 2011
Le château de Versailles raconte le Mobilier national, sous la dir. de J.-J. Gautier et B. Rondot, Versailles, musée national des châteaux de Versailles et de Trianon, 20 septembre – 10 décembre 2011, Paris, Flammarion, 2011.

Versailles 2014
Le Témoin méconnu. Pierre-Antoine Demachy, sous la dir. de M. Petkowska Leroux et Fr. Roussel Leriche, Versailles, musée Lambinet, 14 janvier – 18 mai 2014, Paris, Magellan et Cie, 2014.

Versailles 2016
Un président chez le roi. De Gaulle à Trianon, sous la dir. de K. McGrath, Versailles, château de Versailles, Grand Trianon, 18 juin – 9 novembre 2016, Versailles, Châteaux de Versailles / Paris, Gallimard, 2016.

Versailles 2022-2023
Louis XV (1710-1774). Passions d'un roi, sous la dir. de Y. Carlier et H. Delalex, Versailles, musée national des châteaux de Versailles et de Trianon, 18 octobre 2022 – 19 février 2023, Paris, In Fine éditions d'art, 2022.

Versailles, Munich, Londres 2002-2003
Madame de Pompadour et les arts, sous la dir. de X. Salmon, Versailles, musée national des châteaux de Versailles et de Trianon, 14 février – 19 mai 2002 ; Munich, Kunsthalle der Hypo-Kulturstiftung, 14 juin – 15 septembre 2002 ; Londres, National Gallery, 16 octobre 2002 – 12 janvier 2003, Paris, Réunion des musées nationaux, 2002.

fig. 267
Vue sur le parc depuis le salon doré

Index

NOMS DE PERSONNES

Aalto, Alvar 222
Abdul Aziz, sultan de Turquie 134
Agam, Yaacov 208, 210, 222, 223, 234, 245
Albert, prince consort d'Angleterre 90, 134
Alexandre II, tsar de Russie 134
Adnet, Jacques 185, 195
Androusov, Vadim 197
Anthonioz, Philippe 235, 247
Arbus, André 185, 187, 196, 197, 248
Audran, Claude III 109, 147, 164, 170
Auriol, Michelle 15, 131, 185-187, 191, 194, 195, 207, 218, 219
Auriol, Vincent 15, 128, 162, 171, 172, 174, 185-187, 191, 194, 195, 198, 207, 218, 219, 220, 234, 244
Badin, Pierre Adolphe 109
Bauchet, François 238
Bénédicte 188
Bianchini-Férier 147
Beauharnais, Hortense de, reine de Hollande 61, 62, 67, 104, 106
Beaujon, Nicolas 13, 28, 31-33, 40, 41, 107, 124, 126
Bernard, Antoine 169
Bernhard, prince consort des Pays-Bas 196
Berthault, Louis Martin 76
Bidauld, Jean-Joseph 52
Biennais, Guillaume 107, 220, 221, 225
Bizette-Lindet, André 193
Blondel, Jacques François 21, 22, 24, 35
Boffrand, Germain 22, 34
Boisseau, Émile 165
Bonaparte, Caroline 13, 48, 51, 56, 58, 60-63, 67-69, 72-74, 76, 77, 82, 90, 104, 107, 126, 155, 160, 196, 234
Boucher, François 39, 109, 112, 115, 170
Boulard 51, 71
Boullée, Étienne Louis 28, 31, 41, 52, 74, 124, 133
Bourbon, Bathilde d'Orléans, duchesse de 13, 32, 33, 42-44, 48, 66, 126, 132, 168
Cabanel, Alexandre 108
Carnot, Sadi 90, 130, 140, 144, 150, 159, 160, 162, 164, 172-174, 229
Casimir-Perier, Jean, 179
Chabal-Dusurgey, Pierre-Adrien 109, 118, 120, 157
Chaix, Philippe 212, 235, 254
Chancel, Adrien 140, 144, 165, 169
Chirac, Bernadette 211, 212
Chirac, Jacques 174, 211, 212, 221, 229, 235-237, 254
Compan, Henri 154
Cornu, Sébastien 108, 130
Coty, René 174, 193, 195, 218, 220
Coural, Jean 7, 210
Courbet, Gustave 108
Cressent, Charles 160, 173, 174, 207, 221, 244
Cressent, Paul 193
Crozat, Marie Anne 19, 34, 37
Crozat, Antoine 19, 37
Cruchet, Michel Victor 118
Daguerre, Dominique 152
Darcel, Alfred 170
Debressenne, Eugène 138, 140, 142, 144, 150, 162, 164
Delahaye, François 34
Darlan, François, amiral 180
Delorme, Jean André 164
Déroulède, Paul 167
Desportes, Alexandre François 109
De Troy, Jean-François 147, 165
Develly, Jean-Charles 155
Doumer, Paul 128, 141, 179
Doumergue, Gaston 128, 131
Dubufe, Guillaume 165, 260
Ducrollay, Jean 39
Dufy, Raoul 147, 260
Dugourc, Jean Démosthène 157
Dunouy, Alexandre Hyacinthe 52, 55
Durand, Jean Nicolas Louis 74
Duret, François Joseph 28, 31
Duvaux, Lazare 27
Eugénie, impératrice des Français 13, 76, 104, 109, 117, 120, 122, 124, 125, 129, 134, 170, 191, 219, 224, 248
Évreux, Louis Henri de La Tour d'Auvergne, comte d' 13, 19, 24, 27, 34-37, 132, 168
Faure, Félix 128, 130, 131, 141, 144, 150, 160, 166, 167, 172-174, 179, 207, 220
Fenaille, Maurice 147
Fillon, Augustin 108
Flandrin, Hippolyte 130
Foliot, Nicolas Quinibert 118
Fontaine, Georges 198
Fontaine, Pierre François Léonard 62, 65, 74, 82, 90
Fossey, Gustave 107, 126
Fragonard, Alexandre Evariste 155
Fréchet, Paul 187
Galland, Pierre Victor 160, 179
Galle, Claude 152
Gastine, Camille Eugène 130
Gaulle, Charles de 5, 125, 128, 131, 174, 180, 181, 201, 204, 207, 210, 212, 218, 219, 229
Gaultier, Jacques 19, 34
Gautherin, Jean 165
Gervex, Henri 152
Girardin, Nicolas Claude 28, 41
Giscard d'Estaing, Valéry 126, 174, 210, 212, 221, 225, 229, 235
Gleizes, Henri 219
Godon, Jean-Louis 107, 124-125, 219
Grand frères 87, 93, 126
Grandhomme, Pierre 19
Grévy, Jules 130, 140, 142, 151, 160, 170
Grohé, Guillaume 117, 157
Guariche, Pierre 236
Guéden, Colette 198, 201
Guénot, Albert: 188
Gsell Jean Gaspard Jules 108
Hajdu, Étienne 236, 240, 244
Hardouin, Jules Michel 19, 23
Held, Marc 211, 226, 248
Herpin, Jacques Louis 34, 73
Houël, Jean-Pierre 120, 225
Hovyn, Augustin Benoît 43, 44, 48, 49
Huet, Jean-Baptiste 118, 170
Injalbert, Jean-Antoine 157
Jacob-Desmalter, Georges Alphonse 51, 59, 60, 65, 70, 71, 76, 107, 160, 172
Jacob Frères 71, 72, 77
Janneau, Guillaume 176, 177
Juliana, reine des Pays-Bas 196, 201
Klein, Jacques 188
Kohl, Fernand 160
Kulikowski, Florian 165
Lacroix, Joseph Eugène 104, 108, 124, 129, 130, 132, 133
Lanel, Luc 193
Lanel, Marjolaine 193
Lang, Jack 211, 248
Lange, Michel II 23, 34
Lassurance, Jean Cailleteau, dit 24
Lauragais, Diane Adélaïde de Mailly-Nesle, duchesse de 19
Laval, Pierre 180
Lavastre, Jean-Baptiste 164
Law, John 18, 19, 37
Lefèvre, Camille 140, 165
Le Gall, Louis 128, 160, 166, 167

Le Manach, maison 147
Leleu, Jules 185, 191, 192, 195
Lemarchand, Édouard 107, 126
Lenepveu, Jules Eugène 164
Léopold II, roi des Belges 151
Le Prince, Jean-Baptiste 107
Le Sueur, Eustache 109
Loubet, Émile 131, 139, 152, 160, 171, 174, 175, 179
Louis XIV, roi de France 18, 22, 37, 84, 117, 154, 171
Louis XV, roi de France 18, 28, 38, 39, 225
Louis XVI, roi de France 32, 96, 98, 152
Louis XVIII, roi de France 43, 66, 76, 78, 82
Louis-Philippe, roi des Français 90, 97, 124, 156, 160, 174
Lurçat, Jean 176, 177, 186
Mac-Mahon, Patrice de 130, 133, 138, 142, 172, 179
Maingonnat, Élie 176
Marigny, Abel François Poisson, marquis de 27, 28, 38, 109
Massaud, Jean-Marie 238
Millerand, Alexandre 144, 151, 172
Mitterrand, François 5, 15, 128, 174, 210-212, 221, 226, 235, 247, 248
Meda, Alberto 236
Meurice, Jean-Michel 235
Mollet, Armand-Claude 19, 21, 22, 31, 34, 41
Morel, Jean-Paul 212, 235, 254
Moreux, Jean-Charles 196, 197
Murat, Joachim 13, 43, 18, 49, 51-53, 56, 59-65, 68-71, 74, 82, 86, 104, 106, 117, 119, 132, 155, 236
Napoléon Ier, Napoléon Bonaparte, empereur des Français 5, 43, 48, 51, 53, 56, 58, 62-68, 72, 74, 76-78, 82, 84, 92, 93, 104, 106, 107, 126, 128, 220, 221
Napoléon III, Louis-Napoléon Bonaparte, président de la République puis empereur des Français sous le nom de 13, 76, 92, 93, 100, 104, 105-108, 118, 120, 124-129, 132-134, 142, 159, 160, 172-174, 178, 188, 229
Natoire, Charles 159
Oeben, Jean-François 39
Orléans, Philippe, duc d' 34, 37, 38, 42, 43
Pacha, Ismaïl, vice-roi d'Égypte 90, 135
Parant, Louis Bertin 155
Pâris, Pierre Adrien 32, 33, 43
Paulin, Pierre 128, 210, 211, 221, 222, 234-236, 246, 252
Pelletier, Jean Martin 34
Pépin, Édouard 165
Pétain, Philippe 180, 181
Percier, Charles 62, 72, 74, 77
Perrot, Pierre Josse 225, 240
Pillet, Christophe 236, 246, 254
Poillerat, Gilbert 185, 191, 192, 197, 244, 248
Poincaré, Raymond 151, 160, 172, 174, 84
Pompadour, Jeanne Antoinette Poisson, marquise de 13, 24, 27, 28, 31, 33, 35, 38, 39, 51, 109, 118, 168, 207, 234
Pompidou, Claude 15, 128, 207, 211, 219, 222, 226, 229
Pompidou, Georges 15, 128, 174, 201, 207, 210, 211, 212, 221, 222, 225, 226, 229, 234, 238, 245
Poubelle, Eugène 150
Pré, Maurice 188
Prelle, maison 147, 236
Provence, Louis-Auguste, comte de 28, 96, 118
Quignon, Gustave Frédéric 165
Quignon, Napoléon 147
Ravrio, André Antoine 51, 72
Riesener, Jean-Henri 108, 224, 240
Restout, Jean 225
Rietveld, Gerrit 235
Robert, Hubert 225
Rollin, Lucien 187
Roustan, Laurent 147, 260
Ruprich-Robert, Victor 118
Ruyant, Frédéric 238
Aarinen, Eero 222, 252
Saint-Ange 157, 236, 159
Sallandrouze, Jean 58, 72, 156
Sallandrouze, Charles 155, 159
Sarkozy, Nicolas 128, 174, 211, 212, 214, 230, 236, 237, 244, 254, 260
Savreux, Ovide 106, 124
Shaw, Miss 108
Soufflot, Jacques Germain 28
Sportes, Ronald Cecil 211, 226
Starck, Philippe 211, 226, 248
Steinheil, Marguerite 173
Subes, Raymond 187
Süe, Louis 196
Tassinari & Chatel 147, 235
Thibault, Jean Thomas 51, 53, 74
Thiers, Adolphe 138
Terry, Emilio 212, 237,
Toulouse, Louis-Alexandre de Bourbon, comte de 16, 17
Tribel, Annie 211, 226
Tronchet, Guillaume 141, 147, 151, 160
Trouard, Louis 24
Turenne, Godefroy Charles-Henri de la Tour d'Auvergne, prince de 24
Turpin, Pierre 34
Verberckt, Jacques 35
Vernet, Carle 52, 155
Victoria, reine d'Angleterre 90, 134
Vignon, Barthélémy 51, 53, 74
Vignon, Claude 165
Wassmus, Henri Léonard 108, 220
Weisweiler, Adam 221, 225
Wilmotte, Jean-Michel 211, 226, 241, 261
Wilson, Daniel 130
Zwinger, Jean-Baptiste 155

NOMS DE LIEUX

Ateliers d'Aubusson 70, 72, 147, 157, 159, 160, 176, 193, 197, 260
Champs-Élysées 18, 24, 27, 28, 41, 48, 65, 78, 168, 169
Château de Bellevue 39
Château de Benrath 52
Château de Champs-sur-Marne 22, 39
Château de Chantilly 32, 42, 168
Château de Choisy 39
Château de Compiègne 39, 76, 84, 122, 152
Château de Crécy 24, 39, 109, 118
Château de Fontainebleau 39, 59, 67, 69, 77, 118, 124, 174, 236
Château de La Celle 39
Château de Marly 39
Château de Rambouillet 196
Château de Saint-Ouen 24, 39
Château de Versailles 18, 34, 39, 49, 65, 84, 90, 93, 97, 106, 118, 124, 126, 128, 139, 154, 197, 218
Faubourg Saint-Germain 18, 19
Faubourg Saint-Honoré 13, 18, 19, 28, 32, 37, 41, 48, 62, 104, 107, 130, 140
Hôtel de Beauharnais 48, 73
Hôtel de Brienne 230
Hôtel de Duras 18
Hôtel de Matignon 34, 43, 66, 180, 181, 224
Hôtel Thélusson 48, 51
Hôtel Kinsky 43, 184
Manufacture de Beauvais 107, 109, 118, 120, 155, 157, 159, 174, 236, 240, 244, 246
Manufacture des Gobelins 107, 109, 120, 147, 154, 157, 159, 160, 164, 165, 170, 173, 176, 177, 197, 207, 212, 220, 225, 240, 244, 246, 248, 254
Manufacture de la Savonnerie 86, 117, 152, 155, 157, 165, 212, 219, 221, 222, 235-237, 240, 241, 244-248,
Manufacture de Sèvres 39, 62, 64, 105, 155, 248
Place Louis XV, actuelle place de la Concorde 28, 39
Palais-Bourbon 204
Palais des Tuileries 18, 82, 100, 104, 119, 133, 156, 174, 225
Palais-Royal 18, 156
Place Vendôme 18, 19, 34, 37

fig. 1-5, 20-22, 34, 39-41, 57, 60, 64, 86, 106-109, 112, 136, 137, 139, 148-149, 152-153, 161, 202-205, 213-214, 213-214, 217, 224, 225, 230, 233-242, 254, 255, 266 © Guillaume de Laubier
fig. 6, 12, 13, 14, 15, 19, 26, 76, 84, 93 a-e, 103, 111, 115, 117-119, 121, 122, 150, 151, 157, 158, 164-167, 221 © Bibliothèque nationale de France
fig. 7, 8, 222 © Paris Musées / musée Carnavalet-Histoire de Paris
fig. 9-11 © Stockholm, Nationalmuseum, NMH 93/2004.
fig. 16 Collection particulière, © DR
fig. 17, 18 © Besançon, Bibliothèque municipale
fig. 23 © Kassel, Gemäldegalerie Alte Meister
fig. 24 © Bibliothèque historique de la Ville de Paris
fig. 25, 29, 30, 43, 44, 46, 50, 51, 55, 56, 59, 65-73, 77-81, 87, 91, 92, 94-102, 104, 105, 110, 113, 128-130, 132-134, 138, 140-144, 154-156, 159, 160, 162, 163, 171, 172, 177-179, 181, 184-189, 191, 192, 195, 199, 201, 202, 210, 212, 216, 218-220, 226-229, 231, 232, 243-253 © Paris, Mobilier national
fig. 27 © Musée du Louvre, Dist. RMN – Grand Palais / Thierry Ollivier
fig. 28 © RMN – Grand Palais (musée du Louvre) / Daniel Arnaudet
fig. 31 © RMN – Grand Palais (domaine de Chantilly) / René-Gabriel Ojeda
fig. 32 © Besançon, musée des Beaux-Arts et d'Archéologie
fig. 33, 37, 42, 48, 61, 61bis, 62, 63, 89, 90, 120, 124-127, 135, 145, 173-176, 182, 183, 190 © Archives nationales
fig. 35, 47, 75, 123 © RMN – Grand Palais (Château de Versailles) / Gérard Blot
fig. 36 © Genève, musée d'Art et d'Histoire
fig. 38 Paris, Bibliothèque Thiers / © DR
fig. 45 © RMN – Grand Palais (Château de Fontainebleau) / Jean-Pierre Lagiewski
fig. 49 © RMN – Grand Palais (musée des châteaux de Malmaison et de Bois-Préau) / Daniel Arnaudet
fig. 52 © château de Fontainebleau
fig. 53 © Paris - Musée de l'Armée, Dist. RMN – Grand Palais / Émilie Cambier
fig. 54 © RMN – Grand Palais (Château de Fontainebleau) / Daniel Arnaudet
fig. 58, 74 Collection particulière © DR
fig. 82 © RMN – Grand Palais (Château de Versailles) / image RMN – GP / Château de Versailles, Dist. RMN – Grand Palais / Christophe Fouin
fig. 83 © RMN – Grand Palais (Château de Versailles) / Christian Jean / Jean Schormans
fig. 85 © Paris Musées, Maison de Victor Hugo
fig. 88 © RMN – Grand Palais (Sèvres – Manufacture et musée nationaux) / Martine Beck-Coppola
fig. 114 ©La Documentation française. Photo Jean-Marie Marcel
fig. 116 © RMN – Grand Palais (musée du Louvre) / Franck Raux
fig. 125, 168, 169, 262 ©Médiathèque du Patrimoine et de la Photographie
fig. 131, 146, 147, 206, 207 © Getty Images / Keystone-France
fig. 180 © Centre national des Arts plastiques, FNAC
fig. 193 © Getty Images / Andre Sas
fig. 194 © Centre Pompidou, MNAM – CCI, Dist. RMN – Grand Palais / Philippe Migeat
fig. 196 © Paris, Présidence de la République
fig. 197 © RMN – Grand Palais (musée du Louvre) / Michel Urtado
fig. 198 © Institut mémoires de l'édition contemporaine
fig. 200 © Getty Images / Derek Hudson
fig. 201 © Geoges Fessy / Artedia / Bridgeman Images
fig. 208 © Getty Images / Michel Laurent
fig. 209 © Jean-Régis Roustan / Roger-Viollet
fig. 211 © Getty Images / Daniel Simon
fig. 215 DR
fig. 223 © Getty Images / Daniel Simon
fig. 256-259, 261, 263-265: © Anthony Lelonge
fig. 260 © INHA

Copyrights des artistes contemporains dont les œuvres apparaissent dans cet ouvrage
fig. 1 © DB – ADAGP Paris 2023
fig. 3 © Arman – ADAGP
fig. 4 © De Staël – ADAGP
fig. 39 © Sylvie Fajfrowska-Mobilier national
fig. 40 © Sylvie Fajfrowska-Mobilier national
fig. 41 © Hervé Van der Straten – ADAGP
fig. 60 © Nathalie Junod-Ponsard-Mobilier national
fig. 124 © Victor Vasarely – ADAGP
fig. 112 © Christian Ghion-ADAGP Paris 2023 et frères Campana – ADAGP
fig. 194 © Agam – Mobilier national
fig. 195 © Pierre Paulin – Mobilier national
fig. 199 © Marc Held – ADAGP Paris 2023
fig. 201 © Pierre Paulin-Mobilier national
fig. 202 © Chaix et Morel – ADAGP et Emilio Terry – ADAGP
fig. 203 © Juan Miró – ADAGP et Thierry Lemaire – ADAGP Paris 2023
fig. 216 © Thierry Lemaire – ADAGP Paris 2023 et Bismut & Bismut – ADAGP Paris 2023 et Etienne Hajdu-ADAGP
fig. 205 © Thierry Lemaire – ADAGP Paris 2023 et Victor Vasarely – ADAGP et Philippe Starck – ADAGP Paris 2023 et Patrick Join – ADAGP Paris 2023
fig. 211 © Pierre Paulin – Mobilier national et Cini Boeri – ADAGP
fig. 212 © Pierre Paulin – Mobilier national
fig. 214 © Pierre Paulin – Mobilier national et Alfred Manessier – ADAGP
fig. 218 © Wilmotte & associés – ADAGP Paris 2023
fig. 225 © Philippe Anthonioz – ADAGP
fig. 230 © matali crasset-Mobilier national, Monique Frydman – ADAGP
fig. 233 © Hervé Van der Straten – ADAGP
fig. 234 © Thierry Lemaire – ADAGP Paris 2023 et Zao Wou-ki – ADAGP
fig. 235 © Philippe Anthonioz – ADAGP et Simon Hantaï – ADAGP
fig. 236, 237 © Thierry Lemaire – ADAGP Paris 2023 et Bismut & Bismut – ADAGP Paris 2023 et Etienne Hajdu – ADAGP / Hervé Van der Straten – ADAGP
fig. 238, 239 © Julien Gardair – ADAGP Paris 2023 et Thierry Lemaire – ADAGP Paris 2023 et Hervé Van der Straten – ADAGP et Eric Schmitt – ADAGP Paris 2023 / Thierry Lemaire – ADAGP Paris 2023 et Victor Vasarely – ADAGP et Philippe Starck – ADAGP Paris 2023 et Patrick Join – ADAGP Paris 2023 et Pierre Soulages – ADAGP
fig. 240 © Agam – Mobilier national
fig. 241 © Nathalie Junod-Ponsard – Mobilier national
fig. 242 © Eric Schmitt – ADAGP Paris 2023 et Pierre Bonnefille – Mobilier national et Christian Jaccard – Mobilier national
fig. 243 © Justin Weiler et Christian Jaccard – Mobilier national

conception et réalisation
Papier and Co

Alain de Gourcuff
pour les
Éditions Gourcuff-Gradenigo

responsable éditorial
Xavier Lacaille

préparation de copie
Christophe Parant

conception graphique,
mise en page, photogravure
Tauros / Ibach

composition du texte en
Sabon

achevé d'imprimer en
août 2023
sur les presses de
Stipa, Montreuil (France)